Histoire mondiale des riches

DU MÊME AUTEUR

Nazisme et seconde guerre mondiale

Ressources inhumaines. Les gardiens de camps de concentration et leurs loisirs, Paris, Fayard, 2011 [traduit en quatre langues ; parution en poche, coll. « Pluriel », 2013].
Pleasure and Power in Nazi Germany, ouvrage publié sous la direction de Pamela Swett, Corey Ross et Fabrice d'Almeida, New York, Palgrave Macmillan, 2011.
Le Nazisme en question, 1933-1939, Paris, Pluriel/L'Histoire, 2011.
La Vie mondaine sous le nazisme, Paris, Perrin, 2006 [traduit en sept langues ; parution en poche, coll. « Tempus », 2008.

Médias, propagande et manipulations

Archives secrètes des armées, Paris, Gallimard, 2020.
Sur les traces des serial killers, avec Marjorie Philibert, Paris, La Martinière, 2015.
Propagande. Une histoire mondiale, Paris, La Martinière, 2014.
Histoire des médias en France de 1914 à nos jours [2003], avec Christian Delporte, Paris, Flammarion, coll. « Champs université », nouv. éd. aug., 2010.
La Manipulation [2003], Paris, PUF, coll. « Que sais-je ? », 4e éd., 2017.
Images et propagande, Paris/Florence, Casterman/Giunti, 1995, rééd. 1998.

Essais

Mandela, Paris, PUF, 2018.
Quand l'histoire nous prend par les sentiments, avec Anthony Rowley, Paris, Odile Jacob, 2013.
Les Plus Grands Mensonges de l'histoire, ouvrage collectif, Paris, Pluriel, 2011.
Et si on refaisait l'histoire ?, avec Anthony Rowley, Paris, Odile Jacob, 2009.
Crises, chaos et fins de monde, des Mayas au krach de 2008, collectif, Paris, Perrin, 2009.
Comment naissent les révolutions ?, ouvrage collectif, Paris, Perrin, 2008.
Brève histoire du XXIe siècle, Paris, Perrin, 2007.

Livres d'art

Fred Stein, Genève, Galerie Sonia Zannettacci, 2012.
Feu à volonté, Genève, Galerie Sonia Zannettacci, 2010.
Pierre Dmitrienko – L'assassinat du Biafrais, Paris, Galerie Gaillard, 2009.
Abram Topor grandeur nature, ouvrage collectif, Paris, Passages, 2003.

Fabrice d'ALMEIDA

Histoire mondiale des riches

PLON
www.plon.fr

92, avenue de France
75013 Paris
Tél. : 01 44 16 09 00
Fax : 01 44 16 09 01
www.plon.fr
www.lisez.com

Dépôt légal : octobre 2022
ISBN : 978-2-259-31164-9
Mise en pages : Nord Compo

À Vanessa, toujours

Le problème « riches »

L'équation est simple. La moitié de la population mondiale, soit 3,85 milliards d'individus, souffre de son faible pouvoir d'achat, et s'interroge sur ses fins de mois. Tandis qu'une petite élite, de 10 000 femmes et hommes, donne le spectacle d'un niveau de vie exceptionnel. Dans les médias, ces géants sont partout. On les voit se déplacer en jet privé, conduire des voitures de luxe, Rolls-Royce ou Ferrari, participer à des fêtes magnifiques à Saint-Tropez, Phuket ou Miami. Avec, autour d'eux, des célébrités, des beautés iconiques, des femmes politiques, Beyoncé, Melania Trump, Amal Clooney, Delphine Arnault, Rachida Dati… Toutes chaussées de souliers Louboutin aux semelles rouges caractéristiques. Comme ces aristocrates qui à la cour de Louis XIV se reconnaissaient à leurs talons rouges, très en vogue à la suite d'une mésaventure heureuse du frère du roi. L'histoire aime taquiner ses élites. Monsieur, venu assister au réveil de son frère le Roi-Soleil, portait des souliers de satin dont les talons avaient été tachés par une nuit à farandoler dans les halles des bouchers. Imprégné du sang des bœufs, ils se colorèrent de rouge : les courtisans du royaume crurent à une nouvelle mode. Le jour même, tous avaient fait peindre leurs talons pour attester de leur noble appartenance. Trois siècles plus tard les semelles rouges reprennent du service, signes extérieurs d'une haute couture française affichant un luxe popularisé. Cette fascination, voire cette admiration, pour les détenteurs de grandes richesses suscite pourtant une haine et une détestation croissante.

À longueur d'année, des ONG, des lanceurs d'alerte, dénoncent ces inégalités criantes. Les 1 % les plus riches de la planète détiennent deux fois la richesse de 92 % de la population mondiale, critique Oxfam, en 2020[1]. L'Observatoire des inégalités affirme à la même époque que les 1 % les plus riches de la population possèdent environ la moitié de la richesse mondiale[2]. Le Crédit suisse, dans une étude de 2019, évalue que la Terre compte 47 millions de millionnaires en dollars et que, pris ensemble, ils détiennent 44 % du patrimoine privé mondial.

Depuis longtemps la critique de l'accaparement – et celle des privilèges – pèse sur les riches. Elle a créé des mythes. Comme si les milliardaires rêvaient de consommer tout, de posséder tout, de dominer tout ! Comme si le caviar et les diamants étaient leurs seules passions. Et qu'ils étaient prêts à tuer pour faire fortune. Balzac n'écrivait-il pas déjà au XIXe siècle que « derrière chaque grande fortune se cache un crime » ?

À gauche, cette croyance a nourri l'idée qu'il existe une lutte des classes entre la bourgeoisie, qui détient le capital, et les travailleurs, qui ne possèdent rien. Karl Marx, le théoricien du communisme, l'a écrit au XIXe siècle. Aujourd'hui encore cette doctrine a ses partisans. Elle trouve matière à s'alimenter dans l'actualité. Pendant la crise du Covid, les riches n'ont pas cessé de voyager en prenant leurs avions privés et en franchissant sans difficulté les frontières sanitaires. Ils sont aussi devenus encore plus riches, grâce aux aides des États et au jeu des cours de la bourse.

Les très grandes fortunes atteignent désormais des records. Rares sont leurs prédécesseurs qui ont pu accumuler autant d'argent aussi rapidement. Bien sûr, à son apogée un Rockefeller avait plus du double du patrimoine d'un Jeff Bezos, voire d'un Elon Musk, avec 400 milliards de dollars actuels. Et des revenus estimés à 1 milliard par an. Mais il était le seul du genre ou presque, alors qu'aujourd'hui les milliardaires se comptent par milliers. Le problème « riches » est devenu d'autant plus aigu que les fantasmes tournent à la caricature, à l'amalgame, au complotisme. On fait comme si tous les riches agissaient de la même manière, entre égoïsme et ambition démesurée.

Or chaque détenteur de grande fortune cache une aventure personnelle. Hormis l'argent, aucun n'est semblable à un autre. Quoi de commun entre un industriel indien comme Ratan Tata, à la tête d'un empire de 70 milliards de dollars en 2010, et une Oprah Winfrey, star de la télévision américaine, dont la richesse est évaluée à 2,6 milliards en 2008 ? Un niveau de vie ? Un impact social ? Leurs ambitions, leurs rêves, leur sont propres. Des bâtisseurs ont véritablement changé le monde. Pour le meilleur et pour le pire. Ils ont créé des objets que nous utilisons sans même nous en rendre compte, comme les stylos du baron Bich (et ses rasoirs). Notre quotidien, nos loisirs, notre imaginaire doivent tant à des patrons d'Hollywood, de Bollywood ou du Caire.

Il faut entrer dans le détail de leur existence pour évaluer leur rôle dans les crises et les réussites que nous avons traversées et que nous allons affronter.

Chaque grande fortune occupe une place différente dans l'histoire. Certains sont conscients des enjeux d'intérêt général de leur époque – d'autres non. Face au communisme, des entrepreneurs américains comme Henry Ford ont adopté des positions radicales. Mais à la même époque un autre chef d'entreprise, Armand Hammer, a noué sans hésiter des relations avec le gouvernement bolchevique pour faire fortune. Comment ont-ils justifié leurs choix ? Et les patrons allemands face au nazisme ? Et aujourd'hui face à la crise climatique ou à la pauvreté, quelles sont leurs positions ?

D'autres dirigeants ne se soucient pas de la vie publique. Ils sont seulement obsédés par la réalisation de leurs ambitions personnelles et financières. Comme feue Liliane Bettencourt, ils se tiennent loin de la politique mais arrosent prudemment tous les partis, au cas où…

Tant de profils et de comportements différents traversent le monde de ces grandes fortunes. L'un d'elles, un richissime entrepreneur du bâtiment, me disait vouloir « une vie normale, simple : du travail et des vacances avec [s]es amis ». Il appréciait la discrétion. Mais des jeunes femmes veulent à tout prix exposer leurs millions, telle Kylie Jenner. Cette dernière n'avait qu'un seul objectif : figurer, comme Kim Kardashian, dans les grands classements internationaux, dont le magazine *Forbes* s'est fait une spécialité.

Ce livre est la première exploration de la réalité des riches. Il s'agit de retrouver quelle a été leur place réelle dans notre histoire. À quel point ont-ils influencé nos évolutions ? Ont-ils été touchés par les transformations de nos sociétés ? Quel est leur vrai mode de vie ? Quels sont leurs apports ? Quelles erreurs ont pu être commises ? Comment négocient-ils leurs échecs ? Comment s'organise ce club très sélect des plus grandes fortunes mondiales ?

Pour parvenir à cartographier cette histoire mondiale des riches, je suis parti des individus. Comment cette élite financière a réagi face aux grands événements ? Il n'est pas question de juger, de faire de la morale à peu de frais. Mais bien de comprendre en essayant de se mettre en situation. Pour cette raison, cette exploration décrit en détail le contexte, afin que l'on puisse se projeter dans l'histoire.

Les riches sont ceux qui ont la capacité d'influencer le monde. Pour les définir, il faut oublier les égalitaristes, qui cristallisent leur attention sur les revenus et se demandent si toucher deux ou trois fois le salaire moyen fait de vous un riche. Il faut s'émanciper des déclarations électoralistes comme celle de François Hollande affirmant que l'on est riche dès lors que l'on perçoit plus de 4 000 euros de revenus chaque mois. Cette histoire est celle des vrais riches, ces 2 500 personnes qui possèdent un jet privé et ces 7 500 qui en ont loué un l'an passé. Ces propriétaires d'immenses patrimoines qui jadis voyageaient dans leur train privé et qui, hier comme aujourd'hui, possèdent un yacht pour leur agrément. Voilà les femmes et les hommes dont j'ai cherché à reconstituer le parcours, la vie, pour nous éclairer sur leur véritable influence depuis que le monde industriel a tout bouleversé.

Avant le milieu du XIXe siècle, les riches étaient les grands aristocrates, les princes et les reines. Qui pouvait être plus riche qu'un roi ? Seuls quelques banquiers s'élevaient parfois. Mais ils devaient vite rentrer dans le rang au risque de voir saisir leurs biens par les rois, malheur que connut le Français Jacques Cœur au XVe siècle. À moins qu'ils ne soient victimes de la banqueroute des souverains, comme les Fugger au XVIe siècle, en Allemagne. D'une certaine manière, la France de Louis XIV a inventé le style de vie des premiers riches, leur quête du luxe et leur ardeur à imposer leur goût au reste de la population. Rien d'étonnant à ce qu'au XIXe siècle l'empreinte de ce modèle ait survécu.

Avec la révolution industrielle et le libre-échange qui s'installe après 1860, la mondialisation crée de nouvelles opportunités, de nouvelles fortunes. Pour la première fois, la terre n'est plus la première source de revenus. Les patrimoines se diversifient. Les voyages sont facilités par la vapeur et l'on peut détenir des propriétés à l'étranger ou dans les colonies. Les riches deviennent hors sol. On peut retrouver cette histoire par les archives et aussi par la presse qui expose déjà de menus faits sur les familles en vue. Vient ensuite la confrontation au grand drame du XXe siècle : la première et la seconde guerre mondiale et les totalitarismes.

Toute l'hypocrisie de ces systèmes apparaît dans la gestion du luxe et des privilèges. Le communisme, en soixante-dix ans d'existence, ne parvient pas à modifier la nature accumulatrice des êtres humains.

Le développement de la première jet-set ouvre une ère nouvelle où les questions de style de vie se posent. S'imposent des séducteurs, comme Porfirio Rubirosa, ou Aristote Onassis. C'est aussi le temps où les déviances de quelques personnalités créent le fantasme d'une perversion de la richesse. Comme si l'argent avait un pouvoir de corruption plus moral que financier. Enfin, une dernière étape fascine. Depuis les années 1980 : les grands fortunés deviennent de véritables stars, demandées par les médias, manageant leur communication et leur intimité. En plongeant dans les Panama et les Pandora Papers, ainsi que dans plusieurs dossiers de WikiLeaks, l'évasion fiscale saute aux yeux. Est-ce grâce à cela que le nombre de milliardaires ne cesse de croître ? La réponse se trouve dans le *boom* démographique et la financiarisation. Aujourd'hui, les milliardaires sont prompts à clamer leur engagement écologiste et social, mais, plus que jamais, ils consomment des produits de luxe et abusent des transports polluants. Le livre expose cette frénésie universelle en montrant que tous les riches n'y participent pas de la même manière.

Au lecteur de se faire une opinion. À lui de savoir s'il veut leur appliquer la morale du passé. Ou s'il préfère les évaluer en fonction de critères universels actuels.

Ce livre entend donc être une réflexion sur ce que sont vraiment les riches. Face au défi du populisme, le traitement qui leur est réservé par le pouvoir est crucial. Trop souvent ce sont les politiques à l'égard des pauvres qui orientaient le débat public. Mais depuis quelques décennies tout le monde partage la définition du « seuil de pauvreté ». Et la nécessité de transferts sociaux pour les aider. En revanche, sur les grandes fortunes, aucun consensus n'existe. Or la gestion de ces immenses patrimoines et de leurs détenteurs a des effets positifs ou négatifs sur l'économie. On ne peut pas les traiter d'un bloc sans risque. Ils sont devenus des acteurs systémiques de l'économie. Il faut donc penser en profondeur les stratégies de fiscalité, ou d'investissement public. Les gouvernements doivent analyser à l'échelle individuelle les meilleures options suivant les secteurs d'action et leur importance pour la collectivité. Faute de quoi, les tensions ne feront que s'exacerber entre le peuple et ses diverses élites. J'espère que cet ouvrage contribuera à ouvrir ce débat et celui sur les inégalités.

Au moment d'achever ces lignes, une ultime pensée me vient. Dans les années 1960, l'artiste Roland Topor disait qu'à l'avenir, les vrais riches ne seraient pas ceux qui vivent de leurs intérêts, comme jadis les rentiers, mais ceux qui feraient fructifier les intérêts de leurs intérêts. L'histoire lui a donné raison.

PREMIÈRE PARTIE

LES PREMIERS MAÎTRES DU MONDE

Être riche a longtemps été l'apanage de la noblesse. Entre 1860 et 1918, les grandes fortunes se diversifient. Pourtant, elles cherchent encore à modeler leur comportement et leur mode de vie sur l'ancien monde. Le rêve d'un patrimoine immobilier et d'une vie oisive incarné par Lord Seymour, une des plus grandes fortunes de son temps, s'éteint lentement. Hasard de l'histoire, il meurt avant la signature du premier grand traité de libre-échange qui ouvre la voie à la mondialisation. Mais les sociabilités aristocratiques, les grands bals comme les questions d'honneur impriment leur marque sur la haute société mondiale émergente.

Dès le départ les grands de ce monde ont couplé l'idée même de fortune à une capacité de voyager et de trouver des lieux idéaux pour passer d'une saison à l'autre. À la fin du XIXe siècle, déjà, quelques sites attirent les plus fortunés. Certains aujourd'hui ont conservé leur attrait, d'autres sont oubliés. Mais tous signalent l'incroyable mobilité qu'offre la richesse. Et une forme de quête du plaisir pour ceux qui en ont les moyens. L'ancien et le nouveau monde des grandes fortunes ont cela en commun.

C'est bien la révolution industrielle qui bouleverse l'ordre des fortunés. Les industriels deviennent les grandes puissances qui, dans le monde entier, dictent leur volonté aussi bien à la masse de leurs ouvriers qu'aux États. Leur argent est indéniablement une source de pouvoir. Les gouvernements ont deux réactions face à ce défi : ils tentent d'organiser cette force brute en élaborant de nouvelles règles, ou ils établissent une forme d'alliance avec cette aristocratie d'un nouveau genre. Les mariages ne sont pas rares entre l'ancienne et la nouvelle élite. Le monde de la banque connaît une évolution similaire. Ces nouveaux héros du capitalisme font l'histoire, tant ils modifient le fonctionnement des sociétés, leur organisation et leur mode de vie. Leur puissance explique les contours de la première mondialisation, dont un groupe comme HSBC a été le pionnier sur des bases dont la morale n'était pas la préoccupation première. Les riches connaissent les codes de conduite mais définissent désormais leur propre éthique.

La première guerre mondiale signe la fin d'une époque. Une grande partie des petits riches qui avaient peuplé le XIXe siècle voient leur patrimoine s'effondrer. Ils vivaient de leurs placements en rente d'État. Or, l'inflation et les défauts de plusieurs grandes puissances comme la Russie ou l'Empire ottoman les mettent en situation critique. À l'inverse, les grands fournisseurs des industries de guerre parviennent au sommet de la société. Basil Zaharoff est de ceux-là. Il est loin d'être le seul. La guerre signe donc le sacrifice de l'élite ancienne sur l'autel de la patrie, alors que de nouveaux maîtres du monde voient le jour. Dès avant le premier conflit mondial, les écarts de fortune sont tels que l'on envisage des mesures pour corriger les inégalités. Mais seule la guerre crée les conditions qui permettent de faire accepter l'impôt sur le revenu dans les grandes démocraties. Comme si, à l'occasion de l'engagement commun pour la défense des pays, un nouveau pacte social était créé. Là réside l'originalité de ce conflit où, pour la dernière fois, les élites mourront parfois davantage que les masses.

Un mot encore sur une dimension clé de cette époque : le rapport entre maîtres et valets. Car la domesticité accompagne l'accroissement du nombre des grandes fortunes. Avec l'ère industrielle, le personnel de maison devient difficile à trouver. On ne se passe plus les fonctions de père en fils, comme le permettaient les deux logiques anciennes de l'esclavage et de l'office spécialisé, c'est-à-dire une fonction bien définie dans la structure d'une maison. À la fin du XIXe siècle, l'esclavage semble condamné à disparaître. Comme si la possibilité des voyages avait brisé l'attachement à la terre des sociétés anciennes. Au Brésil, cette situation va modifier les modes de production. Dans le monde occidental, les années 1860-1930 signent cette mutation du personnel domestique. C'est la raison pour laquelle elles ont produit tant d'œuvres de fiction et de modifications du cadre juridique. Une forme de malaise est perceptible et les riches ne cessent de se plaindre des servantes et des valets. Seuls quelques modèles du genre échappent à leur récrimination, laquelle témoigne du nouveau rapport d'autorité qui s'établit. Désormais les domestiques ne sont plus corvéables à merci. Une limite que les riches acceptent, tant ils disposent d'autres moyens exceptionnels pour faire l'histoire.

1860
Le traité qui a changé les riches

Le samedi 16 janvier 1860, rue Taitbout à Paris, la foule des grands jours se presse devant les portes de l'hôtel de Brancas-Lauragais. Les privilégiés ayant eu l'honneur de recevoir une des rares invitations qui ont été faites ne veulent pas manquer cette exposition unique : celle de la vente des biens de Lord Henry Seymour. Encore dans la force l'âge, ce dandy sportif connu dans l'Europe entière s'est éteint au mois d'août précédent. La vente de ses chevaux de course a atteint des records ;

c'est maintenant son mobilier qui est mis en vente. L'événement a donc un retentissement particulier dans le monde, car le gentilhomme franco-britannique avait été le premier président et l'un des fondateurs d'une des institutions les plus huppées de la capitale : le Jockey Club.

Dans les étages, plusieurs dizaines de tableaux, de meubles, d'objets d'art attendent les acheteurs. La veille au soir, en secret, quelques éminences, dont le prince Napoléon Jérôme, ont pu visiter à la lueur de bougies cette caverne d'Ali Baba du XIXe siècle. Lord Seymour était riche, très riche. On disait qu'il n'avait pas moins de 900 000 livres de rente par an.

Vers 15 heures, alors que le Tout-Paris déambule dans les salons, une rumeur enfle : l'empereur, Napoléon III, vient d'arriver. Barbe et cheveux bien tirés, le souverain descend seul de son coupé et s'engouffre dans le bâtiment, sans plus de cérémonie. Déjà les visiteurs s'agglutinent autour de lui, mais un des experts de la vente parvient à se frayer un chemin afin de lui servir de guide. Si Sa Majesté n'est pas la première fortune de France, sa richesse lui permet quelques excentricités. À pas lents, les deux hommes font le tour des salles. On s'arrête devant des chefs-d'œuvre : deux études de chevaux du peintre Géricault, puis devant les tableaux d'un artiste alors très en vogue, Bonington, lui aussi franco-britannique. La visite se poursuit avec la salle d'armes. Là, Napoléon III se décide. Il en acquiert toute la collection. Il faut dire que Lord Seymour était un des meilleurs escrimeurs de son temps et qu'il avait ouvert dans son logement rue Taitbout une véritable salle d'armes. Il y invitait tous les maîtres de passage à Paris et exigeait d'affronter les plus fines lames. Pourtant, ce grand seigneur a échappé à la folie des duels de son époque, sans doute protégé par sa réputation. On raconte qu'il ne s'est jamais battu…

Lord Seymour entre dans l'histoire des riches tant il représente une conception de la grandeur sur le déclin. Sa fortune est avant tout foncière. Elle repose sur l'héritage de sa mère, la comtesse d'Hertford, dont il est le fils illégitime puisque son père n'était pas le comte, mais le marquis de Montrond, un diplomate français très en cour sous les règnes de Louis XVIII et Charles X. Des terres et des bêtes possédées des deux côtés de la Manche ont assuré à Lord Seymour une vie oisive et opulente. Il s'adonne à ses passions, l'escrime, les chevaux et en particulier les courses hippiques.

C'est ainsi qu'avec quelques amis, un soir de 1834, il a l'idée de créer un club pour améliorer la race chevaline française : le Jockey Club de Paris[1]. Conçue comme son homologue britannique, l'association devait rassembler des éleveurs. Mais rapidement des personnalités issues de la haute noblesse s'y retrouvent[2]. Sous sa présidence, le Jockey s'est installé rue Drouot. On y dîne, on y noce et l'on y fait des paris, scrupuleusement inscrits dans un grand livre. Ces noceurs investissent cependant dans l'art hippique et créent des champs de courses, notamment celui d'Auteuil, et des prix pour améliorer la race chevaline. Lord Seymour pousse dans cette direction, voulant éviter que le club, où seuls sont admis des hommes, ne tourne au divertissement. Le cheval est une chose sérieuse pour lui. Et de fait, dans sa collection, les tableaux et les bronzes de chevaux (et de chiens) sont si nombreux que les vrais amateurs d'art s'en offusquent.

L'art, c'est presque du sacré pour la grande noblesse. Tous les arts. Au Jockey, les collectionneurs sont nombreux et l'on se plaît à se rendre à l'Opéra. D'autant plus souvent après le déménagement du club en 1863 dans un magnifique bâtiment au 1, rue Scribe. Juste à l'angle de la place de l'Opéra. Les membres du club y louent des loges à l'année, et en profitent pour passer souvent en coulisse et entretenir les ballerines, les convier à souper dans l'un des petits salons du Jockey[3]. Quand on est riche, on peut avoir ses danseuses ! Ce club, en 1860, est encore confidentiel.

En sortant de l'exposition, l'empereur affiche une mine satisfaite. Il mesure combien son régime politique et ses hommes ont pris le pas sur l'ancienne aristocratie royaliste. Au Jockey Club, les bonapartistes sont nombreux. Son demi-frère, le duc de Morny, en est, tout comme Achille Fould, son ministre des Finances[4]. Les finances, la banque, l'empereur y songe en cet après-midi crépusculaire. Il sait qu'au même moment s'achève une longue négociation, cruciale pour l'avenir du pays, pour sa puissance industrielle. Il pense, comme son conseiller Michel Chevalier, que la France doit changer et devenir une grande nation productrice d'objets manufacturés grâce à de vastes usines, sur le modèle britannique. Napoléon III pressent l'importance de ces innovations pour le monde qui vient.

Les pourparlers se déroulent dans le plus grand secret avec le représentant du commerce britannique Richard Cobden[5]. Chevalier les conduit côté français. Cet homme dans la force de l'âge, à 54 ans, est devenu une figure de la vie nationale, mais il incarne tout le contraire des aristocrates du Jockey Club. Polytechnicien, il ne doit pas grand-chose à sa naissance. Son club à lui, c'est la Société d'économie politique. Une association fondée en 1842 qui a survécu à trois régimes en s'abritant derrière de hautes personnalités, mais qui poursuit un but : la mise en place de libertés économiques dans le monde entier. Et Chevalier s'est donc fait une expertise dans la banque, car là réside la source des investissements dans l'industrie.

Le professeur français connaît Cobden depuis longtemps. Il a suivi la lutte de l'industriel britannique contre les taxes sur les céréales[6]. La ligue fondée à cette occasion, la Anti-Corn Law League, est devenue un phare pour tous les libéraux d'Europe. Contre toute attente, au terme d'un long parcours, elle a obtenu l'abolition de ces lois entravant le libre-échange, en mai 1846[7]. Pour célébrer ce succès, Cobden est invité à Paris par la Société d'économie politique en août de cette même année pour prononcer un discours. Avec sa belle prestance et sa chevelure longue, blanchie par le travail, l'orateur a séduit son auditoire et vanté les mérites du libéralisme. Chevalier était là, bien sûr, vêtu d'une redingote sombre, le crâne déjà bien dégarni. Il buvait les paroles de Cobden et s'en est fait un programme pour la France.

Dix ans plus tard, le professeur au Collège de France a repris son bâton de pèlerin pour aller voir l'empereur Napoléon III. Ce dernier l'a écouté, et a accepté de rencontrer Cobden. Les négociations ont commencé et se sont prolongées, jusqu'à ce mois de janvier 1860.

Dans son coupé, alors qu'il rentre au château des Tuileries, en écoutant le pas des chevaux sur le pavé parisien fraîchement retravaillé, Napoléon III songe que dans quelques jours ce tournant politique libéral deviendra officiel. Bien sûr, la concurrence des produits anglais risque d'affaiblir certaines entreprises françaises moins performantes. Mais cela contraindra le pays à se moderniser pour renforcer sa puissance sur le continent[8]. Et les entrepreneurs devront emprunter aux banques et créer de plus vastes entreprises. Une nouvelle manière de produire verra le jour. Les banquiers encadreront une multitude de patrons. Déjà à cette époque, les financiers comptent parmi les plus grandes fortunes. James de Rothschild en est l'exemple. Il prospère grâce à la politique extérieure de la France, prêtant à l'Italie et à l'Espagne soutenues par Paris. Le traité sera une bonne nouvelle pour ce membre du Jockey Club, dont le titre de noblesse vient d'Autriche. Mais surtout, au-delà des intérêts personnels, ce sont des partisans de l'Empire qui créent les grandes banques de dépôt : le Crédit industriel et commercial, en 1859, le Crédit lyonnais et la Société générale, en 1863 et en 1864. Des maisons qui, comme celle des frères Pereire, vont profiter du grand virage libéral impérial[9].

Une semaine après l'exposition des biens de Lord Seymour, un nouveau monde naît. Le 23 janvier 1860, le traité de libre-échange franco-britannique est signé. Il bouleverse toute l'économie mondiale, car les deux grandes puissances que sont le Royaume-Uni et la France possèdent des colonies et des zones d'influence à l'échelle planétaire. Elles vont imposer à tous une baisse des tarifs douaniers et faciliter la circulation des biens et des personnes de New Delhi à New York en passant par Marseille, Le Cap, Berlin ou Moscou.

Pour les membres du Jockey Club, en apparence, rien ne change. Leur style de vie élitiste reste un modèle envié de toutes les grandes fortunes montantes. Mais une chose est pourtant en cours de mutation lente : leur place dans la richesse des nations commence à reculer, irrémédiablement. Cela, les aristocrates et propriétaires terriens le comprendront plus tard, bien plus tard.

En attendant, ils jouissent des plaisirs terrestres et de la vie parisienne, avec ses femmes toutes plus désirables les unes que les autres. À l'entrée du Jockey Club, ces messieurs saluent la bouquetière dont l'échoppe se tient sur la droite et lui demandent de porter des fleurs à leurs amantes, pour que le délicat parfum des roses et des œillets fasse chavirer leur cœur.

1864
Le miracle de Saint-Moritz

En 1864, Saint-Moritz n'est encore qu'un petit village de Suisse, perché dans les montagnes à plus de 1 800 mètres d'altitude. La pureté de l'air y est, dit-on, propice à tout guérir. Et les eaux, dont témoigne l'éclat du lac voisin, ont une composition excellente pour la santé : sulfureuses et sodiques… L'idéal pour une station thermale, et il en existait déjà plusieurs dans la région de l'Engadin au début du XIXe siècle. À côté du vieux village, le *Dorf* en allemand, quelques maisons forment un deuxième hameau, nommé Saint-Moritz-les-Bains. Une route bucolique relie les deux parties et retrouve ensuite la vallée, en direction des autres lacs, dont le fameux Sils-Maria. À l'été, le paysage verdoyant peut distraire le voyageur en provenance de Lucerne, Zurich, Berne, Saint-Gall ou de l'Italie toute proche.

En 1858, un montagnard, ancien marchand de glace, fils d'un hôtelier, Johannes Badrutt, y avait racheté une pension de douze chambres : la maison Kulm, bientôt transformée en hôtel[10]. On y recevait principalement des Anglais. Badrutt était trapu, barbu, il avait le front large et le teint buriné. C'était un travailleur acharné. Avec son épouse, il espérait beaucoup de l'engouement des familles fortunées pour la montagne. Les premières années avaient été plutôt fructueuses, avec une activité saisonnière qui lui laissait du temps l'hiver pour améliorer son bâtiment et l'étendre.

L'été, en effet, les familles bourgeoises et nobles fuient la chaleur nauséabonde des grandes villes. Elles passent la belle saison entre bains de soleil et promenades. Une maladie en particulier est combattue par ce régime : la tuberculose. Déjà, elle décime la jeunesse. Les médecins croient que l'air pur des hauteurs est meilleur pour les poumons endommagés. À l'automne, chacun regagne les villes pour profiter de la saison d'hiver avec ses bals et ses réceptions. L'activité professionnelle reprend ses droits aussi. Personne à l'exception des villageois ne reste en altitude l'hiver venu. Le froid ne risque-t-il pas de dégrader la santé ? Et l'isolement empêche de tenir son rang dans le monde.

Pourtant, Johannes Badrutt le constate, les hivers ne sont pas mornes à Saint-Moritz. L'ensoleillement vaut presque celui de l'été. Et, si les journées sont plus courtes, les veillées auprès de la cheminée et les plaisirs de la table compensent ce désagrément. Pour être froid, l'air n'en est pas moins pur. Tout compte fait, l'hiver, la nature est vivifiante.

L'hôtelier rumine ses réflexions depuis un moment, quand un jour, à la fin de l'été 1864, il s'en ouvre à ses six derniers clients, des habitués anglais, tous issus de la *gentry*. Et il leur propose un pari simple. Si ces messieurs veulent bien revenir pour l'hiver, Badrutt leur promet un excellent séjour avec des jeux dans la neige et du soleil à foison ! Sinon, il leur remboursera les frais de voyage.

Et voici ces excentriques Britanniques revenant en plein hiver. À la fin de leur congé hivernal, les clients ont tant apprécié le séjour qu'ils lui font de la publicité, au point que l'hôtel ne désemplit plus, été comme hiver. Au passage, Badrutt invente les sports d'hiver, en particulier le curling et la luge. Et les Anglais adorent cela. De fait, c'est à Saint-Moritz qu'est créé le premier club britannique de ski, en 1868.

Mais pour l'histoire des riches, une autre innovation apparaît. Johannes Badrutt, qui s'est rendu à l'Exposition universelle de Paris en 1878, est séduit par une invention : l'électricité. Il décide d'équiper son hôtel, qui, dès l'année suivante, est la première habitation suisse à en bénéficier. Avec l'électricité vient aussi, plus tard, en 1896, un tramway qui relie le vieux village et le hameau des Bains. Le premier de la Confédération helvétique. Puis le train relie la station à la vallée en 1904.

Cela, Johannes Badrutt ne le voit pas. Il s'éteint en 1889, laissant son établissement totalement transformé à son fils Peter Robert. Père de onze enfants, Johannes peut se targuer d'être à sa mort le plus grand propriétaire terrien du village, avec pas moins de cinq propriétés dont plusieurs hôtels. Sous sa direction, le Kulm est devenu célèbre dans toute l'Europe. Saint-Moritz donne des idées. Partout l'alpinisme se déploie et le ski devient un loisir d'élite.

Caspar, son deuxième fils, s'est lancé dans l'hôtellerie. Il a racheté l'hôtel Beau Rivage. Mais cela ne lui suffit pas : il décide de construire à Saint-Moritz même un autre hôtel de luxe, le Badrutt's Palace. Érigé en 1892, l'établissement n'ouvre ses portes qu'en 1896, alors que Caspar, vieillissant, laisse la direction à son fils Hans. C'est ce dernier qui, par la publicité, va faire du Badrutt's Palace le refuge de la haute société internationale et de Saint-Moritz, la station incontournable des Alpes, plus chic que Gstaad, qui se trouve sur l'autre versant de la montagne.

À la veille de la Grande Guerre déjà le Tout-Buenos Aires, le Tout-New York et le Tout-Paris s'y retrouvent. Car la station s'est équipée de pistes de luge et de ski avant les autres, et à partir de 1889, elle a le premier golf de toutes les Alpes. Moderne à en crever, Saint-Moritz effectue le premier vol avec décollage sur glace.

Dans les années 1920 et 1930, sa croissance s'accélère au point que les premiers jeux d'hiver y sont organisés, en 1928. Téléphérique, remontées mécaniques pionnières en Suisse... on pourrait égrainer longtemps cette liste d'innovations.

Tout cela attire des artistes, des stars, à commencer par Charlie Chaplin qui séjourne à plusieurs reprises à Saint-Moritz, avant de s'installer en Suisse définitivement à partir de 1952. En passant par Coco Chanel, Alfred Hitchcock, Douglas Fairbanks, Brigitte Bardot, Colin Firth[11]...

Mais le point crucial dans l'histoire des riches est la dimension de l'entre-soi, la clôture invisible qui entoure certains lieux de la station. Car à Saint-Moritz, très tôt la notion de club remplit une fonction particulière. L'un des plus sélects est le club de luge du Cresta Run : le Saint-Moritz Tobogganing Club (SMTC). Depuis 1885, cette association construit chaque année une piste de luge sur laquelle s'élancent les concurrents[12]. La piste est indissolublement liée à l'hôtel Kulm, puisque Caspar Badrutt avait pris l'initiative de construire la première, alors que le major William Henry Bulpett de son côté fondait le club. Ce cénacle rassemblait les casse-cou qui jusqu'alors se défiaient et fonçaient dans les rues du village la tête en avant sur leur luge.

Le club a ses rites. Il faut au moins trois séances d'initiation avant d'être lancé seul sur la piste. Ou encore, celui qui échoue et sort en vol plané de la piste dans le « Shuttlecock », un virage très serré, devient membre du « Shuttlecock Club » et peut porter la prestigieuse cravate rouge en signe de reconnaissance. Une boisson est partagée par les membres : le Bullshot. Sans oublier le dîner annuel qui rassemble le Tout-Saint-Moritz. La présidence du SMTC a été assurée par des personnalités de premier plan, souvent extrêmement riches : le prince Constantin de Liechtenstein, le séduisant Gunter Sachs, Gianni Agnelli, le patron de la Fiat, ou l'Irlandais, désormais résident suisse, Lord Wrottesley… Évidemment la langue la plus courante dans le club est l'anglais.

1 300 privilégiés en sont membres, pas tous britanniques. Une liste additionnelle présélectionne les futurs adhérents… Pour compenser l'âge, l'agilité, etc., la course admet un système complexe de handicap. Et pendant plus d'un siècle, seuls les hommes y seront admis. Il a fallu attendre 2018 pour qu'un vote aux deux tiers permette aux femmes d'accéder au club. Précisons qu'elles se lançaient sur la piste depuis bien longtemps…

Non moins sélect est le Bob Club de Saint-Moritz, dont le prince Albert de Monaco est un membre actif et où l'on pratique le bobsleigh sur une piste aussi entretenue à grands frais. La différence avec la luge ? Les bords de la piste sont ici fermés, donc les risques de sortie sont moindres. La piste, la Olympia Bob Run, a été créée en 1904. Là encore Gunter Sachs en a été président… Cet Allemand d'origine, descendant des fondateurs d'Opel, devenu photographe, membre éminent de la jet-set (et notamment mari de Brigitte Bardot), s'identifie au succès de Saint-Moritz depuis les années 1960. Il y faisait venir ses amis du monde entier et louait la plus belle suite du Badrutt's Palace, le dernier étage de la tour, avant de construire sa propre maison non loin. Il a créé le Club Dracula, aujourd'hui géré par son fils Rolf, une boîte de nuit très en vogue. Gunter Sachs avait décoré la suite à son goût avec des œuvres de ses amis artistes, dont Andy Warhol et Roy Lichtenstein, qui furent ses invités à Saint-Moritz.

À l'évidence, Saint-Moritz symbolise l'engouement des élites fortunées pour les sports d'hiver et l'ivresse de la vitesse. Car la luge peut atteindre 130 à 140 km/h. Sur la piste les champions côtoient des amateurs fortunés. Mais le village montagnard, déjà au XIXe siècle, exprime une forme de coupure entre le monde des riches et le peuple. Coupure géographique, d'abord, car il faut prendre le temps de partir durablement et suspendre ses activités professionnelles. Seuls des revenus réguliers, dépendant du travail des autres, le permettent. La distanciation est l'apanage de ceux qui peuvent se la permettre. Aspen, aux États-Unis, Crans-Montana, en Suisse, voire Megève, Chamonix ou Val d'Isère, en France, reposent sur le même paradigme. Toutefois, avec le développement des infrastructures ferroviaires et la baisse des coûts de transport, le tourisme de masse s'impose : il remet en cause le splendide isolement montagnard. La démocratisation des sports d'hiver après 1945 contraint les riches à établir d'autres limites pour ne pas se confondre avec le *vulgum pecus*.

C'est alors que le modèle des clubs venu du sport se répand dans d'autres secteurs à Saint-Moritz. Les restaurants d'altitude vont adopter cette logique pour trier leur clientèle. Le plus sélect et le plus ancien renvoie encore à l'histoire des Badrutt. En 1930, quelques résidents de l'hôtel demandent à utiliser une hutte en altitude pour s'y reposer. Bientôt, le local est aménagé et le personnel de l'hôtel se charge d'y porter tout le nécessaire pour se restaurer et se reposer sur la terrasse, au soleil. Réservé au groupe qui s'était initialement donné rendez-vous dans ce lieu et qui comptait déjà des altesses et des hommes d'affaires de haut vol, le Corviglia Club est resté le restaurant le plus chic au monde. Il est difficile d'y obtenir une table si l'on n'est pas admis dans l'association. Mieux encore, certaines tables doivent toujours rester vides pour pouvoir accueillir à tout moment les membres à vie. Un groupe encore plus resserré que celui des adhérents, pourtant ultra-sélect. D'où des distinctions qui ne tiennent pas seulement à la fortune, mais aussi au réseau, aux amitiés, et à la célébrité. Car le club comprend le désir de discrétion de stars poursuivies par la presse et se montre souvent généreux avec elles.

Le modèle du club pour accéder aux restaurants est ainsi devenu une marque pour attirer les skieurs. Même des restaurants d'altitude créés voici une vingtaine d'années, comme El Paradiso d'Anja et Hans Jörg Zingg, sont conçus comme des clubs. Pour y déjeuner ou dîner, il faut adhérer, soit provisoirement, pour la plupart des hôtes, soit à l'année, pour les 99 membres du cercle qui jouissent, eux, de tables privilégiées[13].

Ce système explique l'intérêt des chefs d'État et des responsables politiques pour Saint-Moritz, qui leur garantit une tranquillité et facilite le contrôle de leur sécurité. Le Shah d'Iran en fait les beaux jours, fréquentant le bar du Badrutt's Palace en toute simplicité[14]. D'où aussi l'organisation de conférences internationales dans la cité. Un modèle qui sera repris à Davos, donnant ainsi aux montagnes suisses une allure de zone d'échanges entre les élites, avec un principe de confidentialité.

En fait, les propriétaires des grands hôtels et grands restaurants reproduisent le modèle que leurs premiers clients leur ont enseigné : le luxe doit faire rêver et la difficulté d'accès fait partie du mythe. En ce sens, Caspar puis Hans Badrutt et leurs descendants sont entrés dans le monde des riches. Les qualificatifs employés par les chroniqueurs de la presse internationale pour décrire Hans étaient ceux qui décrivaient un parfait *gentleman*, un homme du monde[15]. Autrement dit, un des nôtres, pour ses clients. Et de fait, ces entrepreneurs se sont progressivement éloignés de la gestion quotidienne, jusqu'à Hansjürg et Aniko Badrutt, la quatrième génération. Ces derniers ont confié le management du Badrutt's Palace Hotel, d'abord au groupe hôtelier Rosewood, et, depuis 2003, à un directeur général, Hans Wiedemann. La famille a même cédé 30 % des actions de sa société pour obtenir de l'argent frais et le placer dans d'autres entreprises. Déjà, leur neveu Johannes avait cédé ses parts à un groupe italien. Quant au Kulm Hotel, il a quitté la famille Badrutt dès 1956, avant d'être racheté en 1968 par Stavros Niarchos, l'armateur grec[16].

Wiedemann agit comme un héritier. Il a levé 300 millions de francs suisses pour relancer et rénover l'hôtel. Son expérience longue de manager dans le luxe rassure les investisseurs et favorise un recrutement d'élite pour les 540 membres de son personnel durant la saison hivernale. Neuf restaurants et trois bars dans le bâtiment assurent une activité pérenne. Wiedemann a pris sa retraite en 2019, mais surveille les affaires d'une entreprise dont il est maintenant actionnaire majoritaire.

Car le luxe est rémunérateur, très rémunérateur. Avec environ 50 millions d'euros de chiffre d'affaires annuel, le Badrutt' Palace fait entrer ses propriétaires à un niveau de fortune bien supérieur à celui du fondateur de la dynastie, Johannes Badrutt. Ce pionnier avait acquis la pension Kulm pour la modeste somme de 28 500 francs suisses.

En réalité, la famille Badrutt a essaimé et de nombreux descendants de Johannes sont devenus hôteliers en Suisse, en Autriche et même en Égypte, avec le Louxor Palace fondé dans les années 1920.

À l'image des Badrutt, Saint-Moritz n'est plus un petit village isolé, un point sur la carte au bout d'un chemin de terre. C'est une ville possédant son aéroport et une marque, dont tous les propriétaires de grands hôtels concourent aujourd'hui à entretenir le mythe. Lieu de rêve pour les riches, Saint-Moritz a changé la réalité des modestes familles de montagnards qui y vivaient au XIXe siècle.

1864
LES MAÎTRES DE L'ACIER, LES PREMIERS NOUVEAUX RICHES

Le 19 février 1864, à Paris, « Son Excellence » Eugène Schneider a pris l'initiative d'une réunion. Doivent y assister les grands « maîtres de forges », ces patrons de l'industrie du fer et de l'acier, alors en pleine expansion. Le traité de libre-échange de 1860 commençait à produire ses effets. Il était temps de se rassembler et de contrecarrer l'influence des sidérurgistes anglais et allemands. Il fallait moderniser les procédés de fabrication, mais pas seulement. Tous ensemble, les patrons du secteur voulaient obtenir des garanties, voire des protections, des pouvoirs publics afin d'assurer la vie de leurs nombreux ouvriers et mineurs.

Schneider plus que tout autre maîtrise les enjeux, lui qui règne à la fois sur une mine et sur une forge, dans sa ville du Creusot. Sa vaste demeure, le château de la Verrerie, vit au rythme de sa respiration. Quand il y est présent, on hisse le drapeau, et quand il s'en va, on le descend, comme si la cité entière était en deuil de son seigneur. Schneider n'est pas noble ; il a racheté simplement le château. Sa fortune industrielle et financière est telle qu'il possède un hôtel particulier à Paris, d'abord rue de la Victoire, puis rue Boudreau. Là, il donne bals et fêtes et devient une figure influente de la vie parisienne. Il est le modèle des affairistes brossé par Zola dans *Son Excellence Eugène Rougon*.

Eugène Schneider n'est pourtant pas un jouisseur. Sa vie entière est tournée vers le travail et il a organisé sa vie personnelle pour la plus grande efficacité de ses affaires. C'est ainsi qu'il décrète que ses enfants doivent parler anglais à la maison afin d'être capables de lutter contre la concurrence. Schneider, député bonapartiste et pilier du régime, sait qu'il ne sera pas possible de revenir en arrière, de faire remonter les tarifs douaniers. Mieux vaut trouver les moyens de biaiser pour lutter contre la concurrence étrangère.

Mais le maître du Creusot ne résume pas à lui seul le Comité des forges de France. Les dix autres personnalités qui composent le tour de table sont de puissants industriels. Chacun représente une région et un type de production. Et tous ne sont pas bonapartistes, à l'instar des royalistes légitimistes Paul Benoist d'Azy (représentant le Gard) et Charles de Wendel (de Hayange, en Lorraine). En principe, ces potentats devraient se réunir une fois par an pour coordonner leur action, mais les fortes personnalités peinent à s'entendre. Aucune décision importante n'est prise ce jour-là pour la sidérurgie française qui profite essentiellement de la croissance globale du marché. C'est l'époque du train et il faut du fer et de l'acier pour les rails, les locomotives, les wagons. D'autres secteurs tirent aussi la demande : la construction, avec ses structures métalliques, la marine et, bien sûr, l'armement.

D'immenses fortunes se construisent et ces patrons à la richesse décuplée sont des stratèges. Charles de Wendel, par exemple, en gérant la Compagnie des chemins de fer de l'Est, assure un marché à ses usines. Son fils Robert, qui reprend les affaires à sa mort, maintient une stratégie similaire, mais surtout y ajoute une modernisation constante de son équipement. Ces grandes dynasties industrielles se déploient dans tout le monde occidental[17].

De l'autre côté du Rhin, une autre dynastie se fait jour : celle des Thyssen. Le paysage n'est pas le même que celui de la Bourgogne ou de la Lorraine. Et pourtant, dans la Ruhr, un réseau de petites villes industrieuses est déjà constitué. La production explose. L'Allemagne, après l'Angleterre et un peu après la

France, connaît son décollage industriel. Les grandes fortunes basculent vers ce nouveau monde, dont quelques jeunes bien éduqués comprennent la puissance.

August Thyssen est de ceux-là. Son père, Friedrich, avait créé une première entreprise équipée d'un laminoir roulant, avant de la revendre et de fonder une banque d'affaires dans la petite commune d'Eschweiler, près d'Aix-la-Chapelle. Après ses études d'ingénieur, complétées d'une formation au commerce, et son service militaire, le voici accueilli dans la banque paternelle. Ce passage à la pratique lui permet de repérer des affaires rentables pour s'enrichir. La montée de la Prusse à la faveur de la guerre avec l'Autriche en 1866 lui confirme l'insatiable demande d'acier.

À 25 ans, en 1867, avec son beau-frère Désiré Bicheroux et un spécialiste belge de l'acier, Noël Fossoul, August Thyssen crée une forge à Duisbourg. En quatre ans le capital investi est quadruplé. Thyssen revend alors ses parts, prend son bénéfice et guette une autre opportunité.

C'est Thyssen & Co : une nouvelle aciérie fondée à Styrum, près de Mülheim, en 1871. On est ici au cœur de la Ruhr où deux ingrédients essentiels sont réunis pour forger l'acier : le charbon et le minerai de fer. La Ruhr devient un modèle à l'échelle mondiale au moment où l'industrie bouleverse les existences. Des villes grandissent autour des mines et des usines, dont les capacités de production ne cessent de croître. Les conditions de travail sont difficiles, y compris au Creusot, malgré le paternalisme patronal. Des conflits sociaux éclatent régulièrement. La sidérurgie est un monde masculin. Au Creusot, à Duisbourg ou à Essen, les femmes ne sortent du foyer que lors des grèves pour soutenir leurs époux, au risque d'être arrêtées et emprisonnées. L'État devra intervenir pour trouver des compromis, mais pas immédiatement, seulement à mesure que la pression des partis socialistes se fera sentir.

August Thyssen a 35 ans à la mort de son père, en 1877. Son frère Joseph devient son nouvel associé. Déjà ses affaires sont florissantes et la compagnie étend ses activités vers la Lorraine, nouvelle venue de l'Empire allemand, né en 1871, grâce à la poigne de Bismarck. Pour développer sa capacité de production, August suit les innovations techniques et les changements d'organisation. Mais surtout, il pratique l'intégration verticale. Thyssen rachète ses fournisseurs en charbon afin de produire du coke de meilleure qualité pour ses aciers spéciaux. Bientôt, il intègre aussi des mines de fer et se diversifie à l'étranger en étendant ses entreprises de transformation et de matières premières en Scandinavie, en Afrique du Nord, en Russie et même en Inde. Pour les transports, Thyssen & Co acquiert aussi des bateaux.

Au début du XXe siècle, le groupe Thyssen est devenu immense. La fortune familiale n'exclut pas les sentiments, et Arthur possède encore la petite banque de son père. Il fait aussi participer ses enfants à ses affaires, non sans quelques tensions. Pas facile de travailler en famille... Le voici à son tour pris par le désir d'être châtelain. En 1904, il rachète le château de Landsberg sur la commune de Ratingen, toujours dans la Ruhr. Cette forteresse médiévale, modifiée au fil des siècles, se trouve sur un éperon rocheux ceint d'une muraille. Son magnifique jardin à la française ressemble à un tableau, vu des fenêtres. Un court de tennis s'y trouve. Une grande salle à manger et une salle des fêtes occupent le bâtiment principal. Deux grandes tours abritent d'autres chambres. De grandes écuries complètent l'ensemble. Assurément, August n'y passe pas tout son temps. Il se rend aussi fréquemment à Berlin pour soutenir ses intérêts auprès du gouvernement.

Son entreprise reste son chef-d'œuvre. Il ne collectionne pas d'œuvres d'art, hormis quelques statues de Rodin. Son patriotisme et son obsession pour le travail lui tiennent lieu de loisir. Pourtant, il a choisi un mode de gestion décentralisé de son groupe, son *Konzern*, comme disent alors les Allemands. Les responsables de chaque entreprise rachetée prennent leurs décisions. Le Konzern fait remonter les bénéfices, comme une holding.

Thyssen n'est pas le seul magnat du fer et de l'acier en Allemagne. Là aussi, le patronat se structure autour de quelques fortes personnalités tantôt en rivalité, tantôt en coopération. L'autre grand maître de forges germaniques est Alfred Krupp, le premier Allemand à avoir utilisé, en 1862, le procédé Bessemer pour améliorer ses aciers. Son fils Friedrich, à partir de 1887, étend son empire et rachète des fabriques à Magdebourg et à Kiel. Il diversifie les produits dans l'armement, les canons. D'autres usines naissent à Bochum, à Duisbourg…

En 1902, Friedrich meurt. Il avait deux filles, mais l'aînée, Bertha, devient l'héritière de l'empire. Comme elle est encore mineure, sa mère, Margarethe, se trouve projetée à la tête de tout le Konzern Krupp. Une telle situation s'était déjà produite dans cette maison, au début du XIXe siècle, quand, à la mort du fondateur de la dynastie, sa veuve Therese avait tenu les affaires en attendant la majorité de son fils. Mais cette fois, pas d'héritier mâle à venir.

Margarethe Krupp, grande, blonde, un peu ronde, énergique s'appuie donc sur un comité de surveillance et les équipes directoriales de son mari pour tenir la société. En réalité, elle préfère l'action philanthropique et sa collection d'œuvres d'art. Elle sait que sa situation et celle de sa fille sont mal vues par la haute société et les autorités allemandes. À cette époque, il semble impensable qu'une femme puisse gérer un tel empire. De fait, Bertha, sa fille, a été formée dans une école d'arts ménagers, à Baden-Baden. Rien n'a été prévu pour qu'elle devienne patronne. Chacun par conséquent s'emploie à chercher un mari qui prenne en main les destinées de la maison. Le mariage de celle que *Le Figaro* qualifie, rien de moins, de « plus riche héritière du monde » devient une affaire d'État[18].

Finalement l'empereur Guillaume II intervient, et scelle un projet d'union. Le 15 octobre 1906 à Essen, après des tractations de quelques semaines, est célébré le mariage de Bertha Krupp avec le lieutenant Gustav von Bohlen und Halbach, bientôt autorisé par décret à porter le nom de Krupp. Il sera le baron Krupp von Bohlen und Halbach. Cet aristocrate, ancien diplomate qui a même été en poste auprès du Saint-Siège, n'est pas un homme riche. Sa femme lui assure donc 500 000 francs (environ 2 millions d'euros actuels) par an, tandis qu'elle reste propriétaire des usines et reçoit 25 millions de marks (environ 100 millions d'euros actuels) de revenus annuels.

Ainsi, le 15 octobre, Gustav se tient-il au côté de Bertha dans la chapelle de la villa Hügel, la résidence famille des Krupp. Bertha est née dans cette maison. Le décor a été rapidement retouché pour accueillir les 140 invités. Parmi eux l'empereur, en grand uniforme. Ce dernier s'est assis simplement sur le banc de la famille Krupp pendant le service religieux, luthérien. Bertha porte une robe ivoire avec des crêpes de Chine et des motifs au point de Venise. Son voile de tulle et de toile de Bruxelles est décoré avec des fleurs de myrte. Des myrtes comme le bouquet entre ses mains. Un cousin de son père, Arthur Krupp, l'accompagne à l'autel, tandis que sa sœur Barbara se tient au côté de son mari. L'absence du père est dans tous les esprits. Parmi les invités à la cérémonie, on ne compte que quatorze ouvriers et six dirigeants de l'entreprise. Aucun congé n'a été donné au personnel pour l'occasion. Mais Bertha et sa mère ont accordé une prime d'un jour de salaire à tous les employés. Et Margarethe a confirmé un don de 1 million de marks et un terrain de 50 hectares pour construire des logements sociaux.

Au dîner Sa Majesté Guillaume II a pris place face aux époux, à côté de Margarethe. Il lui revient de prononcer le premier toast aux jeunes mariés. À Bertha il adresse des vœux chaleureux : « Ma chère fille, Dieu vous a assigné un magnifique centre d'activité. Puisse votre influence développer la joie du travail, le progrès constant et aider aux créations les plus modernes, d'après les principes sur lesquels Krupp a fondé son œuvre et qui ont fait aujourd'hui leurs preuves, afin qu'on continue de fournir à la patrie allemande ces armes offensives et défensives qui au point de vue de la fabrication et de la puissance n'ont encore été égalées par aucune nation ! La bénédiction de feu votre père, mon cher et bien-aimé ami, vous accompagnera. Cette amitié qui m'avait uni à lui dès l'âge le plus tendre, je la reporte avec joie sur vous deux, et je compte vous prêter fidèlement appui autant que je le pourrai[19]. » Un discours belliciste, en somme, enveloppé d'une fine couche de tendresse.

Après cela, le couple part en train spécial en direction de Rheineck, une bourgade sur le Rhin. Là, il passe sa lune de miel dans le château Krupp[20]. En 1909 Gustav devient président de la compagnie. Mais son épouse, Bertha, demeure l'unique propriétaire du Konzern, malgré la constitution en société par actions. La célébrité du couple est telle que pendant la première guerre mondiale, les deux canons jumeaux qui bombardent Paris sont rapidement surnommés « la Grosse Bertha ». Les chimères guerrières de Guillaume II étaient entrées dans les faits.

Les maîtres de forges ont embrassé partout le nationalisme et l'impérialisme des États, à la veille de 1914. Dans tous les pays, ces nouveaux riches mondialisés ont scellé des alliances avec les anciennes familles aristocratiques, davantage par désir de reconnaissance que pour améliorer leurs affaires. Car ce sont eux désormais qui donnent le *tempo* et défont les gouvernements au gré de leurs besoins.

En France, à partir de 1901, le vieux Comité des forges de France est remplacé par l'Union des industries et métiers de la métallurgie (UIMM). Véritable syndicat patronal, cette organisation est bien implantée dans les territoires et les industries, et les groupes les plus puissants y adhèrent. L'UIMM influence l'action des pouvoirs publics et notamment lutte contre des avancées sociales jugées « invalidantes » pour les entreprises… Elle souhaite aussi affaiblir les grèves, les syndicats et la montée des révolutionnaires. Tout se passe comme si l'ancienne peur aristocratique de la révolution avait pris la forme de la lutte à tout prix contre le socialisme.

1865
Hong Kong et l'argent de l'opium

Hong Kong n'était pas alors une très grande ville, moins de 100 000 habitants. Autant dire rien, comparée à Shanghai et à Canton qui approchaient le million, dans une Chine déjà peuplée d'environ 500 millions d'habitants. Sur l'île même de Hong Kong et sur la presqu'île de Kowloon, l'urbanisation s'était intensifiée depuis le début du siècle. Certes, la guerre avait frappé deux fois. Première guerre de l'opium, de 1839 à 1842, et seconde guerre de l'opium entre 1856 et 1860. Le gouvernement chinois avait tenté de mettre à la porte les commerçants britanniques et français qui arrosaient de drogues la population. La flotte anglaise était intervenue. La guerre avait été perdue par la Chine. Le traité de Pékin y avait mis fin, accordant aux Occidentaux des privilèges, dont celui de continuer à vendre des drogues dans le grand empire. C'était une opportunité unique pour les marchands.

1865. Au cœur de Hong Kong, dans la ville moderne, des immeubles en pierre s'élancent vers le ciel. Ils sont certes moins hauts que les gratte-ciel actuels. Pourtant, ils affichent déjà quelque chose de l'insolence d'une grande cité financière. Tels sont les sièges des grandes maisons commerciales. Celui de la Dent & Co, une des plus puissantes, se trouve sur la rue Pedder. Un vaste terrain avec magasins et bureaux où travaille la tribu des Dent. Cette société a été fondée dans les années 1820 par le Britannique Thomas Dent, aidé de ses frères Wilkinson et Lancelot, grâce au trafic d'opium de Calcutta vers Hong Kong et Canton. Des marchands, certes, mais avec un parfum d'aventure. C'est même l'arrestation de Lancelot par les autorités chinoises qui a déclenché la première guerre de l'opium en 1839. Puis les affaires ont repris. En 1850, les Dent font construire leur siège sur Pedder Street, à l'angle du quai. John, leur neveu, les rejoint. Raisonné et raisonnable, le petit nouveau est devenu juge de paix à Hong Kong, dès 1844, à 23 ans. La fonction donne un certain poids dans la société coloniale. Puis, en 1863, John devient président de la Chambre générale de commerce de Hong Kong. Dent & Co est alors au faîte de sa gloire. Pour ces Anglais, faire fortune aux colonies n'est pas une illusion mais une réalité tangible qui se chiffre en centaines de milliers de livres.

Une perspective si prometteuse excite bien sûr l'appétit de richesses d'autres Britanniques. Thomas Sutherland, un jeune Écossais, comprend vite les opportunités qui s'ouvrent à lui. Après avoir obtenu son diplôme à l'université d'Aberdeen, il commence comme clerc de bureau pour la Peninsular and Oriental Steam Navigation Company (P&O). Le voici promu à 27 ans responsable des opérations en Asie, avec un poste basé à Hong Kong. Bientôt Sutherland crée sa propre compagnie commerciale avec ses docks : la Hong Kong and Whampoa Dock[21]. L'Écossais s'impose parmi d'autres entrepreneurs à la réussite facile. Mais il ne s'en tient pas à cette première richesse vite acquise. Il veut accroître le commerce, conquérir de nouveaux marchés.

En 1865, donc, Sutherland contacte ses collègues de chez Dent, et un autre financier Écossais, McLean. Il les croise régulièrement en ville. Cette fois, l'entrevue est plus sérieuse, car il leur propose de fonder une banque. Sutherland a noté combien le crédit est rare et constaté que les compagnies marchandes font souvent office de banque. Or elles n'ont pas les capacités nécessaires pour stimuler le trafic entre la Chine, l'Europe, les États-Unis et, pourquoi pas, le Japon. Son idée est simple : établir une société par actions et, avec ce capital initial, investir cet argent dans des entreprises locales. Avec les Dent, il pense être au cœur du système financier de Hong Kong et de Shanghai. Ainsi naît une petite banque d'affaires, la Hong Kong & Shanghai Bank, renommée peu après Hong Kong & Shanghai Banking Corporation (HSBC). Sutherland en devient le premier président : c'est un coup de maître[22].

Dès 1866, la banque prouve son utilité. Tout commence à l'autre bout de la planète, à Londres. Une crise financière éclate. Les transactions sont ralenties, ce qui place les sociétés de commerce en situation périlleuse. La Dent est en outre frappée par un engagement frauduleux d'un de ses employés de Shanghai. Elle perd 200 000 livres. Pour limiter la casse, la famille déclare la société en faillite, grâce à un jugement du tribunal de Hong Kong. Mais que l'on se rassure, les propriétaires, eux, ne sont pas ruinés[23].

Sutherland, lui, est encore à Hong Kong. Pendant la crise financière, HSBC a fait un prêt au gouvernement de la ville de 100 000 dollars de Hong Kong. L'établissement se place donc en surplomb, presque en garant de l'administration locale. Désormais, elle obtient des concessions exceptionnelles : elle est chargée de toutes les transactions internationales de l'administration. Bientôt l'ouverture du canal de Suez, en 1869, et son exploitation accroissent les échanges. Devant la demande de liquidités, le gouvernement de Hong Kong autorise HSBC à émettre des billets de 1 dollar de Hong Kong. Très vite, ces billets sont plus nombreux que ceux des autorités et vont jusqu'à représenter les trois quarts de la monnaie en circulation. Certes, le trafic d'opium reste encore important, mais la diversification des marchés entre l'Europe et l'Asie en réduit progressivement la part. D'autant plus que HSBC joue la carte de l'internationalisation. Comme elle avait ouvert initialement son capital, elle ouvre d'autres bureaux et succursales en Asie et en Amérique. Elle suit la circulation des populations chinoises dans le monde, dès le XIXe siècle : Calcutta (1867), Saigon (1870), Manille (1875), Singapour (1877), puis New York, San Francisco, Hambourg et Londres.

Les commerçants enrichis, fondateurs de l'établissement, avaient une philosophie de l'action bancaire par l'investissement. Cette philosophie est en recul dans la génération suivante. Arrivent des spécialistes des opérations financières. Ce sera le cas de Thomas Jackson, à la direction de 1876 à 1902. Son idée de génie ? Jouer sur les taux de change entre les monnaies des différentes colonies anglaises. Un champion, dirait-on aujourd'hui, de la spéculation monétaire. Mais aussi un prince de la capitalisation, qui déploie les ventes d'actions de la banque vers la Grande-Bretagne, majoritaire dès 1892.

Désormais, la banque libelle ses prêts en millions de dollars. Au risque parfois d'avoir de mauvaises surprises de la part des gouvernements auxquels elle en consent. En 1892, justement, le Mexique se déclare incapable de la rembourser. L'inquiétude monte sur les places boursières. Jackson fait passer des annonces de presse dans le monde entier pour rassurer ses clients sur le montant de ses réserves. Et le bilan tient. Comment expliquer ce succès ?

HSBC n'a pas procédé comme une banque intégrée au cours de son expansion. Pour fonder ses succursales, elle s'est adressée à de puissants partenaires, marchands ou financiers bien implantés localement. Si bien que les bureaux ouverts dans toute l'Asie et en Occident sont très vite au cœur des affaires et peuvent négocier avec les États. Cette recette place la banque en soutien des entreprises commerciales avant qu'elle ne devienne opérateur des marchés financiers. Et la technique des succursales autonomes a aussi eu pour avantage d'assurer des affaires dans des aires géographiques calmes, quand d'autres étaient secouées par l'histoire, les guerres et les crises. La première banque mondialisée allait toutefois être bouleversée par la seconde guerre mondiale.

Le 7 décembre 1941, le jour même de l'offensive japonaise contre Pearl Harbor, une autre bataille commence. À Hong Kong, il est 8 heures, le 8 décembre, soit quatre heures après le bombardement de Pearl Harbor, quand douze avions japonais bombardent la ville et des forces terrestres attaquent les défenses sur le continent. Les combats, furieux, se poursuivent pendant deux semaines. Le 25 décembre dans l'après-midi les troupes britanniques se rendent. Hong Kong est japonaise. Mais pas HSBC. Dès le 18 décembre 1941, les directeurs de la banque ont transféré le siège de l'établissement à Londres. Il y reste durant toute la guerre. Le retour à Hong Kong n'aura lieu qu'en 1946.

L'homme qui entreprend cette reconstitution est Sir Arthur Morse, un quinquagénaire, élevé au rang de *Commander* de l'Empire britannique. Il a fait toute sa carrière chez HSBC. Faut-il préciser que son prédécesseur, Sir Vandeleur Molyneux Grayburn, alors le financier le plus puissant d'Asie, était mort prisonnier des Japonais ? Il fallait donc tout reprendre à zéro.

Pour Morse, un Irlandais de bonne naissance, la banque est une vocation familiale : son père travaillait déjà à la banque d'Irlande. Sir Arthur est donc directement entré dans ce secteur après ses études au Foyle College de Derry. Morse est l'homme du retour au bénéfice et à la régularité, avec pas moins de 3 millions de livres dégagés annuellement, dès le début des années 1950. Ses investissements permettent le retour des entreprises et d'une activité économique intense dans la colonie, alors qu'une guerre civile féroce ravage la Chine. La victoire communiste en 1949 plonge Canton et Shanghai dans un long hiver collectiviste. Hong Kong, à l'inverse, profite du libéralisme et retrouve sa prospérité. De grandes fortunes chinoises s'y réfugient et HSBC facilite leur implantation[24].

En 1953, quand Sir Arthur Morse se retire des affaires, nul ne ressent encore la vibration du chronomètre lancé par l'histoire. Ce tic-tac discret, enclenché dès les vieux traités du XIXe siècle, implique un retour de la colonie à la Chine, en 1997. Les néons de Kowloon et le *five o'clock tea* dans les grands hôtels grisent les financiers et les voyageurs. Ils en oublient presque qu'un tigre est tapi derrière la porte, et que ses griffes ne laisseront pas s'échapper une si belle proie. Une autre richesse s'apprête à jaillir, celle de la Chine communiste.

1883
Un grand bal à New York

Le 26 mars 1883, le printemps perce déjà à New York. Certes, la température est encore fraîche en fin d'après-midi quand quelques journalistes passent la porte du Petit Château des Vanderbilt situé au n° 660 de la 5e Avenue[25]. Ils ont le privilège de voir en avant-première le décor d'un grand bal qui doit commencer à 23 heures ce soir-là. La maîtresse de maison n'a rien laissé au hasard pour cet événement dont le Tout-New York bruisse depuis des semaines. Car l'enjeu est d'importance : surpasser Mme Lina Astor en magnificence et s'imposer comme leader d'opinion dans toute la ville. De bons articles de presse pourraient aider… Les journalistes sont donc choyés.

Ce qu'ils découvrent est éblouissant. À l'entrée, un véritable portique soigneusement composé avec bois et feuillages laisse deviner ce qui attend les invités dans les étages. De gigantesques bouquets de roses parfumées, aux couleurs délicates, donnent l'illusion d'être dans un jardin. Le grand salon, conçu pour recevoir plus de 1 000 convives, doit faire oublier les autres salles de bal privées de la ville. Là, de petites tables ont été disposées pour accueillir les convives à souper. Autour ce sont plantations, feuillages et fleurs, dont de délicates orchidées qui laissent une impression sauvage et exubérante. Dans le hall, entre les colonnades, des lanternes japonaises toutes différentes ont été suspendues afin de créer une atmosphère singulière pour les danseurs. Si la maison est travestie, n'est-ce pas pour faire écho aux déguisements des invités ?

Ce bal costumé promet d'être une réussite. De fait, tout un public s'est massé devant l'entrée dès 22 heures 30, pour voir arriver les équipages. La foule tente d'apercevoir à travers les fenêtres des coches les parures excentriques des convives. La vie de riche est déjà une sorte de théâtre. Elle fascine les plus pauvres et les fait rêver. Étaler sa richesse en certaines occasions est une manière de donner à la société un spectacle, une distraction, comme le faisaient les anciens. Raison pour laquelle tant d'immeubles et de palais en Europe ont des salles de réception visibles depuis la rue.

Cette fois, la mise en scène est époustouflante. Tandis que les voitures commencent à créer une longue file afin de déposer ces dames dans leurs plus surprenants atours, les badauds s'ébaubissent. Plusieurs ont besoin de l'aide de leur femme de chambre pour descendre de leur véhicule et régler un dernier détail avant de faire leur apparition. Et ces messieurs de Wall Street d'ordinaire aux cheveux coupés court ou à la calvitie galopante portent cette fois des perruques poudrées ajustées par les plus grands coiffeurs de la ville.

Tous ont respecté le code de la soirée. 1 200 invités costumés, ce n'était jamais arrivé. Au mieux la haute société réunie par Mme Astor se limitait-elle à 400 personnes, nombre correspondant à la capacité de sa salle de bal. Les Vanderbilt voient plus large dans le Petit Château[26]. Les trois étages de la demeure accueillent ce torrent de danseurs pour lequel des quadrilles spéciaux ont été imaginés. Les quadrilles, ce sont ces danses où plusieurs couples composent des figures. Sous le regard du reste de l'assistance, ils évitent des rapprochements prolongés entre hommes et femmes. Pour cette raison, certains invités ont préparé des costumes et réservé leur participation avec un groupe d'amis dans l'un des quadrilles. Ainsi lors du premier, une suite musicale, les danseurs portent des atours blancs. Tout avait été prévu, codifié, afin de rendre le plus bel effet.

Mais c'est lors du suivant, l'opéra bouffe organisé par Mme Fernando Yznaga, belle-sœur de Mme Vanderbilt, qu'un des costumes les plus marquants de la soirée entre en scène, Madame Diable. Deux jolies petites cornes en guise de coiffure, une robe rouge avec un motif démoniaque cousu dans le dos et des franges représentant des diablotins[27]. Celle qui a osé défier ainsi la haute société est une jeune femme brune de 24 ans, à la taille bien prise dans sa robe. C'est la fille du général Webb, un héros de la guerre de Sécession, qui dirige d'une main de fer l'université municipale de New York. Bessie Webb appartient à une lignée illustre dont l'arrière-grand-père s'était illustré au sein de l'état-major de Washington durant la guerre d'Indépendance. Elle n'est pas aussi riche que certains des hôtes, et pourtant, elle crée l'événement. Sans doute parce qu'elle cherche un mari, qui finira par arriver en la personne de George B. Parsons, un jeune diplômé de l'université de Columbia qui entre au service de DuPont, à Wilmington, une société alors en plein développement qui fabrique des explosifs. Tout n'est pas seulement affaire de cœur ou d'argent dans ces soirées. Le goût importe aussi.

Dans la salle de bal, d'autres jeunes femmes célibataires attirent les regards, telle Kate Fearing Strong. Son déguisement de chatte se compose d'un chapeau réalisé à partir d'un chat empaillé… et sur sa robe blanche, d'autres peaux de chat de la même teinte ont été cousues. Sa chevelure blonde en est rehaussée[28].

Mais au-delà de leur singularité, les costumes en disent long sur les fantasmes de la haute société new-yorkaise de 1883. Les déguisements en princes, princesses, personnages historiques ou figures de tableau dominent largement : Henri II pour Monsieur Lanier, Don Carlos pour Luther Kountze, Marie Stuart pour Christine Nilsson, la Reine des Fées pour Amy Cornell Townsend, la reine Élisabeth pour Parah Stevens, ou encore Louis XV pour Bradley Martin, et Louis XVI pour Cornelius Vanderbilt II. Même le jeune duc de Morny, installé à New York, est vêtu façon Louis XV. Un rêve de noblesse, en somme, pour tous ces banquiers et hommes d'affaires en quête de tradition.

L'hôtesse, Alva Vanderbilt, n'y échappe pas. La voici à l'entrée, accueillant les invités dans une robe de princesse vénitienne d'après un tableau de Cabanel, peintre alors très en vogue. Robe bleue, avec ses parements en or, coiffe assortie et cape bleu sombre brodée de diamant. À ses côtés, Lady Mandeville, qui l'assiste pour recevoir les nouveaux arrivants, porte une création imaginée à partir d'un tableau de Van Dyck, *Portrait de la princesse de Croy*. Lady Mandeville, née Consuelo Yznaga, d'une riche famille cubaine, avait vu le jour à New York. Elle était une amie d'enfance d'Alva Vanderbilt, dont la sœur, Jennie, avait épousé le frère de Consuelo, Fernando. Consuelo était mariée à George Montagu, vicomte de Mandeville. Elle aussi apparaît couverte de bijoux étincelants lors du bal.

La mise en scène est saisissante. Comment immortaliser de si magnifiques atours ? La maîtresse de maison y a pensé. Les invités sont photographiés par un artiste du genre : José María Mora. Ce Cubain d'origine a imposé son studio pour les grands événements mondains et aujourd'hui encore ce sont ses photos qui nous permettent de retrouver les visages de la haute société. Sa collection est riche d'autres soirées (costumées ou non) et présente aussi des portraits. Personnalités bien installées dans la vie sociale ou jeunes débutantes sont passées devant sa chambre noire à la veille de leur présentation au monde. Car la haute société a ses rites d'initiation. Les plus jeunes doivent attendre d'être en âge de faire leur entrée dans le monde. Dans les années 1880, les parents organisent une réception ou un grand dîner pour l'occasion. Il n'existe pas encore un seul et unique grand bal des débutantes pour la ville. Et les déménagements supposent aussi de faire connaître son domicile. Tel est le prétexte de la grande soirée des Vanderbilt, leur installation récente dans le Petit Château, dont la construction a commencé près de cinq ans plus tôt.

Au petit matin, la fête n'est pas encore achevée. Les rues de New York reprennent vie quand les derniers danseurs sortent avec leur costume. Cheveux poudrés, robes satinées se répandent sur les trottoirs et dans les voitures où les cochers ont patiemment attendu leurs maîtres. Le peuple des travailleurs s'amuse de ces images d'histoire vivante. Eux sont à leur labeur, quand les élites s'accordent une courte nuit.

Alva Vanderbilt peut tirer le bilan de son initiative en ouvrant le journal quelques heures plus tard. Son bal fait la « une » du *New York Times* et le récit s'étale en pleine page[29]. De quoi faire pâlir sa rivale Lina Astor. Alva a réussi son coup. Elle a imposé le standard de son salon comme la nouvelle référence de la haute société new-yorkaise. Son mari, une des plus grandes fortunes des États-Unis, occupe désormais la première place dans sa ville. Toutes les petites décisions qu'elle a dû prendre pour réussir cet événement lui reviennent en mémoire : les commandes de décorations, les extras qu'il a fallu engager pour l'occasion, le choix des mets et des vins que lui ont soumis chefs et majordome, la pression mise sur les Astor pour qu'ils demandent une invitation… Toutes ces tâches incombent aux femmes de cette époque.

Ces reines de la haute société alimentent la vie intellectuelle et artistique, grâce à leurs fêtes et réunions. Mme Vanderbilt en est désormais la plus éminente incarnation. Être invité chez elle, ou pas, sera maintenant un signe de distinction.

Cette femme brillante n'est dupe de rien. Durant une décennie, elle exercera son pouvoir sans pitié, avec une pointe de dureté que l'on ne peut s'empêcher d'associer à la marche déclinante de son mariage avec William (James) Vanderbilt. Cette puissance, justement, lui permet de contraindre son mari au divorce et d'obtenir plus de 10 millions de dollars de dédommagement ainsi que plusieurs maisons. Et elle se remarie dans la foulée, devenant Mme Belmont.

Sa soif d'indépendance explique aussi son sentiment d'injustice face au fait que les femmes n'aient pas le droit de vote, qu'elles soient étrangères à la vie politique. Alors qu'elle méditait sur sa fête, en ce 27 mars 1883, peut-être rêvait-elle déjà que les règles et les codes changent pour les femmes. Plus tard, à la veille de la Grande Guerre, elle sera l'une des principales donatrices du mouvement des suffragettes[30]. Le monde des femmes selon Alva Belmont, c'était le monde entier.

1885
La magie des îles

Mer ou océan, la musique n'est jamais la même. Le rythme varie imperceptiblement et le ressac semble porter une mélodie, celle du vent qui, dans le calme ou la tempête, n'est jamais vraiment absent. L'Atlantique a cette fureur digne d'un orchestre symphonique ; le Pacifique, avec son écume ruisselante, excite les sentiments. Mais la Méditerranée a quelque chose de sombre. Lumineuse au soleil, pourtant, avec son bleu roi, ses verts émeraude, la transparence de ses eaux dans les criques pierreuses de Corse, de Grèce ou des Baléares. C'est si évident depuis le rivage.

Mais à bord d'un yacht, la perception est différente. Le bruit du moteur emplit toujours l'atmosphère de sa vibration sourde. On la sent quand on touche les parois des cabines. Cela cesse quand le vent est bon, les voiles portent le vaisseau qui fend l'azur en silence, n'élevant que de temps à autre un craquement, tant la coque est soumise à des tensions. L'impératrice Élisabeth d'Autriche-Hongrie, Sissi, y est habituée. Elle qui règne sur un empire de 55 millions d'habitants, plus vaste que la France, avec sa mosaïque de populations, des pauvres Tsiganes jusqu'aux richissimes nobles orthodoxes que l'on appelle « boyards ».

Des voyages, elle en a tant fait sur le yacht impérial, le *Miramar*. Un navire de 93 mètres avec trois mâts et un moteur équipé de deux cylindres dont la vapeur s'exhale par deux cheminées massives[31]. Construite en 1871 et entrée en service l'année suivante, cette bête racée, très luxueuse pour son époque, est au service de la famille impériale, dont le chef n'est autre que l'empereur François-Joseph, son mari. Environ 160 hommes forment l'équipage et la garde d'un bâtiment dont on ignore souvent qu'il était doté de deux petits canons. Sissi jouit d'une cabine vaste, avec un lit large, dont la tête se prolonge sur les côtés pour la protéger des regards. Une table de maquillage et de toilette avec un miroir est à sa disposition, même si elle utilise peu de cosmétiques et de parfum. Bientôt, elle y apporte des agrès pour conserver sa sveltesse. Le bureau de l'empereur occupe une autre cabine dont elle se sert à l'occasion. Un grand salon équipé d'une cheminée et de sofas lui permet de converser avec sa suite. Le tout est confortable et meublé avec un goût simple. Sissi n'est pas la passagère la plus commode pour l'équipage du *Miramar*. Elle a ses exigences. Sur le pont, elle apprécie les moments de solitude. À table, elle aime boire du lait frais et a exigé qu'une vache soit embarquée afin que son breuvage soit le plus frais possible. Cela contraint les hommes du bord à tout faire pour calmer l'animal et à le nourrir avec un stock d'herbe conservé à bord. Il faut aussi nettoyer son enclos improvisé dans la cale, ce qui n'est guère plaisant. Mais chacun fait son devoir dans la marine impériale. Et les marins aiment ces eaux de la Méditerranée où ils conduisent souvent l'impératrice ou le prince héritier. Nul n'imagine qu'un drame puisse survenir, et pourtant...

Au loin déjà la Grèce se profile, une île. Sissi avait dit un jour, vingt-cinq ans auparavant, que ce qui lui plaisait le plus était de « voyager, de préférence seule, et vers Corfou ». Or, en ce mois de septembre 1885, elle y revient. Corfou est alors de toute beauté. Encore épargnée par le tourisme de masse, l'île a été arrachée à la Turquie par les Anglais et confiée à la Grèce en 1864. Peu d'étrangers y résident, mais déjà quelques-uns ont construit des villas d'exception.

L'eau est étincelante et chaude, même à l'arrière-saison. Après une halte de quelques jours, l'impératrice Élisabeth est repartie pour la Grèce puis l'Asie mineure. Elle y retrouve Heinrich Schliemann, un étrange personnage, passionné d'archéologie. Un destin de génie, et d'escroc tout à la fois.

Schliemann est né en Allemagne. Il a voyagé en Amérique latine, en Russie où il s'est lancé dans le commerce de l'or. Il a fait fortune avant de devenir plus riche encore avec la ruée vers l'or de Californie. Il a racheté à bas prix les trouvailles des prospecteurs, puis les a revendues au prix fort... À 63 ans, il se présente à l'impératrice comme un homme d'âge mur, la moustache fournie, passablement blanchie, un chapeau de paille sur la tête, car le soleil reste fort en Turquie. En 1885, cela fait sept ans que Schliemann a embrassé la nationalité américaine. Curieux homme que ce millionnaire changeant de pays, de nationalité, de culture ; suivant des cours à la Sorbonne ; épousant une Athénienne et se transformant en archéologue. Quelques années plus tôt, Marx écrivait que le capital n'avait pas de patrie. Mais

Schliemann démontrait surtout qu'un homme, en faisant fortune, peut changer son destin. Le modeste fils d'un pasteur était si célèbre alors qu'il pouvait tendre la main à une impératrice pour lui faire visiter le chantier de fouille de l'ancienne ville de Troie.

En cheminant entre les blocs de pierre, les murailles, les portes Scées, et les amas de terre recouverts d'herbe, la conversation glisse sur Homère, l'*Odyssée*, les héros et les dieux grecs. Sissi écoute le verbe volubile de Schliemann. Depuis une dizaine d'années, ses conférences l'ont rendu célèbre dans le monde entier. Au fond, Schliemann et ses découvertes valorisent la mythologie des familles puissantes. Le trésor de Priam, qu'il prétend avoir exhumé des ruines de Troie, est la preuve que l'histoire est faite par les grands et que leur accumulation de richesses est légitime.

En reprenant la mer pour la Grèce et Corfou, l'impératrice a moins souffert de la sombre langueur qui, depuis un quart de siècle, la ronge. Ce mal, elle l'a attrapé après la naissance de ses enfants. Qu'était-ce au juste ? Dépression, bipolarité, neurasthénie, mélancolie ? Difficile de le savoir aujourd'hui. Ou plus simplement le pressentiment des drames qui devaient détruire sa famille ? Une maladie de riches, auraient raillé les révolutionnaires et les anarchistes, alors en pleine effervescence. Pour eux, les souffrances des élites sont une plaisanterie par comparaison avec ce que les ouvriers et les pauvres doivent endurer dans des usines et des logements insalubres. Privilégiés et puissants ne connaissent selon eux ni la douleur ni la violence. Ce sont eux qui l'imposent au peuple. Et pourtant Sissi se sent mal, une souffrance et un abattement tels que son entourage s'inquiète. Les spécialistes qui ont été consultés et la famille concluent que seul un séjour thermal pourrait la soulager.

Une île est évoquée : Madère. Le voyage est organisé par la chancellerie. La reine Victoria accepte de prêter son yacht, car en 1860 le *Miramar* n'est encore qu'un rêve. Sissi à Madère découvre la légèreté d'une vie loin des contraintes de la cour. Dans cette île peu urbanisée, elle apprécie les beaux jardins de Funchal, la capitale, et se délecte d'excursions dans la montagne d'où l'on voit au loin briller l'océan. La villa où elle réside domine le rivage, un peu à l'écart de l'agglomération. Six mois plus tard, revenue à la vie, elle repart pour Vienne.

Mais à peine est-elle de retour qu'elle retombe dans sa mélancolie. Un nouveau voyage est jugé nécessaire. Corfou sera sa médecine dès 1861, et elle ne se lasse pas d'y séjourner.

Sissi n'est d'ailleurs pas la seule impératrice à se rendre sur l'île. Eugénie de Montijo, épouse de Napoléon III, s'y arrête aussi en 1869, sur la route de l'inauguration du canal de Suez. Son escale est présentée à la presse comme une étape de prestige, une part de rêve pour les lecteurs. L'impératrice Élisabeth ne se doute pas alors que la fin est proche. Elle s'illusionne momentanément, dans l'espoir qu'une île soit un abri.

En 1885, elle commande à un sculpteur une statue d'Achille pour la villa que son mari a fait ériger près de Vienne. Mais l'*Achille mourant* ne reste pas en Autriche. Il est transféré dans la nouvelle villa que Sissi fait construire à Corfou à partir de 1888 et où elle fuit après le suicide de son fils Rodolphe à Mayerling, le 30 janvier 1889. Ce bâtiment somptueux portera même son nom : Achilléion. Majestueuse villa, à l'écart du village, du centre balnéaire… Un porche d'entrée monumental, un grand vestibule, et un rez-de-chaussée avec une grande salle à manger, plusieurs chambres et un bureau. Une chapelle avec une Vierge à l'Enfant au-dessus de l'autel et au plafond, une fresque représentant le procès de Jésus. L'impératrice y priait, mais le lieu n'a rien d'un ermitage.

Tout a été pensé pour recevoir à la manière de l'époque. En empruntant un large escalier couvert d'un épais tapis, le visiteur accède à la salle de bal au premier étage. Les fenêtres donnent sur le jardin aménagé à partir d'une galerie et d'un péristyle. Et à l'extérieur un petit bassin. C'est le jardin aux Muses. Pour orner cet espace, Sissi a acheté au prince Borghese une série de statues les représentant.

Le prince Borghese ? Encore une des grandes fortunes de son temps. Collectionneur par héritage, si richement pourvu qu'il peut aider une tête couronnée à « meubler » son château. Sa propre collection est si belle qu'elle est une curiosité, connue dans l'Europe entière. Les œuvres rassemblées à l'Achilléion attirent bientôt les touristes qui peuvent, certains jours, accéder au palais de Sissi.

En faisant quelques pas à travers le jardin, le promeneur se sent attiré par la vue depuis le belvédère. Le regard domine la côte et s'ouvre sur la mer. Un éblouissement : le vert des chênes, le bleu lumineux des eaux dont la rumeur est à peine audible. Sissi maîtrise l'art de la contemplation. Pourtant, elle finit par se lasser de Corfou, peu avant son assassinat, à Genève.

Mourir sur les bords d'un lac, loin du ressac. C'était le 10 septembre 1898. Sissi se rend à un déjeuner chez la baronne de Rothschild, quand elle est tuée par Luigi Lucheni, un anarchiste. Ces derniers sont devenus la bête noire des souverains. Ils ont assassiné le tsar Alexandre II, puis le président Sadi Carnot en France, et tueront le roi d'Italie Humbert Ier. Pour les anarchistes, les riches et les puissants sont une cible, car ils imposent un ordre social inique. Il faut donc inverser le rapport de forces avec les dominants en répandant la terreur dans leurs rangs. En tuant une haute personnalité, ils pensent semer le trouble au sein des élites et redonner au peuple sa propre puissance. Pour accomplir ces actes, les organisations anarchistes se sont organisées dans la clandestinité. Leur mode de vie se veut à l'exact opposé de celui de leurs victimes. Pour l'assassin de Sissi, il y avait cependant un désir de devenir célèbre autant que l'affirmation d'une doctrine politique. La malheureuse souveraine, elle, rêvait d'anonymat en venant en Suisse. Elle voulait échapper au décorum et au protocole si lourd de la cour d'Autriche. Se guérir aussi de la perte de ses enfants. Sa quête de simplicité a entraîné sa perte.

Pour son île favorite, sa disparition signe un changement de statut. L'empereur d'Allemagne Guillaume II rachète aux héritiers de Sissi l'Achilléion. Certes, Corfou demeure jusqu'à la seconde guerre mondiale une destination de prestige. Les rois de Grèce y possèdent un remarquable palais et, par un effet de cour, attirent un entourage chic. C'est là que naît dans la villa Mon Repos, en 1921, Philippe de Grèce, futur mari d'Élisabeth d'Angleterre et futur duc d'Édimbourg. Les Agnelli, les Rothschild et d'autres grandes fortunes britanniques y acquièrent de vastes demeures.

Mais avec les vols directs, un tourisme de masse se déploie dès les années 1960. Cela décourage les plus riches d'investir sur l'île. Seuls continuent d'y venir les héritiers des belles villas – encore se plaignent-ils des projets de développement qui pourraient attirer de nouveaux touristes. En 2020, ce sont eux, derrière notamment le financier Nathaniel Rothschild, qui s'opposent à la construction d'un nouveau complexe touristique au nom de la préservation de la côte[32]. L'étoile de Corfou lance quelques lueurs, mais sa puissance d'attraction pour les grandes fortunes a bien diminué. La poésie de ses rivages ne fait plus rêver aux mythes grecs, tandis que la musique des vagues s'efface derrière le bruit des hors-bords.

Toutefois, la fascination pour les îles et leur isolement est destinée à durer chez les plus riches. Elle se déplace, vers d'autres cieux et d'autres mers, tout simplement.

1888
L'indomptable monsieur Rockefeller

Le lundi 27 février 1888, un homme à l'air calme et décidé s'avance dans le Sénat de l'État New York. Ses activités économiques pèsent à elles seules 148 millions de dollars, soit environ 4 milliards de dollars actuels. Sa fortune représente plus que le budget de la défense d'alors et plus du quart du budget total de l'État fédéral. Ce personnage considérable n'est autre que John Davison Rockefeller, entré depuis dans la légende des affaires[33].

En 1888, le budget des États-Unis est d'environ 600 millions de dollars, soit 15 milliards actuels, ce qui paraît dérisoire à l'aune des 4 400 milliards de dollars dépensés par Washington de nos jours. Le Congrès en surveille l'exécution avec une attention jalouse. Mais cet État fédéral encore petit ne traite pas tous les sujets. En matière d'économie, les différents États gardent l'initiative et le contrôle des activités. Le Sénat de l'État de New York, à majorité républicaine, s'est emparé de la question des trusts. Ne risquent-ils pas de corrompre la démocratie ? Une commission d'enquête a été mise en place.

À 48 ans, Rockefeller a une calvitie bien avancée, tout juste masquée par une mèche de cheveux rabattue vers l'avant. Sa bouche est encadrée par deux rides qui partent du nez et se terminent au menton : ce ne sont pas des fossettes de sourire, mais plutôt une sorte de pli produit par un amaigrissement subit des joues. Une moustache épaisse couvre sa lèvre supérieure. Sur les portraits, son regard droit dégage une forme d'autorité. Sans doute cette impression reflète-t-elle le poids que cet individu a eu dans l'histoire. Car il a été l'homme le plus riche des États-Unis. Le pic de sa fortune, calculée en dollars de nos jours, atteindrait les 400 milliards, soit presque le double de celle de Jeff Bezos, le patron d'Amazon, première fortune mondiale en 2020[34].

Mais en 1888, Rockefeller n'en est pas à ce sommet. Et il fait même preuve de modestie, dans cette grande salle du Sénat de New York, où se réunit la commission sénatoriale d'enquête sur les trusts. À 10 heures du matin précises, l'heure annoncée sur la convocation, l'homme d'affaires est arrivé avec ses deux avocats. Dans la salle, une impression de réunion de famille règne. De nombreux entrepreneurs sont présents. Tous ne sont pas des proches du patron. Certains sont venus par curiosité. Et la presse, par goût du sang. Va-t-on assister à la mise à mort de cette grande fortune ? Car le Sénat veut savoir s'il doit continuer d'autoriser les trusts ou bien s'il faut les démanteler. La semaine précédente, déjà, les sénateurs ont été frustrés par la résistance des entreprises sucrières qui se sont entendues pour fixer le prix de la production et se partager le marché. Ils cherchent une revanche. Alors, le pétrole…

La tension monte quand le sénateur Arnold demande au procureur, le colonel Bliss, un vétéran de la guerre de Sécession, d'ouvrir les débats. Bliss appelle à témoigner John D. Rockefeller. Ce dernier s'avance à la place prévue pour les témoins. Aucun signe de défi. Il répond sagement aux questions du colonel. Oui, il réside à New York et travaille dans le secteur du raffinage du pétrole. Il a été nommé président de la Standard Oil Company de l'Ohio. Il précise à Bliss qu'il existe une autre Standard Oil à New York, créée en 1882, et dirigée par son frère William, suivant les lois de l'État de New York. Le capital de son entreprise de l'Ohio est de 3,5 millions de dollars. Il était seulement de 1 million à sa création, dix-sept ans plus tôt. Rockefeller se dit prêt à donner toutes les précisions sur la Standard Oil, dont l'existence repose sur un accord signé par les actionnaires[35].

La séance se poursuit, à coups d'échanges policés. La liste des entreprises adhérentes à l'accord avec la Standard Oil est donnée. Dans la salle, les patrons présents se demandent s'ils seront aussi appelés à témoigner. L'ingénierie du fonctionnement de l'entreprise est décrite, et son adéquation aux législations des États où se répand cette firme que les journalistes ont déjà surnommée « la Pieuvre » est analysée. Comme si Rockefeller était un monstre qui progressivement étouffait ses concurrents... De fait, son histoire fascine le public.

Rockefeller est né dans une famille modeste, tout juste émigrée d'Europe. Un père colporteur, une mère bigote. Une petite classe moyenne mais suffisamment clairvoyante pour permettre aux enfants de faire des études secondaires. Vite autonome, il obtient un diplôme en comptabilité de l'école de commerce Folson de Cleveland, puis débute dans une petite entreprise de transport comme aide-comptable. Il fait la culbute avec ses économies, environ 2 000 dollars, en les plaçant dans une petite entreprise de courtage. La légende veut qu'il n'ait pas hésité à frauder pour gagner de l'argent durant ces années-là.

Le pétrole change sa vie. Le pétrole à cette époque n'a rien à voir avec ses usages actuels. L'automobile n'existe pas, dans les années 1860. Ni le moteur à explosion. C'est le charbon qui déplace les trains de marchandises et de voyageurs. Le pétrole sert à l'éclairage, dans les maisons populaires. Il est moins cher que les huiles traditionnelles, comme celle de baleine, à l'odeur moins âcre. Ces dernières alimentent les maisons des personnes fortunées.

Alors que la guerre de Sécession fait rage, Rockefeller prospère et s'engage en politique. Il soutient le président Lincoln, mais enquête surtout sur la viabilité des puits de pétrole, le raffinage de cette matière première. C'est là qu'il investit sa fortune qui s'élève maintenant à quelques dizaines de milliers de dollars. Sa première vraie entreprise de raffinage est créée en 1867. Son intelligence consiste à trouver des marchés pour tous les produits dérivés du pétrole, et pas seulement le kérosène. Il engrange ainsi des bénéfices qui lui permettent de racheter des concurrents.

Acte symbolique et fondateur, en 1872, en quatre mois, il absorbe vingt-deux des vingt-six raffineries qui le concurrençaient. Son entreprise, la Standard Oil, constituée deux ans plus tôt, commence à susciter l'intérêt de la presse. Ses concurrents cherchent maintenant à s'entendre avec lui. Un cartel de raffineries se met en place. Reste que son activité est limitée à son État de résidence, suivant les lois de l'époque. Il contourne en partie l'obstacle quand son frère William crée une Standard Oil à New York. Son habileté consiste à obtenir une évolution du droit afin de créer en 1882 la Standard Oil Trust. Cette société par actions est dirigée par des *trustees* (des hommes de confiance), payés 25 000 dollars de l'époque, alors que son président, Rockefeller, en touche 30 000, comme il le déclare au colonel Bliss lors de la séance du 27 février 1888. Un membre du Congrès n'en touchait que 5 000 et un ouvrier, moins de 1 000.

Le trust plaçant la Standard Oil en situation dominante par rapport aux autres producteurs et aux sociétés de transport, il vaut mieux qu'ils trouvent un accord avec le géant pour survivre. Les raffineurs et extracteurs acceptent donc d'intégrer le cartel. Les transporteurs, en ordre dispersé, consentent des rabais privilégiés à la compagnie. D'où de violentes critiques dans la presse contre Rockefeller et son groupe qui, en 1888, n'a pas moins de plusieurs centaines de composants. C'est l'un des premiers groupes économiques des États-Unis, un quasi-monopole.

Mais quand le colonel Bliss lui demande s'il a des concurrents, John Rockefeller répond que leur nombre est passé de 60 à 300. En réalité, le patron joue sur les échelles d'appréciation. Sur ses territoires, l'entreprise est seule ou presque. Mais elle est absente d'autres parties des États-Unis... L'habile homme d'affaires joue aussi sur la précision de ses réponses pour minimiser l'intégration verticale de son trust qui possède le plus important pipeline de son époque ainsi que des actions dans les compagnies de chemins de fer. Son but : rassurer. D'où sa négation répétée d'une quelconque entente sur les prix. Son témoignage devant le comité a le mérite de donner des précisions sur le capital accumulé par le trust à cette époque : 94 millions de dollars. Et 700 actionnaires en seraient les détenteurs.

L'interrogatoire de Rockefeller se termine par une déclaration du colonel Bliss qui précise n'avoir aucune relation avec les avocats de la Standard Oil et n'avoir rencontré le témoin que deux jours plus tôt devant le comité. Mais les deux Républicains que sont Bliss et Rockefeller ont-ils besoin de se voir pour s'entendre ? Bien sûr, l'opération de charme fonctionne. Le Sénat de New York ne sera pas une entrave pour la Standard Oil. Ni l'adoption du Sherman Act, en 1890. Cette loi antitrust voulue par le sénateur de l'Ohio John Sherman devait éviter les concentrations abusives, mais ses contraintes n'impactaient pas la Standard Oil déjà constituée en trust.

La vraie attaque vient plus tard. Et pas d'une assemblée masculine. Car les riches, dans leur exceptionnel parcours, se font des ennemis sans même s'en rendre compte. Et l'ennemi que Rockefeller n'a pas vu venir est une jeune fille de 15 ans, qu'il a croisée sans jamais la voir : Ida Tarbell[36]. Ce sera son caillou dans la chaussure.

En 1872, Rockefeller a ruiné son père, un petit raffineur de pétrole installé à Titusville. Cela n'a pas empêché l'adolescente de faire des études scientifiques, seule femme de sa classe, puis de devenir journaliste. Ida a voyagé, vécu en France plusieurs années, à Paris, non loin du Panthéon. Puis elle est rentrée à New York après avoir écrit notamment une biographie symbolique : celle de Madame Roland, une intellectuelle qui fut l'âme du gouvernement girondin sous la Révolution française. Presque un modèle pour affirmer son désir de lutte contre l'injustice. Sa plume alerte lui vaut d'être embauchée par Samuel McClure, le patron d'une revue à succès, le *McClure's Magazine*. Suivent des biographies de Napoléon, Lincoln. La voici devenue éditrice dans le magazine en 1899, à New York, où réside aussi Rockefeller.

C'est pendant l'année 1900 qu'elle commence à se pencher de nouveau sur le monde de son enfance. Elle se souvient des blessés et des morts. Une scène lui revient : sa mère soignant un homme brûlé par l'explosion d'un puits. Elle est hantée par l'image de son père épuisé par les luttes commerciales. Au même moment, le magazine inaugure une série de portraits des hommes qui comptent dans le pays. Et c'est ainsi qu'elle décide de proposer un portrait de Rockefeller. McClure à ce moment se repose en Europe. Elle le rejoint à Milan et le convainc de lancer l'enquête. Chacun est conscient du risque de s'attaquer à une telle puissance. En 1901, Rockefeller est déjà la plus grande fortune américaine. Son trust produit plus de 80 % du pétrole américain. Il couvre maintenant le territoire entier. Et son règne ne fait que commencer, car l'automobile est en pleine expansion.

Ida Tarbell doit donc produire une enquête susceptible de résister à tous les procès. Elle veut des preuves, du concret. Elle retrouve des documents d'archives publiques, piste un livre censuré et bloqué par la Standard Oil trente ans plus tôt. Et obtient le témoignage d'un membre de la direction, Henry H. Rogers. Et tant d'autres preuves. Elle peut maintenant exposer les pratiques de pression et de chantage du trust, tout un arsenal aux limites de la loi pour faire céder les entreprises récalcitrantes ou les détruire. Ida dénonce aussi l'hypocrisie de Rockefeller, pilier de sa communauté religieuse, donnant aux pauvres et aux malades de sa paroisse, mais n'hésitant pas, en requin, à plonger ses concurrents dans la pauvreté et la violence. Ses articles qui paraissent à partir de 1903 dans le *McClure's Magazine* sont regroupés sous forme de livre l'année suivante sous le titre *Histoire de la Standard Oil*[37].

Cette pionnière du journalisme d'investigation tient sa revanche personnelle. Son père peut lire le recueil avant de s'éteindre en 1905. Rockefeller, lui, nie publiquement avoir lu le livre. Mais ses proches savent qu'il en connaît le contenu. Un majordome le lui aurait lu… Et il en aurait perdu le sommeil pendant quelque temps. Le caillou dans la chaussure.

En apparence Ida Tarbell a gagné. Elle demande de nouvelles lois antitrust, et le démantèlement de l'œuvre de John D. Rockefeller. Le 15 mai 1911, l'arrêt de la Cour suprême des États-Unis Standard Oil Co New Jersey *vs* United States lui donne raison[38]. La cour reconnaît le bien-fondé des poursuites engagées contre la firme par le gouvernement fédéral. La Standard Oil a bien créé un monopole et l'arrêt va jusqu'à présenter le risque que de tels trusts instaurent un nouvel esclavage, non moins cruel que celui qui a été aboli durant la guerre de Sécession.

C'est en raison de cette décision historique que la Standard Oil est scindée en 34 sociétés. Une victoire pour Tarbell. Mais une victoire illusoire. John D. Rockefeller est trop intelligent pour se laisser ruiner. Sa société est brisée, certes, mais il a obtenu en compensation l'attribution dans les 34 sociétés filles de parts de capital équivalentes à celles qu'il possédait dans la Standard Oil. Il reste donc incontournable pour toutes les décisions du secteur. Ses descendants encore aujourd'hui vivent de cet héritage phénoménal, qu'ils ont eu l'intelligence de ne pas diviser. Ils reproduisent à l'échelle familiale l'idée que leur ancêtre avait eue pour les affaires : agir ensemble pour accroître ses gains.

1888
La fin de l'esclavage au Brésil

La ferme est construite autour d'une belle villa. Cette *fazenda*, comme disent les Brésiliens, est destinée à la production de café, en cette année 1879. Son tout nouveau propriétaire, Henrique Dumont, Henri, diraient les Français, est un descendant d'immigrés venus d'Europe. Mais il est né au Brésil, donc de nationalité brésilienne[39]. Là, il a épousé Francisca de Paula Santos, une descendante d'une des familles aristocratiques venues au Brésil avec le souverain Jean VI de Portugal contraint à la fuite par les conquêtes napoléoniennes dans la péninsule Ibérique au début du XIXe siècle.

À 47 ans, avec sa barbe pointue grisonnante, Henrique a une longue carrière derrière lui. Il a d'abord suivi des études d'ingénieur, contribué au développement des chemins de fer. Finalement, il a décidé de se lancer dans la culture du café, une denrée qui conquiert la planète et vaut son pesant d'or. C'est ainsi qu'il a lancé une première exploitation près de Rio de Janeiro, avant de déménager dans ce nouveau domaine, la Fazenda Arindeuva, dans la région de Sao Paulo, sur la commune de Ribeirao Preto.

À l'époque, la ferme est éloignée du village. Aujourd'hui, la croissance urbaine l'a rattrapée. Pourtant, on remarque bien que le bâtiment principal est inséré au cœur d'un dispositif avec ses grands, ses séchoirs et tous les hangars pour le conditionnement du café. Dans les années 1870, le Brésil est déjà loin de l'époque où les grands domaines caféiers dépendaient de l'abondante main-d'œuvre en esclavage. Le roi du café de l'époque impériale, Joaquim José de Sousa Breves, un des plus riches de son temps, ne possédait pas moins de 10 000 esclaves, dont 70 % venaient d'Afrique.

Sousa Breves, ce fidèle de l'empereur Pedro II, couvert d'honneurs, tient sa réussite et sa fortune du travail de ces hommes et femmes qui font tourner ses plantations. Car c'est bien au café qu'il doit son ascension sociale. Ses terres produisent 1,5 % du total des exportations brésiliennes. Il est de loin le plus important personnage du secteur. Mais il tire aussi sa réussite du trafic illégal d'esclaves. Car la traite a été interdite une première fois en 1831 et de nouveau en 1851. Il n'empêche que Sousa Breves, grâce à une de ses fermes, Santa Rita, à Bracuhy sur le littoral, continue de faire venir d'Afrique des esclaves. Il a maintenu les anciennes filières, mais changé les lieux de débarquement pour échapper au contrôle des autorités. Encore ces dernières ferment-elles volontiers les yeux. Dans les années 1850, plusieurs chargements de centaines d'esclaves arrivent encore sur les fermes du riche caféier. Il est vraisemblable qu'il en revend, car une fois sur le territoire, les cessions sont possibles.

En dépit de ce goût du lucre, la société brésilienne devient progressivement favorable à l'abolitionnisme. Ses partisans reviennent à la charge au Parlement et obtiennent de nouvelles lois. En 1871, les ventes d'esclaves à l'intérieur du territoire sont prohibées. Mais il est difficile d'aller plus loin, tant les grands propriétaires défendent leurs intérêts. Le débat s'oriente alors sur la situation humanitaire de la main-d'œuvre. Car le traitement de ces femmes et de ces hommes est souvent inhumain, brutal, avec des châtiments corporels. Il faut encore une loi, en 1885, pour que soit mis fin à l'usage du fouet comme punition. Et que les plus âgés soient libérés. Les fuites d'esclaves s'intensifient, grâce à des réseaux mieux structurés. Le mouvement abolitionniste prend dès lors une telle ampleur que de grands propriétaires de domaines commencent à émanciper leurs esclaves, par crainte de révoltes ou de représailles. Dans la région de Sao Paulo, par exemple, ils sont plusieurs dizaines à imiter Manuel de Campos Sales, un juriste, propriétaire d'une exploitation, gagné aux idées modernes. De sa propre initiative, ce dernier décide le 2 juin 1887 de libérer de leur condition tous ses esclaves, s'ils acceptent de travailler encore quatre ans pour son exploitation. Le geste est généreux, mais il est aussi dicté par la pression de l'opinion.

En 1888, l'esclavage est définitivement aboli. Le Brésil rejoint la liste déjà longue des pays qui ont interdit cette pratique. La France révolutionnaire s'y était essayée, avant qu'il ne soit rétabli par Bonaparte, en 1802. Il a fallu attendre 1848 pour que le pays y renonce définitivement. La Grande-Bretagne, dont les militants abolitionnistes sont parvenus à interdire la traite et à imposer cette décision aux autres nations, a aussi donné l'exemple. Puis les pays d'Amérique latine, soulevés contre l'Espagne. Aux États-Unis, il a fallu la guerre de Sécession, entre 1861 et 1865, pour que prenne fin la vente de femmes, d'enfants et d'hommes par des propriétaires.

Quand Joachim José de Sousa Breves meurt en 1889, sa propriété est évaluée à près de 300 millions de réaux brésiliens. Mais son modèle de production est dépassé. Ce premier « roi du café » cède la place à un nouveau type d'entrepreneur, une autre génération.

Henrique Dumont en est un, très conscient de la mutation de longue durée de la force de travail. Quand il crée son exploitation en 1879, il sait que la main-d'œuvre peut changer de statut à tout moment. Or, il a choisi de se lancer dans la culture de café, très exigeante en personnel : il faut surveiller la croissance des plans, procéder à la cueillette et ensuite traiter les grains avant de les expédier. Pour limiter le risque, l'ingénieur pense d'emblée à une production de masse. Il ne plante pas moins de 5,7 millions de pieds de café. Il pense aussi à mécaniser toutes les étapes, de la culture des champs à la collecte et à l'expédition. Pour cela, il fait construire une ligne de chemin de fer pour relier son exploitation au réseau national, en 1883. Il importe des locomotives d'Angleterre. Une organisation titanesque.

Dumont tisse aussi des liens avec des commerçants étrangers pour s'assurer des débouchés stables. En quelques années sa production explose et son domaine fait partie des tout premiers de la région, au point que l'on parle de lui comme du « nouveau roi du café ». Des photographies prises à cette époque le montrent en compagnie de sa famille et de son personnel de maison. Leur statut n'est pas indiqué. Visiblement le tournant de l'abolition, en 1888, ne change rien à son entreprise. Au contraire, celle-ci continue son expansion. La productivité de son exploitation est bien supérieure à celle des vieilles fermes où tout reposait sur le travail des esclaves. L'agriculture moderne a gagné le pari de la production de masse.

Pour garantir cette réussite, Dumont passe lui-même des heures sur le terrain. C'est pendant une tournée d'inspection que le char sur lequel il se trouve se renverse accidentellement. Sa tête heurte le sol. Quand ses employés lui portent secours, ils constatent que son bras est cassé. Ils ne remarquent pas tout de suite que le patron est devenu hémiplégique.

Que faire ? Henrique Dumont a sept enfants, dont deux fils, Henrique, l'aîné, né en 1857, et Alberto, né en 1873. Aucun ne peut vraiment reprendre l'exploitation. Surtout, il nourrit l'espoir d'être soigné en Europe. Il vend donc son exploitation à une compagnie britannique qui gardera son nom : la Dumont Coffee Company. Puis il part en France avec sa famille. Malheureusement, le traitement ne fonctionne pas. Soudainement vieilli, il décide de revenir au Brésil, à Rio de Janeiro, où il s'éteint, en 1892. Auparavant, il a émancipé ses enfants les plus jeunes, dont Alberto, auquel il aurait recommandé de s'intéresser à la mécanique plutôt qu'à la médecine. Une phrase qui résonne comme une prophétie. Car Alberto Santos-Dumont repart vivre en France. Grâce à l'héritage de son père, il se lance dans la fabrication de ballons dirigeables et d'avions. Il est un des pionniers de l'air, et devient une figure de la vie parisienne.

Son frère aîné, Henrique Santos-Dumont, choisit une autre voie. En 1894, il acquiert une grande demeure dans un des quartiers chics de Sao Paulo. Alberto y vivra à l'occasion lors de ses séjours brésiliens. Puis Henrique Junior achète un premier domaine : la ferme London. Puis un autre, qu'il rebaptise du nom de sa femme, la ferme Amalia. Et d'autres encore. Le voici à la tête d'un latifundium avec des usines de transformation. Il cultive du café, mais aussi de la canne à sucre. Il la transforme en sucre et en alcool. Il possède sa propre distillerie. Pour valoriser ses terres, il fait venir des immigrés, notamment d'Italie, et installe de petites colonies. Lui aussi construit une voie ferrée jusqu'à ses principaux dépôts pour faciliter les livraisons. Parmi les premiers, il construit une usine hydroélectrique pour alimenter son domaine et, dès 1894, il possède une automobile, une des premières du pays. Son père lui avait fait essayer les premiers modèles en France, avant sa mort.

Quand il s'éteint en 1919, son immense propriété manifeste bien le primat maintenu des grandes fortunes au Brésil. L'abolition de l'esclavage et l'apparition d'une petite classe moyenne ne changent guère le mode de vie des élites. La lente conquête des libertés n'a pas permis une véritable réforme agraire. Les gains de productivité ont facilité l'adaptation.

Pour ces familles très riches, l'Europe et la modernité restent l'horizon. Alberto, le frère d'Henrique, le symbolise bien, lui qui devient un pionnier de l'aviation mondiale grâce à la fortune agricole bâtie par son père. Pour faciliter la mesure du temps pendant ses vols, il demande au bijoutier Louis Cartier de lui adapter une montre pour son poignet, afin de ne pas lâcher les commandes. Il devient ainsi le premier à renoncer à la montre de gousset, jusqu'alors objet de luxe. Il lance une mode qui a encore ses collectionneurs parmi les grandes fortunes. Dans cette République française au parfum d'égalité, Alberto Santos-Dumont donne le ton et peut apprécier le service d'une bonne domesticité, bien ancrée aussi dans les traditions hexagonales.

1897
Duel au sommet : les codes avant tout !

Le prince d'Orléans, bien que plus petit que le comte de Turin, le pousse dans ses retranchements. Passant à l'attaque, il fait une marche et une demi-fente. Le comte de Turin bondit en arrière pour échapper au fer, tente sans conviction un arrêt. Le choc des lames retentit dans l'air. Puis l'attaquant repart de plus belle. Cela fait maintenant 24 minutes que le combat se déroule, les deux adversaires sont fatigués. Un ultime corps-à-corps s'engage. Tout peut arriver !

Deux paysans cachés derrière des arbres suivent les épisodes de cette lutte féroce, sans en connaître la raison. La tension est palpable. Agitant son épée, sans jamais se servir de son bras désarmé, le prince d'Orléans, animé d'une farouche volonté, cherche à toucher son adversaire. À ce moment, a-t-il encore en tête l'enchaînement des événements et des paroles qui l'a conduit à cette folle situation ? Lui, le descendant des rois de France, affronte en combat singulier un descendant du premier roi d'Italie, alors que le XIXe siècle si moderne s'achève. Tout a commencé bien avant, loin d'Europe, si loin…

C'était en avril 1897.

En arrivant à Harar, en Éthiopie, le prince Henri d'Orléans regarde avec une pointe de déception son nouveau logement. Après 6 heures et demie de marche, lui et sa suite devront se contenter de ces deux petites pièces nues donnant sur une cour fermée. Le visage fatigué, la moustache et les cheveux un peu plus longs qu'à l'ordinaire, l'arrière-petit-fils du roi Louis-Philippe se sent en mission. Il veut créer pour la France une voie passant au travers des colonies anglaises d'Afrique et dresser un inventaire géographique de l'Éthiopie, cet État noir qui vient d'écraser les Italiens lors de la bataille d'Adoua[40].

Or, Harar en est une des principales métropoles. C'est là que réside l'homme le plus riche d'Éthiopie : le ras Makonnen. Ce chef militaire, quasi vice-roi de sa région, touche les revenus des douanes de la ville, place incontournable entre les hauts plateaux éthiopiens et les grands ports de Somalie et de Djibouti. On ne lui prête pas moins de 40 000 guerriers, tous équipés de fusils. Seul le roi Ménélik, le négus, le dépasse en puissance. Pour le prince d'Orléans, la rencontre avec un tel homme est importante, car elle peut favoriser le commerce et la diplomatie française. De fait, à Harar, des marchands occidentaux sont déjà installés et distribuent les produits de toute l'Europe. La perspective de discuter avec ce puissant dignitaire fait passer le désagrément d'un logement sans charme.

Le lendemain, le ras Makonnen invite toute la délégation française à son palais. Accompagné d'une escorte armée, pour faire bonne figure, le prince d'Orléans arrive à l'heure dite. Le voici introduit dans une pièce du palais aux murs blancs où leur hôte, vêtu d'un simple burnous brun, les pieds nus et la tête découverte, les accueille très aimablement. Le ras Makonnen accorde sa protection et donne quelques vivres à l'expédition pour aller jusqu'à Addis-Abeba. Lors d'une seconde rencontre, les Français lui font écouter un disque sur un gramophone. Et le ras de s'écrier en souriant : « Par saint Georges ! C'est nouveau : c'est Paris chez moi ! On dit des paroles, bientôt on fera des hommes. » La remarque est appréciée et l'on se sépare en bonne intelligence.

Peu après, la colonne du prince d'Orléans reprend la route. Et le 11 avril à 11 heures, après un véritable périple, le prince géographe arrive à Addis-Abeba. Une nuit de repos. Une autre, et le surlendemain, après un bon bain chaud dans des *tubs*, la délégation, non sans avoir revêtu des costumes de ville propres (sauf l'un des Français qui s'est habillé de pyjamas roses car sa malle s'est égarée dans le convoi), se dirige vers le palais de Sa Majesté le roi Ménélik.

Là encore, l'accueil est convivial. Le négus vêtu d'un burnous noir brodé d'or fait une forte impression au prince d'Orléans. « Sa figure dénote intelligence et bonhomie », dit-il. La conversation s'engage. On parle pouvoir, géopolitique. Ménélik sait que le Japon a décidé de suivre la voie occidentale. Il s'interroge sur les possibilités de son pays à faire de même. Et la Chine, le pourrait-elle ?

Durant le voyage, les Français sont accompagnés par le comte Nicolas de Léontieff, gouverneur général des provinces équatoriales d'Éthiopie, et directeur d'une société qui doit développer ses régions au nom du négus. En fait, ce diplomate russe joue un rôle de conseiller militaire. La délégation du prince d'Orléans rencontre des hauts fonctionnaires éthiopiens ainsi que des commerçants arméniens.

Le prince ne peut s'empêcher d'admirer le roi qui a vaincu l'Italie, l'année précédente, lors de la bataille d'Adoua[41]. Il exprime ce sentiment dans les correspondances qu'il adresse au journal *Le Figaro* au cours de ses pérégrinations. Celle en date du 20 mars, alors qu'il était encore à Harar, déclenche une intense polémique quand elle paraît le 6 juin 1897. Dans ce texte, Henri d'Orléans rapporte des comportements peu glorieux d'officiers italiens captifs de Ménélik après Adoua, et libérés depuis. Il martèle : « Ce qui révolte notre conception de l'honneur militaire, c'est d'apprendre que des officiers italiens, à une fête abyssine, ont consenti à tirer leurs propres canons en l'honneur de Ménélik. Il me semble que la dignité de celui-ci aurait compris un refus de la part des captifs. Le chapelet d'histoires qui se raconte sur le compte et au désavantage des Italiens est long[42]. »

Avant son retour en France, le prince Henri reçoit deux couronnes d'or de la part du souverain éthiopien. Henri d'Orléans est loin de se douter du tollé que ses écrits suscitent en Italie. D'anciens prisonniers mis en cause nommément, tel le général Albertone, se mobilisent. Ils exigent réparation. Tout l'honneur de l'armée italienne est en jeu. Qui peut le rétablir ? Tour à tour, le général Albertone, des représentants des prisonniers, puis des officiers italiens adressent à Henri d'Orléans des demandes de réparation. Tous veulent se battre, laver l'insulte dans le sang.

Finalement le comte de Turin, neveu du roi d'Italie, s'avance comme champion de l'honneur transalpin. Après avoir évalué la situation avec ses amis, notamment le comte de Léontieff, le prince français accepte ce défi qui à ses yeux rend les autres caducs. L'affaire est suivie dans l'Europe entière, car l'honneur est alors la valeur cardinale des élites. La naissance, la richesse, la gloire ne sont rien sans ce supplément d'être qu'apporte à un homme son honneur. Le code est partout le même. Les témoins mettent au point les conditions du duel. Un lieu est choisi, un jour et une heure. Des armes.

Forêt de Vaucresson, près de la route aux Bœufs, 16 août 1897, 5 heures 10 du matin. Maintenant l'or, la diplomatie, les démonstrations de force des troupes éthiopiennes et l'amitié de Ménélik sont loin. Sur le pré, ce sont deux hommes qui s'approchent, chacun apparenté à la plus grande fortune de leur pays : le roi d'Italie pour l'un, le comte de Paris, dépositaire de la couronne de France, pour l'autre[43]. Ils sont vêtus comme pour une partie de campagne, mais chacun dispose de deux épées. Le comte de Turin a enlevé son canotier et son manteau. Il demeure en pantalon et chaussures noires, le plastron empesé de sa chemise blanche brillant étonnamment dans le soleil levant. Le prince d'Orléans porte une tenue à peine différente : chaussures jaunes, pantalon bleu sombre et chemise blanche. Les deux arbitres, le comte de Léontieff et le colonel Avogadro di Quinto, commandant la 4e brigade de cavalerie italienne, ont tiré au sort le terrain et la priorité. Alternativement, ils arbitreront les cinq reprises de quatre minutes prévues pour le combat. Un combat qui ne doit cesser que lorsque l'un des deux combattants sera « en état de faiblesse manifeste », constatée par les témoins et les médecins présents sur le champ[44].

Tout est prêt maintenant. Le comte de Léontieff, qui dirige la première reprise, rappelle aux protagonistes les conditions du combat. Puis d'une voix ferme, il lance : « Messeigneurs, en garde ! » et énonce le fatidique : « Allez ! »

Après un temps d'observation, les deux adversaires croisent le fer, puis l'explorateur français se lance dans une série d'attaques, repoussées par des parades-ripostes du comte de Turin. L'une d'elles égratigne la poitrine du prince d'Orléans. Mais le combat se poursuit. Le terrible corps-à-corps est interrompu par l'arbitre. À la reprise, la pointe de l'épée française touche le pouce de l'Italien. On ôte son gant, évalue la plaie... Cela n'arrête pas l'affrontement.

À la cinquième reprise, les attaques, contre-attaques et corps-à-corps se succèdent. Jusqu'à cet instant où soudain l'arbitre crie : « Halte ! » Le comte de Léontieff se précipite vers son ami le prince d'Orléans. Ce dernier se tient le ventre, où des gouttes de sang commencent à tacher la chemise. Le prince est blessé, les médecins le constatent ; les témoins mettent fin au combat. L'honneur italien est lavé. Mais la bravoure française n'a pas failli.

Le soir même, le comte de Turin repart pour le Piémont. Il sera félicité par le roi d'Italie. Ses témoins prendront des nouvelles du prince d'Orléans. Toute la presse européenne commente l'événement. Et ses échos traversent l'Atlantique. À New York, jour après jour, dans ce mois d'août brûlant, le public suit les péripéties[45]. Preuve que les grandes villes de l'Est américain sont loin de dédaigner le sens de l'honneur et la culture des duels de l'Ancien Monde. Ici, les journaux publient les comptes rendus d'affrontement au pistolet entre les protagonistes de la conquête de l'Ouest, depuis le début du siècle. Souvent, ces affrontements sont d'une autre nature. Ils mettent en jeu des intérêts financiers et font penser qu'il existe encore une loi du plus fort dans les nouveaux États fédérés de l'Ouest. On y voit des propriétaires terriens ne pas hésiter à défendre leurs terres les armes à la main. Les Français ont découvert cette pratique notamment à travers l'expérience d'un aventurier de haute naissance parti faire fortune aux États-Unis : le marquis de Morès. Ses articles et ses mémoires ont donné une idée que des fortunes nouvelles s'édifiaient loin de l'Europe, dans un univers où la naissance est moins utile que la richesse.

Les codes des grandes familles semblent identiques. Mais partout, d'Addis-Abeba à Rome et à New York, en passant par Paris, l'argent commence à imposer son propre culte. Il aura bientôt ses célébrations. Ses grandes batailles trouvent d'autres terrains que les prés des duellistes.

1900
Le triomphe du champagne

Paul Krug est ému. Ce patriarche porte beau. Ses cheveux courts et sa moustache ont blanchi, mais son menton est encore ferme et droit. Et son regard est chaleureux. Ce 9 novembre 1900 est son jour de gloire. Face à lui, Charles Arnould, le maire de Reims, après avoir prononcé quelques mots d'éloge, lui remet les insignes de chevalier de la Légion d'honneur. À travers Krug, c'est toute une profession qui se voit récompensée. Car ce personnage a joué un rôle essentiel dans la mise en valeur des vins de Champagne.

Paul Krug doit beaucoup à son père, Johann-Joseph Krug, celui qui a fondé la maison en 1843, un an après sa naissance. Venu de Mayence, encore tout jeune, Joseph, comme on l'appelait, avait commencé à travailler pour la maison Jacquesson, gravi les échelons, affiné son palais comme goûteur, avant de devenir vendeur. Un passage à Londres lui avait permis de rencontrer son épouse, fille de restaurateur. Sa connaissance de la clientèle combinée à sa pratique de plusieurs langues étrangères, anglais, allemand et russe, lui donne l'idée de trouver un associé et de se lancer comme négociant en champagne[46]. C'est ainsi que naît sa marque. Joseph n'est pas un viticulteur, mais un assembleur et un vendeur de champagne. À sa mort, Krug et Compagnie est prospère. Son fils Paul, âgé de 25 ans, prend la relève. Il était entré dans la branche en 1860.

Avec Paul Krug, la maison définit les standards de sa fabrication en assemblant pas moins de 120 vins différents pour stabiliser son goût[47]. Le tout avec un mûrissement long. Le but est de toucher une clientèle fortunée. Comme la plupart des marques de champagne, cette maison se positionne dans le luxe, et mène une concurrence féroce pour avoir accès, comme Veuve Clicquot, aux grandes cours et aux princes. Krug vise notamment les marchés allemand, britannique et russe. Car à la cour des tsars, depuis le XVIIIe siècle, le champagne est très prisé. C'est la maison Veuve Clicquot qui, sous Nicolas Ier, raflait tous les marchés des naissances et des baptêmes, des commandes par milliers de bouteilles. Mais le tsar Alexandre II privilégie une autre maison : Louis Roederer. Ce dernier écoule bientôt les deux tiers de sa production annuelle à la cour. Et le tsar va commander une bouteille et une cuvée spéciales : il ne veut plus des bouteilles opaques qui protègent le champagne de la lumière, avec leur fond creux. Il souhaite une bouteille transparente en cristal de Baccarat, pour repérer un éventuel dépôt ou poison. Et un fond plat pour éviter qu'un explosif n'y soit placé. Alexandre II, en effet, est menacé par les « populistes ». La commande est exécutée et donne lieu à la création du fameux Cristal Roederer, tout exprès fabriqué avec les dix meilleurs crus de la maison et donc prêt à être bu rapidement. Ce n'est pas un champagne de garde, car la lumière pourrait l'altérer à travers sa bouteille transparente. Cette précaution n'empêche pas le tsar qui avait aboli le servage d'être victime d'un attentat mortel en 1881. Son successeur maintient les commandes de Cristal Roederer, qui devient le *nec plus ultra* pour les Moscovites.

À la même époque, New York ne jure que par le champagne Moët & Chandon. C'est le plus cher du pays. Encore le stock est-il limité, car toutes les bouteilles de la ville sont consommées à l'occasion d'un grand bal masqué mémorable, organisé à l'hôtel Waldorf, le 10 février 1897[48]. L'hôtesse était une amie de la famille Astor, Cornelia Craven, une riche héritière dont le père, Bradley, un ancien militaire, rentier, était apparenté aux Townsend, une des premières grandes familles des États-Unis. Ils avaient déjà créé des événements pour l'élite de la société new-yorkaise, mais ce bal masqué dépassait les habitudes en matière de dépenses, comme le prouvent les soixante caisses de Moët & Chandon, soit une bouteille ou presque par personne. Et 400 000 dollars de budget pour cette seule fête.

Paul Krug connaît la géopolitique du champagne. Il mesure aussi les concurrences et les inimitiés entre les familles de Champagne. En jouant de son art du compromis et de son autorité, il parvient à se faire élire secrétaire du Syndicat du commerce des vins de Champagne, dès sa fondation en 1882. Et, le 8 mai 1898, il en devient président. Son mandat commence par une lourde tâche : assurer la représentation des vins de Champagne à l'Exposition universelle de 1900. Tout est mis en œuvre pour convaincre les grandes maisons de faire mieux qu'en 1889 et d'organiser un espace commun : le palais du Champagne. Un architecte auteur d'un véritable monument dans la région de Reims en est chargé : Ernest Kalas. Avec Armand Bègue, ce dernier avait, en effet, construit le cellier Mumm, naguère à l'usage d'une coopérative de vinification, et depuis devenu un musée. Kalas, pour l'exposition de 1900, imagine un véritable bâtiment avec un rez-de-chaussée où l'on puisse expliquer la champagnisation[49]. Au premier étage se trouve une grande salle de réception pour les dégustations. Une loggia aussi pour dominer la foule du salon. La façade, les moulures et les hautes fenêtres rappellent le style du XVIIIe siècle, comme un Versailles retouché par l'Art nouveau. Le but est clairement « de faire grand pour ne pas être noyé dans la masse », disait un article de l'époque[50]. Le syndicat valorise ses exploitants et présente aussi des panneaux avec chiffres et courbes sur ses ventes, qui atteignent 29 millions de bouteilles par an (aujourd'hui, elles sont de 300 millions environ). Des maquettes permettent de découvrir le vignoble et les métiers qui s'y rattachent. Une trentaine de maisons, dont Mumm, Roederer, Ruinart, Bollinger, Deutz, Heidsieck ou Pommery, ont participé à cette opération qui vaut au Syndicat des vins de champagne un grand prix de l'Exposition et à Paul Krug, sa Légion d'honneur.

Car derrière l'aspect festif de cette opération, une autre victoire a été consacrée. Krug est parvenu pays par pays à éliminer de fausses appellations de champagne. Presque la création d'une certification d'origine contrôlée, alors que le principe n'entrera dans la loi qu'une trentaine d'années plus tard. Ainsi les vins mousseux russes peuvent-ils gagner le grand prix de l'Exposition, ils n'ont pas l'appellation « champagne ». Et le président du syndicat a su mener les négociations pour parvenir à cette reconnaissance, toujours à défendre. Sa qualité de conseiller du commerce extérieur de la France depuis 1898 et ses relations avec le ministère du Commerce l'ont aidé dans cette entreprise.

Pourtant, lors de l'Exposition, toutes les maisons ne se sont pas associées au palais du Champagne. La maison Mercier, par exemple, a ouvert son propre pavillon sur le Champ-de-Mars. Son attraction ? Un ballon qui permet aux visiteurs d'embrasser la vue sur toute la capitale, moyennant la somme de 5 francs. 10 000 visiteurs sont ainsi montés à 300 mètres d'altitude durant le salon.

Paul Krug savoure donc une victoire partielle. Mais s'il est distingué par une Légion d'honneur, c'est aussi, nous apprend son dossier dans l'ordre, grâce à son action sociale. Car depuis 1894, il préside l'Association rémoise pour l'amélioration des logements bons marché, et, depuis 1890, il est trésorier de l'Œuvre rémoise de l'hospitalité de nuit. D'autres grandes maisons participent à cette action en faveur des plus démunis, comme Moët & Chandon qui a reçu un prix de l'Exposition universelle de 1900 pour la présentation de ses entreprises philanthropiques[51]. Les patrons des grandes maisons font partie de ces riches qui ont de bonnes œuvres et des charges locales.

Moët & Chandon entre surtout dans l'histoire des riches au XXe siècle par un autre nom. Une création imaginée en 1921 : bloquer les meilleurs crus de cette année-là pour les commercialiser quinze ans plus tard, en 1935. Voici la première cuvée millésimée de Dom Pérignon[52]. Un champagne cinq fois plus cher que les bouteilles de Moët & Chandon classiques. Dans ce produit de luxe que constitue le champagne, un deuxième niveau de prix s'impose. Il est vrai que le Cristal Roederer ou le Krug prestige millésimé avaient des prix voisins. Mais désormais se distinguent effectivement des boissons destinées à une classe internationale de riches, et celles qui touchent une clientèle fortunée dans l'Hexagone. De fait, la clientèle britannique et américaine commence à faire les beaux jours du Dom Pérignon, dont le nom, on l'aura noté, devait définir le champagne par excellence, par référence à l'inventeur mythique de cette boisson.

Au lendemain de la seconde guerre mondiale, le Dom Pérignon s'impose comme le champagne de prestige lors de dîners internationaux organisés par la France. On parlera d'une diplomatie du champagne quand les présidents de la République, de René Coty à Emmanuel Macron, en servent à leurs invités. Même François Mitterrand et François Hollande, présidents de gauche, faisaient servir à leur table des cuvées prestigieuses[53]. Ce lien entre champagne et politique étrangère est très ancien. La veuve Clicquot en fut une des pionnières. Cette femme d'affaires avisée n'hésita pas à recourir à la valise diplomatique pour faire parvenir ses bouteilles en Grande-Bretagne, en Russie ou en Suède, malgré le blocus continental de Napoléon Ier.

Paul Krug n'ignore rien de ces liens du champagne avec la grande histoire. Durant les préparatifs de l'Exposition universelle, il a même hébergé un prince malgache dans sa résidence de Reims, Paul hova Ratsimihara, 13e dans l'ordre de succession, après sa réception par le président de la République à Paris. Un grand dîner rémois a été donné en son honneur. On avait trinqué avec les bouteilles de la cave familiale, après un toast « à l'influence française qui ne produit que du bien », avait déclaré le prince, comme le rapporta *Le Figaro* dans son édition du 26 janvier 1900. L'Exposition universelle de Paris a renforcé les liens avec les grandes nations consommatrices et en a fait émerger de nouvelles.

La place accordée aux produits de luxe et aux innovations lors de l'Exposition n'est pas due au hasard. En 1900, l'Europe est le centre du monde. La capitale française concentre d'énormes réserves financières. Elle aspire les richesses de la planète, cumule la puissance industrielle à une production culturelle et artistique innovante, et elle a le sentiment de sa grandeur. L'Occident, à cette époque, ce n'est que l'Europe !

Sur ce continent en plein essor, les capitales exercent une attraction sans pareille. Aucune grande fortune n'ignore longtemps leur rayonnement et leur appel. Les Schneider sont au Creusot, dans leur château ? Certes, mais ces géants de l'acier ont aussi un immeuble à Paris. Les Oppenheim sont, bien sûr, les grands banquiers de Cologne, mais ils fondent aussi la banque commerciale de Berlin. Quant aux Agnelli, si Turin est leur berceau, ils n'en ont pas moins une résidence romaine.

Longtemps les historiens ont considéré que les capitales ont été conçues pour exprimer le sentiment national et en porter la flamme vers les masses. Mais l'histoire des riches dévoile une autre facette. Les capitales ont été avant tout construites pour faciliter la vie des riches et y concentrer tout le nécessaire à leur existence. Sans capitale, pas d'industrie du luxe, ni magasin de luxe, ni quartier de luxe. Ce sont des lieux de rêve pour les plus fortunés. Là, tout vient à eux. Car les élites européennes ont imaginé un système génial pour tout avoir sous la main : les expositions universelles. Depuis la première à Londres en 1855, ces événements n'ont cessé de monter en puissance, au point de devenir populaires et d'attirer des visiteurs du monde entier. Ces espaces font rêver, avec les dernières innovations, et les avancées les plus précieuses dans l'art de vivre. Mais ne nous leurrons pas. Ces lieux de rêve ont avant tout permis aux riches du monde entier d'accéder efficacement à des produits de luxe, de se divertir et de préparer des commandes pour améliorer leur niveau et leur mode de vie.

Cela, Paul Krug et ses confrères champenois l'ont bien compris : il est essentiel de démarcher les clients, de susciter leur curiosité et de vanter les prouesses qui donnent à leurs produits une distinction incomparable. Quand il s'éteint en 1910, le puissant héritier de la maison Krug laisse à ses enfants une entreprise prospère et une place dans le grand monde. Ils sont certes des fournisseurs, mais de ceux que l'on apprécie, car ils détiennent la clé des songes.

1902
Le train de luxe d'Édouard VII

Bruxelles. Une ville en pleine croissance. La capitale d'un vaste empire colonial dont le Congo est la perle. La gare du Nord est pleine ce 4 avril 1900, à l'aube d'un nouveau siècle. Outre les voyageurs habituels, plusieurs cortèges se sont massés pour voir passer le prince de Galles, l'héritier de la couronne d'Angleterre, en visite dans la capitale de la Belgique. Tout est prêt pour son départ vers Copenhague. Le train est à quai. Les vivats et applaudissements pour ce prince élégant dont la réputation de bon vivant a franchi les frontières résonnent encore sous la haute voûte. Un ami du peuple belge. Son Altesse est entrée avec son épouse dans son wagon personnel. Rapidement il s'est installé, la princesse à ses côtés. La conversation n'est pas vraiment entamée. On propose au souverain de boire un thé. Déjà un serviteur apporte les tasses. Sur le quai les gendarmes ont écarté la foule. Seuls quelques curieux déambulent.

L'un d'eux est un tout jeune homme, de 15 ans à peine. Il s'appelle Jean-Baptiste Sipido. C'est un apprenti ferblantier. Un visage rond, des cheveux blonds. Il s'approche du wagon où se tient le prince de Galles, monte sur le marchepied, tout juste libéré par un contrôleur, alors que le convoi s'ébranle. Sipido distingue derrière la vitre le visage des altesses et leur entourage. Il remarque les tasses à la main. Très concentré, il sort une arme de sa ceinture et tire à deux reprises. Il y a le bruit des coups de feu, le tonnerre de la vitre qui se brise.

Un contrôleur belge a vu la scène et se jette sur le jeune homme avant que ce dernier ne puisse tirer une nouvelle fois, puis s'empresse de le désarmer. Sipido est maîtrisé par des gendarmes. Emmené au loin.

Dans la voiture la confusion règne. La princesse de Galles est sous le choc. Son corps ne cesse de trembler. Elle a bien compris qu'il s'agissait d'un attentat. Le prince quant à lui affiche un sourire crâne ; pour rassurer tout le monde, il plaisante sur la mauvaise performance du tireur... Les proches du futur souverain rient jaune. Ils savent que les monarques sont une cible et celui qui s'apprête à devenir le plus puissant de tous, peut-être le souverain le plus riche de la planète, le prochain roi d'Angleterre, est toujours en danger.

Sa mère, la reine Victoria, cette vigie d'un siècle qui s'en va, a régné sur un empire sur lequel le soleil ne se couche jamais. Elle possède des résidences d'une valeur inestimable au Royaume-Uni et des joyaux historiques, sans oublier des œuvres d'art et une fortune financière qui la place au sommet de la hiérarchie des fortunes. Tout juste quelques autres souverains pourraient-ils essayer de l'égaler, encore les listes civiles, ces pensions qui leur sont versées, ne sont-elles pas toujours aussi généreuses : le Tsar, peut-être, l'empereur d'Autriche, sans doute pas, le roi d'Italie, non plus...

Victoria a pour elle de régner sur la première puissance industrielle de son temps. Elle est le premier souverain au monde à avoir voyagé en train, le 13 juin 1842[54]. Et cela lui a plu ! Si bien que les compagnies ferroviaires britanniques ont voulu qu'elle leur assure la plus belle publicité, celle de la transporter. Depuis, chacune d'elles lui a construit un train spécial, avec des wagons aménagés tout confort. Jusqu'à ce que la reine décide de s'en commander un, en 1869. Son train est conçu pour qu'elle puisse se reposer et travailler à bord. Elle a déboursé sans hésiter 1 800 livres, soit environ 1,815 million d'euros actuels[55]. C'est véritablement le premier « Royal Train » de la famille. Il possède un salon, une chambre à coucher, des logements pour la suite de Sa Majesté.

À sa mort, en janvier 1901, c'est encore le train royal qui conduit Victoria à sa dernière demeure, de Londres à Windsor, où sa dépouille repose[56]. Le prince de Galles devient alors le roi Édouard VII.

À cette époque, le train est devenu un élément de distinction sociale. Il existe dans les pays d'Europe trois classes, correspondant à des niveaux de prix et de confort différents. Les groupes sociaux ne se mélangent pas dans les transports en commun. Et ces classifications passent un pays à l'autre, à mesure que les trains s'internationalisent. Avec la création de la Compagnie internationale des wagons-lits, en 1876, par l'homme d'affaires belge Georges Nagelmackers, tout un réseau transnational de circulation se met en place, pour le confort des plus fortunés. Son coup de génie ? Importer en Europe les confortables voitures-lits de la firme Pullman, et les accrocher aux trains européens. Fort de son succès, Nagelmackers imagine un train qui relie Paris à Vienne en moins de trois jours (27 heures et 53 minutes), en 1882, puis Paris à Constantinople l'année suivante. Plus de 3 000 kilomètres dans un train affrété par une seule compagnie, la sienne. Quatre voitures-lits, un wagon-restaurant et deux voitures de service avec une puissante locomotive à vapeur. L'*Orient-Express* est entré dans l'imaginaire et les romans. Conçu pour des voyages d'affaires, il devient aussi un voyage d'agrément quand il s'avère régulier, fiable et sûr. Le prix du billet est élevé : 700 francs. À l'époque le salaire de base d'un ouvrier de chantier est de 1 200 francs par an. Seul le public fortuné peut s'offrir ce luxe.

Mais les vrais riches et les puissants affrètent leurs propres voitures et leurs propres trains. Raison pour laquelle Édouard VII améliore encore le confort du train royal britannique.

Neuf voitures sont mises à son service. Il y a une chambre pour le couple royal, un vaste salon hérité de Victoria mais bientôt rénové. Et des voitures avec des compartiments larges pour la suite. Mais s'y ajoute aussi une salle à manger, qui peut accueillir aisément douze convives. Édouard VII fait compléter ce dispositif par un boudoir qui lui permet de travailler tandis que son épouse se distrait ou se repose. Un fumoir complète le tout. Il ne manque qu'une baignoire : elle sera ajoutée par son successeur. En attendant, chacun jouit d'un cabinet de toilette et d'une table de maquillage pour se préparer[57].

Les trains font partie de la représentation sociale. Le protocole s'est adapté à ce moyen de transport. Les voyages s'effectuent principalement de nuit, pour gagner du temps. Comme le Royal Train est équipé de trois essieux, on ressent moins la butée des rails. Le dormeur est donc peu dérangé durant son sommeil. Au matin, le train s'arrête un long moment en pleine voie afin de laisser le temps aux altesses royales de régler les derniers détails avant le premier arrêt où elles sont attendues. Elles peuvent ainsi se présenter dans toute leur majesté. Ce laps de temps permet aussi à l'encadrement et à la sécurité de se mettre en place à la gare d'arrivée. Une rampe spéciale, munie de garde-corps, facilite la descente du roi et de la reine sans qu'ils risquent d'être oppressés par la foule. Ils sont ainsi visibles de loin. Un tapis rouge est ajusté sur le sol pour ajouter à la solennité.

De telles précautions permettent d'éviter les incidents comme l'attentat de Sipido qui aurait pu coûter la vie du prince héritier à Bruxelles. Ces méthodes policières passent rapidement d'un pays à l'autre.

Le président de la République française ou celui des États-Unis ont bientôt aussi leur propre train, avec tout le confort moderne, ainsi qu'un bureau pour travailler. Ces trains d'État sont semblables à ceux des souverains.

Mais les riches ou les grands nobles n'acquièrent parfois qu'un wagon, qu'ils arriment à un train de ligne régulière, selon les besoins. Duc, archiduchesse ou boyard de l'Europe orientale accèdent ainsi à un confort tout personnel, comme certains grands hommes d'affaires. Ces voitures privées sont construites par des compagnies à la demande des personnes. Les entreprises Pullman se lancent sur ce marché de grand luxe aux États-Unis[58]. À commencer par le fondateur, George Pullman, heureux propriétaire d'un wagon aménagé pour son plus grand plaisir. Pullman fait aussi construire une voiture-loggia destinée à être louée à de grandes personnalités. La famille du président Lincoln a recours à ces magnifiques wagons, tout décorés de bois, dont les fenêtres sont autant de baies vitrées et les sièges, de véritables canapés, et non des banquettes de voyage[59]. Autre voyageur privilégié, Darius O. Mills, le fondateur de la Banque de Californie, un des grands bénéficiaires de la ruée vers l'or de Californie. Il possédait aussi son propre wagon. La décoration de bois, avec ses couleurs jaunes, rouges et vertes, le rendait unique. Il sillonnait les États-Unis d'est en ouest, là où l'appelaient ses affaires

Ces aménagements sont chers. Au début du siècle, il faut compter environ 1 million de nos euros actuels pour obtenir une voiture à son goût. Encore certains réclament-ils des bois et des marbres précieux qui augmentent le coût total.

Combien sont les heureux propriétaires de telles voitures ? Difficile de l'évaluer, même si Pullman a été un fournisseur international important. Dans ses archives se trouvent les commandes de trains pour des administrations très consommatrices de wagons spéciaux : armées, ministères de la Santé de différents pays, police, banques[60]... En tenant compte de ces usages sociaux, on estime que quelques milliers de femmes et d'hommes – de la duchesse d'York aux seigneurs de la guerre chinois, en passant par Henry Ford – bénéficiaient de ces équipements de luxe. Cela donne une idée de qui étaient les membres de cette élite mondiale.

La très haute société est ainsi parvenue à dépasser les inconvénients du transport ferroviaire grâce au raffinement des aménagements. Édouard VII avait d'ailleurs demandé en 1902 que son train « soit aussi ressemblant que possible au yacht royal[61] ». Et de fait il y retrouve les mêmes velours, ce décor en bois et ce mobilier fixé au sol pour éviter les secousses. Lors d'un voyage officiel en France, en 1906, il combine les deux modes de transport, avec son yacht jusqu'à Cherbourg, dans son train venu spécialement par bateau ensuite. Le président de la République française qui l'accueille repart ensuite à bord de son propre train. L'affichage d'un haut niveau de service et d'une forme de luxe est devenu une affaire d'État, loin, bien loin des logiques restrictives budgétaires de nos démocraties avancées.

Pour Édouard VII, les dépenses de voyage vont de pair avec une élégance savamment cultivée. Si sa mère appréciait de prendre les eaux à Aix-les-Bains, Édouard, lui, préfère Biarritz dont il prise la discrétion des habitants à son endroit, et le charme balnéaire. Le prince peut alors exhiber ses costumes à la coupe impeccable, lui qui a fait la fortune d'Henry Poole, un tailleur de Savile Row. Avec ce dernier, le souverain a mis en vogue le revers de pantalon appelé « prince de Galles », le *dinner jacket*, une veste proche de celle du smoking, et le smoking lui-même. S'y ajoute le tissu prince de Galles, dont Édouard VII revendique aussi la paternité.

Ce souverain ne pouvait quitter le monde autrement que dans son train si chic. Le Royal Train le conduisit à Windsor le 6 mai 1910. C'est là qu'il repose.

Quant au jeune Sipido qui avait voulu l'assassiner, le tribunal estima que, malgré ses discours anarchistes vibrants, il n'était encore qu'un enfant. Il fut acquitté. L'Angleterre s'en offusqua, Édouard VII ne réagit pas. Sipido termina sa vie en modeste directeur commercial de la Société générale des coopératives socialistes belges, sans plus prendre part à la révolution, mais en gardant un idéal de réformes sociales. Sa retraite en Provence le conduisit à une mort paisible en 1959.

1906
ROLLS-ROYCE, LA VOITURE IDÉALE DES RICHES

Une voiture de rêve, dit-on. La plus chère du monde, vendue 28 millions de dollars en 2021[62]. Elle a été faite sur mesure. Sa forme a été dessinée spécialement pour le client anonyme qui a commandé ce coupé deux places. Ce collectionneur de jets et de yachts souhaitait que le modèle original soit le reflet de ses goûts. Tout a donc été fait selon ses désirs. Sièges en cuir cousus à la main. Bois ciselés pour le tableau de bord et les parements. Une glacière pour une bouteille de champagne et ses coupes. Le plafond équipé d'une vaste vitre panoramique permet de voir la voûte céleste. Un design inspiré aussi par les anciens modèles de Rolls-Royce, avec cet inimitable radiateur sous la statuette dessinée par le sculpteur Charles Sykes pour décorer le bouchon du radiateur, à partir de 1911 : *The Spirit of Speed*, devenu ensuite *The Spirit of Ecstasy*. Une mythologie née si vite, pour une voiture qui, plus que tout autre, représente la richesse et le luxe. Car la firme est née en 1904.

Tout a commencé par un rendez-vous au grand hôtel Midland de Manchester[63]. À la table deux personnalités très différentes. Un barbu, à l'allure modeste, presque ascétique, la quarantaine commençante : Henry Royce. Face à lui, un jeune homme au costume élégant, le visage barré par une fine moustache, une coupe de cheveux irréprochable et un regard vif : Charles Rolls.

Henry Royce est le fils d'un meunier. La faillite de son père l'a conduit à effectuer toutes sortes de métiers, de journalier dans l'agriculture à vendeur de journaux. Mais il a tenu, suivi des cours du soir, après de longues journées de travail. Et ainsi il est devenu ingénieur. L'électricité était en pleine expansion. Il s'est lancé dans la fabrication de filaments luminescents avant de lancer des dynamos. Au tournant des années 1890, la concurrence de produits d'importation le met en difficulté. Les commandes reculent. Royce comprend qu'il doit trouver une autre activité. Sa passion pour la mécanique le pousse à s'intéresser à un tout nouvel objet : le moteur à explosion. Il croit au futur de l'automobile et en commande même une pour voir de plus près son fonctionnement. C'est une française, fabriquée par le marquis de Dion. Le moteur a des ratés et ne lui semble pas très fiable ; quant au châssis, il est lourd, peu solide. Un autre modèle, une Decauville, présente les mêmes défauts. Bien documenté, l'apprenti *self-made-man* se met au travail, aidé de quelques proches. Son atelier devient une étonnante ruche, avec un commercial qui prépare la vente des premiers modèles. En fait, deux sont produits en parallèle. Un petit coupé, avec un moteur étonnamment peu bruyant pour l'époque.

Ce petit modèle est celui que Henry Royce présente à son interlocuteur, Charles Rolls. Rolls est l'archétype des automobilistes de ce temps. Il se définit comme un *sportsman*, participe à des courses. Ses origines ? Nobiliaires, bien sûr. Son père a été fait baron Llangattock. Comme lui, Charles a suivi ses études au prestigieux collège d'Eton. Puis, au Trinity College de l'université de Cambridge, il a obtenu un diplôme en mécanique et sciences appliquées. La voiture devient une passion. À peine âgé de 19 ans, en 1896, il se rend à Paris et achète son premier véhicule : une Peugeot Phaéton. Dans la foulée, il adhère à l'Automobile Club de France. À son retour, il participe à la naissance de l'Automobile Club britannique... Bientôt il fait de la voiture son métier en ouvrant un négoce de vente d'automobiles de luxe à Londres[64]. Il est bien conscient des limites des modèles existants. La voiture idéale reste à créer. Il confie à ses amis vouloir inventer « le Steinway de l'automobile ».

La rencontre avec Royce en 1904 lui en donne l'opportunité. Le courant passe entre Charles Rolls âgé de 27 ans et son aîné, de 41. En repartant pour Londres au volant de la deux cylindres créée par l'ingénieur de Manchester, le jeune noble est heureux de la maniabilité du véhicule et de la légèreté des formes de ce petit coupé.

Il faudra deux ans pour que les premiers modèles de la toute nouvelle firme Rolls-Royce soient au point, et mis en vente. Le génie des deux hommes ? Bien sûr, la forme et la finition du véhicule, la régularité de ses performances, sa fiabilité en somme. Mais surtout une habile stratégie marketing. Le premier modèle, conçu par Royce et commercialisé par Rolls, est présenté cette même année 1904 au Salon de l'automobile à Paris[65]. La marque Rolls-Royce émerge à cette occasion. Avec les deux séries qui paraissent en 1906 et, surtout, la Silver Ghost, un modèle aux parements argentés sur le châssis.

La marque se lance dans la publicité. Très vite, des articles payés paraissent dans la presse pour vanter le chic de la marque. En France, une succursale de distribution est installée au 50 de l'avenue Hoche. Semaine après semaine, les annonces martèlent que les *sportsmen* ont choisi cette voiture parce qu'elle est la meilleure ; que les modèles doivent être essayés, mais il faut les réserver longtemps à l'avance. Une Rolls-Royce est un accessoire chic. Voici le tout premier encart publicitaire paru dans *Le Figaro* le 15 novembre 1910 :

LES « ROLLS-ROYCE » EN FRANCE

> Si l'on s'arrête à Paris devant les magasins les plus chics, ou bien si l'on se rend au golf, on est certain de croiser de superbes automobiles Rolls-Royce, appartenant aux *sportsmen* les plus connus. Il n'est pas exagéré de dire que si la voiture 40/50 HP. Rolls-Royce est la « voiture à la mode », elle est, de l'avis des personnalités les plus compétentes, la plus souple et la plus silencieuse, en même temps que la plus robuste et la plus économique.

C'est sur la demande de son élégante clientèle que la Rolls-Royce a décidé d'ouvrir une agence française, 50, avenue Hoche, à Paris, où l'on doit s'inscrire pour les essais. Des ateliers de réparations, avec un stock de pièces détachées, se trouvent aux portes de Paris[66].

Semaine après semaine les mêmes publicités vantent les mérites de la marque qui s'implante dans le marché des voitures les plus luxueuses dès l'origine. Le petit nombre d'exemplaires produit chaque année, le temps d'attente pour tester ou obtenir son véhicule, tout est fait pour suggérer un sentiment de rareté. La robustesse et les finitions au millimètre font entrer les Silver Ghost, fabriquées jusqu'en 1925, parmi les voitures de légende. On se plaît à rappeler que le premier modèle aurait été acheté par le roi Léopold II de Belgique ; que Lawrence d'Arabie en conduisait durant ses opérations dans le désert et en parlait comme d'un atout précieux pour ses hommes – « des rubis ».

La guerre ajoute encore au prestige de la firme qui fabrique des moteurs pour l'aviation, à l'initiative de Charles Rolls qui s'est lancé dans ce secteur et perd la vie précocement dans un accident lors d'un meeting aérien en 1910. Il n'empêche, l'aviation britannique bénéficie durant la Grande Guerre des initiatives de la firme qu'il a créée. Royce conçoit des moteurs plus puissants que ceux des voitures. Et cela lui vaut d'être anobli en 1918 et d'être fait baronnet en 1930. Le fils de meunier s'est élevé grâce à son travail. Il est devenu riche, noble même, grâce à son application. Il meurt trois ans plus tard, sans descendant. Mais il lègue une marque à la postérité. L'entreprise continue de porter les valeurs de classicisme et d'opulence qu'il souhaitait offrir au monde.

En 1906, le capital de Rolls-Royce était de 50 000 livres sterling ; pour son cinquantième anniversaire, en 1956, il se montait à 23 millions de livres. En 1998, la firme passait dans les mains du constructeur allemand BMW, pour 340 millions de livres. 30 voitures avaient été produites la première année. 5 000 sont sorties de l'usine de Goodwood en 2019[67].

Entre-temps, la marque est devenue un signe extérieur de richesse. Comme si le fait de posséder une Rolls-Royce légitimait une fortune. Souvent conçus pour être conduits par un chauffeur, ces véhicules s'associent volontiers à la royauté, à l'aristocratie, au pouvoir. La reine Élisabeth II, par exemple, a ses Rolls-Royce, et l'on reconnaît dès les années 1950 à l'avant au côté du chauffeur justement, Albert Edward Perkins, son responsable de sécurité. Ce dernier surveille tout, et se précipite vers la portière pour la protéger, lors de ses visites. C'est encore lui qui est à son poste quand un petit bloc de ciment est lancé en 1966 contre la Rolls de la Reine, en visite à Belfast[68]. On avait redouté un attentat plus violent. Mais les Rolls-Royce ont très tôt été blindées. Des standards de sécurité élevés leur confèrent une place de choix sur ce marché particulier.

Posséder des Rolls, en faire une collection, pose un homme dans le petit monde des milliardaires. Hassanal Bolkiah, le sultan de Brunei, en possède 130[69]. Certes, c'est moins que ses 531 Mercedes, ses 367 Ferrari ou ses 362 Bentley, car il possède en tout plus de 5 000 voitures. Mais ce richissime esthète a racheté des pièces anciennes de la marque Rolls-Royce pour parfaire la liste de ses modèles. La famille Suharto en Indonésie avait aussi ses Rolls-Royce. Les pays du Golfe deviennent la patrie des Rolls après leur indépendance. C'est là que se trouve la plus grande concentration de véhicules de cette marque par habitant. Le marché des sultans et des émirs devient essentiel à partir des années 1970. La crise pétrolière et le débat sur les économies d'énergie réduisent le marché occidental. Les grosses consommatrices, très critiquées en Europe, gardent un public passionné là où le baril ne flambe pas.

Créée par un ingénieur parti de rien, mais finalement insérée parmi les riches élites d'Angleterre et d'ailleurs, la marque Rolls-Royce est devenue un cocktail de valeurs conservatrices : une technique classique, rarement innovante ; mais une fiabilité et une excellence dans le design et dans la finition. Surtout, une voiture associée à la grandeur britannique qui contraste avec l'efficacité des grosses cylindrées allemandes, devenues partout dans le monde les voitures de tous les jours des plus riches.

1906
La domesticité et ses problèmes

Le 18 mai 1906 comparaît devant la 10e chambre correctionnelle une cameriste russe, Mme Perepetchina. Elle est au service d'une princesse qui l'a emmenée en voyage avec elle à Paris. Tout paraît aller pour le mieux dans la maisonnée. La fille de la princesse elle-même s'entend bien avec cette employée à leur service depuis plusieurs années. Mais un soir, alors que la princesse est assise sur un fauteuil dans sa chambre, Mme Perepetchina entre subrepticement et se glisse derrière elle. Soudain, elle lui passe un lacet autour du cou et commence à serrer. Sentant qu'on l'étouffe, la princesse tente de réagir, mais tombe sur le sol, alors que la servante serre plus fort encore. C'est alors que sa fille alertée par le bruit entre dans la chambre. Son intervention sauve la vie de la princesse, tandis que la Perepetchina demeure comme hébétée[70]. Arrêtée et incarcérée, l'employée fait l'objet d'une enquête qui montre que l'employée volait des bijoux et de l'argent à sa maîtresse depuis des années. Interrogée sur le mobile de sa tentative de meurtre, la femme de chambre répond ne se souvenir de rien, comme si elle avait été absente à elle-même ce soir-là. Peut-être craignait-elle que sa maîtresse n'ait remarqué son dernier vol et ne la dénonce ? À moins qu'une pulsion diabolique n'ait guidé son bras ? Le tribunal se montre relativement clément, la condamnant à une peine de deux ans de prison et une interdiction de séjour de cinq ans.

Être riche, c'est être servi. Pas toujours bien, on l'aura compris. Au début du XXe siècle, dans le monde occidental, quatre travailleurs sur cent sont directement employés par une famille ou une personne. Et les riches sont ceux qui en emploient le plus. Seuls 1 % des ménages possèdent cinq personnes ou plus à leur service.

Les domestiques constituent un monde à part. Les relations entre maîtres et serviteurs ont alimenté la littérature, et plus largement la fiction. Jeeves, le célèbre valet imaginé par Pelham Grenville Wodehouse, le célèbre écrivain humoriste, s'est ancré dans l'imaginaire britannique[71]. Il a forgé le modèle du serviteur fidèle, toujours flegmatique face aux attitudes ridicules de ses maîtres. Sa bienveillance, son intelligence et son sens des convenances sont devenus proverbiaux. Plus récemment *Les Vestiges du jour*, de l'écrivain nippo britannique Kazuo Ishiguro, critique la rigueur de ce service où la maîtrise des sentiments dégénère en art de l'indifférence. Des séries comme *Maîtres et Valets* dans les années 1970 ou *Downtown Abbey* dans les années 2010 ont mis au jour l'histoire parallèle des bonheurs et malheurs des familles aristocratiques et de leurs serviteurs. Le contraste entre ces deux mondes marqués par une relation de travail dans un espace intime, une demeure, alimente les fantasmes. Pourtant, les relations sont souvent prosaïques dans le monde réel.

Car, au début du XXe siècle, les domestiques ont changé. Sous l'Ancien Régime, le personnel de maison correspondait à une forme d'élite. Les familles nobles et fortunées sélectionnaient aisément dans un vaste entourage des personnes de qualité pour qu'elles remplissent les tâches quotidiennes. La domination était si forte que les gens de maison avaient une relation de fidélité extrême à leur maître. Les places, d'ailleurs, n'étaient pas si nombreuses.

Mais les révolutions civiques, le développement industriel ainsi que l'exode rural ont transformé l'intérêt pour ces métiers. Dès le début du XIXe siècle, ils sont considérés comme avilissants. La preuve, en 1848, en France, les domestiques sont privés du droit d'être éligibles, en raison de leur dépendance personnelle à un maître[72]. Et les domestiques commencent souvent à être recrutés parmi la population immigrée, à un moment où les mouvements de populations s'accélèrent. En France, à côté des petites bonnes provinciales, arrivent des valets luxembourgeois, des majordomes britanniques… En Angleterre, les serviteurs français et indiens cohabitent dans les grandes maisons.

Alors que la condition matérielle des gens de maison s'améliore et que leurs gages sont plus élevés que sous l'Ancien Régime, leur condition symbolique se dégrade. Ils sont présentés comme des sots par leurs maîtres et ne jouissent d'aucune solidarité de statut, d'aucune protection syndicale. Au mieux se connaissent-ils par les agences de placement où ils se rendent régulièrement pour trouver un emploi. Car les changements de place sont fréquents. Femmes de chambre et valets veulent améliorer leur situation ou fuir un employeur exigeant. Même les plus riches maîtres subissent un renouvellement régulier de leur personnel.

Dénigrer son personnel de maison devient un élément de conversation courant dans les familles riches. D'autant plus que la délinquance s'aggrave entre les années 1870 et la première guerre mondiale. Un juge bruxellois entreprend même d'écrire un essai sur les crimes des servantes, en 1908. Ce magistrat, Raymond de Ryckère, suit les préceptes de la criminologie de son époque. Selon lui, les femmes ont une propension à la criminalité, en raison de leur tempérament, et la psychologie des servantes se prête particulièrement au crime d'opportunité.

Ce sont les larcins rendus possibles par la confiance, qui finit par s'établir en partageant une intimité. Le juge Ryckère donne de nombreux exemples tirés de la chronique judiciaire pour soutenir sa dénonciation de la dérive des servantes.

Comme cette mésaventure arrivée à la reine Olga de Grèce. Cette dernière est volée par une de ses femmes de chambre. La coupable est arrêtée en janvier 1907 pour avoir subtilisé des diamants sur des colliers, des médailles et des diadèmes et les avoir remplacés par des strass. La reine ne reverra jamais ses pierres précieuses…

Pire, ce sont souvent d'anciens domestiques qui usurpent des identités de hautes personnalités, tant ils sont habitués aux manières du monde. Ainsi Rosa Ghwayser, une femme de chambre, se fait passer pour la baronne de Trentinaglia, un titre de son invention, et parvient à séduire un officier de la noblesse autrichienne. Plus douée encore, Juliana Metz, une Autrichienne de 17 ans, servante dans un hôtel de Bucarest, fait la connaissance d'un escroc, le baron von Scheurer. Ce dernier l'emmène à Vienne puis à Londres, avant de l'épouser à Bristol. Le couple tente une escroquerie à l'assurance vie en faisant passer le baron pour mort, à l'aide du cadavre d'un malheureux malade. Ils obtiennent l'argent mais le pot aux roses est finalement découvert, alors qu'ils ont pris la fuite en Autriche. Arrêtée en 1900, Rosa Ghwayser est condamnée à quatre ans de prison par la cour pénale de Vienne.

Escroqueries et vols ne sont pas les seules turpitudes relevées au début du siècle à l'encontre des servantes. Il y a les avortements illégaux, la prostitution, les adultères, sans compter les mauvais traitements subis par les femmes de chambre, parfois frappées, mal nourries ou scandaleusement logées.

Pour tenter de remédier à la dérive délinquante ainsi qu'au manque de considération envers les serviteurs, les gouvernements adoptent surtout des mesures symboliques. Selon eux, ce n'est pas une question de rémunération puisque les revenus moyens des domestiques dépassent ceux des ouvriers. Les élites veulent valoriser des qualités morales : la fidélité et la loyauté des femmes de leurs serviteurs. Cela afin de préserver le secret de leur intimité.

En France, depuis la Révolution française, il existe une forme de discrimination des domestiques. Ils sont originairement privés de droits civiques, au prétexte qu'ils n'ont pas de domicile propre. En fait, on leur reproche leur dépendance à un maître. Les régimes politiques qui se succèdent par la suite comptant un corps électoral censitaire très réduit, les servantes et serviteurs sont, comme les classes populaires, exclus du droit de vote. Avec la révolution de 1848 et l'adoption du suffrage universel masculin, ils peuvent enfin participer aux consultations nationales. Mais ils n'ont pas le droit d'être élus ! Il faudra attendre les années 1930 pour que l'on remédie à cette situation. Cependant, tous les pays n'avancent pas au même rythme.

En fait, la question de la citoyenneté est perçue comme secondaire pour revaloriser le statut des domestiques. Les gouvernements préfèrent mettre en œuvre des politiques incitatives. En Grande-Bretagne, dès 1872, la reine Victoria institue une décoration spéciale pour les domestiques. Ils peuvent l'obtenir après vingt-cinq, quarante et même cinquante ans de service dans la même maison, voire la même famille. Sa fille, Helena, épouse du prince Christian de Schleswig-Holstein, fait office de patronne pour cette institution. En 1900, 2 247 personnes ont été décorées, dont 160 pour un service de plus de cinquante ans.

En Allemagne, le grand-duché de Hesse a institué une médaille similaire en 1895. Toujours sur le même modèle, le ministère du Travail de Belgique a élargi la médaille du travail aux domestiques ayant travaillé vingt-cinq ans chez un même maître.

En 1906, 500 personnes l'avaient demandée et 250, obtenue. Parmi eux, la vieille servante de 83 ans d'un administrateur des chemins de fer, doyenne des bénéficiaires après soixante-cinq ans de bons et loyaux services.

Mais cela ne suffit pas. Il faut encore que le statut des domestiques soit aligné sur celui des autres travailleurs, avec une retraite et des droits mieux définis. Ce n'est donc que lentement que cette revalorisation survient. Elle est d'autant plus rapide que le nombre de personne disposées à exercer ces emplois se réduit. En ce sens, la première guerre mondiale signe un tournant. Le départ sur le front limite les recrutements car le jeune personnel masculin est appelé au combat.

Un article évoque avec humour la recherche désespérée de personnel domestique en 1915. Il est publié dans *Vanity Fair*, la principale revue américaine mondaine. Son auteur est un certain Pelham Grenville. Il s'agit d'un des pseudonymes de P. G. Wodehouse, le célèbre écrivain britannique. À cette époque, il vit aux États-Unis et peut se permettre une forme d'ironie par rapport à son temps, alors que la guerre fait rage en Europe. Selon lui, s'il est difficile de trouver une bonne en ville, malgré les bureaux de placement, il est carrément impossible de trouver une femme de ménage à la campagne : « Ici, à la campagne, le problème des serviteurs vous frappe comme une balle Dum-Dum tirée par un obusier allemand. » Les rares candidates préfèrent rester chez elles et quand finalement elles acceptent de venir, rares sont celles qui respectent les horaires de travail.

L'article de Wodehouse se termine par le récit d'une conversation entre lui et sa femme, nostalgique de sa vie en Inde, avec une domesticité pléthorique. « Quand je vivais en Inde, dit-elle, nous avions un maître valet, un assistant valet, un cuisinier, un aide-cuisinier, un balayeur, plusieurs grooms, quelques jardiniers, un maître-chien, une femme de chambre et un chokrah ! » Et quand on lui demande ce qu'est un *chokrah*, l'épouse répond : « L'assistant de l'assistant du valet. » L'auteur ne peut s'empêcher d'éprouver alors une pointe d'envie pour cette domesticité abondante. D'autant plus qu'aux États-Unis, selon lui, un jeune garçon grassement payé pour être promeneur de chien trouverait encore cette tâche trop pénible. Ainsi décrits, les serviteurs apparaissent davantage comme une source de problèmes que comme une solution pour les riches. Bien sûr, il n'en est rien.

1912
Le Titanic et l'héritier Astor

Le corps flottait sur l'eau, parfois submergé par une vague. Un des marins l'ayant aperçu, il fallut une perche pour s'en saisir et le remonter à bord. Cela faisait cinq jours qu'il était immergé, étonnamment conservé. Ce navire, un câblier du nom de *Mackay-Bennett*, chargeait depuis plusieurs heures les dépouilles de victimes du naufrage du *Titanic*. L'équipage n'avait pas rechigné à les rechercher, conscient d'accomplir un acte sacré pour les familles. Bientôt, 91 corps étaient sortis des eaux. À plusieurs reprises des messages avaient été adressés aux autorités portuaires à Halifax, le port d'attache du *Mackay-Bennett*. L'une de ces victimes avait fait l'objet d'un rapport détaillé. Elle portait un costume bleu nuit et sur elle se trouvaient plusieurs objets précieux : « Une montre en or ; des boutons de manchettes en or avec des diamants ; un anneau en diamant avec trois pierres serties ; 225 livres anglaises en billets, 2 440 dollars en billets ; 5 livres en or ; 7 en argent ; cinq pièces de 10 francs ; un stylo en or et un carnet de notes[73]. » Plusieurs mois de salaire d'un ouvrier dans la poche de ce mort couvert d'or. Qui est cet homme dont le visage est barré d'une belle moustache ? Les marins ne tardent pas à le découvrir : il s'agit du colonel John Jacob Astor IV, un des plus riches héritiers de son temps.

Que faisait-il sur le *Titanic* ? Était-ce dû à son goût pour les croisières ? Ou au désir de se trouver sur la traversée inaugurale d'un géant des mers qui promettait d'être un événement mondain mémorable ? Ou bien avait-il d'autres impératifs ? En fait, son histoire a ému la presse de l'époque, et sa famille a expliqué par quel concours de circonstances il avait été amené à perdre la vie dans ce terrible naufrage.

Astor n'est pas un nom anodin. Il est le fils de Caroline Astor, Lina pour ses amis, la reine de la haute société new-yorkaise, longtemps appelée « société des quatre cents ». Rappelez-vous, c'était le nombre de personnes que pouvait accueillir le salon de Lina. La famille Astor se pense comme une dynastie, et le colonel est le quatrième à porter le même nom et prénom : John Jacob. Parvenu par le commerce, ce clan richissime avait ensuite investi dans l'immobilier alors que Manhattan était en pleine expansion. La finance avait aussi accru leur fortune. Le premier fait d'armes du colonel, à l'âge de 23 ans, avait consisté à construire l'hôtel Astoria pour faire de l'ombre à l'un de ses cousins qui avait bâti en face le Waldorf. Les deux hommes devaient finalement fusionner les deux établissements et créer l'hôtel le plus luxueux de la ville : le Waldorf-Astoria. John Jacob IV en était encore propriétaire.

Non content de réussir dans les affaires, cet ancien étudiant de Harvard s'était engagé dans l'armée, et avait servi notamment pendant l'expédition de Cuba en 1898. Là, il avait gagné ses galons et reçu une médaille. Faut-il préciser qu'il avait mis son yacht, le *Nourmahal*, à la disposition du gouvernement pendant le conflit ? Certes, sa haute réputation est ternie par son divorce d'avec sa première épouse, Ava Lowle Willing, en 1909[74]. Sa famille lui en veut de cette séparation, alors qu'ils ont deux enfants, dont une fille encore petite. L'annonce de son remariage à 47 ans avec Madeleine Talmage Force, à peine âgée de 18 ans, soit un an de moins que son fils aîné, scandalise la bonne société.

Une campagne est même entreprise pour empêcher cette union, en faisant pression sur le clergé. Finalement, Jacob trouve un pasteur pour célébrer son mariage, en septembre 1911[75]. Cela n'arrête pas les médisances ni l'attention de la presse. Après réflexion, les nouveaux mariés décident de faire un long voyage de noces pour laisser les commérages s'apaiser.

Le 24 janvier 1911, le voyage commence par la traversée de l'Atlantique. Jacob a choisi le paquebot *Olympic* de la White Star Line, qui détient le record de la traversée en cinq jours et seize heures. C'est le navire jumeau d'un autre en cours d'achèvement : le *Titanic*. Sur l'*Olympic*, les premières classes sont assez luxueuses, avec des salles de bains privatives et un soin du détail qui va jusqu'au cendrier, puisqu'il est permis de fumer en cabine. Lancé en octobre 1910, avec à son bord le banquier John Pierpont Morgan, lors du voyage inaugural, l'*Olympic* a déjà bravé avec succès une tempête. De quoi rassurer les époux.

Après un transit vers la Méditerranée, ils s'embarquent pour une croisière sur le Nil. Dix jours plus tard, les voici à Naples, d'où ils partent en train pour la France.

La France, Paris. Jacob y est déjà venu avec sa première femme. Il a été séduit par la haute société parisienne et cette cité brillante, si lumineuse. Le colonel a rencontré la comtesse Greffulhe, le modèle de la duchesse de Guermantes imaginée par Proust, une figure centrale de la Belle Époque. Mécène pour les arts et les sciences, belle et élégante, habillée par les plus grandes maisons, de Worth à Poiret. Son salon reçoit tout ce qui compte à Paris, y compris de distingués visiteurs étrangers tels les Astor ou J. P. Morgan. John Jacob devient un fidèle de ce lieu. Et fait bientôt construire, en face de son adresse, son propre hôtel, la Maison Astor, qu'il retrouve en 1911 puis en 1912 lors de son voyage de noces. C'est peut-être là qu'ils se sont rendu compte que Madeleine était enceinte. Son accouchement doit avoir lieu quelques mois plus tard. Mieux vaut rentrer aux États-Unis, afin que l'enfant naisse sur le sol américain.

En préparant le voyage retour, Jack, comme l'appelait ses amis, constate que le *Titanic* pour sa première traversée fait escale à Cherbourg. Une aubaine, car le navire est censé avoir un luxe inouï, des cabines plus vastes encore que celles de l'*Olympic* pour les premières classes et des restaurants d'un grand raffinement. Il décide donc de réserver des billets pour lui-même, son épouse et leur suite : son valet, Victor Robbins, ainsi que la femme de chambre de son épouse, Rosalie Bidois, et une nurse, Caroline Louise Endres. Sans oublier leur animal de compagnie, Kitty. Leurs cabines sont sur le pont C et portent les numéros 62 et 64[76]. À bord ce soir du 10 avril 1912, d'autres figures éminentes comme le millionnaire Harry Widener, lui aussi ancien de Harvard et collectionneur de livres, ou Margaret Brown, une rentière qui a fait fortune dans le secteur minier, se préparent à faire un beau voyage. Lors des premiers dîners, la conversation est alerte. La table du commandant de bord est la plus convoitée.

La traversée tourne pourtant au cauchemar, le 14 avril, vers 23 heures 30, quand le *Titanic* heurte un iceberg. Très calme, le colonel Astor s'étonne de la panique qui règne parmi les 1 400 passagers. Un navire aussi sûr ne saurait couler. Quand l'ordre d'évacuation est donné, toujours avec calme, il accompagne sa femme pour l'installer dans un canot de sauvetage. Il demande à y monter, mais il lui est répondu qu'aucun homme ne peut embarquer tant que les femmes et les enfants n'ont pas tous été évacués. Le colonel Astor comprend tout à fait et s'éloigne après avoir demandé le numéro du canot de sauvetage et précisé au matelot que sa femme est « dans un état délicat ». Les témoignages indiquent qu'après cela il garda son calme, ne participa pas aux tentatives désespérées de déplier quelques embarcations flottantes.

Quand son corps est repêché par le *Mackay-Bennett* cinq jours plus tard, le colonel fait partie des 20 victimes sur les 330 premières classes. Car le bilan des morts du *Titanic* est plus léger suivant les niveaux de fortune. Reprenons-le : 310 survivants sur 330 en première classe ; 135 survivants sur 320 en deuxième classe ; 200 sur 750 en troisième classe ; 210 survivants pour environ 895 membres d'équipage. Les chiffres sont clairs : la richesse donne accès aux embarcations de secours. D'où l'émoi à la mort des membres de l'élite. Jack Astor est à la une de tous les journaux, à New York comme à Paris, la presse faisant de son histoire un mélodrame. Son portrait et celui de sa femme s'affichent en première page du *Washington Herald*. Le *New York Times* « feuilletonne » sur sa disparition et ses funérailles. En France, *Le Figaro* et *Le Petit Journal* l'imitent[77]. La famille Widener est également placée sous les projecteurs.

D'Astor, on retient cette idée simple : « *You wont take it with you!* », on n'emporte pas avec soi son argent dans la mort. Sa fortune, évaluée à 400 millions de dollars de son époque (soit environ 2 milliards d'euros actuels), ira à ses héritiers. Son enfant à naître et les deux issus de sa précédente union. Sa veuve, Madeleine, renonce à sa part après quatre ans. Une clause testamentaire prévoyait qu'elle perdrait tous ses droits si elle se remariait. Or, elle rencontre un banquier new-yorkais, William Karl Dick, et refait sa vie avec lui. Elle continuera de voyager, malgré le traumatisme du naufrage du *Titanic*.

Le nom du colonel Astor a continué de vivre à travers une de ses œuvres : le Waldorf-Astoria. En 1931, l'hôtel qu'il avait construit en 1897 a été revendu par sa famille et détruit pour être remplacé par l'Empire State Building. Mais les Astor ont permis à un consortium de bâtir la même année un nouveau Waldorf-Astoria, toujours sur Park Avenue. Cet établissement figure encore parmi les plus luxueux au monde. Il appartient au groupe Hilton et son nom est devenu un label pour d'autres hôtels de luxe, comme celui qui se trouve à Versailles, près de Paris. Paris où subsiste encore la Maison Astor, naguère fondée par le colonel. Sa fortune bien terrestre lui permit une postérité, à défaut de lui servir dans l'au-delà.

1912
ZAHAROFF, MARCHAND DE CANONS

En 1912, les Balkans grondaient de rumeurs de guerre. Chacun devinait que le XXe siècle ne serait pas pacifique. Mais jusqu'à quel point ? Soutenues par la Russie, la Serbie, la Bulgarie et la Grèce brûlaient d'affronter la Turquie pour s'emparer de ses ultimes terres en Europe continentale. Un conflit banal, comme on en avait tant vu depuis un siècle. Mais quelque chose avait changé avec la montée en puissance des industries. Le nombre de morts augmentait au fil des batailles et des massacres. Les armes à feu étaient plus efficaces, les canons plus puissants.

Depuis trente ans déjà, la lutte était intense entre les grandes entreprises d'armement. Les « marchands de canons » se livraient une âpre compétition. Car sur ces marchés, rien n'était stable. L'armée bulgare, par exemple, avait longtemps acheté ses armes auprès de l'Allemand Krupp. Mais Eugène Schneider, le patron français du Creusot, était parvenu en 1904 à lui vendre le canon de 75. Pour cela, il avait consenti de magnifiques « commissions » – de 3,5 % – aux officiers et aux personnalités bulgares qui avaient servi d'intermédiaires pour conclure le contrat[78]. Mieux encore, la banque française Paribas soutint cet accord en effectuant un prêt de 4 millions de livres au gouvernement bulgare, sur lequel étaient encore puisés 12 % pour de hauts gradés et des diplomates du pays. Plus de 1 million de livres au total arrosaient ce petit monde. Le prix à payer pour battre Krupp.

La compétition rebondissait alors sur les autres armées de la région. La Roumanie, la Serbie, la Grèce étaient autant de clients. Jusqu'au début des années 1910, les principaux marchands allemands, autrichiens, britanniques, français et américains circulaient dans la région en proposant leur combinaison miracle de fusils, canons, mitrailleuses et navires pour garantir la meilleure puissance à leur interlocuteur. Par extension, les grandes puissances aussi s'armaient. La Turquie, bien sûr, l'Autriche et la Russie, pour ne parler que de celles qui se pensaient maîtresses des Balkans.

L'Autriche, c'est là qu'en 1912, le principal agent de la firme Vickers espérait réussir un coup magnifique. Son nom ? Basil Zaharoff. Il n'est pas encore apparu dans ce livre, alors que, depuis les années 1880, sa fortune n'a cessé de croître. Comme beaucoup d'industriels de l'époque, pour obtenir des marchés publics, il séduit, violente ou corrompt. Il a saboté les appareils de ses concurrents lors de tests officiels, puis n'a pas hésité à nouer avec eux des alliances. La souplesse d'un diplomate alliée à la rouerie d'un vendeur à la sauvette.

En 1889, au cours d'un voyage en train, il rencontre la duchesse de Marchena. Ce sera l'amour de sa vie. Mais cette rencontre lui ouvre les portes de la haute société espagnole. Car la toute jeune femme est mariée à un Bourbon-Bragance, le duc de Marchena, cousin du roi Alphonse XIII, et elle met son crédit à son service. Zaharoff accède ainsi aux décideurs et fait de Vickers le fournisseur principal du pays.

En Grèce, Zaharoff a le pedigree qu'il faut pour convaincre les autorités. Il est né en 1849 en Turquie, mais dans une famille grecque. Il était encore enfant quand son père a emmené toute sa famille en Russie, où ils vécurent plusieurs années. Il parle donc de façon fluide le grec, le russe, le français et l'anglais, pour les avoir appris à l'école. Au total, il maîtriserait quatorze langues. En Grèce, il a déjà vendu à ses débuts un sous-marin pour son premier employeur, l'entreprise suédoise Nordenfelt. Un succès qui lui avait permis ensuite d'en vendre deux à l'ennemi héréditaire turc et encore deux à la Russie, rivale de la Turquie sur la mer Noire.

L'année 1912 lui porte chance. Il obtient un gros contrat du gouvernement hellène, des centaines de milliers de fusils. Mais la première guerre des Balkans éclate avant leur livraison. Les finances grecques s'effondrent. Qu'à cela ne tienne, en bon banquier, il verse donc 2 millions et demi de livres au gouvernement pour tenir, et payer. Et recommence l'année suivante.

Dans le même temps, il se rapproche de Clemenceau et indirectement de Schneider pour pénétrer les marchés sous l'influence diplomatique de la France. Thomas Vickers, le fondateur de la firme, son patron, l'aide à assurer la participation de leur entreprise au vaste programme de réarmement auquel s'adonne son pays dans la course avec l'Allemagne. Déjà, Zaharoff est la cible de la presse dont il utilise pourtant certains titres pour mener des campagnes d'opinion. Sa personnalité fascine, son pouvoir inquiète. On le surnomme « l'homme mystérieux de l'Europe ». Mais il a habilement commencé à diversifier ses avoirs. Il détient des parts de la Shell, ce qui lui permet de mettre un pied dans le marché du pétrole. Et possède aussi la banque Laseyne à Paris. Il participe à la vie mondaine, crée des chaires dans les grandes universités, tels la Sorbonne et Oxford, pour stimuler le développement de l'aviation. Il soutient le mouvement sportif. L'homme s'embourgeoise en vieillissant.

Son image se corrige durant la Grande Guerre. Il devient l'homme-orchestre de l'armement pour les pays de l'Entente : la France, la Grande-Bretagne et la Russie. Cela lui vaut, dès 1914, des promotions dans l'ordre de la Légion d'honneur et, en 1918, la grand-croix de l'ordre du Bain, ainsi que l'ordre de l'Empire britannique[79]. Il n'hésite pas à investir alors une partie de sa fortune dans la principauté de Monaco, où il possède la moitié des parts de la Société des bains de mer et du Casino. Il est au sommet de son influence politique lors du conflit et juste après. Mais l'âge le pousse à s'éloigner lentement des affaires.

Au lendemain de la guerre, il partage son existence entre la principauté, son appartement du 53, avenue Hoche, dont il fait fleurir les vasques des fenêtres et de l'entrée chaque jour, et le château de Balincourt, en Seine-et-Oise, ancienne résidence du défunt roi des Belges Léopold II. C'est là que, le 22 septembre 1924, il épouse son grand amour, María del Pilar Antonia Angela Patrochino Simona de Muguiro y Beruete, duchesse de Villafranca de los Caballeros, veuve du duc de Marchena, mort onze mois auparavant[80]. Un mariage en toute discrétion, prononcé par le maire du village d'Arronville. Seuls les témoins y assistent. Mariage civil, d'abord, puis religieux, dans l'église du village, à 74 ans, avec une femme de dix-neuf ans sa cadette.

Les trois enfants de la duchesse étaient traités par Zaharoff comme ses propres filles. Et pour cause. Feu le duc avait tôt été frappé de démence et interné et n'était pas l'auteur de leurs jours. L'aînée était née en 1889, l'année même de la rencontre entre la duchesse et le marchand d'armes... Sa cadette mourut prématurément à 20 ans. La benjamine tint bon. Les deux sœurs continuèrent de porter leur titre et le nom de Bourbon laissé par leur père putatif. Elles épousèrent des nobles et vécurent dans l'opulence.

Zaharoff s'éteignit en 1936, à 87 ans : les affaires conservent. Il avait brûlé ses carnets personnels et nombre de ses archives. Plusieurs commissions d'enquête, au Royaume-Uni, aux États-Unis et même en France, avaient mis au jour son rôle occulte. Des lettres dans les archives ministérielles et chez de grands fournisseurs prouvaient qu'il était au centre d'un vaste système de corruption[81]. Une exigence nouvelle de transparence s'imposait dans les affaires. On le blâmait, comme s'il avait déclenché la première guerre mondiale à lui tout seul, pour son seul profit. Les pacifistes pouvaient ainsi passer sous silence le patriotisme populaire, voire le chauvinisme de masse. En fait, Zaharoff surfait sur les tendances à la virilité et à l'héroïsme de son temps. Le crime de ce soutier de l'impérialisme réside dans son opportunisme plutôt que dans une illusoire toute-puissance.

Ses filles purent jouir de sa fortune sans entraves. Pourtant, aucune n'a poursuivi ses activités industrielles et bancaires. Peut-être les ventes d'armes à l'origine de leur richesse avaient-elles laissé une dérangeante odeur de soufre.

1914
LE SACRIFICE DES FILS

Le 28 juin 1914, à Sarajevo, au cœur de la Bosnie, Franz von Harrach, le fils du comte de Harrach et de la princesse de Lobkowicz, un riche noble est chargé d'une mission extraordinaire. Avec sa voiture personnelle, une Double Phaéton de la marque Gräf & Stift, il doit prendre part au cortège de l'archiduc François-Ferdinand, en visite officielle dans cette province de l'Empire austro-hongrois. C'est une belle décapotable. Harrach utilise son propre véhicule, car il appartient à un groupe de bénévoles élitistes : le Corps des chauffeurs motorisés[82]. L'idée est simple : les propriétaires de voiture, souvent à l'esprit sportif et relativement jeunes, acceptent de mettre leur véhicule au service des militaires, au gré des besoins. Cette initiative lancée par le commandant Gustav Gurschner en 1905 a pour objectif de pallier le manque de moyens de transport des forces impériales. Se trouve ainsi constituée une sorte de milice, qui recrute en force dans la haute société viennoise. De fait, le voyage de l'archiduc

François-Ferdinand en Bosnie s'inscrit dans des manœuvres militaires et Franz von Harrach fait fonction d'adjudant durant tout le séjour.

À 10 heures 20, le voici dans la voiture avec l'archiduc et sa fiancée, Sophie Chotek von Chotkowa, ainsi que le gouverneur de Bosnie. Alors que Leurs Altesses s'assoient sur la banquette, il prend place sur un strapontin en face d'elles. Le chauffeur de l'archiduc, Leopold Lojka, s'est installé au volant, un garde à ses côtés. La conversation est détendue.

À 10 heures 26, Lojka perçoit une bombe lancée vers la voiture et donne un brusque coup de volant. Le projectile frôle le prince héritier puis tombe au sol et roule sur la chaussée. Il explose alors que le véhicule suivant passe dessus. Deux personnes sont immédiatement tuées par l'explosion. François-Ferdinand fait arrêter sa voiture et demande à Harrach de voir si l'on peut porter secours aux blessés. On décide de repartir vers la mairie de Sarajevo comme prévu. On ira visiter plus tard les blessés à l'hôpital militaire. La visite de l'hôtel de ville et la rencontre avec le conseil municipal est tendue, car l'archiduc est scandalisé par l'attentat.

À 10 heures 45 on repart pour aller visiter les blessés. Un garde supplémentaire s'est placé au côté de la voiture et Franz von Harrach change de place sur le strapontin gauche pour faire écran de son corps en cas de nouvelle attaque. On commence à rouler en direction de l'hôpital. Après quelques minutes, le chauffeur se trompe de route. Alors que la Phaéton manœuvre pour reprendre la bonne direction, un homme surgit de la foule et tire sur l'archiduc. C'est Gavrilo Princip, un indépendantiste bosniaque, proserbe[83]. Harrach est indemne. Mais la duchesse et l'archiduc sont blessés, elle à l'abdomen, lui au cou. Harrach recueille les dernières paroles du prince héritier : « Sophie, Sophie, ne meurs pas. Reste en vie pour nos enfants[84]. »

Bouleversé, au soir de ce jour fatidique, l'adjudant revient dans le château familial des Harrach. Il rédige une description de l'événement qui sera transmise à la cour. Il lui faut encore témoigner au procès de Princip. En rapportant les derniers mots de l'archiduc, il déclenche une immense émotion dans la salle et le président doit faire un rappel à l'ordre.

Harrach a survécu à la Grande Guerre ; il a servi l'Empire au sein de l'unité des chauffeurs motorisés, comme tant d'autres membres de la haute société. Cette milice imaginée par Guschner manifeste le fort patriotisme des élites austro-hongroises de l'époque impériale.

Il faut dire que Vienne, en 1914, concentre la moitié des millionnaires du pays. Parmi ces nantis, l'immense majorité appartient à la noblesse. Ce sont eux qui possèdent des voitures et assurent le développement des industries. En un sens, une conversion des fortunes s'est produite. Les aristocrates ont investi dans les entreprises et acheté des actions. Ils ont aussi été à l'initiative du développement de secteurs d'activité comme la banque, où excelle le baron Salomon Albert Rothschild, avec 25 millions de couronnes de revenus par an. Sa fortune dépasse celle du prince héritier François-Ferdinand, dont l'apanage rapporte 1 million de couronnes annuelles. Les mille personnes les plus riches de Vienne représentent à elles seules 10 % du revenu national et les 1 % les plus riches, un quart de la richesse du pays. Un groupe assez homogène qui se trouve à la tête de l'armée, de la diplomatie, des grandes banques et des grandes propriétés agraires, industrielles ou commerciales, sans oublier les grands artistes, ceux de la sécession viennoise à laquelle Gunscher appartient. Et le nombre de millionnaires ne cesse d'augmenter à Vienne : ils étaient 526 en 1900 ; ils sont 1 403 en 1913[85].

Ce beau monde qui fréquente les hôtels et restaurants chics alimente la vie de cour, joue déjà au polo et au tennis, a la vision de la grandeur de l'Empire et la passion de sa défense. Tous répondent à l'appel de la Grande Guerre. Ceux qui ne sont pas membres de la milice motorisée sont mobilisés dans les états-majors et les grands corps des armées, y compris les usines d'armement.

Dans le monde entier, les grandes fortunes ne peuvent rester indifférentes à cet événement tragique qu'est l'assassinat de l'archiduc. C'est d'autant plus vrai en Allemagne, où l'unité du pays a été forgée par la guerre. En 1913, les plus riches sont plus ou moins directement liés au secteur de la guerre. La famille Haniel, au sommet de la pyramide, avec 618 millions de marks (3,2 milliards d'euros actuels) de patrimoine, y contribue par son charbon pour la fabrication d'acier et d'énergie à destination de la marine de guerre. Derrière, la famille Rothschild, forte de ses deux branches allemandes, cumule 390 millions de marks (2 milliards d'euros actuels) et effectue des prêts pour la vente et la fabrication d'armes[86]. La famille Henckel von Donnersmarck, avec ses mines et son industrie chimique, a un profil proche de celui des Haniel. Bertha Krupp, du haut de ses 283 millions de marks de patrimoine, est, comme la famille Thyssen, plongée au cœur de la guerre par la production d'armes. L'engagement des géants économiques dans le conflit explique les théories qui circulent dès cette époque dans les milieux socialistes sur le bellicisme des capitalistes au détriment du prolétariat. Pourtant d'autres logiques expliquent la mobilisation des riches familles aristocratiques dans le conflit[87].

Il existe une sorte de code d'honneur des familles nobles qui les pousse à s'engager. Ainsi le roi de Bavière Louis III, qui ne possède pas moins de 300 millions de marks de patrimoine et environ 6 millions de revenus annuels, ne se contente-t-il pas d'assurer la défense de ses biens. Il veut du prestige. C'est pourquoi son fils le prince Rupprecht assure un commandement militaire dès août 1914 et obtient son bâton de maréchal à la tête des troupes bavaroises. Dans la famille de l'empereur Guillaume II (22 millions de marks de revenus annuels), le prince héritier, le Kronprinz, prend aussi la tête d'une armée. Pour ces familles, la guerre s'inscrit dans une tradition qui justifie l'existence même de l'aristocratie. L'imaginaire de ces descendants de la chevalerie reste travaillé par le combat. La noblesse prussienne fournit par exemple 31 % des cadets de l'armée, donc des futurs officiers de carrière, alors que le groupe ne représente que 0,15 % de la population. Jalouse de son rang, la noblesse allemande s'élance vers le front dès le début du conflit. Elle sera décimée. De fait, la moyenne des pertes militaires allemandes se situe autour de 3,2 %, mais les jeunes nobles perdent entre 18 et 25 % de leurs membres dans les combats de la Grande Guerre.

En France, le deuil frappe aussi la haute société fortunée. 32 % des descendants nobles s'engagent dans l'armée et 23 % des hommes mobilisés meurent au front. Plus globalement, la guerre prend la vie de 4 % de l'ensemble de la population noble, femmes, enfants et anciens compris, contre 3 % pour la population nationale[88]. Ce sont bien les fils qui ont payé le prix fort, à l'image d'Henry de Pracomtal. Cet aristocrate engagé dans l'aviation meurt au combat. Il avait choisi l'aviation car, mieux que les autres armes modernes, elle lui paraissait symboliser l'idéal chevaleresque, le combat d'homme à homme, le duel ; une certaine distinction, une hauteur…

L'aviation était un sport encore avant la guerre. L'usage des appareils à des fins combattantes avait à peine été envisagé. On se retrouvait dans des aéro-clubs pour pratiquer ce sport mécanique qui avait coûté la vie à Charles Rolls en 1910. Et voici que les jeunes de Cambridge et d'Oxford au Royaume-Uni la regardent comme l'arme par excellence. Dans ce pays aussi, dès 1914, les élites sacrifient leurs fils au nouveau Moloch.

Même les États-Unis, qui n'entrent en guerre que trois ans après, ont ce réflexe. Les étudiants de l'université de Yale en sont un bel exemple[89]. Dès 1916, leur club d'aviation sert de préparation militaire. Une dizaine de jeunes gens appartenant aux meilleures familles forment la première escadrille de réserve de la Marine. Jusque-là, en effet, nul avion n'avait été intégré dans la US Navy. L'idée est d'en faire des observateurs pour faciliter le repérage de l'ennemi. Pourtant, tous rêvent de gloire et de combats. Quand la guerre éclate, leur entraînement s'intensifie. Puis ils sont transférés en France pour une nouvelle phase de préparation. Après de longs mois, à la fin de l'année 1917, les voici affectés dans des escadrilles. Avec leurs alliés français et britanniques, ils prennent part à des bombardements, à l'image de Kenneth MacLeish. Lors d'un vol en patrouille, le 14 octobre 1918, celui-ci est abattu par les chasseurs allemands. Il meurt dans le crash de son appareil. Son corps repose en Belgique, non loin de son point de chute. C'est la principale victime de « l'escadrille des millionnaires ».

Comme lui, le fils du président des États-Unis Theodore Roosevelt, Quentin, rêvait de gloire. Quentin a choisi l'aviation. Lui aussi s'est entraîné en France, sur la base d'Issoudun, et trouve la mort lors d'une opération aérienne, le 14 juillet 1918. Un autre exemple de ces anciennes familles fortunées qui ont payé le prix fort dans la guerre.

Le sacrifice des fils laisse des familles riches dans lesquelles la prééminence des femmes n'est pas qu'un mot. Outre le deuil, nombre d'entre elles vont porter les valeurs de leur clan sur la scène publique et valoriser leur patrimoine. Mais leur famille n'en gagne pas un surcroît de pouvoir. Au contraire, du front, les anciens combattants pauvres comme riches ont tiré la leçon de l'égalité comme valeur fondatrice. Et les gouvernements, croulant sous les dettes, doivent chercher d'autres sources de revenus. Le temps des impôts lourds est venu pour les plus riches.

1916
Un symbole, l'impôt sur le revenu

« C'est abominable, c'est scandaleux. C'est du vol, de la piraterie[90]. » Paul Leroy-Beaulieu, un économiste français renommé, ne décolère pas. Issu d'une bonne famille de la bourgeoisie, il a pris la suite de son beau-père, Michel Chevalier, au Collège de France. En cette année 1908, la gauche modérée veut faire voter l'impôt sur le revenu. Il trouve la mesure nuisible et dangereuse, tant elle introduit de déséquilibres sociaux. Une révolution socialiste en soi. Leroy-Beaulieu défend la cause des riches comme un enfant de son siècle, le XIXe. Il est convaincu que cette nouvelle fiscalité empêchera le développement économique. Son point de vue prévaut finalement au Sénat. Le projet de loi est bloqué.

Partout le débat est vif sur cette fiscalité. En Angleterre, le duc de Westminster a menacé de quitter son pays si l'impôt sur le revenu est remis en place. Il n'en fera rien, mais le mot lui vaut d'entrer dans la postérité. Et aux États-Unis, face au projet du président Taft d'introduire une telle taxe progressive pour financer l'État fédéral, en 1909, l'opposition pinaille en soulignant le risque d'inégalité des collectivités territoriales devant le prélèvement. La réforme était pourtant légère et soutenu par tout le spectre politique. Mais les riches intérêts industriels craignent de devenir une cible pour le gouvernement fédéral.

La première guerre mondiale balaie toutes ces oppositions. En 1916, elle bat son plein. Les plus grandes batailles du conflit sont engagées. À Verdun, Français et Allemands se livrent un combat sanglant, guerre d'usure d'un nouveau genre qui lamine les troupes. Les soldats sont écrasés sous la terre soulevée par les tirs d'artillerie incessants. Dans le bassin de la Somme, les Britanniques sont décimés dans une vaine offensive. Il faut de l'armement, toujours plus puissant et toujours en plus grand nombre. La pression financière sur les gouvernements monte d'un cran. Les emprunts ne suffisent plus.

Une vieille idée ressurgit : demander aux riches de supporter l'effort de guerre. Car le principe d'un impôt sur le revenu est ancien, mais toujours lié à la guerre[91]. C'est le Premier ministre britannique William Pitt le Jeune qui, en 1799, a, le premier au monde, établi un impôt sur les revenus pour financer la guerre contre la France. Plusieurs niveaux de taxation existaient suivant l'ampleur des revenus. Le taux maximum était de 10 %. Et les pauvres étaient protégés par un seuil minimal. En 1816, une fois détruite l'armée de Napoléon, cet impôt est levé. Mais les difficultés financières et les guerres d'Asie poussent le gouvernement britannique à reprendre ce mode d'imposition en 1842, comme une taxe directe sur les salaires. Aucune déclaration d'impôt personnelle n'était exigée.

Aux États-Unis, le premier impôt sur le revenu est lié à une guerre terrible. Le président Abraham Lincoln en est à l'origine, en 1861. La dette publique s'envolant à cause de la guerre de Sécession, son idée est de prélever un pourcentage fixe de 3 % des revenus quand ils dépassent le seuil relativement élevé à l'époque de 800 dollars. Cette taxe fédérale est finalement arrêtée par le Congrès en 1871, plus de six ans après la fin du conflit entre le Nord et le Sud. Mais avec la réduction de la dette, on craignait maintenant un empiètement de l'État fédéral.

À l'échelle internationale, la montée en puissance des mouvements socialistes relance le débat. Selon eux, la progressivité de l'impôt permet de corriger les inégalités sociales. La notion de justice fiscale tend à s'imposer dès les années 1880. Pourtant, la plupart des gouvernements qui la mettent en place au début du XXe siècle y voient d'abord une ressource financière, une manière de compenser les dépenses croissantes de l'État, dans une période où les droits de douane rapportent moins.

En France, un membre du Parti radical, un modéré, Joseph Caillaux, se saisit de cette réforme en 1907 puis surtout en 1914. Dans sa démarche se mêlent justice sociale et nécessités financières. Pour la première fois, il imagine une déclaration des contribuables. Mais son projet est suspendu en mars, car son épouse a assassiné le directeur du *Figaro*, Gaston Calmette, pensant son honneur mis en cause à la suite de révélations sur sa vie privée. L'idée revient sur le devant de la scène en juillet 1914. Raymond Poincaré, le président de la République, dans la perspective d'une union sacrée dans la guerre qui se profile, obtient que le Sénat conservateur vote l'impôt sur le revenu, en échange de quoi la gauche ne remet pas en cause la loi des trois ans de service militaire, votée en août 1913. Mais l'application de la réforme est ajournée : il est impossible de traiter les déclarations, ni de s'assurer du prélèvement. Et son entrée en vigueur ne paraît pas opportune à l'heure de la mobilisation générale. Le gouvernement privilégie l'emprunt et fait appel au volontarisme des citoyens.

Toutefois en 1916, l'accumulation des difficultés nécessite un changement. Les besoins d'armement s'ajoutent à la crise économique. En France, Alexandre Ribot, ministre des Finances, insiste pour moderniser les prélèvements. Les anciens impôts directs, surnommés « les quatre vieilles », car ils remontent au début du XIXe siècle, ne sont plus suffisants. Le plus baroque était celui qui est proportionné au nombre de portes et de fenêtres des habitations : son assiette était dépassée. Ribot fait adopter le projet dans la loi de finances de 1915 et demande sa mise en œuvre en 1916. Il s'agit au départ de prélever 2 % sur les revenus des plus riches. Les soldats en sont exemptés. Si bien que seules 260 000 personnes y sont assujetties, soit 15 % des contribuables. Dès l'année suivante, une déclaration est élaborée par les services du fisc afin que les citoyens puissent préciser leurs revenus. Le taux a été augmenté à 12,5 % ; l'impôt ne rapporte donc que

36 millions de francs, une infime partie des dépenses de l'État, qui se montent à 41,7 milliards en 1917[92].

Toujours en 1916, aux États-Unis, face au recul des ressources de l'État fédéral, le président Wilson est amené à mettre en œuvre l'impôt sur le revenu. Là aussi, des discussions sur l'opportunité d'instaurer cette nouvelle taxation ont repris avec le XXe siècle naissant. Le président Taft, un Républicain, dès 1909, s'est déclaré en sa faveur. Il a établi un projet de réforme constitutionnelle afin de couper court aux arguties juridiques et de passer outre à un arrêt de la Cour suprême des États-Unis qui fustigeait l'empiètement des taxes sur la propriété privée.

Le 16e amendement, finalement voté par une large majorité qualifiée de conservateurs et de progressistes, en 1913, autorise la Chambre des représentants à établir au profit de l'État fédéral l'impôt sur le revenu. Et dès le mois d'octobre de cette même année, une nouvelle loi fixe un prélèvement progressif de 1 à 7 % pour les contribuables ayant plus de 500 000 dollars de revenus annuels, soit les plus riches. En fait, seulement environ 1 % de la population est concernée. Mais là encore, la mise en œuvre tarde. La baisse des ressources douanières à l'occasion de la guerre mondiale conduit finalement Wilson à l'activer peu avant l'entrée dans le conflit des États-Unis, en 1917. Un aménagement a été prévu pour les foyers ayant plus de 1,5 million de dollars de revenus : ils doivent acquitter 15 % du total. Dès 1917, l'impôt s'applique à ceux qui gagnent plus de 40 000 dollars par an, tant l'urgence financière commande. Cela permet de prélever en 1918 la somme de 3,6 milliards de dollars. De quoi couvrir une part des 13 milliards de dépenses du gouvernement fédéral cette année-là.

Partout, la mécanique est enclenchée. La guerre contraint les États à intervenir en profondeur dans la vie des nations. Gouvernement fédéral américain, ou impérial britannique, ou français centralisateur, sans oublier les gouvernements scandinave et allemand, tous augmentent leur impôt sur le revenu. Les taux passent de 10 % à 40 voire 50 %, et la population imposable ne cesse de s'élargir. Certes, pour l'heure, l'impôt frappe surtout les classes supérieures et ne descend pas encore jusqu'aux classes moyennes. La bonne volonté des riches est mise à l'épreuve. Ils acceptent cette pression inédite à cause du conflit.

Après la guerre, leur patriotisme se délite. Certains tentent de se soustraire à cette obligation qui repose sur leur sens de l'honneur. Car en France la déclaration est volontaire jusqu'au milieu des années 1920. Pire, il n'existe pas d'administration de contrôle, seulement une perception. À partir de 1929, des inspecteurs sont recrutés. Leur travail consiste à vérifier la conformité des déclarations avec les paiements effectués. Mais la déclaration reste une forme d'évaluation personnelle et, évidemment, les Français sous-évaluent systématiquement leurs revenus. Au point qu'un vieux dicton trotte dans les têtes : « Il faut être une poire pour les croire. » D'où le surnom donné à cet acte fiscal : « la déclaration des poires ». La fraude la plus courante dans les années de guerre et après consiste simplement à indiquer moins que ses revenus réels pour demeurer dans une tranche inférieure.

Très vite, d'autres méthodes sont imaginées. Les techniques d'évasion fiscale vers l'étranger émergent. On peut même affirmer que c'est dans l'entre-deux-guerres que la notion de « paradis fiscal » commence à prendre tout son sens. Le Britannique Stanley Baldwin parle même de « paradis des profiteurs » en 1931, alors que le débat sur les douanes fait rage en Grande-Bretagne. Déjà, la Suisse, dont certains cantons ont un taux d'imposition réel qui atteint les 50 %, devient un refuge. Pourquoi s'y rendre ? Parce que le secret bancaire autorise à cacher ses avoirs dans des coffres et sur des comptes, sans que ces informations soient transmises au pays d'origine. Cela, ajouté à la stabilité du franc suisse, explique que ce pays devienne le refuge idéal pour les Européens et les Américains traqués par le fisc.

Les principautés refuges comme le Liechtenstein et surtout Monaco sont aussi un abri sûr. Car à Monaco, les résidents ne paient pas d'impôt sur le revenu. La principauté vit d'abord de son casino. On comprend mieux la passion de Zaharoff pour ce site de la Côte d'Azur, dont le paysage, alors, n'était pas le seul atout.

La première guerre mondiale sonne donc la fin d'un raisonnement qui remontait à l'Ancien Régime et qui épargnait les riches. Comme l'expliquait Du Pont de Nemours dans le cahier de doléances de sa province en mars 1789 : « On aura peine à croire qu'il ait suffi d'être riche pour devenir noble, et de devenir noble pour cesser de payer ; de sorte qu'il n'y a qu'un moyen unique d'échapper à l'imposition, c'est de faire fortune[93]. » Et de fait l'imposition des riches est restée basse tout au long du XIXe siècle. La contrepartie était leur engagement personnel dans des fonctions publiques ou des responsabilités qui restaient à leur charge, comme la diplomatie, l'armée ou la magistrature locale.

L'accroissement des dépenses publiques liées à la guerre a fait tomber ce tabou. Il donne corps à une vision de la justice sociale favorisant de lourds prélèvements sur les grandes fortunes. Le même raisonnement revient face à la crise économique majeure qui éclate en 1929. Les nations exigent de leurs élites économiques qu'elles soulagent les maux collectifs. Les taux dépassent alors les 50 % dans plusieurs pays, tels les Etats-Unis, et se fixent même à 79 %, à la faveur du New Deal. L'impôt sur le revenu et la taxation des valeurs mobilières, dont les actions, deviennent la réponse évidente des gouvernements face aux déficits. Les riches ne cesseront plus de se plaindre du fardeau fiscal.

1917
La fin des rentiers

Le 4 août 1914, Charles Trier, un Allemand de 42 ans résidant à Paris, 18, rue d'Armaillé, ouvre la portière du train 26 sur la ligne Paris Saint-Lazare, entre Passy et Boulainvilliers, et se jette dehors. Sa tentative de suicide échoue. Le malheureux est transporté en piètre état à l'hôpital Boucicaut. Son statut social : rentier.

En 1914, rentier, c'était presque un métier. Sauf qu'il ne demandait aucun travail. Rentier. Le mot venait des rentes versées par une entreprise, un domaine et surtout l'État. Car les emprunts d'État sont solides, en Grande-Bretagne, en France, dans les empires allemand, autrichien, russe, voire dans l'Empire ottoman. Le calife de la Sublime Porte n'hésite pas, en effet, dès les années 1860, à émettre des obligations qui sont achetées dans toute l'Europe. 6 % d'intérêt annuel, soit 1 % de plus que les emprunts français. Et cela en dépit des massacres commis dans les Balkans. Acheter des *bonds* devient l'activité favorite des riches, petits, moyens ou grands, soucieux de se prémunir des caprices de la bourse et des affaires. Une valeur sûre à un moment où, dans les pays industrialisés, le foncier voit sa valeur locative réduite et son rendement stagner. Certes, les plus fortunés diversifient leurs avoirs. Les industriels, en particulier, achètent encore des terres, manière de conforter leur assise dans la société.

Le malheureux Charles Trier, avec cette guerre naissante, ne devait guère supporter l'horizon de sa vie en France. Il ne se doutait pas que le conflit allait aussi changer son statut social et que bientôt les rentiers allaient disparaître du paysage, au point que le mot deviendrait désuet.

La Grande Guerre provoque une révolution dans les finances publiques. La mécanique est la même dans tous les pays. Tout commence par les emprunts. Car la guerre coûte cher : en France, 30 milliards de francs par an, soit six fois le budget annuel de l'État avant 1914. Les recettes fiscales ne couvrent que 16 % de ces dépenses en France, 25 % au Royaume-Uni et 30 % aux États-Unis. L'impôt sur le revenu tout juste adopté n'a pas la capacité de combler l'écart.

D'où une première solution : chercher de l'argent sur le marché international. Le gouvernement Viviani demande à Édouard de Rothschild de trouver une solution. Depuis 1891, c'est lui qui préside aux destinées de la banque familiale. Dès 1906, le poste de régent de la Banque de France lui est confié. Il règne sur la finance française. Pour Rothschild, face à la guerre, le mieux est de s'appuyer sur un seul pays partenaire. À ses yeux, les États-Unis sont le candidat idéal, car encore en paix et avec des réserves financières énormes. Début août 1914, Rothschild contacte donc la banque J. P. Morgan, dont le directeur connaît bien la France. Mais la première demande d'un prêt de 100 millions de dollars échoue car les marchés financiers américains traversent une crise à l'été. En revanche, les démarches effectuées à l'automne auprès de la National City Bank sont couronnées de succès. La France est la première de toutes les nations belligérantes à obtenir la mise sur le marché de 10 millions de dollars de *bonds* émis par le ministère des Finances. Les négociations se poursuivent avec d'autres établissements et, en 1915, la First National Bank accepte aussi de vendre des *bonds* français. Rothschild fait des merveilles en réunissant même un conglomérat de cinq banques américaines pour diffuser et acheter des titres de guerre français. En contrepartie, le gouvernement français doit prendre des obligations des chemins de fer de Pennsylvanie.

Ce système d'emprunts à l'étranger avec différé de remboursement préserve les réserves d'or et de devises de la

Banque de France. Mais comme le conflit se prolonge, il s'avère insuffisant. Le gouvernement recourt alors à de grands emprunts nationaux. Chaque année, il lève plusieurs dizaines de milliards, sous la forme de bons aux porteurs. La Grande-Bretagne, l'Allemagne, tous les belligérants ont le même réflexe. Jamais de telles sommes n'avaient été mises sur les marchés simultanément. Les gouvernements jouent donc sur la fibre patriotique pour pousser les citoyens à acheter des *bonds* de défense.

Une guerre sourde du crédit, avec sa bataille de l'opinion, se joue dans les banques, alors que sur le front, les armées se combattent. C'est ainsi qu'est lancée la plus grande campagne bancaire jamais entreprise ! Chaque année, jusqu'à la fin du conflit, des affiches colorées et des annonces de presse transcrivent pour le public l'offre publique.

Pour les riches, difficile de se soustraire à cet appel. La pression sociale est forte. Les grandes familles françaises achètent donc des emprunts d'État. « Les bons riches sont ceux qui donnent leur argent, et les mauvais ceux qui le gardent[94] », pouvait-on lire dans *Le Figaro* à la fin du XIXe siècle. Partout les élites économiques sont poussées à souscrire. Et cette offre nouvelle ne contredit pas les conseils d'investissement, comme le souligne l'économiste Paul Leroy-Beaulieu. Ce dernier, dans un ouvrage intitulé *L'Art de placer et gérer sa fortune*, paru en 1906, insiste sur la diversification des actifs. Il distingue des valeurs fondamentales, d'appoints ou spéculatives. Et pour lui, les valeurs d'État appartiennent aux fondamentaux. Encore en 1916, les États proposent un rendement annuel d'environ 5 %. Sur vingt ans, cela revient à doubler son capital. Les rentiers plus ou moins riches ont ainsi l'espoir de faire un acte patriotique tout en effectuant un investissement sûr. C'est alors vrai en France et dans toutes les grandes puissances[95].

Les très grandes fortunes sont poussées au zèle. Quand les États-Unis lancent leur premier grand emprunt de guerre, John D. Rockefeller, en 1917, fait une offre d'achat de 15 millions de dollars, la plus grosse du pays. Mais la demande est telle qu'il ne peut obtenir que 3 millions de *bonds*. Car l'appel ne touche pas uniquement les riches. Le gouvernement américain a même prévu des timbres à 25 cents afin que les pauvres puissent aussi participer à l'effort de guerre. Mais pour les riches, la question du soutien financier à la guerre relève aussi de la défense des intérêts industriels. Toutes les grandes sociétés produisent peu ou prou pour l'industrie de combat. Les fabricants d'automobiles, comme Renault ou Rolls, se lancent dans la production de moteurs d'avion. Michelin délaisse les pneus pour les masques à gaz. Les aciéries de Schneider ou d'Hugo Stinnes croulent sous les commandes d'armes. Ford et Berliet, avec leurs camions, profitent du conflit. Et tant d'autres…

Le contraste entre les riches s'accroît. Jamais l'on ne distingue si bien qui étaient les petits riches, ces rentiers qui percevaient chaque année quelques milliers de francs ou de dollars. L'appel de la guerre épuise leurs réserves. Tous ont l'espoir d'une victoire profitable. Mais en 1918, quand la guerre s'achève, leurs économies sont aplaties comme un soufflé qui retombe sous l'effet du froid. Elles fondent littéralement avec l'inflation. Car pour alléger leur charge financière, toutes les puissances pratiquent la création monétaire intense. Elles mettent en circulation du papier dans des proportions sans rapport avec leur stock d'or. En France, ce dernier ne représente plus que 18 % des francs en circulation. En Allemagne, la garantie or sur les billets passe de 90 % à 10 %. L'or ne circule plus chez les rentiers qui ont, de surcroît, répondu aux appels de don des États. Les pièces d'argent s'éclipsent aussi. Seuls les billets et la petite monnaie circulent en masse. Le papier perd d'ailleurs vite de sa valeur avec la hausse des prix.

À ces mécanismes terribles s'ajoutent les défauts des États emprunteurs : la Russie bolchevique ne reconnaît plus les emprunts russes tsaristes ; l'Empire ottoman disparaît et la nouvelle Turquie refuse de payer sa dette. Deux empires qui avaient puisé dans les réserves des épargnants français. Pour les petits riches, c'est la débâcle. La guerre brise leur confort de vie et leur espoir d'oisiveté féconde. Les voici déclassés, cherchant des emplois dans un monde en plein changement.

Au lendemain de la guerre, la hiérarchie des grandes fortunes a changé. Pour la première fois, les titres de presse publient des estimations pour savoir qui sont les dix plus grandes fortunes du monde. Ils ont maintenant des données disponibles grâce aux informations fiscales et financières. En 1923, le *New York Times* propose sa liste. Les vieilles fortunes de rentiers se sont éclipsées derrière les géants de l'industrie et des profits de guerre.

Au sommet : Henry Ford. Vingt ans plus tôt, il avait lancé son entreprise avec 28 000 dollars. Grâce à l'explosion du marché automobile de masse, son revenu net, en 1923, s'élève à 119 millions de dollars. On se demandait si quiconque avait été aussi riche dans l'histoire de l'humanité. Ce revenu, s'il reflétait une rémunération à 5 %, impliquerait un capital potentiel de 2,38 milliards de dollars. En fait, la fortune de Ford est alors estimée à 550 millions de dollars. Rockefeller arrive en deuxième position, avec 500 millions. Puis le duc de Westminster, estimé à 200 millions. Suivent Basil Zaharoff, le marchand d'armes, à 125 millions, puis, autour de 100 millions, l'industriel allemand Hugo Stinnes, les barons japonais H. Mitsui et K. Iwasaki, tous les deux bien ancrés dans l'industrie et à la tête d'énormes trusts (des *zaibatsus*), James Buchanan Duke, le magnat des cigarettes, George F. Baker, ce financier qui, parti d'un magasin de chaussures, est devenu le plus grand propriétaire d'aciéries, le Gaekwad de Baroda, chef de ce petit État des Indes, et Thomas Barlow Walker, l'homme d'affaires qui a bâti Minneapolis[96].

Ces personnalités représentent pour la plupart le triomphe des affaires. Seul le duc de Westminster et le Gaekwad de Baroda ont assis leur richesse sur un patrimoine foncier conséquent et sur des œuvres d'art inégalables. Pas moins de six Américains figurent déjà parmi les dix plus grandes fortunes mondiales, preuve du basculement vers les États-Unis des stocks financiers mondiaux après la Grande Guerre. Le banquier J. P. Morgan fait figure de second couteau avec ses 78 millions de dollars, loin derrière les plus grandes fortunes.

Le *New York Times* complète cette approche individuelle par une évaluation des familles les plus riches. Là encore les Américains dominent, même si les Rothschild d'Europe arrivent en tête. Derrière, suivent les Guggenheim, Vanderbilt, Weyerhaeuser, Astor et Mellon, de grandes familles de la finance américaine[97]. Elles sont liées à la politique autant qu'aux affaires, à l'instar d'Andrew Mellon, secrétaire du Trésor dans les années 1920. Ce dernier fait adopter les lois réduisant la fiscalité sur les plus riches.

À l'inverse, les petites et moyennes fortunes européennes sont fragilisées. En Autriche et en Allemagne, les traités imposent de lourdes réparations qui continuent de grever les finances de l'État. Les années 1920 sont marquées par une hyperinflation qui lamine les épargnants et paralyse les fortunes investies dans les immeubles. Seuls de grands trusts industriels, comme Siemens, Krupp, Thyssen ou Stinnes, parviennent à dominer la situation. Encore Hugo Stinnes meurt-il précocement des suites d'une longue maladie.

Une large part des petits riches sombre dans un déclassement comparable à ce que connaissent les États-Unis, lors de la grande crise de 1929 et des années 1930. Tout un monde hérité du XIXe siècle disparaît. Face à la rapidité de ces changements, les rentiers de la bourgeoisie et de la petite noblesse ne peuvent maintenir leur mode de vie. La stabilité du XIXe siècle, avec ses monnaies peu affectées par l'inflation, et soutenues par la croissance économique et les gains de productivité qui assuraient une rente raisonnable de 5 % par an, a disparu. Et les rentiers de se précipiter sur le marché du travail, découvrant des contraintes et un mode de vie qu'ils croyaient exclusivement réservés à leurs employés de maison…

DEUXIÈME PARTIE

L'ÂGE DES DIVISIONS

Pour les riches, la révolution et le coup d'État bolcheviques de 1917 constituent un tournant. Pour la première fois, comme l'écrivait François Furet, un régime politique communiste accède au pouvoir[1]. L'utopie devient réalité et l'idéal du partage des richesses voit son application concrète à l'échelle d'un empire. Ce nouveau régime anticapitaliste produit des effets différents dans le temps. En Russie, à ses débuts, il ne pactise pas, ce qui entraîne l'élimination des riches par les liquidations ou la fuite hors du pays. Le tsar lui-même en fournit un bon exemple. Mais par la suite le système évolue et engendre sa propre logique d'appât du gain. L'argent n'est pas la clé de tout. Ce sont les privilèges, les avantages concrets qui sont recherchés. Finalement, le désir d'accumulation de richesses revient à mesure que le système politique s'effrite. Entre-temps, de grandes fortunes internationales naissent du commerce avec l'Union soviétique et son empire. Ce sont les « milliardaires rouges ».

En fait, la hantise du communisme traverse l'histoire du monde dans l'entre-deux-guerres. Elle est à l'origine de mouvements politiques extrêmes, parmi lesquels le nazisme est sans doute le plus radical. Face à la lutte des classes, ces mouvements opposent une société organique fondée sur la nation et le peuple, entendu comme une race. Bien sûr, ces théories existaient avant la révolution bolchevique. Mais elles trouvent après 1918 et la défaite allemande une force nouvelle. Comme si cette interprétation absurde était validée par le sang versé. Le rapport des riches à ces forces politiques a longtemps été posé de façon structurelle par les marxistes, et plus généralement par la gauche. Le grand capital avait fait alliance avec le nazisme et le fascisme pour se défendre face au communisme et à la crise. En fait, à y regarder de plus près, cet engagement n'a rien d'automatique. Des patrons allemands se sont abstenus de se rapprocher du pouvoir hitlérien. D'autres ont choisi de quitter le pays, alors qu'ils jouissaient d'une position favorable, tel Fritz Thyssen. Rien n'était écrit à l'avance et le nazisme reste le plus grand défi éthique auquel ont été confrontés les plus fortunés.

Le projet nazi d'ailleurs postulait la destruction des grandes familles juives. Une volonté de les dépouiller dans la plus grande tradition prédatrice pour partager ensuite leur patrimoine entre spoliateurs. On ne comprend pas grand chose à la destruction des juifs d'Europe sans cette idée purement nazie de l'appropriation des biens des races ennemies : les juifs, d'une part, et les Slaves, de l'autre. Car le projet nazi n'a rien d'ascétique. Il prétend hausser les standards de vie de la population allemande et de son aristocratie, les SS. Et au sommet se trouve un nouveau riche : Adolf Hitler.

Dans cet âge des divisions, les styles de vie se diversifient. L'éclipse des rentiers favorise de nouvelles fortunes. Le monde des riches débouche sur quelques créations grandioses, en dépit des soubresauts de l'économie. La naissance du Musée d'art moderne de New York (MoMA) en est le plus bel exemple. De ces Années folles qu'a si bien évoquées Scott Fitzgerald dans *Gatsby le Magnifique*, on retient généralement la frénésie, l'ardeur de vivre. Mais c'est un changement plus profond qui s'opère. Le monde riche s'internationalise et se sécularise. Le culte de l'hédonisme se renforce. Les cabarets rassemblent une population bigarrée qui semble vouloir échapper à la violence latente, puis au drame de la seconde guerre mondiale. La drogue prend une place nouvelle. La sexualité aussi. Berlin et Paris ont été successivement des villes de plaisirs. La capitale allemande devient même un pôle international pour les homosexuels sous la république de Weimar. Tout cela est interrompu par le nazisme. Comme la défaite française de 1940 modifie les possibilités pour les riches de poursuivre librement leurs plaisirs. Mais tout commence par une révolution contre les riches.

1917
Le tsar abdique dans son train personnel

Pskov, aux confins de la Russie d'Europe, le 15 mars 1917. Vue par la fenêtre du wagon, la scène pourrait paraître mondaine. Dans ce train spécial, décoré pour l'empereur de toutes les Russies, des hommes en costume et en uniforme conversent. Seule la gravité de leur visage laisse entrevoir que l'enjeu de la discussion est de taille. Le Tsar est là, avec sa barbe bien taillée et son allure soignée, comme toujours. Face à lui se tiennent deux représentants de la Douma, l'Assemblée nationale de Russie, Goutchkov et Choulguine. Ils sont venus spécialement de la capitale, car les manifestations et les émeutes ont atteint un niveau tel qu'il faut envisager l'impossible : un changement de régime. Sont aussi présents le général Rousski, commandant la garnison de Pskov, où se trouve le train, le général Danilov et le général Freedericksz, maréchal de la Cour. À Goutchkov, le Tsar a remis un texte rédigé sur du papier d'état-major. On en reconnaît le quadrillage. Goutchkov en donne lecture à voix haute. C'est l'acte d'abdication. Choulguine est ému. Il avait préparé un brouillon mais les mots de l'empereur sont bien plus forts.

La veille, Rousski a demandé leur avis aux cinq principaux chefs militaires. Il leur a envoyé des télégrammes et a patiemment attendu les réponses. Des relances ont été nécessaires, car chacun d'eux souhaitait avoir la réponse des autres avant de se prononcer. Finalement un consensus en faveur de l'abdication se dégage. Rousski en informe le tsar. Il est près de minuit, heure fatidique, quand s'accomplit un acte historique : la fin d'une dynastie vieille de trois siècles et d'une monarchie qui n'en compte pas moins de deux. Pour faire bonne figure, on fixe l'horaire de signature à 15 heures, comme si l'acte avait été scellé sereinement l'après-midi même.

Plus tard, dans le compartiment qui lui sert de cabinet de travail, le Tsar, seul avec Freedricksz, s'effondre en larmes. Les regrets, le sentiment d'impuissance, tout est là. Mais les historiens préfèrent souligner la nonchalante indifférence avec laquelle il a affecté de suivre les événements, comme s'il était étranger à la révolution en cours.

Après quelques heures, le train peut reprendre sa route. Le tsar, presque en situation de prisonnier dans ces wagons dessinés pour son confort, jouit encore du vrai luxe des riches : sièges capitonnés, lit et cabinet de toilette personnel... Et même des cuisiniers à sa disposition. L'espoir que son abdication sauverait sa couronne ne dure pas. Car son frère, le grand-duc Michel, auquel il l'a cédée, décide de rendre le pouvoir au peuple.

Le 16 mars 1917, les Romanov ne sont plus rien en Russie. Le tsar, qui en avait été l'homme le plus riche, ne sera bientôt plus qu'un modeste citoyen. Déjà, le télégraphe informe le monde entier de la fin de l'aristocratie en Russie.

La révolution de Février et l'abdication de Nicolas II signent en Russie la fin de la noblesse. Mais la société n'a pas vraiment basculé dans un autre système. Les entreprises fonctionnent dans le contexte de l'économie de guerre. Les campagnes sont très agitées, avec localement des appropriations de terre par les villageois. En mars 1917, le conflit avec l'Allemagne et l'Autriche-Hongrie se poursuit. Les grandes usines sont mobilisées pour la production d'armement et l'on espère que la production de denrées alimentaires sera suffisante pour les troupes et le peuple. En fait, la menace de famine et le risque d'une défaite pèsent sur le nouveau gouvernement où s'impose un socialiste modéré : Kerenski. L'abolition de la peine de mort, le droit de vote accordé aux femmes et d'autres mesures symboliques comme la fin des privilèges marquent le passage vers un nouveau monde politique. Pour les ouvriers dont les conditions de vie sont très dégradées, c'est insuffisant. Et la guerre est perçue comme vaine par la plupart d'entre eux, ainsi que par les paysans, voire les soldats.

C'est dans ce contexte que ressurgit un parti minoritaire, celui des communistes bolcheviques. Ils travaillent l'opinion, et le retour de Lénine, leur leader, longtemps exilé en Suisse, leur donne des ailes. Leur pacifisme affiché haut et fort attire la sympathie. Leurs idées économiques antipatronales aussi. C'est Lénine qui conçoit et coordonne le coup d'État du 7 octobre 1917. En quelques heures une dictature s'impose et, surtout, une nouvelle économie s'installe.

Pour les riches, là se situe le véritable tournant. Jusqu'à présent, aucune politique concertée contre les capitalistes n'avait été conduite. Lénine, lui, s'est fixé pour programme la destruction du capitalisme et la disparition de la classe bourgeoise afin d'abolir toute domination économique. Pour y parvenir, une dictature du prolétariat est nécessaire, autrement dit une prise de contrôle de l'activité par les représentants des ouvriers et des paysans.

Dès les premiers mois qui suivent le coup d'État, l'égalité devient l'horizon absolu. D'où l'abolition du clergé et de la noblesse. Leurs biens sont confisqués par l'État. La propriété du sol est abolie. L'État devient l'unique propriétaire de toutes les terres et de leur sous-sol. À charge pour lui, les communes ou les autorités et coopératives locales de les mettre en valeur. Comme dans l'industrie, le but est de privilégier le contrôle par les travailleurs. De fait, les grandes usines de l'industrie lourde sont nationalisées. Puis le contrôle ouvrier est appliqué à toutes les entreprises de plus de cinq salariés. On espère ainsi priver les riches de leurs biens et de tout moyen d'action contre le gouvernement bolchevique. Les banques sont nationalisées pour limiter la fuite des capitaux et, en théorie, protéger les petits épargnants. Enfin, la dette est répudiée.

Ces mesures signent la destruction directe du patrimoine de la classe dirigeante russe. Les aristocrates et les grandes fortunes ont perdu ce qu'elles avaient dans le pays. Elles prennent la fuite quand elles le peuvent, en emportant ce qui peut l'être et en s'appuyant sur les reliquats de leur fortune déjà établie à l'étranger.

Le prince Youssoupov, le tueur de Raspoutine, embarque le 11 avril 1919 sur un navire militaire britannique[2]. À bord se trouve aussi Maria Feodorovna, la femme du défunt tsar Alexandre III. Quand le navire les débarque en Italie, le prince corrompt un fonctionnaire avec un collier de diamants pour qu'il continue jusqu'en France[3]. À Paris, il loge au Ritz, place Vendôme, puis part pour Londres. Plus tard, revenu à Paris, Son Altesse soutient la création d'une maison de couture, Irfé. Même si sa fortune a été nationalisée par l'État bolchevique, des chefs-d'œuvre restent en sa possession, comme ces deux Rembrandt qu'il exhibe pour ses amis. Sa petite fille ira à l'école à Neuilly avec une des descendantes de Raspoutine, car sa veuve a trouvé refuge en France.

Fuir ou mourir ? L'alternative révulse l'ancienne classe dirigeante dont quelques membres font le choix de rester pour se battre contre le gouvernement bolchevique. Ou de s'adapter à ce nouveau monde. Les membres de la noblesse, la haute aristocratie incluse, appartiennent à la catégorie que l'on désigne comme

« membres des classes d'exploiteurs d'autrefois[4] ». Ils seront discriminés et purgés plus tard. Immédiatement après le coup d'État, certains sont demeurés sur leurs terres, sans mesurer le tournant.

Selon Lénine, les riches sont des parasites. Ils prospèrent grâce au travail des autres. De fait, ils exercent une violence constante contre les masses laborieuses en se réfugiant derrière toutes sortes de « faux habits » – ceux de la religion ou de la démocratie. Leur destruction est donc une affaire de justice et de rationalité. Car la classe bourgeoise agit par égoïsme, alors que le prolétariat, par nature, favorise le collectif.

Le plus simple pour Lénine est que l'État saisisse le capital et oriente son usage au profit du prolétariat. Trotski, après le coup d'État d'octobre 1917, a suggéré de passer par le contrôle ouvrier et donc la mise en place d'une gouvernance locale communiste. Ainsi les comités ouvriers deviennent-ils les organes de décision, éliminant de fait tout accès au site et au capital pour les propriétaires privés. Paradoxalement, la mesure a des effets pervers. Car chaque usine se comporte comme un collectif soucieux de ses propres intérêts. Alors pourquoi ne pas vendre au marché noir la production, voire les machines et les outils ? En quelques mois, les dysfonctionnements se multiplient. Le gouvernement bolchevique réagit et décide d'assumer pleinement un capitalisme d'État. Il établit alors des nationalisations et une planification dont l'objectif est de remettre en route une production capable de supporter la guerre civile qui fait rage dès 1918.

Ces mesures mettent à mal l'économie et, en 1921, Lénine instaure la nouvelle politique économique (la NEP). Celle-ci autorise la production privée paysanne, tandis que l'industrie rappelle des experts. Les paysans et une partie des élites techniciennes redressent le pays. La distinction par l'argent réapparaît provisoirement. En 1928, quatre ans après la mort de Lénine, Staline met fin à cette logique. Le nouveau maître de la Russie déclenche une politique de reprise en main des élites techniciennes : le primat doit rester au parti et à ses fidèles. Un premier procès conduit contre des ingénieurs ouvre la voie dès 1928 à la logique des procès staliniens. Celui contre le Parti industriel, en 1930, voit le malheureux professeur Ramzin accusé de saboter l'économie au profit des fascistes étrangers, bien qu'il soit un communiste zélé. Cette répression des élites d'entreprises va de pair avec la dékoulakisation, c'est-à-dire les poursuites contre les paysans enrichis par la NEP. Plus de 2 millions de morts résultent de cette répression. Les campagnes sombrent dans le chaos. La famine revient.

L'Union soviétique est désormais perçue comme le pays de la haine des riches. Celui qui a créé un nouveau modèle de société qui rejette les anciennes classes dominantes et agit partout dans le monde pour étendre son emprise. Pour la première fois, une idéologie égalitariste est au pouvoir. Cela change tout le rapport à la fortune et à la réussite personnelle à l'échelle mondiale.

1921
Les « camarades millionnaires » d'URSS

Le 21 mars 1921, Lénine promulgue la nouvelle économie politique. Alors que la guerre civile est en voie d'achèvement, le vieux révolutionnaire s'alarme de la faiblesse économique de son pays. Il est nécessaire de rendre à la propriété privée une partie des moyens de production, notamment dans le secteur agricole et alimentaire. Il faut aussi que des investissements privés permettent le développement industriel. Pour éviter le retour de l'argent des anciens capitalistes, il envisage de recourir à des entrepreneurs étrangers. Ce qui permettrait aussi de rétablir le commerce extérieur et d'importer les denrées indispensables.

C'est dans ce contexte que des Américains arrivent en Union soviétique au printemps 1921[5]. L'un d'eux n'est pas un inconnu pour les dirigeants communistes. Il s'appelle Armand Hammer. Petit, musclé, il paraît tout jeune à 23 ans. Ses cheveux courts et son visage glabre le rajeunissent encore. Mais il ne faut pas s'y tromper, l'homme a déjà une solide expérience dans les affaires.

Son histoire commence dans le Bronx. C'est là que son père, Julius Hammer, et sa mère, Rose, juifs russes originaires d'Odessa, immigrés aux États-Unis, l'ont élevé. Julius a suivi des études de médecine et commencé à pratiquer la médecine dès 1902. Il se sent proche des bolcheviques dont il a rencontré des dirigeants avant la Grande Guerre. Quand la révolution éclate, il soutient les léninistes et s'engage même dans la création du premier parti communiste américain, en 1919[6]. Julius a, par ailleurs, développé un petit commerce avec cinq pharmacies. Dès 1917, ce minuscule groupe prend le nom d'Allied Chemical and Drug Company. Mais les ventes végètent. Il est obligé de faire appel à son fils Armand pour travailler dans les boutiques. Ce dernier s'y engage à plein temps le jour, et prépare ses examens de médecine la nuit.

Tout change avec l'adoption de la loi sur la prohibition en 1919 et sa mise en œuvre dès janvier 1920. Armand constate qu'un de ses médicaments à base d'alcool de gingembre se vend bien. Les clients le coupent avec de l'eau et de la glace, et en font une boisson de plaisir ! Or, à cette époque, la production d'alcool est interdite sauf pour les usages médicaux. Ses pharmacies jouent donc avec la loi, en vendant un pseudo-médicament… Armand pousse les ventes puis décide d'acheter la distillerie qui fabrique le produit. Il devient millionnaire en quelques mois.

Mais son père est brusquement arrêté. En juin 1919, il avait pratiqué un avortement illégal[7]. La pauvre femme avait eu une infection et avait succombé. Julius Hammer se défend en affirmant que c'est la grippe espagnole qui l'a tuée. Mais le tribunal pénal du Bronx, en janvier 1921, le condamne à trois ans et demi de prison.

Armand se retrouve à la tête de l'entreprise familiale avec ses frères, sous le regard de leur mère. Julius, toujours fervent militant communiste, avait effectué des envois à paiement différé en Russie soviétique. Du matériel pharmaceutique et alimentaire. L'argent n'est jamais revenu… Or, une relation proche du gouvernement bolchevique, Ludwig Christian Alexander Karlovich Martens, lui propose de venir en Russie, accompagné d'autres hommes d'affaires américains. Avec son père, dès 1919, ce dernier avait mis au point une première société d'achat sur le marché américain au profit des soviets. Pour Armand Hammer, c'est l'occasion de prospecter de nouveaux marchés et de recouvrer sa dette. Gage de bonne volonté, il apporte aussi un peu d'aide humanitaire au gouvernement russe.

Quand il arrive à Moscou, le jeune homme d'affaires est à la fois fasciné par la nouvelle société qui émerge et sidéré par la pauvreté. Une épidémie de typhus fait des ravages. Sans compter la famine. Les contacts de Martens lui permettent rapidement de rencontrer des membres du gouvernement soviétique. Et d'obtenir une audience de Lénine, à l'automne 1921. Hammer prétend avoir fait devant le grand homme une profession de foi capitaliste. Il aurait défendu l'idée que les affaires sont le meilleur moyen de trouver un intérêt commun. Rien n'est moins sûr. Plus vraisemblablement a-t-il valorisé la fidélité de sa famille à la toute jeune république socialiste. En tout cas, il s'impose rapidement comme le chef de file d'entrepreneurs regroupés derrière un consortium d'investissement, Allied American Corporation.

Revenu aux États-Unis brièvement en juin 1922, il présente à la presse la nouvelle concession accordée par Lénine[8]. Une lettre signée par l'homme d'État, le 10 mai 1922, confirme ses déclarations : « Vous avez mes meilleurs vœux de réussite pour votre première concession, car elle est de la plus haute importance pour les futures relations entre notre République et les États-Unis. »

Hammer est chargé du développement d'un vaste complexe minier dans l'Oural. On y extrait de l'amiante, dont le marché est en pleine expansion, notamment pour l'isolation dans la construction immobilière, et pour réduire les risques de chauffe des freins automobiles. Il y a aussi du platine, très demandé pour éviter la corrosion des métaux. C'est la première concession accordée à des Occidentaux. D'autres suivent, comme cette usine de crayons qui lui est accordée en 1925.

Allied American Corporation exporte à destination de l'Occident des matières premières soviétiques. Et, en sens inverse, importe du blé et d'autres biens nécessaires à l'Union soviétique, comme les automobiles Ford.

La fin de la NEP stoppe ce développement vertigineux. Staline nationalise l'usine de crayons, et sa concession minière lui est reprise. Hammer se tourne alors vers le marché de l'art. Car les œuvres des grandes collections russes, dont certaines du musée de l'Ermitage, sont mises en vente par le gouvernement avide de ressources financières. Hammer doit réunir des millions de dollars pour résister à la concurrence discrète d'une des très grandes fortunes américaines : Andrew Mellon.

Ce fils de banquier a commencé à s'intéresser à l'art dès les années 1890, tout en poursuivant une brillante carrière de financier. À la tête de la banque familiale, Mellon est même chargé de penser les indemnités allemandes à l'issue de la première guerre mondiale. Puis il est nommé secrétaire d'État au Trésor des États-Unis, en 1921. C'est lui qui, dans cette décennie, va s'employer à réduire la fiscalité sur les riches[9]. Ses mots ne sont pas assez durs contre le collectivisme et il soutient la répression des grèves au lendemain de la Grande Guerre. Toutefois, c'est le même qui, en 1930, accepte d'acheter des objets d'art mis en vente par le gouvernement bolchevique. Il offre le plus haut montant jamais payé alors pour une œuvre d'art : *La Madone d'Alba* de Raphaël, propriété du musée de l'Ermitage. 1 166 400 dollars. En tout, il achète des tableaux pour plus de 6 millions et demi de dollars à des officiels du régime.

Mellon n'est pas le seul riche à se lancer dans ces achats. Calouste Gulbenkian, un magnat du pétrole, fait de même. Et Armand Hammer leur emboîte le pas. Il en tirera même un livre : *À la recherche du trésor des Romanoff.*

Mellon, Gulbenkian et Hammer, chacun ouvrira son musée contenant de magnifiques tableaux puisés dans les grandes collections russes. Mais bientôt la source se tarit. Les dirigeants soviétiques ont compris que la vente des bijoux de famille ne compensait que marginalement le déficit du pays. Staline se lance dans une logique de rattrapage économique. Il investit dans l'industrie lourde et l'armement. Les hommes comme Hammer sont moins indispensables en apparence.

Car son entreprise continue de rendre discrètement des services aux camarades de l'Internationale communiste. Le bureau de Berlin et celui de New York mettent de l'argent à disposition à l'occasion de trocs et de voyages. Économiquement, cette activité est infime, mais elle confirme l'idée que le riche homme d'affaires américain est un peu plus qu'un allié de travail pour les Soviétiques. C'est un agent officieux.

Officiellement toutefois, il ne reprend les affaires en Union soviétique qu'en 1960. Le président Kennedy lui confie le soin de jouer les intermédiaires avec le gouvernement soviétique. Hammer saisit l'occasion pour décrocher un nouveau marché, celui des fertilisants agricoles. Il obtient la concession d'une usine en Union soviétique même. Ainsi redémarre sa liaison économique fructueuse. Pour les communistes, Hammer devient un porte-parole. Il est la preuve de l'ouverture des Soviétiques et de leur bonne volonté. Et de fait, il travaille avec les démocraties socialistes et tous les pays satellites. Hammer incarne l'Internationale socialiste à visage capitaliste ! Et il n'est pas le seul.

Dès 1946, un autre homme d'affaires, français, lui, a noué des liens privilégiés avec le bloc de l'Est en cours de constitution. C'est un fils de métayer, entré au Parti communiste français à 16 ans, à la faveur du Front populaire. Sa carrière professionnelle a commencé dans le secteur coopératif. Jean-Baptiste Doumeng a aussi gagné ses lettres de noblesse dans la Résistance. Surtout, il est le premier à se présenter à Moscou. Il dira plus tard qu'aller en Russie pour le jeune homme qu'il était au lendemain de la guerre, c'était « un peu comme aller sur la Lune[10] ». Son premier « *deal* » : des tracteurs tchèques contre des patates du Sud-Ouest. Un succès qui fait de la toute jeune société Interagra, qu'il a créée en 1947, un pivot dans les relations Est-Ouest. Dans les années 1960, il est le seul, avec Armand Hammer, à bénéficier d'un bureau à Moscou. Doumeng jouit d'un privilège supplémentaire : les dirigeants du Kremlin l'appellent par son petit nom, « Baptistou ».

Doumeng finance le PCF en achetant des pages de publicité dans la vaste presse de cette mouvance et en prenant des stands à la Fête de l'Humanité. Il est une des courroies de transmission des directives de l'URSS vers ses partis frères. Car progressivement son groupe est présent partout derrière le rideau de fer. Un signe de plus que les pays socialistes s'accommodaient bien du capitalisme hors de leur frontière.

Son groupe et sa fortune vacillent d'ailleurs quand l'ouverture à l'Ouest se profile. Le milliardaire rouge français n'en verra pas la faillite, car il meurt en 1987. À ses obsèques dans le petit village de Noé, on remarque la présence de Georges Marchais, le secrétaire général du PCF, venu saluer le vieil adhérent du parti, mais aussi Lionel Jospin pour le Parti socialiste et Dominique Baudis, maire de Toulouse, ainsi que le président du Parti radical de gauche et propriétaire du quotidien régional *La Dépêche*, Jean-Michel Baylet. Un lourd silence régnait parmi les 3 000 personnes qui s'étaient déplacées. De Cuba, Fidel Castro avait commandé une gerbe de fleurs. Elle était visible à côté de celle de l'Amicale des joueurs de boules[11].

Armand Hammer, lui, meurt à Los Angeles le 10 décembre 1990. Il avait vu la chute du mur de Berlin, reçu tous les honneurs des deux blocs. Il est enterré dans un mausolée de marbre et d'acier dans le Westwood Memorial Park, juste à côté du siège d'une des sociétés qui avait fait sa fortune, Occidental Petroleum. Lors de ses funérailles, 200 personnes étaient présentes. L'homme d'affaires éduqué dans un milieu communiste n'en avait pas moins demandé au rabbin Harvey Fields de conduire la cérémonie religieuse. Tom Bradley, le premier maire afro-américain de Los Angeles, commença son éloge funèbre en rappelant combien la vie entière d'Armand Hammer avait été exemplaire. Et de citer ses actions de philanthrope. Ce compagnon de route du bloc de l'Est achevait ses jours comme un Républicain, entre pouvoir constitué et foi retrouvée. Sa richesse était résumée par un oxymore, « milliardaire rouge », l'étrange surnom qu'il avait en partage avec Jean-Baptiste Doumeng.

1922
LA GRANDE PEUR DES POSSÉDANTS

« Les industriels ? Ils refilent à l'État leurs entreprises mortes. » Mussolini paraît dépité en ce mois de mars 1932. Après dix ans de pouvoir, il sait désormais quelles sont les vraies ressources des entrepreneurs italiens. Le Duce se demande si un contrôle plus étroit de l'économie n'est pas nécessaire compte tenu de la faiblesse de ces hommes d'affaires si peu innovants. Le dictateur repense à l'incroyable scénario qui lui a permis d'accéder au pouvoir. À cette peur des financiers et des industriels de voir le communisme s'installer en Italie. Il les avait convaincus que seul le fascisme saurait faire rempart, tant les vieilles forces du Parti libéral italien étaient dépassées par le désordre.

Car dès 1919, les socialistes maximalistes, inspirés par l'Union soviétique, ont lancé des grèves. Un mouvement d'occupation des usines qui laisse impavide le chef du gouvernement, Giovanni Giolitti. Comme en France, en Grande-Bretagne ou aux États-Unis, il est persuadé que cette agitation ne changera rien. Giolitti tourne même en dérision Giovanni Agnelli, le propriétaire de la Fiat, qui lui demande de faire évacuer ses usines de Turin. Giolitti lui propose d'envoyer le 7e régiment d'artillerie bombarder les usines ! Effrayé, l'homme d'affaires n'y reviendra pas et cédera provisoirement à la pression ouvrière. Mais Agnelli porte désormais un regard complaisant sur Mussolini et ses hommes dont l'influence croît parmi les classes moyennes et populaires. Son entreprise verse indirectement de l'argent au parti fasciste en se servant de la société de promotion de l'automobile. Des camions sont laissés à disposition des squadristes en opération.

En 1922, la marche sur Rome, puis la nomination de Mussolini à la présidence du Conseil le rassurent. Agnelli, grand par la taille, croit que l'Italie a trouvé un gouvernant immense par le talent. Son soutien discret est récompensé l'année suivante par une nomination au rang de sénateur à vie. Cette même année 1923, il recompose totalement sa chaîne de production automobile en s'inspirant des méthodes de l'Américain Henry Ford. Une nouvelle ère commence et l'entrepreneur turinois est convaincu que le fascisme est une réponse sérieuse à la menace communiste.

L'exemple italien fait réfléchir le monde entier. D'autant plus que la coalition imaginée par Clemenceau et Lloyd George, chefs des gouvernements français et anglais, pour briser la révolution bolchevique échoue. L'expédition française en mer Noire tourne à la défaite. Les armées blanches, après quelques progrès, sont battues en 1921 et les États construits tout autour de l'empire bolchevique peuvent au mieux le contenir, pas le battre, comme l'illustre la défaite de la Pologne en 1920, en dépit d'une aide massive de la France. Ou encore l'aventure des corps francs allemands en Baltique.

En Allemagne précisément, la menace communiste est directement vécue par les élites économiques. La révolution spartakiste à Berlin et la révolution des conseils de Bavière ont pris des mesures similaires à celles des bolcheviques. Les conseils ouvriers et l'appropriation collective des moyens de production, la grève générale sont les mots d'ordre les plus durement ressentis par le patronat germanique. Ces derniers sont scandalisés par la menace d'établir des tribunaux révolutionnaires en Bavière. Même si ces régimes ne durent que quelques jours, ils témoignent du risque réel d'embrasement du pays.

En réaction, le Parti national-socialiste d'Adolf Hitler tente une première fois un coup d'État en Bavière. Son modèle est la marche sur Rome de Mussolini. Mais contrairement à son mentor italien, Hitler n'a pas encore noué de liens suffisamment forts avec les élites économiques. De plus, son ancrage populaire laisse à désirer quand il entreprend la marche vers le centre de Munich, le 9 novembre 1923[12]. Aussi le gouvernement du Land de Bavière n'a-t-il pas trop de difficultés à mettre en échec cette tentative de coup d'État. Et les dirigeants du parti nazi finissent en prison. À leur sortie, en 1925, leur parti peine à s'imposer électoralement ; pire, il régresse aux élections de 1928.

Tout change avec un événement qui se produit à l'autre bout du monde : la chute brutale de la bourse de New York, les 24 et 29 décembre 1929[13]. Les banquiers, derrière John Pierpont

Morgan, avaient pourtant perçu le risque d'un dévissage total du marché. Dès le 24, le vieux sage, fort de son expérience lors du précédent krach en 1907, pense qu'il faut intervenir. Au siège de sa banque, les représentants de cinq grands établissements financiers de Wall Street s'accordent pour racheter des actions et soutenir les cours : First National Bank, National City Bank, Bankers Company, The Messers et Guggenheim[14]. C'est George Whitney, un associé, qui représente J. P. Morgan ce jour-là. Il a expliqué comment cette « escouade de secours » a mobilisé immédiatement plus de 100 millions de dollars. Mais ces liquidités ne suffisent pas pour maintenir longtemps la stratégie de soutien des cours. Si bien que, le 29 octobre, ils sont incapables d'enrayer la nouvelle chute.

Le président des États-Unis à ce moment est un Républicain, Herbert Hoover. Ce dernier ne comprend pas l'effondrement qui se déroule sous ses yeux. En bon libéral, il pense être face à un accident. Il continue de mener une politique budgétaire stricte en espérant que le marché se corrigera seul. Certes, une commission d'enquête sur le krach est bien mise en place par le Sénat, mais nul n'imagine qu'il faudra en passer par un fort déficit et un endettement de l'État fédéral pour sortir du marasme. En somme, une forme d'interventionnisme équivalent à celui de la première guerre mondiale.

L'illusion d'une richesse facile, grâce aux revenus de quelques actions, vole en éclats. La mythologie d'un enrichissement collectif que l'on faisait miroiter aux classes moyennes s'écroule. Les plus fortunés deviennent la cible de critiques. Ils sont accusés de gagner encore de l'argent quand le reste de la société souffre. Seule une fiscalité accrue pourrait corriger cette impression. Or, les Démocrates et leur chef de file, Franklin Delano Roosevelt, n'excluent pas cette possibilité…

En Europe, dès 1930, la crise économique s'installe. Les gouvernements obsédés par l'équilibre budgétaire ne soutiennent pas leurs entreprises, qui doivent fermer leurs portes. Le cours des matières premières s'effondre. Les paysans voient leur niveau de vie régresser, alors que les ouvriers au chômage viennent grossir les files d'attente devant les soupes populaires. En fait, la violence de la crise discrédite le libéralisme politique et économique. Le dirigisme sous toutes ses formes gagne des adeptes.

Mussolini tire prétexte des difficultés économiques de son pays pour renforcer sa dictature. Le mouvement a commencé dès 1927, sous prétexte d'améliorer les conditions sanitaires de travail. Puis, la même année, la création des entreprises industrielles est soumise à l'autorisation de l'État. Mais tout s'accélère en 1930. Un Conseil national des corporations est créé. Il doit favoriser la concertation sociale. Le gouvernement lance aussi de grands groupes et des agences, comme l'AGIP pour le pétrole ou l'INFPS pour les assurances sociales, et surtout, en janvier 1933, l'Institut pour la reconstruction industrielle (IRI). Petit à petit, ce ne sont plus seulement les entreprises d'armement qui sont placées sous la tutelle de l'État, mais bien l'ensemble de l'économie. Dès 1934, nul ne peut exporter sans autorisation préalable du gouvernement. Mussolini théorise le protectionnisme sous le nom d'« autarcie[15] ». La Fiat d'Agnelli n'échappe pas à ce mouvement. Elle l'accompagne même en relayant la propagande du régime et en suivant ses prescriptions. Pourtant, les résultats sont incertains. Le chômage reste important, la balance commerciale faible. Il faut toujours emprunter, et l'épargne des Italiens est aspirée. Émissions d'obligations publiques et appels aux dons se succèdent. Mais rien ne change vraiment dans la stratification sociale.

Vue de près, l'Italie reste une monarchie. Le roi et sa noblesse sont encore les références. Le cinéma de cette époque produit des films de fiction, des comédies légères qui mettent en scène une vie mondaine intense. Ce sont des *marchesi*, *conti*, *baroni* qui s'amusent des *ragionieri* (comptables)… Jamais la chambre royale d'anoblissement, la Consulta Araldica, n'a produit autant de titres[16]. Tout ce qui compte veut devenir noble et l'obtient. Les dirigeants du parti fasciste ont beau créer leurs distinctions, ils ne parviennent pas à éradiquer cet engouement. Même Mussolini comprend le mouvement, lui qui, après la campagne d'Éthiopie, attribue le titre d'empereur au roi d'Italie. Il n'en est que le chef de guerre, le *Duce*[17]. Étrange effet de la crise que de ramener l'Italie à ses valeurs les plus classiques sous l'apparence de la révolution fasciste qui compte ses années à partir de l'an I, l'année de la marche sur Rome.

Hitler, pour sa part, a compris la leçon. À la faveur de la crise, dès 1930, son parti commence à redresser la tête. L'Allemagne se peuple de chômeurs, autant d'électeurs disponibles pour être emportés dans son aventure. Car le Parti national-socialiste des travailleurs allemands (NSDAP) martèle à qui veut l'entendre qu'il a une réponse au déclin économique et à l'ascension du parti communiste allemand. Sa pensée et ses solutions sont racistes au sens strict. Il s'agit de donner aux classes populaires, supposées d'origine aryenne, les biens saisis auprès d'autres Allemands définis comme « juifs » ou « profiteurs »[18]. Ce programme de prédation est aussi ultranationaliste. Hitler conteste ouvertement le traité de Versailles, revendique un élargissement des frontières allemandes. Les riches en tant que tels ne sont pas ses cibles. Au contraire, en rejetant le communisme au profit du corporatisme, sa pensée encourage l'idéal du chef, le *Führer*, l'esprit d'initiative, et la coopération entre classes sociales, au nom de la nation. Ce programme, ces mots mêmes, sont ceux que de nombreux dirigeants économiques veulent entendre, en Allemagne et dans une vaste partie du monde.

Les marxistes de l'Internationale socialiste et les communistes du Komintern croiront même que Hitler et Mussolini sont les hommes du « grand capital ». Ils en oublieront les masses qui convergent dans ce mouvement en espérant s'enrichir à leur tour. Ils minimisent les entrepreneurs qui tentent de résister à ce mouvement. La caricature tient alors lieu d'histoire pour l'extrême gauche, même si indéniablement des riches ont misé sur le fascisme et le nazisme.

1929
LES GARDIENS DES SECRETS

En 1914, Carl Miele et Reinhard Zinkann achèvent la mise au point d'une nouvelle invention. Dans leur atelier de Herzebrock, en Westphalie, ils ont inventé le premier lave-linge électrique[19]. Leur firme, Miele, est déjà fameuse, en Allemagne, pour son matériel agricole, en particulier ses centrifugeuses, si utiles pour fabriquer de la crème et du beurre. Pourtant, ce nouvel outil peine à s'implanter car la première guerre mondiale modifie les priorités. Il faut attendre les années 1920 pour que le marché se déploie. Et c'est en 1929 que les ingénieurs de Miele perfectionnent une autre idée. Ils mettent au point une machine à laver la vaisselle automatique électrique. Cette dernière se charge par le haut et son moteur à entraînement direct lui donne une bonne capacité d'aspersion sur les couverts et les assiettes. L'année suivante est présenté à Paris un modèle tout électrique automatique de machine à laver le linge. Une révolution domestique se déploie dans le silence des bobinages et des tambours. Ses effets sont réels sur le monde des riches et de leurs serviteurs. Car, depuis la fin du XIXe siècle, l'infrastructure de service domestique est matérielle et humaine. L'automatisation et la modernité entrent dans les sous-sols des châteaux et des grands immeubles de la bourgeoisie financière.

Les résidences des chefs d'État s'alignent sur ces standards dérivés de l'Ancien Régime. La Maison-Blanche, modeste résidence du président des États-Unis, s'étoffe en personnel à partir de l'installation de John Adams, le 1er novembre 1800. Mais c'est une femme qui conduit sa modernisation et sa mise aux normes les plus contemporaines : Caroline Harrison, la femme du président Harrison. Quand elle élit domicile dans ce bâtiment, en 1889, elle est surprise par l'état de vétusté des installations qui demandent de ce fait plus d'efforts au personnel. Elle fait procéder à des travaux pour améliorer les infrastructures de service. Ainsi la plomberie est-elle entièrement refaite, et les sous-sols réaménagés. Elle y fait établir une laverie, avec des machines nouvelles, ce qui facilite le travail des lavandières. Les cuisines sont aussi remodelées. *Madam* Harrison fait percer des ouvertures afin que la lumière y pénètre et que les pièces soient mieux aérées. Deux cuisines sont ainsi délimitées. La plus petite, déjà surnommée la « *family kitchen* », est destinée à servir les proches du président et ses invités. Sinclair, l'intendant, initialement embauché par le président Cleveland, règne sur ce domaine. Il conçoit les courses, les préparations et les menus pour la table du chef de l'État. Il supervise le travail du chef principal pour la cuisine familiale et de son adjoint pour la « grande cuisine » qui alimente le personnel de la Maison-Blanche. Tout un réseau de valets et de maîtres d'hôtel est en effet nécessaire pour servir lors des trois grands dîners d'État annuels, prévus par le budget fédéral, à hauteur de 5 000 dollars. À cela s'ajoutent l'entretien et le nettoyage des salles de gala, pour lesquels il faut des femmes et des hommes de ménage. Mais le personnel de la Maison-Blanche inclut aussi des jardiniers dont les fleurs ornent le vaste parc, les salons et même les tables. Car, lors des dîners de gala, un vaste miroir est posé au centre de la table pour y exhiber les créations florales.

Mais que l'on ne s'y trompe pas, les Premières dames ne passent pas leur temps en cuisine. Aucune n'en avait fait autant que *Madam* Harrison pour la réfection des services. Plus tard, Eleanor Roosevelt, dans les années 1930, demandera à une cuisinière féministe des changements, au détriment, dit-on, de la gastronomie. Et seule *Madam* Cleveland aurait cuisiné une fois, à l'occasion d'un dîner caritatif, pour assurer sa part de don. Au total, une trentaine de personnes sont employées dans cette grande maison, à l'image de ce qui se fait dans les familles régnantes et chez les plus riches.

En France, par exemple, le service de la Bouche du Roi ne comptait pas moins de six cents personnes sous Louis XIV. Mais il ne restait à la veille de la Révolution que quarante officiers de bouche et quelques dizaines de valets, appelés « la Livrée » à cause de leurs vêtements. Napoléon était un peu en deçà, dans son faste impérial[20]. Buckingham Palace au début du XXe siècle a un personnel équivalent au service du Roi. Mais si l'on compte tous les emplois associés à la personne du souverain, ce ne sont pas moins de 400 personnes qui sont employées, des lingères aux gentilshommes de la Cour en passant par les valets (l'équivalent de la Livrée française). À la même époque, le palais de l'Élysée est moins fourni. Une dizaine de personnes en cuisine, des huissiers, sortes de plantons de sécurité, des maîtres d'hôtel, des lingères, mais aussi des chauffagistes, des électriciens, des lustriers, des ébénistes[21]. Le tout sous l'autorité d'un intendant qui supervise aussi avec le chef la mise au point des menus pour la table présidentielle. Une cinquantaine de personnes au maximum compose ainsi le personnel. Le tsar de toutes les Russies, Nicolas II, entretient, lui, 55 personnes pour la seule cuisine. Il est sans conteste le plus grand employeur de domestiques de son pays[22].

Les riches maisons privées occupent un peu moins de monde. Le grand-duc Michel de Russie, par exemple, quand il se rend à la villa Kazbek près de Cannes, est entouré de pas moins de 35 personnes. En revanche, le prince de Galles, futur Édouard VII, en voyage sur la Côte d'Azur, se contente d'emmener avec lui seulement deux valets de chambre et deux valets de pied[23]. Dans l'ensemble, les grandes demeures n'emploient pas moins d'une vingtaine de personnes.

Malgré la modernisation des équipements, les spécialités exigées pour la bonne marche des maisons sont maintenues. Un exemple ? Les anciens cochers qui s'occupaient des voitures à cheval sont remplacés par des chauffeurs. Ces derniers entretiennent les véhicules et conduisent leurs patrons selon leurs désirs. Il en va de même dans la cuisine : l'arrivée des nouveaux ustensiles ne modifie pas le nombre de cuisiniers, de sauciers et de marmitons. Quant aux lingères et lavandières, certes l'arrivée des machines améliore leurs conditions de travail depuis les premiers bacs de lavage au XIXe siècle, mais elles continuent de porter, ranger et mettre en valeur l'abondant linge de maison. Est-il nécessaire de préciser que les autres instruments électroménagers, tel l'aspirateur, ne modifient que superficiellement le travail des femmes de chambre, des valets ou tout simplement des bonnes ?

La philosophie de ce système reste immuable. Les maîtres veulent concentrer leurs actions sur ce qui les intéresse. Ils laissent de côté toute tâche mal considérée par leurs semblables ou inutile à leurs propres yeux. Le service domestique a pour seule fonction de les soulager. Le temps est le facteur le plus important. Plus le temps des domestiques est chargé, occupé, plus celui des maîtres s'en trouve allégé.

Pour cette raison, le temps des serviteurs est ordonné et la vie des maisons réglée avec une régularité d'horloge[24]. Tout commence par un réveil à 5 heures du matin, pour préparer le chauffage des pièces. Jusqu'à la seconde guerre mondiale, encore beaucoup de demeures anciennes conservent des feux dans les cheminées ou dans des poêles. Le chauffage central qui s'impose progressivement est souvent à base de charbon. Cela nécessite donc une activité pour les bonnes ou les aides ménagères qui apportent le combustible. Les valets et femmes de chambre préparent les vêtements des maîtres, cirent les chaussures. Et l'hiver, il faut alimenter les lampes pour la journée (avant que l'électricité soit installée autour de la première guerre mondiale).

Dans le même temps, en cuisine, les aides cuisinières préparent le petit déjeuner pour le personnel, qui est pris aux alentours de 7 heures. Puis le chef prépare le petit déjeuner des maîtres, qui est servi à partir de 8 heures. À 9 heures la cuisine doit être rangée. C'est alors que le valet de pied collecte les vêtements de nuit pour le nettoyage.

Au milieu de la matinée, les femmes de chambre se changent. Elles troquent la tenue grise mise le matin pour éviter les taches contre le tablier blanc du service de jour. En cuisine, on commence à préparer le déjeuner. Les courses ont été faites la veille. Car le repas de midi est généralement le plus important de la journée. Le ménage dans la maison commence. Quantité de petites activités comme le nettoyage des porcelaines ou de l'argenterie doivent être réalisées régulièrement pour que celles-ci gardent une allure resplendissante. Les lingères s'occupent aussi de changer les nappes et autres tissus décoratifs sur les meubles. De 11 heures à 13 heures le personnel déjeune, avant qu'à 13 heures ne commence le service des maîtres à table.

À 15 heures, le valet de pied prépare le salon pour le thé. Car cette pratique venue d'Angleterre se généralise en Europe. En Allemagne, on lui préfère le café. Une collation légère est servie vers 16 ou 17 heures selon les coutumes nationales. Après cet intermède commence le travail du soir. Dès la nuit tombante, les lampes sont allumées dans les pièces de réception. Une maison riche se distingue des pauvres précisément par la présence de lumière en quantité. C'est un des éléments du luxe, encore dans l'entre-deux-guerres.

Dans les plages horaires calmes de la matinée et de l'après-midi les précepteurs, gouvernantes et autres enseignants ont le temps de faire la leçon aux enfants. Car quand ceux-ci ne sont pas en internat, comme c'est souvent le cas dans les familles riches, leur éducation est généralement donnée à domicile. Avoir une gouvernante parlant une langue étrangère, anglais ou français, est très en vogue à cette époque, aussi bien dans la Russie tsariste que dans l'Allemagne wilhelminienne, voire au Siam, comme commence à le pratiquer le roi Mongkut. Dès 1862, ce dernier embauche une Britannique, Anna Leonowens, pour s'occuper de ses enfants, et notamment du futur roi Rama V.

À 8 heures du soir le valet de pied sonne la cloche du dîner. En sortant de table, les messieurs passent au fumoir, et les dames au salon, pendant que vers 9 heures les serviteurs prennent leur dernier repas. Le valet de pied se retire vers 10 heures. Les jeunes servantes restent encore de service jusqu'au coucher familial. Mais il peut arriver qu'elles soient rappelées de nuit pour satisfaire une demande particulière. Car les maisons sont équipées de sonnettes, mécaniques (dotées d'un fil) puis électriques, reliées aux chambres de maître.

Travailler dans une maison aristocratique ou très riche ne se résume pas à subir la pression d'horaires précis. Les avantages l'emportent. Les gages y sont plus élevés que dans les classes moyennes ou tout juste supérieures. Au début du siècle, les écarts peuvent aller du simple au double pour un valet ou un maître d'hôtel. Parmi les mieux payés figurent les chauffeurs. Ils entrent souvent dans une relation personnelle particulière avec leur employeur. Le duc de Vendôme et sa femme, par exemple, durant leurs voyages, partagent leur déjeuner avec M. Frey qui, plusieurs décennies durant, est à leur service. Comme tous les bons domestiques, il finit par faire partie de la famille. Cela implique une forme de protection entre les patrons et ces femmes et hommes qui leur sont dévoués à l'extrême. Une fidélité que l'on peut encore voir de nos jours et qui fait des domestiques les gardiens des secrets de leur patron.

1929
L'incontournable Museum of Modern Art

À la fin de l'été 1929, on ne parle que de cela à Paris et à New York. Pourtant les porteurs du projet n'ont mis dans la confidence qu'un groupe réduit de personnalités afin d'être sûrs d'arriver au bout de leur idée. Quelques universitaires et artistes sont dans le secret. Et enfin, l'annonce de la nouvelle institution est faite.

Le 6 septembre, une rencontre avec les parrains du projet et la presse est organisée dans les salons de l'hôtel Madison[25]. Il y a là les plus éminentes amatrices d'art de New York. La plus connue est Mme John D. Rockefeller Junior. De son nom complet Abigail Greene Aldrich Rockefeller, elle appartient à une famille de Providence, dans le Rhode Island. Son père était sénateur. C'est dans sa ville natale, à l'occasion d'une fête chez des amis, qu'elle a rencontré l'héritier unique de la Standard Oil. Elle l'a épousé en 1894 et avec lui est partie vivre à New York. Leur adresse historique, à partir de 1913, est le n° 10, 53e Rue, dans Manhattan[26]. Un immeuble construit par son mari et qui a été un moment le plus haut de la ville. Là, elle se livre à des entreprises charitables et, surtout, se prend de passion pour l'art. Elle collectionne les peintres contemporains, en particulier les impressionnistes. Comme pour ses trois autres complices dans cette vaste opération culturelle, sa fortune est le point de départ pour des actions mémorables.

Trois femmes, en effet, se sont associées à Abby, comme l'appellent ses amies, pour lancer le projet d'un musée d'art moderne, destiné à devenir le Museum of Modern Art (MoMA). La première, Lizzie Bliss, Lillie pour les intimes, née en 1864, était l'aînée de dix ans d'Abby. Elle avait commencé tôt à construire sa collection, grâce à l'éducation que lui avaient donnée ses parents, industriels fortunés. Ses tableaux de Monet avaient déjà été exposés en 1891. Lillie et Abby Rockefeller avaient créé un club féminin, très sélect, en 1911 : le Cosmopolitan Club, à New York. Entourée d'artistes, Lillie avait affiné son goût et acheté des paysages de Renoir et des œuvres de Degas, grâce au célèbre galeriste parisien Paul Durand-Ruel. C'est au printemps 1929, au cours d'un mémorable déjeuner chez Abby, que l'on met au point l'idée d'un musée d'art moderne. La troisième convive autour de la table est Mary Quinn Sullivan, la cadette, née en 1877. Cette jeune intellectuelle venue d'Indianapolis a enseigné l'art dans des établissements d'enseignement supérieur new-yorkais. En 1917, elle a épousé Cornelius J. Sullivan, un des grands avocats d'affaires de New York. Mary accède ainsi à la haute société où ses goûts artistiques sont mis en valeur. D'autant que le couple Sullivan, sans enfant, en profite pour voyager en Europe et constituer une collection enviable dans les années 1920. Mary devient une spécialiste des acquisitions et aide plusieurs musées à créer des fonds modernes et contemporains. Autour de la table, elle apporte aux autres convives une compétence qui va au-delà de l'esthétique.

Ce petit groupe en a l'intuition, il manque au Metropolitan Museum de New York une collection d'art contemporain. Elles comprennent le choix de la direction de la vénérable institution de ne pas investir là où l'histoire n'a pas encore fait le tri. Mais toutes pensent que, comme à Paris et à Londres, un nouveau lieu doit accueillir des œuvres récentes. D'où l'idée de créer un musée d'art moderne.

Les trois dames commencent par réunir d'autres parrains pour cette opération, et notamment une autre femme : Josephine Porter Crane. Cette dernière est entrée dans la bonne société de sa ville d'attache, Dalton, dans le Massachusetts, grâce à son mari, homme d'affaires et sénateur, mort en cours de mandat en 1920. Josephine part alors vivre à New York avec sa fille. C'est là qu'elle rencontre Abby Rockefeller, qui la convainc de figurer parmi les fondatrices du MoMA.

Ces quatre femmes sont en quelque sorte les Trois Mousquetaires de la reconnaissance de l'art moderne et contemporain à New York. Pour donner du poids à leur projet, elles mobilisent la crème des spécialistes et obtiennent l'accord d'Alfred H. Barr, un historien de l'art qui malgré son jeune âge a implanté des institutions muséales à Harvard et à Cambridge. Avec lui, le programme des premières expositions est mis au point.

Pour ces quatre esthètes, revenir aux sources et valoriser les pionniers de la modernité est une nécessité. Un consensus se fait autour de quelques noms si évidents aujourd'hui : Cézanne, Van Gogh, Gauguin, Renoir et Seurat. Mais en 1929, comme le rappelle un article publié dans le *New York Times*, la semaine suivante, par le critique d'art Edward Alden Jewell, la mémoire des scandales déclenchés par les naturalistes et les impressionnistes est encore vive[27]. Manet, exposant son *Olympia* au Salon des refusés, sous la protection de la police. Le tableau entrera finalement au Louvre par la volonté du président du Conseil, Clemenceau, son vieil ami. Ou Cézanne ne parvenant pas à trouver un acheteur fortuné pour ses *Baigneuses*, et les donnant à un de ses amis musiciens. Depuis, l'œuvre faisait la fierté du Louvre. Et maintenant tous ces auteurs étaient enfermés sous bonne garde dans les collections privées.

Les initiatrices du MoMA demandent qu'on leur prête des œuvres mais procèdent aussi à des achats pour leur musée. Tout va très vite car, outre Alfred H. Barr, elles sont entourées d'autres experts. Ainsi Paul J. Sachs, homme d'affaires et professeur d'histoire de l'art. Il connaît particulièrement les gravures et les dessins contemporains. Sachs fait don au musée d'un portrait de sa mère par George Grosz, le célèbre artiste allemand. Anson Conger Goodyear, entrepreneur à succès dont le nom est porté par des usines, accepte de présider l'institution nouvelle et de lui apporter ses connaissances en management ainsi que son crédit. Lui-même est un ardent collectionneur d'art contemporain. Il possède des Cézanne, des Gauguin, des Van Gogh et aussi des Toulouse-Lautrec et des Renoir. Lui aussi voyage en Europe pour effectuer ses acquisitions tout en faisant des affaires. Enfin Francis Crowninshield, couramment appelé « Frank », un bel homme approchant la cinquantaine, complète le comité. C'est sans doute le critique d'art le plus fameux de New York à cette époque. Admiré pour son élégance, il est un des gardiens du temple du journalisme de salon, et publie ses textes dans *Vanity Fair*. Faut-il préciser qu'il appartient aux cercles les plus sélects de la ville, le Knickerbocker Club et le Union Club ?

Les sept fondateurs et le directeur lancent la première exposition du MoMA dès le 8 novembre 1929, sur la 5e Avenue, dans un local provisoire[28]. L'idée est ainsi d'attirer un public avant de constituer une collection permanente. Un mois durant, jusqu'au 7 décembre 1929, l'événement est une réussite. Il faut dire que les œuvres, prêtées par les plus grands musées, ne sauraient déplaire. Et pourtant, ce lancement a lieu au moment même où éclate la crise boursière à Wall Street.

Mais rien n'arrête ces très grandes fortunes. Nouvelle exposition de 100 tableaux, intitulée « Peintures de Paris », quelques mois plus tard. On y trouve des contemporains : Matisse, Derain, De Chirico, Marie Laurencin, Vlaminck, Delaunay et, bien sûr, Picasso. L'idée est d'attirer davantage de monde encore. Plusieurs dizaines de milliers de personnes viennent admirer l'ensemble. Puis en décembre, 37 artistes américains sont présentés, toujours sur la 5e Avenue. Le but est de montrer que l'art américain est devenu une grande valeur, aussi excitante que les créations européennes.

D'exposition en exposition, la crédibilité se renforce. Entre-temps, un emplacement a été cherché, afin que la nouvelle institution ait ses propres murs. Ce sont les Rockefeller qui prêtent une de leur maison sur la 53e Rue. Il y aura d'autres déménagements, notamment au Rockefeller Center, en 1937, pour un coût de 1 million de dollars, avant que le MoMA ne s'installe au no 11 de la 53e Rue, son adresse actuelle[29].

À chaque étape les marraines du musée ont joué leur rôle et posé de manière éclatante le lien entre l'art contemporain et les grandes fortunes. Leur démarche se distingue de celle de grandes collectionneuses comme Mme William Preston Harrison qui avait fait don de ses œuvres au musée d'Art du comté de Los Angeles. Ici, il s'agit de bâtir à partir de rien un lieu dont la fonction doit être éducative, et non lucrative. La création du MoMA se distingue aussi des galeries ouvertes par les nobles depuis l'Ancien Régime. Ces dernières ressortissaient à d'anciennes formes de soutien de l'art par les princes : une manifestation de souveraineté, d'une puissance.

Non, cette philanthropie artistique a un autre propos. Rendre accessibles les transformations de l'art pour un vaste public et aussi soutenir le monde des artistes[30]. Un paradoxe pourtant se fait jour. Ces personnalités avancent une vision de l'art pour l'art, ou du moins de l'art pour l'esthétique. Or, elles posent ce geste précisément au moment où les artistes rompent avec cette approche traditionnelle. Car tous tendent à se penser en avant-garde, à tenir un discours sur la transformation du monde, et l'engagement aux côtés des forces politiques. En somme, ces grands *trustees* allaient faire entrer au musée un art qui se situait dans la perspective de la propagande, de la réforme sociale.

Pourtant, le calcul de nos richissimes *trustees* était gagnant. En faisant reconnaître par une grande institution muséale les artistes de leur choix, elles donnaient à leur collection et à leur action une mission durable : façonner le goût du grand public.

1932
Les riches industriels choisissent Hitler

La lettre est datée du 19 novembre 1932 et adressée au président de la République allemande, le maréchal Hindenburg, ancien chef d'État-Major de la Grande Guerre[31]. Parmi ses signataires, des noms qui pèsent lourd. Le premier n'est autre que l'ancien ministre des Finances, l'économiste Hjalmar Schacht, l'homme qui a vaincu l'hyperinflation en 1923. Il demeure une figure clé de la vie publique. Ce conservateur connaît bien le vieux président. Comme ministre, dès 1930, il l'a averti des conséquences de la crise pour les finances publiques[32]. Il a proposé des solutions. Mais le chef du gouvernement, le chancelier Brüning, a préféré emprunter une autre voie que celle de la rigueur préconisée par Schacht, qui a dû présenter sa démission. Son ambition n'en est pas morte pour autant. En lançant cct appel, il doit penser à ce dîner organisé un an plus tôt chez Hermann Göring – c'était le 5 janvier 1931. Parmi les invités se trouvaient de fervents nazis, en particulier Joseph Goebbels et son épouse, Magda. Avec eux, Fritz Thyssen, le magnat de l'acier, un sexagénaire qui a refusé l'occupation française de la Rhénanie en 1923, et tâté de la prison pour cela. Et l'homme du jour : Adolf Hitler. Ce dernier s'est lancé dans un long monologue très convaincant et n'a cessé de flatter Schacht, obtenant ainsi son ralliement à la cause national-socialiste.

Schacht a donc rejoint un groupe d'hommes d'affaires qui soutiennent le nazisme. Certains ont commencé tôt. Fritz Thyssen notamment. Ce catholique, proche des nationaux conservateurs, a décidé de contribuer à la tentative de putsch de Hitler de 1923 en donnant pas moins de 100 000 marks-or aux conjurés[33]. Il espérait voir le général Ludendorff prendre le pouvoir. L'échec l'a à peine refroidi. À cette époque déjà les Bechstein et les Bruckmann, riches hommes d'affaires munichois, et leurs épouses avaient pris sous leur aile protectrice le jeune Hitler, tout comme Winifred Wagner, qui faisait fructifier l'œuvre de son père, le compositeur Richard Wagner, dans le prestigieux Festival de Bayreuth. Tous étaient fascinés par l'énergie du Führer, ses idées étranges et son parfum d'aventure.

Mais à partir de 1927, ce sont d'autres soutiens qui rejoignent le nazisme. L'un des premiers est Emil Kirdorf. Ce vieux nationaliste, partisan du pangermanisme, n'hésite pas à financer le parti dès cette année-là. Sa fortune tirée de l'exploitation de mines de charbon en a fait un adversaire résolu du marxisme. Comme beaucoup, il voit dans le nazisme un rempart contre le communisme. Thyssen et la plupart des patrons pensent exactement la même chose. Si bien qu'à mesure que la situation se dégrade, nombre de grands dirigeants économiques confluent vers le parti nazi. La lettre du 19 novembre 1932 représente la tentative de ce groupe d'infléchir le choix du président Hindenburg.

Parmi les signataires se trouvent des banquiers : Reinhart, von Eichborn, Beckmann, Merck et surtout von Schröder. Ce dernier exerce une grande influence, car c'est dans la villa de Kurt Freiherr von Schröder, banquier de Cologne, que Hitler et le leader catholique social Franz von Papen se retrouvent le 4 janvier 1933[34]. Là, les deux hommes négocient les conditions pour former une majorité et accéder au gouvernement ensemble. Schröder fait également partie d'un cercle mis en place par un petit patron, Wilhelm Keppler, devenu dès 1931 responsable économique du NSDAP. Le cercle Keppler, aussi appelé « Cercle des amis », regroupe des hommes d'affaires susceptibles d'aider financièrement Hitler à accéder au pouvoir. Dans la pétition du 19 novembre 1932, Keppler est sans doute un des moins fortunés mais sa proximité avec Hitler et Himmler lui donne de l'importance.

Keppler a demandé à un des fondateurs de son cercle, le financier hambourgeois Carl Vincent Krogmann, de faire circuler l'appel parmi ses proches. On trouve donc des armateurs, tels Woermann et Beindorff, tous deux de Hambourg, parmi les pétitionnaires.

Du côté de la grande industrie, on retrouve, bien sûr, Fritz Thyssen. Et August Rosterg, le patron de Kalikonzern, un conglomérat construit en quelques années à partir de la production de sel ; ou encore Ewald Hecker, industriel des charbonnages. Mais à l'évidence, les personnalités de poids manquent : ni Krupp ni Siemens n'ont accepté de signer cet appel. La prudence les retient encore de basculer ouvertement dans le camp de Hitler. Schacht les a sollicités. Leur réponse négative a été une déception, au point qu'il écrit personnellement au Führer pour s'en excuser.

En revanche, pour rassurer plus encore le président Hindenburg, Keppler et Schacht ont fait appel à de grands propriétaires terriens : Joachim von Oppen, qui a présidé la chambre agricole du Brandebourg et de Berlin ; Robert von Keyserlingk-Cammerau, très impliqué dans la politique en Prusse ainsi que dans l'État-Major des armées durant la Grande Guerre ; Kurt Gustav Ernst von Rohr-Manze, héritier d'une ancienne famille bavaroise devenue propriétaire en Prusse[35].

Avec ces trois personnalités, c'était comme un appel de la noblesse allemande qui s'ajoutait aux pétitionnaires. Et de fait, aussi bien le Deutscher Herrenklub (le « Club des Seigneurs ») que la Deutsche Adelsgenossenschaft (l'Association de la noblesse allemande) regardaient avec complaisance le parti nazi. La raison en était simple : la maison impériale de Guillaume II s'était nettement rapprochée du Führer. Un de ses fils,

August Wilhelm, avait adhéré à la SA, et en était officier. Et le Kronprinz, le prince héritier, avait appelé à voter Hitler dès avril 1932. Le signal était on ne peut plus clair : les fortunes du sang voyaient dans le Führer le connétable qui restaurerait l'Empire allemand, le IIIe Reich.

La pétition des industriels s'inscrit donc dans une stratégie nazie de conquête du pouvoir, en pesant sur le président Hindenburg. De fait, après cet épisode et la rencontre de Cologne entre Hitler et von Papen, le 4 janvier, un autre conciliabule survient.

Joachim von Ribbentrop, un noble devenu négociant en champagne, l'a organisé en sa villa de Berlin, une splendide maison nichée au fond d'un parc, dans le quartier résidentiel de Dahlem, où ce nazi convaincu vit avec sa riche épouse, Anne Elizabeth Henkell, héritière d'une grande famille. C'est là que se rendent le 24 janvier 1933 Hitler et von Papen pour rencontrer le fils du président Hindenburg, Oskar von Hindenburg, ainsi que son directeur de cabinet, Otto Meissner. L'entrevue achève de faire basculer les deux proches du président dans le camp désireux de confier à Hitler la Chancellerie. Le vieux président, comme encerclé, finit par céder. Le 29 janvier 1933, Hitler est nommé chancelier du Reich.

Parmi les riches allemands, la nouvelle est souvent accueillie avec enthousiasme bien que plusieurs entrepreneurs juifs, notamment dans le domaine de la presse, tels les Mosse, pressentent que les difficultés vont commencer. N'empêche, au début de février, le nouveau pouvoir prend ses marques et prépare la prochaine échéance électorale à venir le 5 mars. Afin d'augmenter ses soutiens et ses votes, les cercles économiques sont remobilisés. Cette fois, les grands magnats sont plus nombreux à répondre à l'appel. Lors d'une nouvelle entrevue secrète, le 20 février 1933, tout le gratin économique est là. Il y a les piliers, tels Schacht et Rosterg. Et de nouveaux visages, comme celui de Gustav Krupp, venu en personne pour l'occasion. Et le patron d'Opel. Et le prince des aciers Albert Vögler. Et le représentant de Siemens, et celui de IG Farben[36]...

En tout une vingtaine de personnes qui, après une brève introduction de Göring, écoutent religieusement le discours d'une heure trente de Hitler. Ce dernier entend les rassurer. Il est partisan de la propriété privée. Il rejette le communisme et l'appropriation collective des moyens de production. Selon lui, la démocratie est faible car incapable de lutter contre la tendance communiste des masses. En somme, seule la dictature peut garantir durablement la sécurité de la propriété.

Gustav Krupp est satisfait. L'attachement à la propriété privée est essentiel et le parti nazi comme la nation peuvent compter sur son plein engagement. Schacht, concluant la soirée, lance un appel pour obtenir des participants au moins 3 millions de marks car, comme l'avait dit Göring, les caisses du parti sont vides. Ce soir-là, le NSDAP en lève immédiatement 2 millions. La campagne s'annonce bien.

Une semaine plus tard, le Reichstag est en flammes[37]. Hitler accuse les communistes. Il obtient des pouvoirs exceptionnels pour rétablir « la sécurité du Reich ». Les arrestations et les détentions arbitraires commencent. Dès le 2 mars, les premiers camps de concentration ouvrent leurs portes.

La suite de l'histoire est connue, avec la persécution et la captation des biens des juifs, les invasions de l'Autriche, de la Tchécoslovaquie, de la Pologne, puis de l'Europe, de l'Union soviétique. Et l'extermination systématique des juifs d'Europe.

Pour les marxistes et les communistes, cela ne faisait aucun doute. Hitler avait incarné la volonté du grand capital d'écraser les forces prolétariennes pour renforcer leur exploitation. Le

Führer n'était que l'instrument docile d'un système de domination nauséabond au profit des riches. Il avait berné les ouvriers allemands pour établir un régime au service de la classe bourgeoise.

Pour contester cette lecture, les nazis et leurs descendants ont souligné les réalisations sociales du régime : les loisirs, la protection sociale et, surtout, la taxation croissante des entreprises. La taxation des établissements Krupp, par exemple, est passée d'un avantageux 2,8 % des profits pour l'année 1934 à 26 % à la veille de la guerre et à 53 % en 1943. En apparence donc, la fiscalité des entreprises est plus forte que dans les pays d'Europe libérale et démocratique. Si l'on ajoute à cela la planification dirigée par Göring, tout semble indiquer une prise en main de l'économie par les dirigeants nazis. En somme, les patrons auraient été contraints par Hitler et ses séides de se plier à son projet de conquête. D'ailleurs, en 1945, les grands patrons ressortent ces arguments devant les commissions d'épuration. Ils ont subi, obéi, jamais pris d'initiatives.

Le détail des archives dit autre chose.

Une série en particulier montre les transactions et négociations autour de l'aspect le plus sombre du nazisme : la série S du fonds consacré au nazisme aux Archives fédérales allemandes[38]. On peut y lire comment les entreprises ont participé à l'esclavage de masse dans les camps de concentration. IG Farben, avec ses usines à Auschwitz ; travailleurs forcés réduits en esclavage dans les usines Krupp ; déportés dans l'usine Siemens près du camp de Sachsenhausen ; déportés encore dans les usines de la Volkswagen voulue par Ferdinand Porsche[39]. Porsche pour qui seule la production comptait, indifférent qu'il était aux violences que pouvaient endurer les victimes d'un travail incessant. En fait, les usines des grands groupes sont devenues des camps de travail et les camps de concentration, des usines.

Cette métamorphose ne doit rien à la contrainte ou à la brutalité du régime nazi. Car les plus riches ont profité de ce système. La plupart ont obtenu des avantages fiscaux personnels avec des exemptions, à l'instar de Krupp en personne, alors même que leurs entreprises étaient taxées.

C'est donc une logique d'échanges de bons procédés qui a prévalu entre le nazisme et l'élite patronale. Hitler, Himmler, le chef de la SS, et leurs fidèles ont adapté leurs objectifs aux besoins des riches qui se sont, à leur tour, conformés aux impératifs du IIIe Reich.

Pour autant, il n'existe pas une identité complète entre ces deux mondes. Des itinéraires personnels nous montrent qu'en dépit de l'appât du gain, certains rompent avec le nazisme. Fritz Thyssen, soutien inconditionnel de Hitler dès 1931, fuit l'Allemagne en septembre 1939. Pour lui, la Nuit de cristal a montré le visage « sacrilège » du nazisme. Ce catholique est heurté par les mesures discriminatoires et par la violence toujours plus forte de la dictature. Bien sûr, il a tenté de s'en accommoder. Ainsi a-t-il accepté de participer aux chambres économiques puis au Parlement de Prusse, et même d'être responsable de la politique économique pour toute la partie ouest de l'Allemagne. Mais devant le durcissement du régime, en 1938, il change d'opinion. Discrètement, il évacue ses avoirs vers la Suisse. Le déclenchement de la guerre, le 1er septembre 1939, le pousse à passer la frontière. De là, il écrit une lettre à Göring pour lui demander d'interrompre ce conflit que l'Allemagne ne pourra que perdre. Les tentatives de pression d'envoyés de Hitler n'y changent rien. En représailles, ses entreprises sont nationalisées. Thyssen refuse tout de même de rentrer et passe en France, en 1940. Son espoir serait de fuir en Argentine. Mais sa mère malade en Belgique l'appelle. Le voici contraint de différer son voyage. Il est piégé dans l'Hexagone.

Après la débâcle et l'armistice, les autorités de Vichy l'arrêtent et le remettent aux nazis. Fini les palaces. Le milliardaire se retrouve en camp de concentration, Sachsenhausen, puis Dachau et l'Autriche en 1945. Certes, ses conditions de détention ne sont pas celles des prisonniers ordinaires. Comme les hommes politiques Léon Blum et Georges Mandel, il est accompagné de son épouse, et mieux logé et nourri. Mais il vit comme un otage, au jour le jour, ne sachant si son exécution ne sera pas décidée le lendemain.

Libéré par les Américains en 1945, Thyssen passe en jugement de dénazification en 1948. Il est l'homme qui a « payé Hitler », comme on le lit dans un livre paru en 1941, « l'accoucheur de Hitler », comme le titrait le *New York Times*[40]. Mais il fait l'objet d'une mesure de clémence, compte tenu de son opposition à la guerre et au régime. Qualifié de « nazi mineur », il doit payer une amende de 15 % du total de ses biens pour abonder un fonds en faveur des victimes du nazisme. Pour finir ses jours en paix, Thyssen s'installe enfin à Buenos Aires, en janvier 1950. C'est là qu'il meurt le 8 février 1951, à 77 ans. Son corps est rapatrié dans le caveau familial de Mülheim, où ce catholique fervent attend le Jugement dernier.

1933
ADOLF HITLER, EXEMPTÉ FISCAL

Quand on est pauvre, on rêve d'une vie de riche, dit-on. Hitler a accompli ce rêve. L'ancien mendiant vivant d'expédients dans les rues de Vienne a progressivement franchi tous les obstacles pour parvenir au sommet de la société. Hitler n'est souvent vu que comme un idéologue et un dictateur, voire une sorte de prophète contemporain. Mais son mode de vie renseigne aussi sur son programme politique, moins en rupture avec le monde qu'il n'y paraît. À première vue, le nazisme se présente comme un projet purement spirituel, une réforme de la nation par le racisme. Dans les faits, il en va autrement. Entrons dans le détail de l'existence quotidienne du premier des Allemands du IIIe Reich.

En 1930, les droits d'auteur de *Mein Kampf* s'envolent. Jusqu'alors la diffusion du livre d'Adolf Hitler se comptait en centaines d'exemplaires, puis en milliers. La bonne unité devient maintenant la centaine de milliers. Pour la première fois, les revenus personnels du Führer dépassent de loin ses dépenses. Au moment de son accession à la Chancellerie, 240 000 exemplaires ont été vendus. Hitler est devenu millionnaire. Longtemps, il a vécu de dons, comme ce costume bleu offert par Mme Bechstein ou sa Mercedes Rouge, cadeau de M. Bruckmann, ou encore ses fêtes données par son responsable de presse, Ernst Hanfstaengl, ses notes d'hôtel prises en charge par le parti…

Si bien qu'en 1933, Hitler est bien au-dessus des 50 000 marks d'indemnités accordés au chancelier du Reich. Il doit en impôts plus de 400 000 marks à l'Allemagne. Il prend donc un décret qui a l'apparence d'un don civique. Il renonce aux émoluments de chancelier en échange d'une exemption fiscale. Il ne paiera plus jamais d'impôts.

Mais *Mein Kampf* continue de se vendre. 5,2 millions d'exemplaires écoulés en 1939, à la veille de la guerre, et plus de 10 millions à la fin du conflit, en 1945. Sur le compte en banque personnel du Führer à Berlin, environ 3 millions de marks seront saisis par les Alliés, après sa mort.

S'en tenir à ce constat économique ne donne qu'une vague idée de la vie rêvée d'Adolf Hitler. Certes, grâce aux droits d'auteur, en juin 1933, le Führer peut acquérir la maison qu'il louait dans les Alpes, depuis 1928, le Berghof. Il procède ensuite à des expulsions et des ventes forcées dans le village et agrandit sa propriété en 1935-1936. Dans cette résidence où il lui arrive de passer plusieurs mois, pas moins de 22 employés de maison sont à son service. Cuisiniers, chauffeurs, femmes de chambre, majordome… sans compter son valet personnel, qui le suit dans son appartement de Munich et à la chancellerie de Berlin ainsi que dans ses voyages. Pour agrémenter encore son séjour, Hitler fait construire une maison de thé où il peut se rendre en promenade. Plus tard, sur les hauteurs, il bâtit le nid d'aigle d'où il jouit d'un panorama exceptionnel[41]. Le Berghof lui permet d'accueillir des visiteurs à titre personnel. Ses hôtes de marque, chefs d'État ou de gouvernement voire célébrités, reçoivent ici un service d'hôtel de luxe. De fait, le personnel est majoritairement issu de l'hôtellerie.

À sa table, avant 1939, les mets fins et les boissons d'importation ne manquent pas. Bien que végétarien, Hitler fait cuisiner de la viande pour ses invités et pour sa sœur, qui lui sert un temps de gouvernante pour la maison. La cuisine commande également des fromages étrangers, dont du brie. Le Führer en raffole. Ce dernier fait rehausser ses œufs à la coque de caviar… Les commandes montrent aussi du whisky, alors que le Führer ne boit pas d'alcool. Mais il supprime le beurre de sa table quand il lance la campagne de propagande « *Kanonen statt Butter* » (« Des canons plutôt que du beurre »), en 1936. Obsédé par sa santé, il ne boit que de l'eau minérale embouteillée dans des contenants en verre. Quand un de ses valets, qui a omis d'en avoir suffisamment dans la glacière, la remplace par une eau de source préalablement testée, pendant la campagne de Pologne en 1939, le malheureux serviteur tombe en disgrâce et doit demander sa mutation pour le front. Hitler ne plaisante pas avec le service.

Comme chef d'État, il profite de tous les avantages de sa fonction. Mercedes blindées qu'il commande directement au constructeur, avions pour se rendre à Berlin rapidement, dîners officiels organisés par le *Protokoll* de la Chancellerie de la présidence, où il a maintenu en poste Otto Meissner. Tel un souverain des temps anciens, il accorde les faveurs. Toutes sortes d'avantages sont étendus à ses proches : à sa sœur et ses enfants, ou à sa compagne, Eva Braun.

Cette dernière possède aussi sa suite, avec ses femmes de chambre. Elle utilise également les avions de la Chancellerie pour se rendre en Italie ou en Bavière. À l'époque, il n'existe pas d'avion à réaction. Elle n'appartient donc pas au sens propre à la jet-set. Mais elle fait partie d'une caste assez étroite qui voyage avec ses propres avions.

De son côté, Hitler a, dès 1932, son pilote d'avion personnel, Hans Baur, le seul à qui il fasse confiance. Comme ses chauffeurs automobiles, Julius Schreck et Erich Kempka. Chacun d'eux remplit aussi des actions confidentielles, notamment pour transmettre des messages ou aider à des arrestations politiques.

Mais les avantages ne se résument pas aux conditions matérielles et aux transports. Comme les riches de son temps, Hitler est à la pointe de la technologie. Il fait partie des premiers bénéficiaires de la toute nouvelle télévision. Il peut la regarder avec quelques proches. Au Berghof, les services de propagande lui ont installé sa propre salle de cinéma pour visionner, seul ou avec des proches, les actualités filmées ou des films. Un moyen aussi de décider de la censure de tel ou tel passage.

Pointe technologique encore quand Hitler obtient pour ses photographes et pour sa compagne, Eva Braun, les premières pellicules Agfacolor. Ce produit d'une filiale de IG Farben permet à la jeune femme de fixer en couleurs ses vacances sur les lacs, au bord de la mer et aux sports d'hiver.

Cette forme subtile de luxe liée à la rareté est une des caractéristiques de plusieurs hauts dignitaires du IIIe Reich. Tous recherchent des avantages exclusifs pour se distinguer des pures élites de l'argent, de la naissance ou de la célébrité. Leur luxe consiste à pouvoir puiser dans tous les registres qu'ils souhaitent. Göring, par exemple, le numéro deux du régime, s'amuse à garder auprès de lui des lionceaux[42]. Il joue avec eux et s'en sert comme animaux de compagnie jusqu'à ce qu'ils atteignent l'âge adulte. Quand ils deviennent trop encombrants pour être gardés à domicile, il les offre au zoo de Berlin et en fait venir de nouveaux d'Afrique. Göring raconte à ses invités à la fin de la guerre que chaque fois qu'il se rend au zoo, ses lions sentent son odeur et l'appellent avec de longs feulements.

L'évaluation de la richesse de Hitler n'est donc pas uniquement liée à la taille de son compte en banque, mais aux moyens dont il dispose et au style de vie qu'il met en œuvre. À ce titre, son rapport à la mode est significatif. Hitler impose des habitudes et des comportements au sein des élites allemandes. Par exemple, le port de l'uniforme dans la vie mondaine devient impérieux dès 1930. Volontairement, les nazis se rendent dans les soirées en costume de SS ou de SA. Hitler et Himmler ont d'ailleurs sollicité un grand couturier, Hugo Boss, pour dessiner l'uniforme de l'Ordre noir. Dans ces mêmes soirées les nazis poussent aussi au retour des danses bavaroises et finissent par bannir les formes de jazz trop américanisées ainsi que les danses britanniques comme le Lambeth Walk. On pourrait y voir une lubie ou une excentricité qui est le propre des personnes fortunées. Mais tout est affaire d'idéologie : pour Hitler, il s'agit d'abord de rejeter la culture et les danses des ennemis qui déjà pendant la première guerre mondiale ont cherché à détruire l'Allemagne.

En dépit de ses discours ascétiques, le maître de l'Allemagne a une passion pour ce qui est rare et précieux. Sa conception même de l'art va dans ce sens. Il voue un culte à la tradition et à l'art figuratif des anciens maîtres. Si bien qu'il rejette l'art moderne, trop lié selon lui au mode de création industriel. La peinture qui le fascine est celle des artisans. Il peut ainsi rester des heures en méditation devant le portrait de Bismarck peint par Lenbach, qui se trouve dans son bureau à la Chancellerie. Il est persuadé qu'il émane des œuvres une sorte de fluide qui donne de la puissance. Il croit à la recharge sacrale que le croyant éprouve en passant devant un monument religieux.

Pourtant, il dispose de peu de temps pour se divertir. Il n'empêche que beaucoup se plaignent qu'il ne travaille pas assez. Les archives de la Chancellerie voient un embouteillage de demandes des ministres et de projets de loi qui attendent son bon vouloir[43]. Il faut souvent revenir deux ou trois fois à la charge pour obtenir une réponse. Car le Führer procrastine. Il traîne, jusqu'au moment où il prend une décision impulsive sous l'effet du stress. Couché tard, s'éternisant dans d'interminables soirées lors lesquelles il monologue avec ses proches, surtout après le déclenchement de la guerre, le Führer se lève tard aussi. Personne ne s'avise de le déranger, au point que l'ordre d'envoyer des renforts en Normandie est retardé le 6 juin 1944, car nul n'ose troubler son sommeil… Dormir, un luxe que tous les riches n'ont pas. Pour Hitler, ce point de bien-être n'a donc pas été sans conséquence.

Quelques mois plus tard, dans son bunker à Berlin, Hitler teste une capsule de cyanure sur son berger allemand. Une mort rapide, constate-t-il. Son médecin lui en a confié une pour lui et une autre pour sa compagne. Pour ne pas se rater, il a reçu le conseil de se tirer une balle dans la tête tout en avalant le poison. Grâce cette méthode infaillible, il s'éteint seul avec Eva Braun dans le salon qui leur était réservé au sein du bunker. Ultime privilège de cette vie de rêve que de mourir dans une intimité préservée, pour éviter le cauchemar d'une Allemagne envahie par les deux hydres que furent à ses yeux le communisme et la démocratie libérale.

Au total, l'entretien personnel de Hitler entre 1933 et 1945 aurait coûté environ 3 milliards de dollars actuels d'argent public. Une vraie vie de riche. À sa mort, il laisse une Allemagne en ruines[44].

1934
Hearst et IBM, le choix du Führer

Au printemps 1934, Randolph Hearst, le magnat de la presse américaine, fête ses 71 ans. Sa fortune et son influence sont à leur apogée. Bien sûr, la crise déclenchée en 1929 a fragilisé sa valeur boursière. Bien sûr aussi, la publicité rapporte moins à ses journaux car le nombre de lecteurs a chuté. Pour l'heure, le recul de la rentabilité est compensé par des emprunts. Mais Hearst représente 20 millions de lecteurs, soit un Américain sur six. Une puissance de feu qu'il a mise au service des Démocrates, et notamment du tout nouveau président, Franklin Delano Roosevelt.

Hearst s'intéresse à la politique. Il est même disposé au progressisme. Toutefois, le communisme lui apparaît comme la plus grande menace de l'époque. Son sens de la propriété est un héritage familial. Son grand-père et son père ont permis à la famille de faire fortune dans les mines. S'il a changé de secteur d'activité, Randolph Hearst, surnommé « le Chef » par ses employés, n'en est pas moins attaché à une vision capitaliste des choses. Initiative individuelle et accumulation de capital vont de soi pour lui. Cultivé et excentrique, « le Chef » est très informé de la marche du monde.

Aussi est-il tenté quand le chef de presse du parti nazi, Ernst Hanfstaengl, lui propose d'assister au congrès de Nuremberg de 1934[45]. Ses proches et conseillers lui signalent le risque de donner l'impression d'un soutien. Officiellement, donc, Hearst décline l'invitation car il a prévu d'aller prendre les eaux à Bad Nauheim, dans la Hesse, comme chaque année. Le vieil homme, en effet, aime le confort des établissements de bains germaniques et prend plaisir à ces cures. C'est là qu'Hanfstaengl lui suggère d'accorder une interview à la presse allemande. Hearst accepte.

Et l'entretien paraît le 23 août dans le *Völkischer Beobachter*, le journal officiel du Parti national-socialiste.

Dans cet article, Hearst complimente Hitler pour son score au plébiscite du 19 août, lequel permet au Führer de cumuler ses fonctions de Chancelier et de chef d'État. Selon l'homme d'affaires américain, sa légitimité ne fait plus de doute, ni sa capacité à installer l'ordre en Allemagne. Hearst prophétise que si le Chancelier allemand mène une politique pacifique à l'échelle internationale et limite les persécutions contre les juifs, cela lui vaudra l'admiration du monde entier. En somme, à ses yeux, Hitler a le bénéfice du doute.

Quelque temps plus tard, Alfred Rosenberg, un des principaux dirigeants nazis, rend visite à Hearst à Bad Nauheim. Son but est de donner une image favorable du régime alors que se déroule le congrès du parti nazi. Une nouvelle interview par Rosenberg paraît dans le *Völkischer Beobachter*. C'est un nouvel éloge de Hitler. Mais un point de ce texte montre une évolution de la pensée du magnat américain : la nécessité d'unir les peuples européens en une fédération pour combattre l'expansionnisme « asiate ». Une manière de positionner différemment son anti-communisme et de faire un pas vers l'idéologie nazie.

Les deux entretiens soulèvent une vive émotion aux États-Unis. Les journaux du groupe Hearst minimisent l'événement. Mais le risque est réel que la réputation de l'homme d'affaires soit atteinte par ces exposés tonitruants de sa vision du monde. Peu inquiété par ces premières réactions, « le Chef » reçoit de nouveau Hanfstaengl, qui lui propose de rencontrer Hitler après le congrès de Nuremberg. Car Hearst a envoyé son fils assister à l'événement, mais ne s'y est pas rendu lui-même. Après réflexion, le patron de presse accepte de se rendre à Berlin pour un tête-à-tête avec le maître de l'Allemagne. Il est aussi convenu que son adjoint, Harry Crocker, et sa compagne, Marion Davies, soient présents. Marion, une actrice renommée, a insisté : elle veut voir Hitler, comme on voudrait rencontrer une célébrité. La curiosité et un désir de sentir le vent de l'histoire expliquent son insistance. Malheureusement pour elle, Hearst la laisse à l'hôtel et part en voiture avec son assistant retrouver Hanfstaengl et Hitler à la Chancellerie.

Après une brève attente, les deux hommes sont introduits dans le bureau du chef du gouvernement. Agréable, Hitler les accueille sans façon et propose à Hearst de s'asseoir sur le canapé dans le coin salon, tandis que lui-même prend une chaise. Vieille astuce pour dominer son interlocuteur que de se placer en surplomb. La conversation prend au départ un ton léger. Hitler veut comprendre pourquoi les États-Unis interprètent mal son message. Il fait un long exposé de ses ambitions et de son projet de restauration du pays. Il argue de son pacifisme. Vante les régimes autoritaires au détriment des démocraties. Quand Hearst le questionne sur les persécutions envers les juifs, déjà importantes à l'époque, avec des interdictions professionnelles et un boycott, le Führer répond que ce ne sont que des phénomènes marginaux et que son ambition n'est pas de maltraiter les juifs… son vrai adversaire restant le communisme.

Hearst sort de l'entretien convaincu que l'Allemagne est entre de bonnes mains. Une mutation politique s'est opérée en lui. Alors qu'il était jusque-là progressiste et partisan des démocraties, sa lecture géopolitique intègre désormais le nazisme comme rempart européen contre le communisme. Et il ouvre ses colonnes aux collaborateurs de Rosenberg. Plusieurs articles sont publiés pour corriger la vision de l'Allemagne hitlérienne et soutenir ses revendications au sujet de l'abolition du traité de Versailles. Hearst demande même à son agence de presse de couvrir positivement les informations allemandes. Dès l'année suivante, ses journaux rompent avec l'administration Roosevelt au nom d'un prétendu patriotisme, et soutiennent son adversaire à la présidentielle de 1936. Peu après, les dettes de son empire le rattrapent. Il se débat dans les ennuis financiers. Or cette question n'est pas anodine. Car Hearst n'a pas fait qu'une conversion idéologique, il aurait aussi obtenu le versement de soutiens du ministère de la Propagande allemande pour les composantes allemandes de son groupe. De quoi justifier sa publicité.

Pourtant, le 9 novembre 1938, les masques tombent. La Nuit de cristal, ce pogrom qui coûte la vie à plusieurs centaines de juifs et entraîne la ruine de plusieurs dizaines de milliers d'autres, change une nouvelle fois la vision de Hearst[46]. Il comprend enfin le projet racial du régime nazi. Il n'a alors de cesse de soutenir une politique ferme face à Hitler et de porter secours aux juifs, alors que les déportations commencent. En 1941, en 1942, ses journaux sont parmi les premiers à dénoncer le crime de masse en Europe. Adversaire zélé cette fois de Hitler, il se rapproche du président Roosevelt et soutient l'effort de guerre. Reconversion tardive d'un patron séduit par les débuts éclatants d'un régime qui savait manier la propagande, les symboles et les uniformes.

D'autres sont moins clairvoyants. Car au moment où Hearst ouvre les yeux sur le nazisme, certains les ferment pudiquement face aux crimes nazis.

De grandes banques, telle Morgan, assurent des facilités de crédit à la veille de la guerre. Tout comme la Mellon National Bank du richissime Andrew Mellon, accusée de soutenir l'effort militaire nazi via l'Aluminium Corporation of America (Alcoa). Ce métal indispensable dans l'aviation aurait pu manquer à la défense américaine, car l'Alcoa en fournissait en quantité à Hitler, *via* IG Farben. Après la mort d'Andrew Mellon, en 1937, l'accord se poursuit. Seules les mesures de blocage contre les ennemis des États-Unis consécutives à l'entrée en guerre en 1941 y mettent fin. La participation du fils d'Andrew, Paul Melon, à la toute nouvelle agence de renseignements américaine, l'Office of Strategic Services (OSS), étouffe cette publicité négative pour la banque.

L'ambivalence de l'action au service des démocraties et la trahison en faveur des États totalitaires atteignent des sommets dans le cas d'un autre homme d'affaires : Thomas J. Watson. Ce *self-made-man* est plus connu par les initiales de la société qu'il a nommée en prenant sa tête, en 1924, IBM (International Business Machines). Cette entreprise pionnière de bureautique proposait des solutions pour établir des fichiers et les croiser afin de mieux gérer une clientèle ou un pôle de salariés.

À cette époque les ordinateurs n'existent pas. Mais on trouve des caisses enregistreuses et des mécanismes de tri. IBM dispose de cartes perforées pouvant aller jusqu'à 80 critères dans les années 1930. Le fonctionnement de cet ancêtre de l'ordinateur, imaginé par l'ingénieur américain Herman Hollerith, repose sur un mécanisme de pointes qui permettent le tri des fiches perforées suivant une tabulation linéaire.

Cette façon de gérer des fichiers intéresse follement l'Allemagne de Hitler[47]. D'abord parce que le recensement en Prusse est lancé sous l'autorité de Göring dès 1933. Ensuite parce que les lois de Nuremberg, adoptées en 1935, définissent un « statut des juifs » et proscrivent les mariages mixtes ainsi que l'accès à de nombreuses activités. Il faut donc des outils performants pour procéder au recensement et au classement des personnes suivant leur appartenance « raciale ». Pour la SS, l'organisation paramilitaire chargée par Hitler de gérer la sécurité du Reich et notamment les camps de concentration, se pose la question d'identifier les juifs en fonction de leur ascendance. Or la consultation des registres des synagogues et des différents états civils depuis la fin du XVIIIe siècle représente un travail titanesque, qui nécessite du personnel et une méthode infaillible de classement afin de distinguer ceux qui se sont convertis depuis moins de deux générations de ceux qui descendent de parents appartenant à deux communautés religieuses. 750 000 censeurs volontaires sont impliqués dans le recueil des informations.

À partir des années 1920, IBM a une filiale allemande. Elle s'est rapprochée des autorités nazies dès 1933 pour proposer son expertise. Très intéressé, Watson fournit les investissements nécessaires afin d'être à la hauteur du défi. Pas moins de 8 millions et demi de dollars de l'époque sont investis en quelques années. Watson s'est aussi engagé dans les instances commerciales mondiales. Il s'est imposé comme président de la Chambre de commerce internationale. C'est d'ailleurs à Berlin que se tient en 1937 le congrès de cette organisation. Watson est reçu par Hitler. Il obtient même une décoration à l'occasion. À la même époque, sa filiale de Tchécoslovaquie fournit à la toute nouvelle filiale allemande Deutsche Hollerith-Maschinen Gesellchaft (Dehomag) environ 2 000 machines Hollerith. Elles sont employées par la SS à sélectionner dans la population allemande les 600 000 habitants considérés comme juifs suivant les lois nazies. Ainsi, dès 1939, les fichiers permettent avec certitude de spolier les entreprises juives au profit de membres du parti nazi.

Mais l'emploi de ces machines et des techniques d'IBM ne s'arrête pas là. Pendant la guerre, les machines sont aussi déployées dans les pays occupés pour assurer le repérage, puis les arrestations des juifs d'Europe. Pour le dire simplement, la filiale allemande de Watson a constitué les listes des personnes à exterminer. Pire, les chiffres tatoués sur les bras des prisonniers arrivant à Auschwitz correspondent à la classification des machines Hollerith.

Certes, Watson avait retourné sa décoration à Hitler, non sans hésitation, en 1940. Mais jusqu'en 1945, il maintient les liens avec la Dehomag. La filiale d'IBM continue de fournir des fiches et les dirigeants de la Dehomag sont en contact par son intermédiaire avec le siège new-yorkais. C'est une infraction directe aux lois américaines, lesquelles interdisent le commerce avec l'ennemi. Et pour les bénéfices ? Watson a pris la décision de les réinvestir en Allemagne, soit dans sa propre entreprise, soit dans l'immobilier.

Durant toute la seconde guerre mondiale, les ventes de fiches et la location de machines se poursuivent. Initialement, c'était le bureau de Prague qui fournissait des machines pour couvrir les besoins allemands. On a donc maintenu le système de location avec la filiale allemande. IBM conserve ainsi les droits sur son appareil et facture le service après-vente : l'entretien des appareils, les conseils pour améliorer le fonctionnement des tris... La Dehomag dégage plus de 100 millions de marks de bénéfices, soit plus d'1 milliard d'euros actuels. Watson échange plusieurs fois par téléphone pour fixer le cadre de cette activité illégale.

Pourquoi une telle implication de Watson et de son entreprise ? Est-ce l'argent, l'appât du gain ? C'est possible. Mais IBM est une maison florissante qui bénéficie de nombreux contrats avec le gouvernement américain pendant la guerre, y compris sur des sujets liés à la défense. Est-ce l'idéologie ? Watson était-il un antisémite radical ? Apparemment pas. L'homme n'avait pas d'accointances idéologiques avec le IIIe Reich. L'explication la plus simple paraît tenir dans le zèle professionnel, la volonté d'appliquer sa méthode et son modèle à une action de grande ampleur impliquant toute la population d'un pays de 80 millions d'habitants.

Le slogan d'IBM dès avant sa création reposait sur un mot : *Think* (« Pense »). Watson l'avait fait placarder dans les bureaux et même sur les murs de ses usines. Quand on voit l'usage qu'il a réservé à son outil pendant la seconde guerre mondiale, on serait tenté de penser que ce milliardaire, au regard de l'histoire, aurait dû choisir plutôt comme slogan « *Think twice* » : « Penses-y à deux fois ».

1934
JOSEPH KENNEDY FIXE LES RÈGLES DU JEU

Le texte posé sur le bureau ovale fait trente pages. À l'évidence, le président n'a pas eu le temps de le lire en entier, ni d'entrer dans le détail de chacune des sections. Il a donné ses directives, discuté avec ses conseillers pour bien s'assurer de sa portée. Calmement, il a pris la plume et signé : Franklin Delano Roosevelt. Mais à peine sa signature apposée, pris d'un dernier scrupule, le voici qui se tourne vers un des conseillers, Ferdinand Pecora. « Ferd, maintenant que j'ai signé le projet, et qu'il est devenu une loi, quel genre de loi ce sera ? » Et Ferdinand Pecora de lui répondre : « Ce sera une bonne ou une mauvaise loi, monsieur le Président, selon les hommes qui seront chargés de la mettre en œuvre[48]. »

Pecora se voit déjà à la tête de la future administration à naître : la Securities and Exchange Commission, la SEC. Elle sera chargée de surveiller les ventes et les actions d'entreprises et de réformer les marchés boursiers. Quelle victoire ce serait pour ce descendant d'immigrés siciliens ! Pecora s'est hissé à la force du poignet, commençant tout jeune à travailler à Wall Street, et suivant les cours du soir pour devenir avocat. La compétence ? Nul ne l'a mieux que lui. Cela fait deux ans qu'il dirige la commission d'enquête du Sénat sur le krach de 1929[49]. Et il n'a pas failli dans sa mission, dénonçant la collusion entre les grandes banques et le pouvoir, pointant les investissements douteux vendus à de petits porteurs ruinés par la crise. Pecora a perçu ces premiers mécanismes de titrisation dangereuse, tout en relevant les tentatives des grandes banques pour soutenir le marché, derrière J. P. Morgan. Mieux que d'autres, ce haut fonctionnaire connaît les mesures de contrôle à prendre pour éviter une nouvelle crise. Du moins le croit-il.

Pourtant, le président Roosevelt a un autre nom en tête. Ses conseillers les plus proches, tel Felix Frankfurter, un des meilleurs juristes de son temps, en sont informés dans le courant du mois de mai. Roosevelt veut nommer un Démocrate à ce poste, mais pas un homme trop marqué idéologiquement. Une personnalité qui travaillerait avec les entreprises et les patrons à la réforme du système. Pas un adversaire œuvrant contre eux à détruire le système. C'est pourquoi il a écarté Pecora, trop rigide et pas suffisamment au fait des contraintes de la direction d'entreprise. Le meilleur candidat, comme il l'explique à Frankfurter, serait Joseph Kennedy. Roosevelt a rencontré cet entrepreneur durant la première guerre mondiale, alors qu'il était sous-secrétaire de la Marine. Kennedy supervisait la production de navires de guerre et de transport dans le Massachusetts. Les deux hommes se sont bien entendus.

Ainsi, le 30 juin 1934, Joseph P. Kennedy devient le premier président de la SEC.[50] Le *P* est l'initiale de « Patrick », le prénom de son père. Ce dernier est le fils d'immigrés irlandais catholiques. Son père a commencé à travailler sur les docks avant d'ouvrir un saloon à Boston. Cela lui a permis de se lancer dans les affaires et de devenir importateur de whiskey. Jospeh a hérité de son sens des affaires. Bien éduqué, il est diplômé de l'université de Harvard. Puis se lance dans la banque à 27 ans en créant son propre établissement, en 1913. Avec la guerre, le jeune *businessman* a investi dans l'acier, dans la finance, puis dans les studios hollywoodiens. De petit riche, il devient un grand riche, auquel la crise de 1929 profite. C'est l'immobilier qui lui a permis de s'enrichir encore. Le 30 juin 1934, quand il est nommé à la tête de la SEC, sa fortune atteint les 150 millions d'euros. Il veut bien prendre le poste pour un an. Son fils John, le futur président, est alors seulement âgé de 17 ans.

En réalité, la prise de fonctions est difficile. Pecora, fâché de son éviction, envisage de refuser sa nomination au sein de la commission. Mais James M. Landis, tout juste nommé directeur adjoint de la SEC, le convainc de rencontrer Kennedy. La discussion entre les trois hommes lui ouvre une perspective. Pecora sera un des commissaires les plus investis et travaillera loyalement avec Roosevelt. Si bien que le 3 juillet 1934, quand a lieu la prestation de serment, les trois responsables apparaissent souriants sur les photographies. Cela compense en partie les critiques de la presse de gauche américaine, peu encline à penser le millionnaire Roosevelt capable d'en remontrer à ses semblables. Et pourtant, une nouvelle histoire s'ouvre dans la régulation mondiale de la finance.

Kennedy a plusieurs cibles obligées.

La bourse d'abord. Il s'agit de prendre des mesures qui limitent les risques d'une nouvelle crise de 1929. La SEC ferme des marchés de courtage et en fusionne d'autres, y compris à Boston, la ville natale de Kennedy, pour éviter les manipulations de cours par des groupes habitués à s'entendre sur le dos des petits porteurs. Elle poursuit des offres de rachat d'actions frauduleuses. Enfin, elle établit des règles de base pour les ventes d'actions, interdisant notamment les cessions excessives par le titulaire d'un même compte, les ventes et rachats à bref intervalle d'un même portefeuille de valeurs pour créer l'illusion d'une activité, et encore les ventes avec conflit d'intérêts du vendeur ou de l'acheteur dans une spécialité donnée.

L'autre grand chantier est de poser des limites aux holdings. Ce sont des entreprises financières qui ne produisent rien, mais sont propriétaires de fabricants. Elles font remonter les bénéfices et limitent le réinvestissement. Sont-elles assimilables à des monopoles, des cartels ? Étouffent-elles la concurrence et l'investissement ? La SEC procède à des auditions et propose une législation qui ancre davantage ces groupes géographiquement et économiquement. Et elle obtient le contrôle de cette loi.

Dans la même perspective, la SEC met en œuvre le Glass-Steagall Act de 1933. Cette mesure instaure la séparation entre les banques de dépôt et celles d'investissement, et distingue nettement les filières de banque et d'assurance.

« Joe K », comme le surnommait Felix Frankfurter, veut favoriser un « marché honnête et ordonné ». En somme, son but est de lutter contre les excès de position dominante et les escroqueries. Son administration, en moins d'un an, atteint sa vitesse de croisière : 2 300 cas sont étudiés, dont 30 débouchent sur des transmissions de dossiers au ministère de la Justice en vue de poursuites. Une interminable procédure mettra d'ailleurs à genoux un des grands pétroliers de l'époque, J. Edward Jones. Entre ses fausses déclarations et ses manœuvres frauduleuses, Edward Jones se retrouve en prison. C'était bien la SEC de Kennedy qui avait levé ce lièvre[51].

Pourtant, le but de Kennedy est de relancer l'activité économique, de faciliter l'accès des entreprises à des capitaux. Il aide donc les marchés financiers à acquérir une crédibilité nouvelle pour lever des investissements. C'est vital pour l'économie américaine, si dépréciée depuis 1929.

Dans cette optique, le président de la SEC entreprend de simplifier et de clarifier les déclarations de mise sur le marché et les ouvertures de capital, en exigeant la publication d'un minimum d'informations sur les comptes des entreprises. Mais il réduit la partie historique des questionnaires, tant il est conscient que les entreprises ont toutes plus ou moins flirté avec l'illégalité depuis les années 1920. Il pousse à plusieurs reprises les chefs d'entreprise à venir déposer leurs offres de vente ou d'ouverture de capital, et leur propose qu'ils défendent eux-mêmes leur cas devant la commission. Kennedy leur garantit une immunité sur d'éventuelles malversations passées si leurs engagements pour le futur sont clairs et transparents. C'est ainsi qu'à partir de mars 1935, le mouvement d'investissement est relancé : le 7 mars, Swift & Company, après un accord avec la SEC, lance un appel pour 43 millions de dollars, avant que la Pacific Gas & Electric Company lui emboîte le pas, avec 45 millions de dollars.

L'information sur les comptes des entreprises devient plus transparente. Leur publication fait des comptables la pièce maîtresse du *business*. Car ces derniers sont personnellement responsables d'éventuels trucages ou erreurs. La profession renforce donc ses certifications et son emprise sur toutes les institutions économiques et financières. Ce mouvement finit par rythmer la vie des entreprises américaines puis mondiales, avec la publication des comptes trimestriels. Une obsession pour les dirigeants qui n'y échappent pas, malgré l'explosion de leur fortune. Et cela avait commencé par la loi sur la sécurité économique et la création de la SEC, en 1934.

Après 431 jours à la direction de la SEC, Joseph Kennedy démissionne. Il rappelle qu'il s'est engagé à travailler un an pour la commission ; maintenant il souhaite reprendre en main ses affaires. Il ajoute que la nouvelle loi sur les holdings donne une mission supplémentaire à la SEC. En restant à sa tête, il ne veut pas créer l'idée d'une continuité administrative entre la conception du système et son application[52].

Son bilan est élogieux. Charles R. Gay, le président de la bourse de New York, exprime aussitôt des regrets sincères à l'annonce de ce départ. C'est, dit-il, « un ami de Wall Street » qui s'en va. Outre la législation financière et sa mise en œuvre, Kennedy a aussi su faire émerger des talents. Deux des juristes qu'il a recrutés, William O. Douglas et Abe Fortas, finissent juges à la Cour suprême des États-Unis. De son côté, Ferdinand Pecora participe à la fondation de l'Association américaine des avocats et la préside en 1937, avant de finir sa carrière à la cour suprême de l'État de New York.

Moins de deux semaines après avoir remis sa démission au président Roosevelt, « Joe K » vogue vers le Royaume-Uni, avec femme et enfants. Sa famille découvre un autre monde, une autre haute société. L'homme d'affaires est maintenant convaincu que ses fils, Joseph Jr, John, Robert et Ted, pourraient jouer un rôle important dans l'histoire… Entrer en politique ? La politique sera le grand *business* de l'avenir, pense-t-il.

En fait, la carrière de Joseph Kennedy illustre à merveille les mutations du monde des riches. La génération qui émerge au début du XXe siècle a dû refonder des règles pour préserver sa fortune et encadrer le développement des entreprises. L'obsession pour la ruralité et le patrimoine foncier n'est qu'un lointain souvenir. La structure de capital et la finance sont désormais au cœur des préoccupations de ceux que l'on surnomme déjà les « magnats » : les grands. Conscient que leur pouvoir et leur richesse exceptionnelle risquent de créer un conflit violent au sein des sociétés occidentales, ces nouveaux seigneurs œuvrent à la mise en place de règles générales, réduisant leurs marges de manœuvre en apparence, dans l'espoir de conserver leurs capacités de production de capital. Ils voient plus loin que les guerres et souhaitent éviter les crises et autres révolutions qui nuisent aux affaires. Dans leur vision du monde, seules les entreprises amélioreront le quotidien des êtres humains.

1934
Les frères Wertheimer et Chanel

C'est un vieil hippodrome. Inauguré en 1863, mais largement remodelé en 1913. Dès la Belle Époque, une foule internationale a pris l'habitude de s'y rendre. De Paris, c'est la porte à côté, donnant sur la mer. De Londres, rien de plus facile. De Bruxelles aussi. La côte normande est devenue un lieu de villégiature où grandes demeures et haras se multiplient. Au lendemain de la Grande Guerre, l'engouement pour cette ville balnéaire ne se dément pas. Deauville, si proche de Paris et pourtant si différente. On s'y croise entre Parisiens, avec une décontraction de bon aloi[53]. Quelques magasins de luxe font le lien. Gabrielle Chanel y a ouvert une boutique à son nom en 1913. Ses chapeaux ont fait fureur. Son cœur bat pour Deauville, découverte grâce à son ami « Boy » Capel. Capel, un fanatique de cheval et de polo, malheureusement mort d'un accident de voiture peu après le retour de la paix.

En août 1923, les courses vont bon train à Deauville. Sur l'hippodrome, il y a les tribunes, où les turfistes se pressent, concentrés sur leurs paris, et les loges, où quelques privilégiés, propriétaires et riches passionnés font passer le temps entre conversations nonchalantes et regards brûlants sur le résultat des courses.

Parmi eux, une silhouette fine en costume d'été, distinguée, la moustache étroitement taillée. Il n'en a pas l'air, mais Théophile Bader est le propriétaire des Galeries Lafayette, dont il a fondé le premier magasin en 1909 avec son cousin Alphonse Kahn. Ce juif alsacien est de ceux que la perte de l'Alsace-Moselle a contraints à venir vivre à Paris, comme les membres de la famille Dreyfus. Il fréquente ce milieu « exilé » qui a choisi la France. Parmi eux, les Wertheimer. C'est Ernest Wertheimer, le fondateur de la dynastie industrielle, qui lui prête de l'argent pour acheter un autre immeuble pour les Galeries. Ernest a construit sa fortune autour de produits de beauté et d'une marque : la maison Bourjois. Son succès planétaire est une poudre de riz de Java qu'il parvient à commercialiser dans une centaine de pays, grâce au travail inlassable de ses fils, Paul, l'aîné, né en 1883, et Pierre, le cadet, né en 1888. Les petites boîtes de maquillage Bourjois sont partout, de l'Amérique à l'Asie, en passant par l'Europe. Des produits plutôt populaires qui visent les masses. Les Wertheimer possèdent une usine à Pantin et un réseau de distribution tentaculaire.

Dans sa loge sur l'hippodrome de Deauville, Théophile Bader a demandé à Gabrielle Chanel de passer le voir. Cela fait maintenant plusieurs années qu'ils se connaissent et s'apprécient. L'homme d'affaires lui a fourni les matières premières pour ses chapeaux et pour ses robes de jersey. Et, en cette année 1923, la créatrice s'est ouverte à lui d'un projet. Elle souhaite lancer son propre parfum, une fragrance inventée pour elle par un jeune parfumeur rencontré à Grasse, Ernest Beaux[54]. Comme Farina, jadis, inventa l'eau de Cologne, Beaux a forgé un parfum inédit pour elle. Son nom : le *N° 5*. Un chiffre choisi par Mlle Chanel, car en 1921, année de la conception du parfum, elle devait faire son défilé le 5 mai. Le chiffre serait un porte-bonheur et, de fait, les présentations de collections chez Chanel sont toujours abonnées au 5, encore en 2019, au Grand Palais, avec le défilé du 5 mars. En 1921, donc, Chanel a mis en vente son parfum dans sa boutique de la rue Cambon à Paris. C'est un succès d'estime mais la couturière rêve de le distribuer partout dans le monde. Théophile Bader croit pouvoir l'aider.

En ce mois d'août finissant de 1923, dans sa loge sur l'hippodrome de Deauville, il lui présente Paul et Pierre Wertheimer, les fils d'Ernest[55]. Tous sont passionnés de chevaux, de courses et de paris. Et c'en est un que d'imaginer lancer un nouveau parfum à l'échelle mondiale. D'autant plus que cette création est chère, plus chère que les modèles vendus à son époque. Chanel veut que cette odeur incarne l'exception, le luxe à l'état pur !

D'autres rencontres ont lieu pour fixer les modalités, et, finalement, une nouvelle entreprise est créée pour porter ce projet, Parfums Chanel. Dans la répartition des parts, les financiers l'emportent sur la créatrice. 70 % des actions vont aux Wertheimer, 20 % à deux représentants de Bader. Reste 10 % pour Chanel, que ses amis appellent déjà « Coco »[56]. Le contrat est signé le 4 avril 1924.

Tout cela prend place au moment où la société Wertheimer change de nom. Elle était Wertheimer fils ; elle devient Wertheimer frères. Pierre et Paul en sont les incarnations. Car leur père, Ernest, affaibli, s'est retiré. Il meurt peu après, en 1927. Sa maison, Bourjois, est devenue le cœur du maquillage populaire partout dans le monde. On se colore les joues et on se parfume à prix raisonnables, grâce à son intuition.

Mais ses fils ont compris que l'on pourrait étendre la méthode au luxe et accroître encore les bénéfices. Vendre largement un produit de luxe, un produit au prix du luxe. En quelques années, Chanel *N°5* s'impose à son tour. Et les Wertheimer ont gagné dans l'opération un atout supplémentaire. Ils ont embauché Ernest Beaux pour lancer leur propre ligne de parfums chez Bourjois, *Soir de Paris* en 1928 et *Kobako* en 1936.

Pour Chanel, Beaux et les Wertheimer, le succès des parfums change la vie et ouvre des horizons. Les voici reconnus chacun dans leur domaine. Mais les retombées économiques ne sont pas les mêmes pour tous. La grande fortune – les milliardaires, dirait-on aujourd'hui –, ce sont Pierre et Paul. Coco, elle, est seulement millionnaire. Si elle peut se payer une chambre au Ritz à l'année, elle demeure une petite riche. Elle pense avoir été flouée et en conçoit de la rancœur. À partir de 1928, la relation entre les associés se dégrade. La frustration de Mlle Chanel trouve un débouché à la faveur de la seconde guerre mondiale.

Bien informés de la tournure que prend l'histoire depuis l'accession de Hitler au pouvoir, les Wertheimer ont fui Paris avant la débâcle. Puis ils ont traversé l'Atlantique. Même Jacques, le fils de Pierre, mobilisé en 1939, a pu gagner les États-Unis à l'automne après avoir été démobilisé. Avant de partir, lors d'un ultime conseil de crise qui s'apparentait à une séance d'adieux, chez Pierre, au 55 de l'avenue Foch, ils ont demandé à un de leurs associés, Félix Amiot, de jouer les prête-noms pour que les nazis ne mettent pas la main sur une entreprise « juive ». Paul et Pierre gardent les avoirs étrangers, mais Amiot doit sauver tout ce qui peut l'être en France.

Ce dernier s'associe avec la firme allemande Junkers, bien connue grâce à son chasseur en piqué, le Stuka, pour la fabrication d'avions. Il gagne ainsi un brevet de confiance auprès des Allemands afin d'éviter la saisie des biens Wertheimer. De leur côté, ceux-ci reprennent à New York, dans une usine située à Hoboken, la fabrication de leurs parfums, dont le Chanel *N° 5*. Ils sont parvenus à faire sortir de France du concentré de jasmin produit à Grasse. Ils perpétuent ainsi Chanel et Bourjois.

Mais Gabrielle Chanel n'a pas oublié sa frustration. Elle utilise ses bonnes relations avec les Allemands pour demander le transfert des entreprises Wertheimer en France à son nom. Elle accuse Amiot d'être le simple factotum d'une famille juive. Habile, ce dernier mobilise son carnet d'adresses pour convaincre l'Occupant. Les tentatives de Chanel tournent court. Elle aura beau garder son magasin ouvert pendant l'Occupation, elle ne récupérera pas la fortune tant espérée[57].

À l'inverse, le rêve hippique des Wertheimer est préservé. Dans l'Orne, le haras de Saint-Léonard a été placé sous la protection de François de Brignac. Ce dernier est parvenu à faire oublier aux occupants l'origine de cet élevage et il a fait courir les pur-sang sous d'autres couleurs. À la Libération, il rend les rênes aux propriétaires d'origine, qui vont encore faire prospérer leur casaque bleu ciel à couture blanche. En revanche, les propriétés familiales du bordelais sont en moins bon état. Il faudra les vendre à la Libération et reconstruire une position dans le vin.

Le retour des Wertheimer en France a lieu en 1945. C'est dans cette paix revenue qu'éclate la guerre entre Coco Chanel et ses anciens associés.

La couturière a fait fabriquer un parfum identique au *N° 5* en Suisse et le commercialise. Les Wertheimer l'attaquent pour contrefaçon. L'avocat de Chanel est René de Chambrun, le gendre de l'ancien ministre de Vichy Pierre Laval. C'est avec lui que le « juif » Pierre Wertheimer négocie, en 1947, le nouvel accord destiné à mettre fin au conflit. Mlle Chanel, cachée dans un bureau de son avocat, feint d'être en Suisse alors que la négociation se déroule dans la pièce adjacente… On imagine le mépris réciproque et le sens des affaires qu'il faut pour parvenir à établir un protocole d'accord. Chanel aura 2 % des droits sur le parfum et, après 1954, sur la maison de couture[58]. De quoi vivre en millionnaire, une fois encore, avec des frais pris en charge par ses actionnaires, tout comme ses arriérés d'impôts… Les vieux jours de l'esthète collaborationniste sont assurés.

Mais l'essentiel n'est pas là. Les Wertheimer n'ont plus d'entraves pour développer leur grande maison de mode et de parfums. Le *N° 5* devient la marque olfactive la plus connue au monde.

Le groupe prend une autre allure avec un changement de génération. Jacques Wertheimer succède à son père, Pierre, mort en 1965. Ses fils, Alain et Gérard, prennent ensuite le relais après un conseil de famille en 1974. Coco Chanel s'est éteinte le 10 janvier 1971, au Ritz, où elle résidait. La maison qui porte son nom reste trente ans dans les mains d'Alain. C'est lui qui a l'intuition d'embaucher Karl Lagerfeld. Il fera du jeune styliste allemand un multimillionnaire. C'est lui encore qui a confirmé la dauphine choisie par Lagerfeld pour sa succession : Virginie Viard. Mais la fortune d'Alain et de Gérard dépasse cette seule maison. Même si la famille s'est séparée de Bourjois, elle règne sur un petit empire économique centré sur le luxe de la maison Chanel.

À Deauville, plus d'un siècle après, les Wertheimer ont toujours leur loge sur l'hippodrome. Ils font désormais partie du club étroit des très grandes fortunes mondiales. Alain et Gérard pèsent plus de 50 milliards de dollars. Ils ont encore la passion des chevaux dans le sang. Leur patrimoine équestre se compte en dizaines de poulinières, ayant engendré des cracks. Contrairement à beaucoup, ils n'hésitent pas à utiliser des étalons français pour la reproduction. Le haras de Saint-Léonard reste celui qui élève le principal du cheptel français. Deauville est un lieu de rendez-vous familial commode. Chaque frère possède son manoir normand et fait le déplacement depuis sa résidence familiale pour les ventes de chevaux ou les grandes courses. Alain est basé à New York, et Gérard à Cologny, village chic près de Genève, sur les bords du lac Léman. Des choix guidés par la production et l'optimisation fiscale… Sur les hippodromes ou lors des ventes, ils défendent qu'on les approche. Ils privilégient leurs résidences, où trônent les toiles de maîtres et les tableaux de genre. De nos jours, leur fortune doit moins aux États-Unis qu'à la Chine, où leur marque s'est bien implantée. La Russie, rentable aussi, leur a été fermée avec le conflit ukrainien. Alain et Gérard préparent déjà la relève au sein de leur famille.

Au fond, l'histoire des Wertheimer est pleine de paradoxes. Ces Français doivent leur savoir-faire à leur Alsace d'origine. Ils ont prospéré dans le luxe en y appliquant des méthodes issues de la production de masse. Ils sont d'une grande discrétion alors que leur marque est universellement présente. Sans doute parce qu'à leur yeux, l'action importe plus que l'auteur.

1936
Leurs paradis artificiels

Il y avait rue Boissy-d'Anglas, à deux pas de la place Vendôme, un restaurant chic. Il accueillait encore après 1945 un public fortuné. C'est là que Pierre Wertheimer et Félix Amiot ont relancé leur entreprise à la Libération. Là aussi qu'en 1934 Maurice Martin du Gard, directeur des *Nouvelles littéraires*, rencontre Jean Giraudoux pour lui remonter le moral après une mauvaise critique. Là encore qu'en 1923 Maurice Privat, un journaliste, a eu l'idée de créer le premier journal radiophonique.

Une maison inspirante, un de ces lieux dont on se souvient longtemps après y être allé.

En 1938, le propriétaire du Casenave s'appelle Louis Théodore Lyon. C'est un bel homme, le physique avantageux, le visage ouvert et les cheveux coiffés avec soin. Né en 1888, il attaque la cinquantaine fort de la séduction de ceux dont la vie est une réussite. Ce Parisien multimillionnaire a un bel appartement rue de la Pompe. Il y vit en bon bourgeois avec Françoise Casenave, son épouse, qui l'épaule dans ses affaires. Françoise est la fille de Jean Casenave, le restaurateur qui a créé l'établissement de la rue Boissy-d'Anglas, dont elle a hérité à la mort subite de son père, en 1932.

Louis Lyon possède aussi le château de Gressy, près de Claye. Cette ancienne ferme fortifiée du XVIIe siècle, pourvue de plusieurs bâtiments, dont une tour axiale, est située à environ trente minutes de Paris en voiture. C'est la résidence secondaire de la famille, qui y mène la grande vie telle qu'on se l'imagine à l'époque. D'autant plus que Lyon passe de nombreuses heures à Montmartre. On lui prête des liaisons et il fréquente les cabarets qui font le charme de la capitale.

Pourtant quelques rumeurs circulent sur son compte depuis une étrange affaire survenue en 1935. Une explosion accidentelle au 220 de la rue du Faubourg-Saint-Honoré a révélé l'existence d'un laboratoire clandestin. Trois hommes ont été arrêtés : les frères Annani et un Arménien du nom de Chébat. Ils fabriquaient de l'héroïne à partir de morphine-base. Or, l'enquête a montré que Lyon leur avait fourni du matériel. Sa défense ? Il prétend avoir ignoré le but du laboratoire. Après quoi, il a bénéficié d'un non-lieu.

On l'aura compris, en fait, Louis Théodore Lyon est le « roi de la drogue », le plus gros trafiquant français, un membre central d'un réseau international de commerce de stupéfiants. Et cela, la France le découvre en juin 1938[59].

Tout a commencé à Zurich, quelques jours plus tôt. La police helvétique arrête un diplomate péruvien, Carlos Fernandez Bacula, et trouve sur lui plusieurs kilos d'héroïne. L'homme n'en est pas à son coup d'essai. En 1927-1928, alors qu'il était en poste en Autriche, son nom était apparu dans un trafic entre Vienne et les États-Unis[60]. 110 kilos d'héroïne étaient en jeu, ce qui pour l'époque représentait une quantité importante. En 1935, la police parisienne était sur une trace de son implication dans l'affaire du laboratoire clandestin de la rue du Faubourg-Saint-Honoré sans que jamais les perquisitions toutefois n'aboutissent, et Bacula avait dû être relâché. Mais à Zurich en 1938, c'est le flagrant délit. Le Péruvien confesse ce qu'il sait de son réseau, et notamment de Louis Théodore Lyon.

Lyon a son propre système. Il reçoit de la morphine et la transforme en héroïne. Une partie de la marchandise semble avoir été distribuée par ses complices en France, tandis qu'une autre partie a été exportée. Le plus grand marché de l'époque reste les États-Unis[61]. Pour y faire parvenir sa production, Lyon utilise Bacula et sa valise diplomatique. Deux autres diplomates de ce pays sont d'ailleurs impliqués dans le trafic. À New York, c'est une famille qui règne en maître sur la distribution, les frères Newman, au nombre de trois : Charles, George et Harry. Leur nom de famille originel est Neidicht. Ils sont propriétaires d'une chaîne d'hôtels à la réputation douteuse, mais fort utile pour le blanchiment d'argent. Ce sont eux qui fournissent ensuite les trafiquants des gangs de Chicago et du Texas. Leur organisation est aussi alimentée par des fournisseurs chinois qui font transiter la drogue par des navires marchands. On parle de tonnes d'héroïne. Et les frères Newman pratiquent cette activité depuis le lendemain de la Grande Guerre, une activité devenue plus lucrative pour les gangs après la fin de la prohibition en 1934.

Comment Lyon a-t-il pu tranquillement monter son trafic ? Selon les journaux de l'époque, il a longtemps été protégé par les services de renseignements intérieurs français, notamment la Sûreté[62]. Il leur servait d'informateur. Lyon a contribué à faire tomber un truand concurrent des frères Newman : Elie Heliopoulos.

Heliopoulos, un Grec, ancien fournisseur de l'armée, est ruiné par le retour de la paix en 1918. Il se refait une santé en jouant les intermédiaires pour la circulation de la drogue entre le Moyen-Orient et les États-Unis. La France lui sert de base pour la transformation. Son organisation, construite avec son frère George, prospère entre 1926 et 1931, date de son expulsion du pays, grâce à Lyon. En quelques années le magot des frères grecs atteint la somme de 70 millions de francs, soit, rapportée à nos jours, environ 45 millions d'euros.

En fait, Lyon a dénoncé les mouvements financiers illicites entre Heliopoulos et sa famille, ce qui a permis de décapiter le gang. Mais il a préservé la structure du trafic à son propre bénéfice. Le restaurateur s'est donc retrouvé à la tête de la filière française de l'héroïne. Tout en demeurant en contact avec la Sûreté.

Cela lui a valu une forme d'impunité. Et sans doute aussi sait-il graisser la patte de certains des policiers et des douaniers qui surveillent le transit des marchandises, comme le font les Américains.

De fait, les Newman, tels de nombreux trafiquants, sont bien insérés. À New York ou à Chicago, les polices sont corrompues par l'argent de la drogue comme elles l'ont été par l'argent de l'alcool dans les années 1920. Ce sont donc des agents fédéraux qui sont amenés à traiter ses affaires – encore le FBI est-il moins actif dans cette démarche que les services du Trésor. Ce sont eux qui ont fait tomber Al Capone sur une question fiscale. Et ils vont employer la même méthode contre les New-Yorkais. En 1940, le bureau du Trésor les inculpe de fraude à l'impôt sur le revenu et neutralise provisoirement l'organisation.

L'autre raison de la complaisance dont a joui Louis Théodore Lyon est qu'en France, dans l'entre-deux-guerres, le trafic de drogue n'est pas sévèrement réprimé. Là où les Newman risquent quinze à vingt ans de prison, Lyon n'est passible que de dix-huit mois à deux ans de détention. Et il est défendu par les meilleurs avocats, maîtres Garçon et Moro-Giafferi.

Longtemps en France la question des drogues a été considérée comme un problème personnel, alors qu'au Royaume-Uni les stupéfiants étaient vus comme une ressource permettant de gagner de l'argent en exportant vers l'Asie. Pour les Britanniques, le marché chinois était le débouché naturel. Les Français y ajoutaient l'Indochine. Mais en 1916, devant la montée subite des toxicomanes, des lois ont été votées pour limiter la consommation en métropole. Au lendemain de la Grande Guerre, on pouvait donc librement exporter des stupéfiants. Des filières très officielles envoyaient vers la Chine et l'Indochine des centaines de kilos en toute légalité. Tout change en décembre 1928. Sous la pression des organisations internationales, le gouvernement décide de mettre fin à l'importation et à l'exportation des drogues. Cela place certains hommes d'affaires dans une situation délicate.

C'est le cas de Joseph Aisenberg, dit « Fermont ». Ce Français d'origine russe s'est livré à cette activité dans les années 1920. Il dispose d'une licence d'import-export avec la Chine parfaitement licite. Son acheteur est un Japonais, M. Takushina. Il lui fournit environ 200 kilos tous les six mois. Or, du fait de la loi, ses fournitures en drogue se tarissent. Refusant de perdre son marché, Aisenberg fait le voyage en Mandchourie et rassure son interlocuteur nippon sur ses capacités à trouver de l'héroïne. Un mensonge qui vaut son pesant d'or, car la vente rapporterait 900 000 francs. De retour en France, Aisenberg prépare un chargement et le complète avec 90 briques d'un kilo pour atteindre 450 kilos, un poids crédible pour passer la douane.

Takushina, en découvrant son chargement, comprend qu'il a été floué. Il porte plainte à Paris, par l'intermédiaire de son avocat, le bâtonnier Henri-Robert, signe du caractère ambivalent de cette industrie. Aisenberg prétend n'être pour rien dans la substitution et se laisse même inculper pour trafic de stupéfiants ! Mais l'enquête finit par révéler son escroquerie et il tâte de la détention. Takushina, le trafiquant japonais, importateur et distributeur de drogue en Chine, obtient réparation, ce qui n'est pas l'un des moindres paradoxes de l'époque.

Des fortunes se constituent donc grâce aux stupéfiants, aux marges de la légalité. Pourtant, elles peinent à créer de véritables dynasties. Les trafiquants d'héroïne américains finissent en prison et voient leurs biens saisis. Elie Heliopoulos, lui, avait prévu la suite et investit dans l'industrie en Grèce. Mais il est atteint d'un cancer et meurt en 1937[63]. La guerre et l'Occupation achèvent de disperser sa fortune et celle de son frère.

Pourtant, le mariage entre la drogue et les riches n'est pas terminé. Le prix des drogues et leur mode de distribution construisent aussi une consommation chez les riches clients qui aiment la fête et la vie nocturne. La police voit progressivement se déployer les réseaux mondains de la drogue et surveille les usagers. Dans les années 1950 encore, elle se sert de ses informations au profit de sa hiérarchie. Les dossiers de la Brigade mondaine, à Paris, nous indiquent les faiblesses de certaines stars pour les produits stupéfiants. Les rapports transmis au préfet de police lui assurent une connaissance intime des acteurs de la vie sociale. De quoi à l'occasion exercer une pression au profit du pouvoir. La vie nocturne et la drogue s'ancrent ainsi dans l'histoire des passe-temps des riches oisifs, ou plutôt désœuvrés. Et de ceux qui, pour résister à la pression de leur hyperactivité, y trouvent de quoi tenir. L'« exemple » est donné par les stars hollywoodiennes : Jeanne Eagels, overdose d'héroïne (1929) ; Carole Landis, overdose de pilules (1948) ; abus de barbituriques pour Judy Garland (1969) ; amphétamines (benzédrine) pour David O. Selznick (1965)... Howard Hughes, le fantasque homme d'affaires, a développé une addiction aux opiacés à la suite d'un accident. La médecine ne maîtrisait pas vraiment les dosages...

Trafic et consommation de drogue côtoient déjà la richesse au cœur du XXe siècle. Certains y gagnent des fortunes fragiles et dangereuses. D'autres y perdront leur jugement, entraînés dans une spirale de dépendance qui les pousse à s'isoler, à quitter le monde pour oublier ses douleurs et ses infortunes, loin de cette vie saine vantée par les sportifs.

1936
Le polo aux JO de Berlin

Opération séduction. En 1936, l'Allemagne organise les Jeux olympiques d'été. Hitler veut faire la démonstration de ses idées politiques à travers cet événement sportif. Une manière pour lui d'envoyer un message au monde entier. Jamais les Jeux olympiques n'avaient été aussi politisés jusqu'alors[64]. Bien sûr, il y avait déjà une idéologie des Jeux : un mélange de paix, de culte de la participation et de la performance, auquel s'ajoutait un zeste d'élitisme. Née dans un monde noble, cette compétition était devenue populaire par l'intérêt et les vocations qu'elle suscitait. Les peuples se passionnent pour les exploits accomplis dans ce cadre, les records battus et les titres conquis. Lors des Jeux olympiques d'été à Berlin, pour la première fois, la flamme est partie d'Athènes, arrivant par porteur jusqu'au stade construit spécialement dans la capitale allemande. Avec des relais comme symboles de l'union pacifique des peuples. Pour Hitler, les Jeux ne sont rien d'autre qu'une occasion de manifester sa puissance montante dans l'Europe. Pour les sportifs, c'est une fête. Pour les peuples, un événement médiatique sans pareil. La mise en scène est grandiose. À cette époque, ce sont les actualités filmées, la radio et la presse qui leur apportent cette part de rêve[65]. Mais pour les riches ?

Vus par les riches, ces Jeux ont quelque chose de particulier. Ce sont les derniers dans la droite ligne du caractère aristocratique qui a fondé l'olympisme moderne. Des sports coûteux ont gardé une place dans le programme. Voile ou équitation, par exemple, manifestent l'engouement des élites qui cherchent à voir leur talent reconnu. Le *talent*, ce mot que l'on utilise dans les milieux d'argent pour désigner ceux qui réussissent mieux que les autres, en raison d'une qualité particulière. Une façon de justifier sa supériorité dans l'échelle sociale et de nier le rôle de la chance dans son statut.

Sport de riches par excellence, le polo est y présent. Le Comité olympique a confirmé en janvier 1936 son admission[66]. À cette époque, cela fait environ un demi-siècle que ses règles ont été fixées. Ce sont les Britanniques qui en ont posé les bases, en 1888. Un vaste terrain de 275 mètres de long, pour 145 de large. Six périodes de jeu. Quatre joueurs par équipe. Un but : faire passer la balle au milieu des poteaux du camp adverse.

Ce jeu populaire dans certains pays a conservé encore aujourd'hui son caractère élitiste, car la participation demande à chaque cavalier de disposer de plusieurs montures : une par période. Le calcul est facile : pas moins de 24 chevaux sont nécessaires pour une partie. Il faut entraîner et entretenir ses bêtes, ce qui suppose des étables. Et ensuite du temps, car seule la pratique permet d'acquérir un bon niveau et d'améliorer son handicap, c'est-à-dire son classement.

Pour préparer les JO de 1936, les grandes nations comme le Royaume-Uni ont organisé des tournois de préparation, avec les États-Unis notamment. Ces deux pays ont une solide base de pratiquants, pourtant les Américains ne participent pas au tournoi olympique. Ils misent sur la Coupe du monde, qui doit avoir lieu en décembre.

La plus puissante des nations reste l'Argentine. Elle a remporté le tournoi olympique de 1924. Or, en 1928 et 1932, le polo n'a pas été admis au programme. Le titre lui est donc resté. Dans ce pays, le polo est plus qu'un sport, c'est une passion. Depuis 1893, se tient le championnat de polo de La Plata, devenu championnat national à partir de 1928. Alors ont été construites les installations du club sur le terrain de Palermo, aux portes de Buenos Aires. Palermo, un nom déjà mythique dans les milieux de l'équitation, qui porte en lui un parfum d'élégance et de sportivité.

Pour se préparer, les Argentins font une tournée en Europe et passent plusieurs semaines à Paris. Ils s'entraînent sur le terrain de Bagatelle, où réside depuis 1892 le Cercle de polo, un des lieux les plus chics.

En 1936, le Polo de Paris n'est pas un lieu ordinaire. Sous la présidence du comte Hubert de Ganay, il accueille la fine fleur de la haute société. On y pratique d'autres sports, comme l'escrime, et l'on y accueille aussi des bals, dans le club-house. Pour préparer les Argentins, des matchs ont été organisés. Lors de celui du 28 juin, face à une sélection des meilleurs mondiaux, ils ont encore gagné.

Pour l'occasion, le président de la République française, Albert Lebrun, fait le déplacement à Bagatelle afin d'assister aux matchs. Son épouse remet la coupe aux vainqueurs sous le regard d'une assistance nombreuse, parmi laquelle se distinguent le prince et la princesse Nicolas de Grèce, le prince et la princesse de Beauvau-Craon, la princesse de Faucigny-Lucinge, la princesse Boncompagni, le baron Robert de Rothschild, M. et Mme Raffalovitch, l'ancien ambassadeur des États-Unis Strauss, le général d'Humières... Rappelons qu'à cette époque, il n'existe pas de véritables sections féminines, même si des femmes pratiquent ce sport, notamment dans leur jeune âge.

Les femmes et les hommes qui se retrouvent autour du polo appartiennent à des catégories distinctes. Il y a d'abord les militaires, car ce sport sert d'entraînement dans les académies de cavalerie. Cette arme est encore essentielle dans les batailles. La mécanisation en est à ses débuts. Dans l'entre-deux-guerres, les grandes équipes nationales s'appuient beaucoup sur les cercles militaires et pas uniquement sur les clubs privés, comme le Polo de Paris ou le Hurlingham Club, où furent posées les règles de ce sport. N'est-ce pas le prince de Galles, futur Édouard VII, qui parraina la transformation de ce club de tir en club de polo ? Il forgeait ainsi une tradition de relation à la royauté britannique dont témoigne encore le patronage du prince Philippe d'Édimbourg. Cette dimension aristocratique se retrouve en Allemagne, quand est fondé le Berliner Polo Club, en 1911, par le comte von Donnersmarck.

Hitler a fait passer le message aux autorités sportives du polo allemand en 1936 : le pays doit faire bonne figure et promouvoir les valeurs de combativité de sa race. Or cela fait plusieurs années que l'Association d'amélioration de la race chevaline allemande œuvre pour que la « race des Seigneurs » ait des montures adaptées à son style. Le Führer a donc exigé que l'équipe nationale monte des chevaux allemands. À quelque mois de l'épreuve, il a fallu trouver des chevaux hanovriens, d'ordinaire utilisés pour le dressage ou le saut d'obstacles, pour les adapter aux Jeux. Difficile pour les quatre joueurs de l'équipe du club de polo de Hambourg sélectionnés de renoncer à leur monture et de prendre bien en main ces nouvelles recrues en un laps de temps aussi court. D'autant que le physique des hanovriens, plus grands que les chevaux argentins, ne laisse guère d'espoir. Mais personne ne l'a dit à Hitler et le 2 août 1936, quand s'ouvre l'épreuve olympique, les chances allemandes sont très faibles.

L'équipe germanique doit faire un match de barrage face à la Hongrie pour avoir une chance d'atteindre la troisième place. Car les trois autres équipes qui participent à l'épreuve, la Grande-Bretagne, l'Argentine et le Mexique, ont un niveau bien supérieur.

Trois mille spectateurs suivent la finale entre l'Argentine et le Royaume-Uni. Le polo semble réaliser le rêve nazi de voir les masses fusionner dans le culte des valeurs aristocratiques. Roberto Cavanagh, Luis Duggan et leurs coéquipiers Manuel Andrada et Andrés Garzzotti entrent dans la légende[67]. Ils sont les derniers qui obtiendront une médaille olympique en polo puisque, après 1936, ce sport sera sorti des épreuves.

Est-ce un hasard si Berlin 1936 fut la dernière apparition du polo dans des Jeux ? Sans doute pas. Car après 1945, la composante militaire de la passion pour ce sport diminue. Et c'est logiquement que les clubs privés en redeviennent le centre. Ces arènes élitistes demeurent ainsi les seules à pouvoir financer des épreuves. Et les sportifs se professionnalisent, tant l'entraînement est exigeant.

La défaite allemande de 1936 a eu une autre conséquence pour ce sport. Hitler l'a interdit, ne digérant pas la dernière place de ses cavaliers[68]. Le club de Berlin tombe en déshérence. Il faut attendre 1975 pour qu'il reprenne vie et que s'y retrouve le gratin berlinois. Entre-temps, l'activité de polo s'est largement déplacée vers le club de Hambourg, la ville d'Allemagne qui, encore au début du XXIe siècle, comptait le plus grand nombre de milliardaires germaniques[69].

En France, de nos jours, les anciens clubs, comme le Polo de Paris ou celui de Chantilly, accueillent de grands noms. Pas toujours aristocratiques, mais marqués par la fortune, la réussite sociale : les Decaux, Dassault ou Arnault, ainsi que des personnalités actives du monde des affaires, tels Julien Sorbac, cofondateur de vente.privee.com, ou le financier Édouard Carmignac, vainqueur de la Coupe d'or au Polo Club international de Deauville, avec son équipe Talandracas, en 2016 et en 2019.

Les grands tournois de polo mondiaux, comme l'Abierto de Palermo, en Argentine, attirent des personnalités venues de la planète entière. Milliardaires australiens et aristocrates européens y admirent le jeu des meilleurs joueurs mondiaux, qui sont encore et toujours argentins.

1938
Les Rothschild pour cible

C'est un prélude. Le 13 mai 1939, le baron Louis de Rothschild arrive à Paris par train[70]. Il est accueilli par un aréopage de journalistes et d'avocats. À ses côtés, son frère Eugène arrivé, lui, de Zurich où il venait d'atterrir en provenance de Vienne. Louis de Rothschild sort d'une longue détention. Autant dire que les questions fusent ! Mais il garde le silence. Sa mémoire ne lui fait pas défaut pourtant. Il a bien en tête tout ce qui s'est passé depuis son arrestation sur l'aéroport d'Aspen, il y a de cela un peu plus d'un an.

Louis de Rothschild est âgé de 56 ans en 1938. Il porte beau, avec sa moustache fine et sa mèche de cheveux rangée sur le côté du crâne ; on dirait son allure « proustienne ». À Vienne, il dirige la banque familiale et possède l'une des toutes premières fortunes de son pays, si ce n'est la première. Mais la situation est fragile. La crise, en effet, favorise la montée du Parti national-socialiste en Autriche. Ses membres en appellent à Hitler, qui les entend, en annexant l'Autriche : c'est l'Anschluss, le 12 mars 1938. Le baron Louis est pris de court. Il n'a pas déplacé ses avoirs ni préparé le repli de sa fortune. Surpris, alors même qu'il avait prévenu ses proches des risques. Le voici capturé, et gardé par les SS à l'hôtel Métropole de Vienne.

Pourquoi cette détention ? Selon les autorités allemandes, il serait responsable de la crise économique et il devrait payer un dédommagement aux travailleurs autrichiens. En réalité, il s'agit de la bonne vieille technique du rançonnage d'un prisonnier. Et une revanche aussi envers une famille considérée comme le symbole de la finance juive.

Rothschild, pour Hitler, est une cible de choix. Le baron Louis compte sur l'intercession de ses amis et de ses parents. Il était au cœur de la vie mondaine européenne. Ce sportif enthousiaste continuait de se passionner pour la chasse et le polo. Et le voici enfermé sans possibilité de promenade, avec des conditions sanitaires strictes dans un premier temps. Les négociations traînent en longueur. Les mois passent. Les dirigeants nazis améliorent son ordinaire pour s'assurer qu'il ne s'effondre pas. Finalement un accord est trouvé pour 21 millions de dollars. Une somme hors du commun qui n'a encore jamais été exigée à cette époque pour obtenir la libération d'un otage. Ses parents se sont tous cotisés pour y parvenir. Le montant laisse imaginer la ressource immense dont ils disposaient…

En arrivant à Paris, en ce mois de mai 1939, Louis de Rothschild est contraint au silence. Une des conditions de sa libération est qu'il se taise. Les nazis lui ont fait comprendre qu'autrement ils s'en prendraient à ses proches et à ses relations demeurées dans les frontières du IIIe Reich. Bien sûr, le baron envisage de poursuivre le gouvernement pour tous ses biens saisis et nationalisés. Mais il est conscient de son impuissance. Alors que la guerre gronde, il part pour l'Amérique latine, puis il s'installe aux États-Unis, dans le Vermont, où il demande sa naturalisation. Devenu citoyen américain, tout comme son frère Eugène, il voit se déployer en Europe la brutalité nazie.

À Paris, en mai 1940, Philippe de Rothschild, leur cousin, est aussi pris de vitesse quand éclate l'offensive allemande. Ses biens ne sont pas faciles à sauver du pillage, notamment ses demeures, tels son hôtel particulier à Paris ou ses vignes, dont la réputation est déjà mondiale. Son bordeaux fait partie des bouteilles de garde des grands établissements. Le précédent de Louis de Rothschild aurait dû être un avertissement. Mieux vaut éviter de tomber dans les mains des Allemands. Mais qui aurait pu penser que la France s'effondrerait si vite ?

Dans un premier temps, après l'armistice, Philippe passe en zone sud et demeure à Marseille. Mais cet ancien officier de l'armée de l'Air veut partir pour l'Angleterre. Au consulat d'Espagne, le voici qui croise Paul Morand et son épouse, lesquels s'empressent de le rassurer : il devrait rester, son nom lui est une protection. Philippe de Rothschild heureusement ne les croit pas, et comprend qu'il lui faudra trouver seul un passage. Clandestinement, il franchit les Pyrénées et rejoint l'Angleterre. Là, son frère James et lui décident de s'engager dans la France libre, aux côtés du général de Gaulle.

Mais Philippe de Rothschild laisse derrière lui sa famille. En 1933, il a rencontré Élisabeth Pelletier de Chambure, de naissance noble et catholique, dont il est tombé éperdument amoureux. Il l'a convaincue de quitter son mari et, ensemble, ils ont eu une fille, Philippine. Puis ils se sont mariés et, en 1937, un garçon est venu au monde, malheureusement mort peu après[71]. Cette tragédie fragilise leur couple. Au moment de la guerre, ils sont séparés. Élisabeth a la garde de Philippine. Elle n'a pas quitté la France, en 1939, ni accompagné Philippe dans sa fuite. Elle réside à Lyon à l'hôtel Royal et veut se rendre à Paris. Elle est arrêtée le 7 juin 1941 et placée en détention[72]. C'est une relation de ses amis d'avant-guerre qui l'aide à sortir de ce mauvais pas : Fernand de Brinon. Brinon, le délégué général du gouvernement français dans les territoires occupés. Un antisémite doctrinal mais qui, à l'occasion, accepte d'apporter son concours à une personnalité recommandée[73]. S'il accorde son aide à Élisabeth de Rothschild, c'est d'abord parce qu'elle est une « Aryenne ». Et ensuite parce que c'était une femme du monde avant la guerre, une de celles qui fréquentaient à l'occasion Laval et sa fille. En signalant son cas à l'Occupant, Brinon attire leurs regards sur un membre de la famille Rothschild. Bientôt, Élisabeth est convoquée chez le chef de la Gestapo, Karl Bömelburg. Elle lui explique vouloir divorcer de son mari et porter son nom de jeune fille. Elle obtient ainsi une carte d'identité qui lui permet de vivre normalement dans Paris occupé. Mais Lili, comme l'appellent ses amis, ne reste pas neutre. Elle veut aider notamment les victimes du nazisme. Elle est arrêtée alors qu'elle organise une fête de charité en faveur des détenus du camp de Drancy. Brinon ne peut rien faire et Bömelburg n'intervient pas, au prétexte qu'elle n'aurait toujours pas divorcé.

On était le 22 juin 1944, le Débarquement avait déjà eu lieu. La rage des nazis était sans bornes. Pour eux, envoyer une Rothschild en déportation avait valeur de symbole. Élisabeth l'ignore à ce moment, mais Philippe fait partie des libérateurs. Sa fille Philippine échappe de peu à la déportation. Elle ne doit son salut qu'à l'humanité d'un officier qui refuse de déporter cette enfant car il a une fille du même âge.

Élisabeth est envoyée dans le camp de concentration de Ravensbrück. Un camp-école où sont formées les gardiennes de camp de concentration et où se retrouvent d'autres femmes devenues depuis célèbres : Geneviève de Gaulle, Germaine Tillion, Charlotte Delbo, Brigitte Friang…

Les conditions de vie sont très difficiles, surtout à partir de janvier 1945. Le nombre de détenus ne cesse d'augmenter, et les installations ne sont pas conçues pour recevoir autant de monde. Le typhus ravage cette population affaiblie et mal nourrie. C'est dans ce contexte dantesque qu'Élisabeth de Rothschild meurt, le 23 mars 1945, à près d'un mois de la libération du camp.

Son nom, loin de lui être un rempart, avait fait d'elle une cible. Elle est la seule de la famille Rothschild à avoir péri durant la seconde guerre mondiale. À travers son exemple, c'est la mémoire des camps de concentration et des camps d'extermination qui ressort. Cette folie du nazisme que les Rothschild, pourtant si bien informés d'ordinaire, n'avaient pas vu venir ni su combattre à temps.

Au lendemain de la guerre, Philippe de Rothschild a retrouvé sa place dans la société parisienne et continué à produire de grands vins. Philippine a pris plus tard la relève après une brève carrière d'actrice. Quant au baron Louis, il est mort d'un arrêt cardiaque, alors qu'il nageait dans la mer des Caraïbes à Montego Bay, en Jamaïque. C'était en 1955. La dénazification avait fait son œuvre.

1945
La dénazification limitée des grandes fortunes allemandes

Au XXIe siècle, la liste des Allemands les plus riches est un produit de l'histoire. Les héritiers y sont plus nombreux que les entrepreneurs qui ont fait fortune. Ces dynasties ont à voir avec le passé tumultueux du pays. Il y a les héritiers Porsche – ces descendants de Ferdinand Porsche dont le moins que l'on puisse dire est qu'il s'est bien accommodé du nazisme. N'est-ce pas lui qui a porté le projet de la « voiture pour tous », la Volkswagen, dont rêvait Hitler ? Lui dont les usines ont fourni des modèles militaires et dont la réussite sous le nazisme fut étincelante ? Peut-être plus encore que celle de Mercedes.

Dans le secteur de la logistique et des transports, il y a les Kühne, dont on a appris voici cinq ans que les camions avaient massivement servi à transporter les biens pris aux juifs sous le IIIe Reich. Klaus-Michael Kühne, le patron de l'immense trust Kühne+Nagel, s'en est expliqué, lui que le magazine *Forbes* classe au 101e rang mondial, avec 12,9 milliards de capital.

Un autre nom au sommet retient encore l'attention : celui des Quandt, avec notamment Susanne Klatten (26e selon *Forbes*, avec ses 21 milliards) et Stefan Quandt (60e selon *Forbes*, avec 17,5 milliards). Une dynastie qui remonte à un banquier à succès : Günther Quandt. C'est lui le véritable *self-made-man* de la famille. Encore que son père, Emil, ait déjà franchi une étape dans la mutation de cette famille d'artisans et d'entrepreneurs en seigneurs du grand capital germanique. Ce dernier a transformé une petite usine de fabricants de draps en un groupe industriel capable de fournir des uniformes à l'Allemagne pendant la première guerre mondiale. Günther s'essaye à la finance et à la banque. Il rachète des entreprises et compose une véritable holding dans laquelle se trouvent quelques joyaux, comme BMW. Son ascension est facilitée par la politique. Après un premier mariage, qui le laisse veuf, mais père d'un premier fils, Herbert, né en 1910, il épouse en deuxièmes noces une magnifique blonde, jeune et timide, de bonne famille. Elle s'appelle Magda et elle aussi lui donne un fils, Harald. Magda s'ennuie. Son mari passe son temps sur les routes et elle doit rester seule dans son appartement de Berlin, au bord de la dépression. Le couple se sépare et Magda décide de s'investir dans le NSDAP, et c'est là, à la section de Westend, un quartier chic de la capitale, qu'elle rencontre Joseph Goebbels, le futur ministre de la Propagande du Führer. Leur mariage est célébré en présence de Hitler. Les enfants du couple porteront tous un prénom commençant par la lettre *H*, en hommage à leur idole politique.

Günther Quandt n'est pas brouillé avec son « ex », qui le reçoit chez elle avec Herbert. Les deux frères, Harald et Herbert, rencontrent le Tout-Berlin du IIIe Reich dans leurs jeunes années. Harald part sur le front, tandis que son frère s'initie aux arcanes de l'entreprise. Ils survivent au suicide de leur mère et de leur beau-père, ainsi qu'à l'empoisonnement de leurs six demi-frères et sœurs, dans le bunker de Hitler, en 1945.

Pendant toute cette période, les entreprises Quandt ont contribué à l'industrie de guerre et aux recherches sur l'armement. Elles ont aussi utilisé des travailleurs forcés dans des conditions déplorables[74]. Grâce à sa prudence et à une habile stratégie de ses avocats, Günther Quandt échappe aux rigueurs de la dénazification. Il retrouve ses biens. En 1954, à sa mort, Herbert puis Harald peuvent reprendre l'entreprise et la porter au sommet de l'industrie automobile germanique[75]. Au point que BMW rachète Rolls-Royce en 1998.

Environ 70 % des familles les plus riches d'Allemagne sont dans une situation similaire. Leur longue histoire leur a valu de passer outre au nazisme, ou plutôt *par* le nazisme. C'est une différence avec les deux pays qui comptent le plus de milliardaires au monde, juste devant l'Allemagne : les États-Unis et la Chine. Là, ce sont les constructeurs de fortunes qui sont plus nombreux. Des milliardaires qui ont franchi seuls le seuil des très hautes fortunes. Si les héritiers en Allemagne sont majoritaires, c'est sans doute parce que les droits de succession y ont été beaucoup plus bas qu'ailleurs au XXe siècle : 15 %, contre 78 %

aux États-Unis et 80 % en Grande-Bretagne. Et aussi parce que l'épuration après le IIIe Reich a été relativement légère dans le monde des affaires[76]. En regardant de plus près les grands procès de la Libération, on constate que les entrepreneurs et les riches sont peu nombreux. Au procès de Nuremberg, qui, à partir du 20 novembre 1945, juge 24 responsables de crimes de guerre et de crimes contre l'humanité, les décideurs économiques sont représentés par Hjalmar Schacht et Walther Funk. Et seul un industriel, Gustav Krupp von Bohlen und Halbach, est poursuivi. Mais son état de dégénérescence sénile empêche son jugement.

Bien sûr, d'autres grands procès ont visé de grandes entreprises. Trois affaires ont défrayé la chronique judiciaire : IG Farben, Flick, et Krupp. Celle d'IG Farben est sans doute la plus emblématique. La grande entreprise industrielle spécialisée dans la chimie possédait une usine dans le camp d'Auschwitz, la Buna, située plus précisément à Monowitz. Elle fonctionnait grâce à des centaines de milliers de travailleurs forcés. Non contente de fabriquer le Zyklon B, utilisé pour les assassinats de masse dans les chambres à gaz[77], IG Farben a soutenu la production d'armement et contribué à la préparation de la seconde guerre mondiale planifiée par Hitler. Les 24 plus hauts dirigeants de l'entreprise sont donc mis en accusation dans la zone américaine en 1947-1948[78]. Ce long procès qui se tient à Nuremberg fait partie des poursuites voulues par les Alliés pour compléter le procès contre les plus grands criminels. D'autres avaient concerné les diplomates, les militaires et les médecins criminels.

IG Farben est défendue par soixante avocats qui démontent le principe même des poursuites contre une entreprise et obtiennent que les accusations soient limitées aux personnes. Après des mois de débats et la présentation de documents substantiels, le résultat fait montre d'une grande clémence. Onze des accusés sont acquittés. Les plus lourdes peines sont de six et huit ans pour les directeurs de l'usine de Monowitz où pourtant l'esclavage et la mort étaient monnaie courante. Carl von Krauch, le président du conseil d'administration qui a travaillé de près au plan de quatre ans avec Göring, se voit infliger une peine de six ans de prison, dont il faut déduire le temps de détention préventive. Cela équivaut à une libération. Le numéro deux de l'entreprise, Hermann Schmitz, lui aussi impliqué dans les stratégies globales de l'industrie allemande, est condamné à quatre ans de prison. Fritz Gajewski, le directeur d'Agfa qui donnait complaisamment de la pellicule couleur aux proches de Hitler, bénéficie d'un acquittement...

Sans doute la destruction systématique des archives par les responsables de l'entreprise n'a-t-elle pas facilité la tâche des enquêteurs. Mais plus globalement, la nature des accusations et des charges à l'encontre des responsables économiques était inadaptée et difficile à prouver. Comment, en effet, démontrer que la production d'armement a pour objectif une guerre agressive ? Ou que le fabricant connaît les buts poursuivis par le pouvoir politique[79] ?

Sans doute est-ce la même clémence qui explique le verdict dans le procès Krupp. Douze accusés et onze condamnations assez légères alors que le groupe avait été impliqué au plus haut point dans la stratégie guerrière du IIIe Reich. Alfried, le fils de Gustav, est condamné à douze ans de réclusion et à la saisie de ses biens[80]. Comme pour les autres accusés, rien ne prouvait qu'il ait pris part au complot contre la paix, un des principaux points de l'accusation. Sa peine s'expliquait plutôt par la mise en esclavage et le travail forcé dans ses usines. Il en allait de même pour les autres responsables Krupp.

Un personnage pose un problème singulier : Ewald Loeser, l'un des dirigeants clés de l'entreprise. Le juge en est si conscient qu'il doit le mentionner dans son verdict. Loeser a démissionné en 1943 et participé activement à la résistance contre Hitler. Il est cependant condamné pour la question du travail forcé, mais son cas est signalé au gouverneur américain Lucius D. Clay, qui commandait la zone d'occupation, pour une éventuelle grâce.

Dès 1950, Clay accorde sa grâce aux condamnés. Alfried Krupp retrouve même ses entreprises. Alors que l'Allemagne de l'Est et celle de l'Ouest viennent de naître, les États-Unis souhaitent renforcer les capacités de production en acier de l'Ouest et accélérer le redressement économique de la toute nouvelle Allemagne fédérale. Alfried Krupp et son groupe peuvent être un atout dans cette reconstruction et dans la guerre froide qui se déchaîne. La guerre de Corée vient d'éclater. Mieux vaut être clément envers les entrepreneurs, puisque les structures politiques criminelles sont démantelées.

Le procès contre le groupe Flick répond à la même logique. Friedrich Flick et son état-major sont condamnés à des peines légères. Flick lui-même écope d'une peine de sept ans de prison. Mais il est aussi gracié par le général Clay. Ses entreprises avaient pourtant bien exploité des travailleurs forcés et seuls 1 300 survivants avaient échappé aux rigueurs d'une usine de fabrication d'explosifs. Flick reprend sa vie et sa fortune, et poursuit ses activités financières, jusqu'à sa mort en 1972. La famille Flick se maintient dans le club étroit des grandes fortunes. Elle déclenche un scandale, en 1983, quand on apprend que Friedrich Karl Flick, le plus jeune fils de Friedrich Flick, a soudoyé des hommes politiques allemands pour réduire le montant de ses impôts. Finalement, en 1986, l'héritier vend son groupe à la Deutsche Bank pour 2 milliards et demi de dollars, une somme jamais vue en Allemagne, puis, toujours par souci d'optimisation fiscale, il prend la nationalité autrichienne. Son nationalisme a ses limites… À sa mort, en 2006, sa fortune était estimée à 6 milliards de dollars.

Alors que la famille Flick avait toujours nié son implication dans l'exploitation des travailleurs forcés, en 1986 Robert Kempner, l'ancien procureur général adjoint américain au procès de Nuremberg, révèle au monde la réalité. Tardivement, il obtient des Flick que les associations représentant les descendants des déportés obtiennent une indemnité de 2 millions de dollars[81]. Une petite compensation pour un drame entré dans l'histoire mondiale.

En somme, vu par les riches allemands de l'Ouest, le nazisme apparaît comme une péripétie, une opportunité pour renforcer leur ancrage dans une société où les plus fortunés ne subissent pas les mêmes contraintes que dans les pays anglo-saxons. Sans doute parce que ces dynasties ont su garder une forme de discrétion. Elles font rarement les couvertures des journaux et laissent cette attractivité aux familles nobles, encore à l'aise, mais clairement moins présentes dans le club très sélect des milliardaires et des très très riches. Et puisque le nazisme n'était pour elles qu'une opportunité, elles ont peiné à admettre leur part de responsabilité dans le drame allemand.

TROISIÈME PARTIE

ET LES RICHES CRÉENT LA JET-SET

Au lendemain de la seconde guerre mondiale, le glamour s'impose à l'échelle mondiale[1]. La beauté, couplée à la douceur d'un art de vivre sensuel, devient l'idéal des gens du monde. Ce tournant conditionne davantage l'existence de riches que le rideau de fer qui se constitue et manifeste la coupure idéologique du monde, entre communiste et libéraux.

Une image s'est forgée. La *jet-set*. L'expression est employée pour désigner une classe particulière, celle des voyageurs qui se déplacent dans les avions les plus rapides. Initialement la presse avait utilisé cette expression américaine pour désigner les usagers et le personnel des compagnies aériennes. Mais elle prend une acception encore plus élitiste quand, après les années 1960, on y recourt pour évoquer les propriétaires ou les locataires de l'aviation d'affaires. Ces avions privés sont dotés de moteurs à réaction aussi rapides que ceux des compagnies aériennes. Ils permettent de traverser la planète à la vitesse du son. Ainsi, en quelques pas de géant, les grandes fortunes ont-elles la possibilité de se déplacer pour affaires ou pour le plaisir. Les voici à New York pour l'inauguration d'une boîte de nuit très sélecte. Puis à Saint-Tropez pour l'inauguration d'un hôtel. Ou sur leur île privée pour profiter du soleil et de leurs amis. L'image de la richesse associée à des plaisirs sans fin se déploie. Tout comme l'idée que, même s'ils se mêlent au peuple sur la piste de danse, ce n'est que pour un instant, car bien vite, les seigneurs modernes regagnent le *carré VIP*. « VIP », une expression qui avait aussi commencé à se répandre au lendemain de la seconde guerre mondiale, au point de devenir une sorte de label de qualité pour désigner les personnes en vue dans une soirée ou un événement mondain. Les jet-setters d'aujourd'hui sont parfois des fêtards argentés. Mais la première génération de riches grands voyageurs a si bien défini sa limite avec le reste de la population que les autorités étatiques en sont venues à adopter des pratiques similaires.

Cette logique touche aussi les pays décolonisés. Avec la création d'États souverains, de nouvelles personnalités émergent sur la scène internationale des grandes fortunes. Elles peuvent accéder à des niveaux de patrimoine rares dans l'histoire. Leurs habitudes culturelles sont différentes de celles des riches Occidentaux. Pourtant, ces géants issus du tiers-monde entrent dans la société de consommation triomphante et adaptent discrètement leur mode de vie.

Dans le monde libéral aussi, tout change. Sous l'effet des révolutions thatchérienne et reaganienne, voulues par quelques mentors médiatiques et financiers, tel Rupert Murdoch, la fiscalité est revue à la baisse. Les riches sont maintenant considérés comme une ressource. Les États se les disputent. Les gouvernants oscillent entre le désir de justice sociale et la nécessité d'aménager les démocraties pour leur bien-être. Le pouvoir politique perd de sa superbe, alors que le modèle de l'entrepreneur devient l'image du héros des Temps modernes. Comme si les opérations boursières et financières devenaient les nouveaux champs de la bataille mondiale. Le pouvoir économique dessine ainsi les contours de l'action publique et hante les imaginaires. Il semble n'avoir plus de limite.

Pourtant, tout ne va pas pour le mieux dans les familles riches. Une éducation de qualité, un compte en banque bien garni font-ils le bonheur ? Pour la majeure partie de l'humanité, une pointe d'amour ajoutée à ce cocktail constituerait la formule idéale. Autant de choses dont sont *a priori* pourvues les élites économiques. Du moins le grand public le croit-il.

De son point de vue, tout écart à la norme d'une vie tranquille et heureuse de la part des riches devient le symptôme d'un mal-être spécifique. La presse s'en empare, en fait ses gros titres. À preuve les milliardaires grecs Onassis et Niarchos, traqués par les paparazzi. L'être riche serait pathologique... Tout un imaginaire social se forge autour des déviances de quelques-uns, tels les Casati-Stampa. Il témoigne d'une forme de ressentiment larvé contre les très grandes fortunes et révèle aussi une forme d'impuissance du peuple face aux magnats.

1948
LA GRANDE TRADITION DU BAL

Assise sur le grand escalier des coulisses de l'Opéra de Paris, l'actrice Maureen O'Hara se repose, les yeux fermés, la tête appuyée contre le mur. Sa robe mi-longue est harmonieusement étalée sur les marches. Son bras gauche ganté de noir tient la rampe, comme pour l'aider à résister à un étourdissement. On croirait un tableau fait tout exprès... Il est 5 heures du matin, le 16 octobre 1948, et le bal des Petits Lits blancs tire à sa fin. La musique continue dans la grande salle. Dans le foyer après le repas quelques personnes continuent de converser tandis que le service s'est achevé depuis longtemps. Sur le grand escalier de gala, les gardes républicains fatigués attendent la relève. Déjà le chanteur Maurice Chevalier et le champion de boxe Marcel Cerdan sont partis en riant, vers 2 heures du matin.

Quelle soirée, quelle belle soirée ! Comme toujours, ou presque, la haute société s'est rassemblée pour le bal des Petits Lits blancs. Les Petits Lits blancs, c'est une œuvre de secours aux enfants malades de la tuberculose, une maladie qui tue beaucoup et que l'on a longtemps peiné à soigner avant la découverte des antibiotiques. Encore au lendemain de la seconde guerre mondiale, le fléau ravage la jeunesse. On y survit difficilement. Les enfants passent des années dans des hôpitaux et des sanatoriums. Léon Bailby, un patron de presse, directeur de *L'Intransigeant*, a eu l'idée de ce bal annuel, au lendemain de la Grande Guerre. Le but est de lever des fonds pour financer les hospitalisations enfantines. Il est l'homme-orchestre de l'événement, dressant la liste des invités, établissant le menu puis choisissant les animations pour être toujours en phase avec son époque. Devant l'urgence des besoins sanitaires, dès 1921, il a organisé le premier « PLB », comme disent les habitués, le premier bal des Petits Lits blancs[2]. Et l'aventure se poursuit dans l'entre-deux-guerres. L'Occupation change la donne. Mais, en 1945, Léon Bailby reprend son bal avec une dimension plus internationale, et plus spectaculaire encore[3].

La presse s'en fait l'écho dès l'édition de 1948 : plus de 50 artistes sont montés sur scène pour des numéros[4]. Avec des duos improbables comme Marcel Cerdan, le boxeur, avec Maurice Chevalier, chantant ensemble. Ce sont les deux personnalités les plus populaires de l'époque. Cerdan, déjà champion d'Europe et champion du monde, dont l'idylle avec Édith Piaf a fuité dans la presse. Maurice Chevalier, le chanteur qui durant l'Occupation a interprété l'espoir. Son succès lui a d'ailleurs valu des critiques des résistants. Mais en mars 1945, « Fleur de Paris » a fait oublier le passé. Il est revenu au premier plan, en 1948, après sa tournée aux États-Unis et au Canada : il demeure un des rares chanteurs français à la portée internationale. Or cette question est cruciale, puisque l'Assemblée générale des Nations unies siège à Paris cette année-là. Et les représentants ont été invités à la soirée de Léon Bailby. Ils constituent une autre attraction dans la salle, ces diplomates qui viennent d'adopter la Déclaration universelle des droits de l'homme. Seul Vychinski, l'ancien procureur soviétique nommé ambassadeur auprès des Nations unies par Staline, n'est pas venu au bal. Il ne dédaigne pourtant pas toujours les mondanités…

Accordant son patronage, le président de la République est présent. Vincent Auriol est seul et enrhumé. Sa femme est en convalescence et sa belle-fille et son fils sont restés à la résidence officielle de Marly-le-Roi. Curieuse image que de voir ce pionnier du parti socialiste présider une réunion si bourgeoise…

Mais rien n'est trop beau pour la haute société parisienne quand il faut réunir des dons pour les enfants. De fait, le PLB chaque année accroît ses recettes. Les convives paient un prix élevé pour se retrouver dans cette enceinte privilégiée. Bénéfices en 1948 : 5,852 millions d'anciens francs[5].

C'est assez proche pour le trente-deuxième bal, en 1966 : 600 000 nouveaux francs sont récoltés. Comme le dit la baronne Seillière, responsable de l'œuvre des Petits Lits blancs, après la mort de Léon Bailby en 1954 : « Il n'y a rien de trop éblouissant pour un bal de charité. » Cette année-là, la fête s'est déplacée à Monaco[6]. Président aux festivités le prince Rainier et la princesse Grace. On parle français et aussi beaucoup l'anglais américain. La baronne Jean Seillière incarne bien la riche haute société française. Son mari, le baron Seillière de Laborde, appartient à une famille cumulant ses titres de noblesse d'Empire et de noblesse pontificale. Jean travaille dans la banque pour vivre. Mais Renée, sa femme, la baronne, descend de la famille Wendel. Elle appartient donc à une très riche dynastie d'affaires qui a pris son envol à partir de la sidérurgie lorraine. Son père Maurice a même présidé la société de forges. Pourtant, dans cette assemblée elle est loin d'être parmi les plus riches. Outre les Monaco dont la fortune s'est considérablement redressée au lendemain de la guerre avec le statut fiscal favorable de la principauté, on y trouve le prince Karim Khan, descendant des Aga Khan, chef des Ismaéliens depuis la mort de son père en 1957. Sa mère, la Begum, est aussi présente à la soirée, à la table du ministre d'État de Monaco, Jean-Émile Reymond. S'y ajoute, entre autres, la grande duchesse du Luxembourg, dont la famille abrite avec discrétion une fortune ancestrale.

Les mille convives attablés ont payé 500 francs (environ 670 euros) chacun pour profiter de ce dîner. Sept orchestres différents alternent les danses et les ambiances. Cette vibration musicale accompagne les invités jusqu'au bout de la nuit. Dans les assiettées, caviar d'Iran, toasts Ménélik, consommé au suc de pommes d'amour, demoiselles du Cap givrées à la monégasque avec sauce caprice, agneau des Alpes rôti à la broche aux herbes de Provence, pommes amandines, haricots verts, franges de France, surprise glacée du Centenaire, corbeille de mignardises… Il avait fallu 40 cuisiniers pour fabriquer ce chef-d'œuvre. L'orchestre de Barelli avec trompettes crée même une danse pour l'occasion, le « Stop-Op » – un peu comme un twist, en fléchissant les jambes et en croisant activement les bras. Sans doute voulait-il faciliter la digestion, après ce dîner copieux. Sur la piste de danse on remarque la princesse Grace et Karim Aga Khan, tandis que le prince Rainier retient l'attention des photographes car il a rasé sa barbe. On devine l'ébauche d'une fine moustache.

Côté distraction, de nombreuses vedettes sont conviées à monter sur scène sur le pont d'argent retapissé pour l'occasion d'une épaisse moquette rouge. Édith Piaf, Bernard Blier, Fernandel mais aussi Charles Chaplin, dont ce n'était pas la première participation, Bing Crosby et Gary Cooper, si proche de la princesse Grace. Mais le spectacle est aussi dans la salle, avec les comiques

Francis Blanche et Darry Cowl qui arrachent des rires à leurs voisins. Vingt jeunes américaines illuminent la soirée de leur sourire et de leur arrogante jeunesse. Elles ont fait la traversée pour être présentées à la princesse Grace. Elles font leurs débuts dans le monde pour l'occasion, signe de l'internationalisation du bal.

Une telle manifestation, impressionnante par la qualité des participants et la régularité des sommes levées pour une bonne œuvre, a inspiré d'autres initiatives. Il existe en France des bals régionaux des Petits Lits blancs. Comme celui de Dordogne qui, en 1976, fêtait son trentième anniversaire en présence d'Alain Poher, président du Sénat. La même formule que pour le grand bal international : alternent dîner, spectacles et danse. Mais l'événement se déroule à Périgueux dans la salle de gala de la préfecture, comme chaque année. Les participants appartiennent à la bonne société provinciale.

La formule rebondit aussi à l'étranger. Au Liban par exemple, le PLB accueille dans la luxuriance des années 1960 les grandes familles du pays et quelques personnalités étrangères de passage. La guerre qui éclate en 1973 rompt l'habitude. Vingt-cinq ans plus tard, après les accords de Taef, en 1998, la tradition est reprise[7]. De nouveau, les invités chrétiens, sunnites et chiites de bonne naissance aident les œuvres hospitalières pour enfants.

Loin d'être une forme de réjouissance ancrée dans la société du XIXe siècle, les bals ont donc traversé l'histoire jusqu'à imposer une forme à l'ensemble des élites mondiales. Même les habitudes les plus désuètes ont trouvé des expressions contemporaines où le jeu le dispute à la sélection sociale. Bailby avait placé en priorité la contribution philanthropique pour les enfants malades. Mais l'effet secondaire de la montée en puissance de son initiative a été d'établir une chaîne de reconnaissance entre les familles fortunées et celles du spectacle. Car le propre de ces soirées est la reconnaissance mutuelle que s'apportent les *performers* et les bailleurs de fonds. Elle trouve son débouché dans les médias. À la fin du XIXe siècle, les pages mondaines et la presse de salon rapportaient les événements à raison des hôtes et des invités qui y avaient participé. Après la seconde guerre mondiale, le rapport à la célébrité s'est insinué dans les relations sociales. Un exemple ?

En 1966, lors du PLB de Monaco, les commentateurs passent moins de temps à évoquer la façon dont a été décoré le château pour l'occasion qu'à signaler la présence de Gunter Sachs[8]. Qualifié de play-boy, l'héritier de la famille Opel, qui s'essaye au métier de photographe, n'est surtout évoqué que pour parler de sa compagne, qui déchaîne les passions partout dans le monde : Brigitte Bardot. Comme si l'argent, la richesse, le cédait au vedettariat. En réalité, la séduction fascinait déjà les élites comme les masses.

1954
Quand les Saoud sont devenus riches

Le 9 novembre 1953, un conquérant s'éteint. Abdelaziz ibn Saoud, le fondateur de l'Arabie saoudite, est victime d'une crise cardiaque. Une vie extraordinaire s'achève. Ce chef d'une famille marginalisée, bafouée a réussi à conquérir Riyad avec quelques hommes seulement, puis à forger un vaste royaume dont la perle est la ville sainte des musulmans, La Mecque. Ce bâtisseur a aussi changé l'image de la péninsule Arabique. Naguère simple escale sur la route des Indes, son royaume est devenu une région essentielle pour le développement de l'économie mondiale. De fait, l'exploitation du pétrole, dont son pays possède un des plus grands gisements mondiaux, a tout changé. En 1933, il a signé un accord avec des entreprises américaines[9]. L'exploitation a démarré à partir de 1938[10]. Puis le roi a soutenu les États-Unis durant la seconde guerre mondiale, rencontrant même le président Roosevelt, en 1945, sur le croiseur *Quincy*. C'est après la guerre que les revenus du pétrole ont explosé. En somme, Abdelaziz ibn Saoud a fondé un royaume et posé les fondements pour que ses successeurs figurent parmi les hommes les plus riches de la planète.

En 1953, le nouveau « roi du désert » est son fils Saoud. Barbe en pointe et moustaches taillées, visage rond, parfois barré de lunettes cerclées de métal, il est pourtant un vétéran des guerres saoudiennes. Il a combattu aux côtés de son père, pris des risques et plusieurs fois triomphé. 2 150 000 kilomètres carrés, quatre fois la France. Le consensus autour de son nom n'a pas tardé dans la famille royale. Les nations occidentales lui envoient des télégrammes de deuil et de félicitations pour son ascension. À Paris, à Londres, à Washington, des livres ouverts dans les ambassades reçoivent les condoléances et illustrent la place qu'il occupe déjà au plan international. Car le roi Saoud a effectué plusieurs voyages officiels dans les pays occidentaux. Son père l'a associé à l'activité diplomatique.

Ce règne s'ouvre donc sous les meilleurs auspices. Le roi est au centre d'une société traditionnelle. Sa famille a soutenu une version rigoriste de l'islam, le wahhabisme. Mais durant son règne les lieux saints deviennent plus accessibles et les transports sont organisés pour permettre le pèlerinage de millions de fidèles venus d'Afrique et d'Asie. Le port de Djeddah gagne en activité et les grandes villes sont équipées d'aéroports.

La fortune du roi est directement liée à la rente pétrolière. En 1950, il perçoit 57 millions de dollars, mais dès 1954, la rente bondit à 341 millions : un revenu rare à cette époque[11]. Pour le roi, il n'existe pas de différence entre le budget de l'État et sa cassette personnelle[12]. Saoud n'a pas véritablement de politique de développement. Il distribue à son entourage des récompenses à chaque audience : bourses de billets dans de petits sacs, chameaux, femmes, voitures… Il dépense lui-même beaucoup dans l'aménagement de ses palais, pour des voyages et l'achat de Cadillac luxueuses. Il est emporté dans un conflit d'influences au sein du monde arabe face à l'Égypte de Nasser et se laisse entraîner dans une guerre au Yémen. Le voici soutenant le roi contre les républicains armés par l'Égypte. Et les achats d'armes pour son pays et ses alliés grèvent le budget. Sans compter le recrutement de mercenaires pour les engager au Yémen. En 1957, sa dette atteint déjà 1 800 millions de dollars. Sa famille s'inquiète, et une fraction de l'opinion ne voit pas d'un bon œil la modernisation timide du pays.

En 1950, aucune ville n'était encore électrifiée. Le début d'électrification d'un palais royal a suscité l'émoi et les protestations de la population qui y voit un outil diabolique, non prescrit par le Coran. Or le wahhabisme, la doctrine religieuse soutenue par la monarchie, encourage une lecture littérale du texte sacré des musulmans. Il faut attendre 1954 pour que commence l'électrification du port de Djeddah puis des autres grandes villes. Mais le mode de vie reste très conservateur, clanique.

Le roi est le cœur de la société par sa fortune et son entourage. Saoud possède 24 palais, dont l'entretien est assuré par 10 000 serviteurs. La dimension féodale de cet État en cours de modernisation explique la taille de sa maison. Le roi doit secours et entretien à ses fidèles et à sa famille.

Le pays refuse d'abandonner ses coutumes les plus archaïques. L'esclavage et son maintien en sont la meilleure preuve. Encore dans les années 1950, le pays rejette les conventions internationales qui proscrivent cette pratique d'un autre temps, celui de la traite arabe qui, depuis le VIIe siècle de notre ère, a contribué à vider le Continent noir de sa population. La Déclaration universelle des droits de l'homme est lettre morte en Arabie saoudite. Le scandale est tel que le dessinateur belge Hergé en fait le thème d'une de ses bandes dessinées, *Coke en stock*. Alors que la population est d'environ 5 millions, sous le règne de Saoud, on compte encore 500 000 esclaves. Beaucoup servent dans les maisons au service des familles fortunées. Mais il en existe aussi dans les travaux publics. Sous la pression internationale, en 1962, un décret royal libère les esclaves et interdit d'y recourir. Mais il faut bien se rendre à l'évidence, la pratique survit à l'intérieur des grandes maisons jusqu'à la fin des années 1960. Et des scandales surviennent encore au début du XXIe siècle quand de riches familles privent de passeport leurs employés pour les empêcher de quitter le pays, tout en leur imposant un travail continu, avec une rémunération dérisoire.

Déficit budgétaire, manque de perspectives, et accusation de consommation d'alcool, certes jamais prouvée, font tomber rapidement la popularité du roi Saoud. Sa famille désapprouve son mode de vie avec son vaste harem, et ses frères s'effrayent de la dilapidation des ressources. Si bien qu'un conflit émerge avec son cadet, le prince Fayçal. Ce dernier a un mode de vie plus austère. On ne lui connaît aucun vice, ni les femmes, ni l'alcool, ni les somptuosités. Certes, il possède ses palais et exerce les fonctions de Premier ministre, avec un sens aigu de sa prérogative. Son père lui avait confié, alors qu'il n'avait que 14 ans, des missions diplomatiques, et les nations occidentales ont appris à connaître son intelligence stratégique. On lui manifeste souvent un respect plus grand que ses fonctions. Et cela est intolérable pour Saoud, qui tente de limiter son pouvoir et son influence. À partir de 1957, les deux hommes entrent dans une rivalité sourde. Finalement le conflit s'envenime, au point que le prince Fayçal, soutenu par une majeure partie de famille royale et par les oulémas, les dignitaires religieux, effectue un véritable coup d'État. Il commence par prendre le pouvoir et obtient le départ de son frère. Le 2 novembre 1964, Fayçal devient le nouveau souverain de la monarchie saoudienne.

Fayçal est l'opposé de Saoud. Même si les deux hommes ont une belle stature, l'ancien roi avait un visage rond et des formes généreuses, un parler volubile. Le nouveau souverain est sec, le visage long, lui aussi agrémenté d'une barbe et d'une moustache noires, plus taciturne. Sa politique réaliste s'écarte de celle de son frère déchu. La modernisation du pays s'accélère. Le développement profite de la disponibilité de cadres palestiniens réfugiés et des initiatives d'entrepreneurs libanais de confession sunnite. Les liaisons avec le monde entier deviennent possibles depuis les aéroports des trois grandes villes que sont Djeddah, Riyad et La Mecque. Le pèlerinage devient une affaire assez simple, presque sans effort, pour qui en a les moyens. La croissance de la population est rapide, au point de passer de 4 à 6 millions entre 1959 et 1969.

1969 est l'année où s'éteint Saoud, le 23 février. L'ancien roi avait trouvé refuge à Athènes. Il vivait dans un vaste hôtel de la périphérie de la ville en profitant des plaisirs urbains, après avoir été chassé du pouvoir durant un séjour médical aux États-Unis. Dans la chaleur de la capitale grecque, il survivait avec une quarantaine de serviteurs. Lui dont le harem avait compté cent épouses et concubines n'en avait plus que trois au moment de sa mort. Il laissait 25 fils pour le pleurer et plus de cent enfants au total[13]. Certains, notamment ses filles, ont fait de belles carrières, dans les arts et la politique.

En 1969, pourtant, tout n'est pas simple pour le roi Fayçal : une tentative de coup d'État est déjouée au mois de juillet[14]. Un groupe hétéroclite d'anciens émirs mécontents et de républicains espérait mettre en place un régime plus libéral. Ils sont arrêtés, et exécutés pour certains. Fayçal conserve un pouvoir entier et sa police muselle toute velléité d'opposition.

Dans le même temps, le roi d'Arabie saoudite a trouvé un nouvel organisme pour manifester sa puissance. Car au sein de la Ligue arabe, ses efforts se heurtent aux entreprises de Nasser. C'est l'Organisation des pays producteurs de pétrole, l'OPEP. Grâce à l'« or noir » qui fait des princes de sa famille des milliardaires, Fayçal pèse à l'échelle mondiale[15]. Il place la question palestinienne au cœur des prises de position de l'organisation. C'est lui qui décide de monter les cours en représailles à la guerre du Kippour pour punir les nations occidentales de leur soutien à Israël. Le premier choc pétrolier renforce dans un premier temps ses gains. Mais il est frappé par le destin en plein affrontement géopolitique.

Le 25 mars 1975, le roi participe à une cérémonie dans son palais à Riyad. Les dignitaires viennent le saluer – quand soudain l'un d'eux, son neveu, Fayçal ibn Musad, sort une arme en s'avançant vers lui et tire[16]. Il touche le souverain, qui s'effondre. On maîtrise le tireur. Il est connu pour être déséquilibré, mais personne ne l'avait pensé dangereux au point de commettre un crime. Le roi Fayçal est emmené à l'hôpital mais meurt de ses blessures. Son frère Khalid lui succède. Les funérailles du roi défunt se déroulent les jours suivants et il est enterré à Riyad, alors que plus d'1 million de Saoudiens ont fait le voyage pour les obsèques[17].

L'héritage du roi Abdelaziz ibn Saoud, fondateur de la dynastie, est maintenant scellé dans l'histoire. Les émirs du désert à la vie nomade sont devenus des milliardaires sous le règne de Saoud et de Fayçal. À l'origine était un simple accord d'exploitation pétrolier signé en 1938 avec de grandes entreprises occidentales. L'Arabie est entrée dans la modernité alors que ses princes ne peuvent conserver leur légitimité qu'en s'appuyant sur les bases traditionnelles de leur pouvoir : la religion et la famille. Certes, la mondialisation les a entraînés dans son sillage. Leur fonds souverain a investi partout. Mais sans jamais briser les racines traditionnelles qui ont fait leur fortune.

1963
Le jet privé de Dassault

Marcel Bloch est un homme à la peau dure. Des nationalisations, il en a connu plusieurs, sous toutes les couleurs politiques. Mais il a toujours su rebondir et relancer ses entreprises. Il faut dire que sa spécialité, la fabrication d'avions, fait partie des recherches de pointe dans le secteur militaire. Depuis la seconde guerre mondiale, M. Bloch porte un autre nom, acquis dans la clandestinité. Il s'appelle Dassault. C'est sous ce pseudonyme qu'il a échappé aux nazis qui traquaient les juifs comme lui dans toute l'Europe. En 1949, il a adopté légalement ce nouveau nom. Marcel Dassault est devenu une personnalité importante. À partir de 1945, son entreprise s'est lancée dans la production d'avions de ligne. Mais sans obtenir tous les succès espérés. Elle a surtout lancé le premier chasseur à réaction français, l'Ouragan, puis deux autres avions de combat, le Mystère II et le Mystère IV. Ce dernier a été retenu par les forces américaines pour l'OTAN. Tous ces appareils militaires deviennent le symbole de son succès et assurent la promotion des nouveaux modèles, comme le Mirage. En ce printemps 1963, Marcel Dassault pense que le secteur de la défense garantira sa fortune autant que sa puissance. Car il est proche du général de Gaulle revenu au pouvoir. De fait, il est même député depuis 1958.

Le 1er avril 1963, un vol d'essai s'est déroulé avec succès pour un tout nouveau modèle. Son nom : le Mystère 20. Avec son fuselage élancé qui lui donne une allure de pointe de flèche, il devrait être le premier avion civil privé à réaction. C'est Serge Dassault, le fils de Marcel, qui suit le dossier. Pour les deux hommes et leur entourage managérial, l'enjeu est de taille : faire changer de support les hommes d'affaires et les riches. Leur faire préférer les avions à réaction à ceux à hélice. Leur vendre la vitesse et le confort.

Déjà le 10 juin, à l'occasion du Salon de l'aéronautique, Serge Dassault embarque journalistes et personnalités pour un vol de test. À bord, dix passagers, dont le responsable des ventes des Caravelle, ont pris place pour un Paris-Rouen effectué en douze minutes[18]. Le même trajet prenait deux heures en train. Le décor intérieur de ce prototype a séduit le petit groupe de privilégiés, avec ses allures de cabine de bateau de plaisance. Michel Buffet, responsable du bureau parisien du grand designer Raymond Loewy, l'a conçu à la demande de Serge lui-même. Tous les participants du vol sentent bien qu'ils vivent un changement d'époque.

Dès l'été, la compagnie Pan American Airways commande 160 Mystère 20 pour les mettre à la disposition d'hommes d'affaires, en location, ou en vente[19]. Le 18 septembre, le roi Hussein de Jordanie visite les usines du groupe et montre lui aussi un vif intérêt pour le Mystère 20[20]... Puis le Canada en commande pour sa flotte gouvernementale.

L'avion a déjà changé de nom sur le marché américain : on l'appelle « le jet Falcon ». *Falcon*, le nom restera pour cette série d'avions à réaction privés qui vont faire la différence entre les vrais riches, à l'échelle mondiale, et les autres.

En 1966, environ 400 petits avions à réaction sont la propriété de riches Américains qui les utilisent pour se déplacer à plus de 800 km/h. Et en Europe des sociétés de location s'installent pour offrir un service de taxi aérien de luxe aux entreprises[21]. Les présidents et directeurs généraux prétendent qu'affréter un vol privé revient au même que voyager en *business class*, sans les contraintes des horaires ni des contrôles.

Un changement est en cours. Alors que l'expression « jet-set » est née dans la presse pour désigner le groupe de voyageurs privilégiés qui au début des années 1950 empruntaient les premiers avions de ligne à réaction, à partir des années 1960 la jet-set désigne ceux qui peuvent se payer un avion privé plutôt qu'un voyage sur un vol commercial. Dans l'histoire des riches, le jet est un nouveau tournant autant qu'un marqueur social. Même si des avions à hélice peuvent rendre un service similaire, certes un peu plus lent, ils ne créent pas la même impression de puissance, ne font pas le même bruit aux oreilles du monde.

Une fois de plus, la richesse s'associe à la capacité de voyager plus vite. Une clôture sociale se fait jour. Elle est plus solide que le simple rideau qui sépare la « First » et la « classe économique ». Une distinction proche de celle des trains privés de la fin du XIXe siècle.

Et la taille compte ! Le succès initial du Mystère 20 repose aussi sur le fait qu'il est susceptible d'embarquer huit à douze passagers, quand son concurrent britannique, le DH-125 De Havilland, ne peut emmener au maximum que six voyageurs. Dans cette longue phase de croissance, alors que le prix du pétrole est encore bas, les riches se ruent vers le ciel.

Parmi les premiers, la famille Agnelli fait l'acquisition de deux Mystère 20 pour circuler entre les différents sites de la Fiat à l'échelle planétaire, dès 1968. L'année suivante, le général de Gaulle, pourtant retiré du pouvoir et retraité, se voit prêter un Mystère 20 du gouvernement pour se rendre en Irlande.

L'aviation privée va faire les beaux jours du groupe Dassault dont plus de 2 000 jets privés sont en service en 2007, contre seulement 1 000 chasseurs militaires. Serge Dassault présidait aux destinées du groupe depuis vingt ans déjà. Certes, il avait continué à vendre des avions de guerre, dont le difficile Rafale. Mais la montée en puissance du nombre de milliardaires sur la planète lui avait offert de belles perspectives pour ses avions.

Car la courbe des jets privés suit celle des milliardaires et des hommes d'État, pour lesquels 40 millions d'euros n'est pas une somme insurmontable… En un demi-siècle, leur nombre est passé de 400 environ (en 1969) à 4 600 en 2019. Et ce n'est pas fini.

Le jet est ainsi un marqueur social fort. Appartenir à la très haute société des puissants de la planète suppose cette dépense. Voire plus. Car ces milliardaires considèrent maintenant les jets comme les automobiles. Ils veulent les avoir gros, imposants, avec le décor de leur choix.

Des avions de transport sont acquis par des personnalités pour en faire leur véhicule personnel. Ils demandent aux avionneurs d'aménager les intérieurs selon leurs goûts et leurs besoins. Témoins de ces demandes spéciales, les avions des stars du rock, comme Led Zeppelin ou Elvis Presley.

Elvis, en effet, a possédé deux avions. Le premier, le *Lisa Marie*, du nom de sa fille, est un avion de la firme Lockheed modèle Convair 880. Il est rénové en 1975. Huit sièges, de couleur jaune et verte, une salle de bains dans les tons bleus, avec des robinets dorés. Une chambre à coucher confortable contraste avec une salle de conférences équipée de six fauteuils en cuir et d'une table ovale. Un bar avec télévision et vidéo permet de se divertir durant les voyages[22].

Dès les années 1970, des sociétés se spécialisent dans la décoration intérieure pour avions haut de gamme. Parmi les maîtres de l'époque, Carl Hirschmann, dont la société est basée en Suisse, à Bâle et à Zurich. Outre les locations d'une quinzaine d'appareils, Hirschmann et son fils ont équipé les intérieurs de plusieurs gros appareils, tels le 707, ou des DC-8[23]. Au début des années 1980, 70 % des clients de sa société, Jet Aviation, sont originaires des pays du Golfe et notamment d'Arabie saoudite. Hirschmannn a même ouvert une filiale à Djeddah pour être en contact quotidien avec eux. La société fait du sur-mesure. Mais elle a un savoir-faire particulier pour les « quatre pièces-cuisine ». Il faut tenir compte des contraintes d'espace pour ajuster les appareils électroménagers et donner au voyageur un cadre proche de ses lieux favoris : sa maison, ou son yacht. Une chambre d'enfant avec ses range-jouets n'est pas un obstacle, ni une cuisine avec les aménagements les plus modernes.

Les chefs d'État accompagnent ce mouvement. Le président Eisenhower est le premier à avoir son aéronef à réaction, en 1959, un 707 de Boeing. Kennedy en commanda un. Ces hauts dignitaires ont généralement des avions équipés avec des commodités moins grandes dans les démocraties, car ils doivent garder de la place pour leur suite. L'Airbus A330 français acheté et aménagé par le président Nicolas Sarkozy, par exemple, avait été racheté à la compagnie Air Caraïbes en 2009. Il était équipé d'une chambre à coucher avec un dressing, un bureau, une salle de conférences, un petit centre médical avec une mini-salle d'opération et, enfin, un carré économique pour les gardes du corps et le personnel. Coût total de l'aménagement intérieur de cet A330 : 176 millions d'euros[24]. On comprend pourquoi ces avions de ligne reconvertis en jets privés sont seulement accessibles à de très grandes fortunes. Ils fleurissent notamment dans les pays du Golfe, à la faveur de la rente pétrolière. Le prestige et le bien-être ont un prix.

Serge Dassault connaît bien ses clients. Il sait qu'aucun ne rechigne à la dépense pour ces magnifiques équipements. Mais il n'ignore pas non plus leur sens de l'économie, leur désir d'échapper aux taxes. Si bien que ses collaborateurs imaginent un montage pour faciliter l'exemption de TVA de ses ventes[25]. Les avions sont cédés à des sociétés de leurs clients basées sur l'île de Man et ensuite loués à une autre société du même propriétaire. Leur seule obligation est donc une immatriculation dans cette île, qui appartient à l'Union européenne et ne figure pas sur la liste des paradis fiscaux. De cette manière, les avions promis à la location sont exemptés de TVA[26]. Le procédé marche si bien que plus de 400 avions sont enregistrés sur une île qui compte seulement 88 000 habitants.

Ces ruses, Serge Dassault en est coutumier. Il trouve toujours une solution pour arranger un client et assurer ses ventes. Si bien que son empire prospère. À sa mort en 2018, à l'âge de 93 ans, l'avionneur est la quatrième fortune de France. *Forbes* évaluait alors son patrimoine à plus de 19 milliards d'euros. En réalité sa fortune professionnelle vaudrait à elle seule 40 milliards[27]. Certes, Serge Dassault avait été condamné l'année précédente dans une affaire de financement illicite de campagne électorale[28]. Car, comme son père, il avait fait de la politique, soutenu un groupe de presse, et parfois arasé les difficultés par la distribution de quelques liasses. Mais tout cela n'entache pas le patrimoine lentement sédimenté : propriétés, vignobles, usines, journaux, sociétés technologiques et financières.

Cette immense fortune ne passe pas dans les mains de ses enfants. L'entreprise est confiée à Charles Edelstenne, son lieutenant de toujours. À lui d'organiser la succession[29]. Octogénaire, l'homme doit supporter une lourde tâche avec un « comité des sages » dans lequel figurent trois hommes d'affaires de premier plan, Denis Kessler, Henri Proglio, Jean-Martin Folz, et deux personnalités qualifiées, l'ancien préfet de police de Paris Pierre Mutz et le notaire Bernard Monassier.

Alors que son père l'avait tôt associé à son travail, Serge Dassault, lui, a laissé ses quatre enfants à la marge de ses activités. Olivier a fait une carrière politique ; Laurent a dirigé le vignoble avant d'en être dessaisi par ses frères et sœurs ; Thierry s'est impliqué dans les nouvelles technologies ; quant à Marie-Hélène, mariée à Benoît Habert, un manager, elle n'a rien cédé de son intérêt pour la saga familiale[30].

Les enfants de Serge ne seront pas les véritables dépositaires de ce temple de l'aviation que sont les entreprises Dassault.

Au terme d'une discussion familiale, l'essentiel passera aux petits-enfants, qui devront s'assurer que le nom *Dassault* n'est pas seulement devenu une marque, mais qu'il est le signe de ralliement d'une famille. Pourquoi ce saut générationnel dans la répartition de la fortune ?

Un retour en arrière s'impose. À la mort de Marcel, en 1986, Serge Dassault avait dû trouver un arrangement avec le fisc français pour payer les droits de succession de son père. L'État, alors géré par la droite, sous la présidence de François Mitterrand, s'était montré très compréhensif. Les sommes avaient été allégées, les paiements étalés. Faute de quoi, il aurait fallu vendre le groupe à hauteur de 50 %. Mieux valait garantir la pérennité d'une entreprise essentielle pour la défense de la France. Mais, tout de même, Serge avait mal digéré la situation.

En faisant passer directement le patrimoine aux petits-enfants, la famille évite de payer deux fois des droits de succession. Elle garantit aussi le patrimoine, au-delà des querelles entre frères et sœurs pour la direction du groupe. Le brutal décès d'Olivier Dassault à bord d'un hélicoptère n'a pas modifié cette logique[31]. Au fond, les inventeurs de la jet-set ne se différencient guère de ceux qu'ils transportent : tous partagent la passion du patrimoine et le sens du pouvoir.

1965
Mort du séducteur Porfirio Rubirosa

Le lundi 6 juillet 1965, une Ferrari lancée à pleine vitesse fonce sur l'avenue de la Reine-Marguerite, dans le bois de Boulogne. Soudain, la voiture fait une embardée. Elle percute un véhicule en stationnement et s'écrase finalement contre un arbre[32]. Au fracas de l'accident, quelques témoins accourent. On appelle les secours. Il est 9 heures du matin. Le conducteur est extrait des restes du bolide. On tente de l'emmener à l'hôpital, mais trop tard. Il faut se rendre à l'évidence : Porfirio Rubirosa est mort.

Rubirosa, un nom qui résonne dans la presse, une célébrité mondiale qui pourtant n'est ni acteur ni homme d'affaires. C'est un diplomate à la retraite, à peine âgé de 56 ans. Une figure très connue à Longchamp où il aimait voir courir des chevaux et au Polo de Paris, dont il était membre. Deux institutions cruciales du bois de Boulogne, non loin du pont de Suresnes où cinq ans plus tôt le prince Aly Khan est mort, au volant de son coupé Lancia[33]. Les voitures italiennes sont-elles toutes fatales aux séducteurs ?

Avec Rubirosa, une époque disparaît ; un formidable charmeur s'éteint. Un homme que les femmes aimaient, que les riches aimaient. Un physique avantageux, sportif, mais aussi un sens de l'humour et une légèreté qui plaisent. Rubirosa n'est pas riche. Mais, sa vie durant, il ne cesse d'être au cœur d'un milieu fortuné et de jouir des enceintes privilégiées. À lui seul, il incarne la séduction qui ouvre des brèches dans les comptes en banque… Rubirosa fait partie de l'entourage des magnats, si important pour comprendre comment fonctionne la très haute société internationale.

Car ce Dominicain de naissance n'est pas l'héritier d'un grand patrimoine financier. Son père, général, était entré dans la diplomatie et représentait son pays d'origine : la République de Saint-Domingue. Des études abrégées sont sauvées par un coup de chance. Lors d'une partie de polo, alors qu'il s'est engagé dans l'armée faute de mieux, Porfirio rencontre le dictateur Trujillo, s'en fait un ami, entre dans sa garde personnelle, et séduit sa fille. Son sourire y est pour beaucoup et cette manière qu'il avait de donner à chacun l'impression d'être au centre de son attention. Et son élégance. Une notion qui renvoie à un maintien et à une manière de se présenter, un style qui est celui des élites.

Sur les photographies de presse, tout au long de sa vie, Rubirosa porte des costumes sur mesure, la pochette ajustée au millimètre, la cravate impeccable. Il a littéralement « la classe ». Une manière d'être parfaitement ajusté au milieu qu'il fréquente. Quelle que soit l'activité pratiquée, à la ville comme à la mer, il tient la pose parfaite, comme s'il incarnait la haute société à lui seul. Sa façon d'être finit par imposer une nouvelle norme, comme cette manière qu'il a de nouer son foulard autour du cou, légèrement de côté. Ou encore son usage des polos en yachting. Son style est identifié au glamour qui caractérise les stars de l'époque.

De fait, Rubirosa traverse la vie comme dans un film.

Séquence 1 : l'Europe d'avant la guerre. Faut-il préciser que le dictateur Rafael Trujillo est riche, dans un pays pauvre ? On lui prête 1 million et demi de revenus annuels. De quoi assurer un beau train de vie à sa fille et à son gendre. Mais Porfirio est fantasque et connaît de nouvelles aventures malgré son mariage avec Flor Trujillo. On tente de l'éloigner pour le ramener à la raison. Rien n'y fait ; le couple vole en éclats et divorce en 1938. Voici donc notre diplomate célibataire en France alors que la guerre éclate. Il est le témoin de la débâcle, de l'armistice de juin 1940, et suit le gouvernement français à Vichy. Sa vie reste légère jusqu'au 11 décembre 1941. Ce jour-là, Adolf Hitler déclare la guerre aux États-Unis tout juste frappés par l'attaque sournoise de Pearl Harbor. Trujillo, fidèle allié, décide alors de déclarer la guerre à l'Allemagne. Cette décision, qui n'est suivie d'aucun mouvement de troupes dans la république caribéenne, affecte les diplomates. Dans l'Europe occupée, les nazis considèrent les représentants de l'île comme ennemis et décident de les interner, avec les autres représentants des pays adverses, tels la Grande-Bretagne et les États-Unis. L'idée est de les échanger ensuite contre les diplomates allemands détenus dans ces pays. Porfirio Rubirosa est arrêté par la Gestapo et transféré en Allemagne.

Les autorités germaniques ignorent qu'il a rencontré une actrice promise à une immense carrière : Danielle Darrieux. Le couple attendait que Danielle soit divorcée d'avec son premier mari, le réalisateur Henri Decoin, pour officialiser leur liaison. L'arrestation chamboule tout. Pour le libérer, la toute jeune Danielle, contre son opinion politique, accepte de participer à un voyage de propagande en Allemagne en mars 1942. Elle exige en contrepartie de voir son amant et de le ramener en France.

Il faut imaginer Danielle Darrieux arrivant à Berlin, à l'hôtel Adlon, le palace des années 1930. Dans sa chambre, la jeune actrice attend son amant. Elle a exigé trois jours avec lui. Il arrive en piteux état, amaigri et, pour une fois, mal vêtu. Héroïque, la jeune femme refuse de poursuivre sa tournée et exige de rentrer en France immédiatement avec le prisonnier. Les services de propagande nazis cèdent. Les clichés pris suffiront à alimenter la presse. Quelques mois plus tard le couple se marie, en septembre 1942[34]. Pour gagner leur tranquillité, Danielle a dû accepter des tournages pour la société de production créée par les Allemands dans la France occupée, la Continental Films.

Après la guerre, c'est Porfirio qui protège Danielle. Avec son passé de prisonnier des nazis et son statut diplomatique, il jouit d'une nouvelle considération. Pourtant, le mariage est un échec. En 1947 survient le divorce.

En fait, Porfirio a rencontré à Paris une autre femme, Doris Duke. Et cette rencontre lui donne véritablement une allure de coureur de dot et pas seulement de séducteur endiablé. Coureur de dot, une manière de dire que le bel homme ne choisit pas seulement ses compagnes pour leur beauté ou leur charme, mais aussi pour le volume de leur fortune. Et sa carrière est allée croissante : Flor Trujillo, patrimoine encore sous la main du père. Danielle Darrieux, 23 ans, la jeune actrice la mieux payée de son temps. Doris Duke, la cible parfaite, celle qui le fait vraiment entrer dans le club des très riches. On a prétendu que Doris Duke aurait versé 1 million à Danielle Darrieux pour hâter la séparation[35].

Quand ils se marient, dans la grande salle du consulat dominicain à Paris, le 1er septembre 1947, Doris a 35 ans et Porfirio, 38[36]. Elle est grande, assez fine malgré ses larges épaules, et son visage est tout en saillance. Robe de satin colorée, avec une rose blanche sur le décolleté. Un visage de gros chat, un sourire timide. Porfirio, lui, affiche un sourire tout en dents, sa mèche coiffée en arrière. Il est plus petit qu'elle. Une pochette blanche sur son costume sombre avec un pantalon gris à fines rayures blanches. Une cigarette à la main.

La nouvelle Mme Rubirosa a hérité de la fortune colossale laissée par son père, James Buchanan Duke, « Buck » pour ses amis. La source de ce patrimoine : le tabac. Depuis trois générations, les Duke en ont produit. Mais James B. Duke a racheté des concurrents et constitué un trust, l'American Tobacco Company. En situation dominante aux États-Unis, il impose le prix de ses cigarettes et peut conquérir de nouveaux marchés à l'export, trouver une entente avec des fabricants britanniques. Son entreprise aussi est frappée par les lois anti-monopoles à la veille de la Grande Guerre, en 1913. Cela n'entame guère sa fortune et lui permet de créer une université privée en Caroline du Nord, à Durham, sa ville natale, un an avant sa mort. Il la dote de 65 millions de dollars. Son patrimoine, à sa disparition, se monte à plus de 100 millions de dollars (1,5 milliard de dollars actuels). Doris, sa fille unique, en hérite. Elle est propriétaire des entreprises à 12 ans à peine. Tout est organisé pour qu'elle poursuive ses études, elle sera diplômée de l'université de Pennsylvanie. Mais déjà elle passe son temps en loisirs variés. Sa richesse la gêne, comme les surnoms que lui donne la presse : « la reine du tabac », « l'ado la plus riche du monde »... Elle essaye de fuir la publicité. Un premier mariage, avec un homme bien plus âgé qu'elle, a tourné court. Depuis, elle s'est éloignée des États-Unis pour servir son pays en Égypte, puis pour jouir de la vie à Rome en 1946, où elle a rencontré pour la première fois Porfirio.

Le couple s'installe à Paris. Un hôtel particulier de trois étages. Des voitures de luxe. Du personnel en abondance. Porfirio a aussi ses propres écuries et chevaux de polo. Et il peut utiliser l'avion personnel de son épouse, un ancien bombardier B-25 réaménagé sur mesure pour lui rendre les voyages agréables : un véritable ancêtre de la jet-set. Mais le 10 septembre 1948, l'avion se crashe. Aucune victime n'est à déplorer, car c'était un vol de test. Un problème de moteur a fait atterrir l'appareil au-delà de la piste[37]. Qu'à cela ne tienne, il faudra le refaire.

Impressionné par la carrière matrimoniale de son protégé, Trujillo, le dictateur dominicain, lui accorde une promotion. Rubirosa peut choisir son ambassade. Ce sera l'Argentine, la Mecque du polo. Le but : servir son pays à la recherche d'alliés dans la région. On lui prêtera une liaison avec Eva Perón, la magnifique épouse blonde du président argentin.

Mais Doris n'aime pas l'Amérique du Sud. Elle rentre vivre en Italie. Sa possessivité est soumise à rude épreuve et, après deux ans de mariage, le couple se sépare. « Rubi » y gagne l'hôtel particulier et les biens qui s'y trouvent, dont ses voitures, ainsi qu'une indemnité annuelle de 25 000 dollars. Il se défendra d'avoir voulu soutirer sa fortune à une pauvre jeune fille puisqu'elle était plus riche après leur séparation qu'à leur rencontre.

Même diagnostic pour Marianne Reynolds, la femme du « roi du tabac » R. J. Reynolds. Elle est la maîtresse de Porfirio pendant près d'un an et l'emmène au casino et sur son yacht. Suivent une série de femmes à rendre jaloux tous les hommes de son époque. Certaines conquêtes l'affichent en première page de la presse « *people* » ; d'autres, plus discrètes, se contentent de la rose qu'il envoie après les folles nuits.

Pour refaire sa fortune mise à mal par une chasse au trésor malheureuse à Saint-Domingue, Porfirio Rubirosa épouse Barbara Hutton, héritière de la fortune Woolworth. Là encore un mariage bref, mais plus rémunérateur que le premier puisqu'il le laisse multimillionnaire…

La liste de ses conquêtes des années 1950 a quelque chose de fascinant et montre la dimension mondiale de sa renommée : les actrices Zsa Zsa Gabor, Ava Gardner, Rita Hayworth, l'ancienne impératrice Soraya[38]…

En 1956, il se marie avec Odile Rodin, une jeune actrice française, de son vrai nom Odile Bérard. Son pseudonyme avait été choisi pour laisser entendre que sa beauté sculpturale était digne du grand artiste. Odile paraît aussi libre que son mari, puisqu'on lui prête une liaison avec le président Kennedy, présenté par Porfirio.

À cette époque, le mode de vie du séducteur dominicain est celui d'un fêtard, avec ses recettes personnelles : ne pas découcher un jour sur deux, se lever à midi, pratiquer le polo chaque jour pour que les chevaux soient toujours prêts ; fréquenter les boîtes de nuit, notamment Chez Régine ; finir ensuite la nuit à la maison avec ses amis et des musiciens… Une vie oisive, dont la répétition est rompue par de menus travaux au service de son protecteur, Trujillo. Quand ce dernier est assassiné en 1961, Rubirosa se sert de ses bonnes relations avec les sœurs Kennedy pour tenter d'influencer leur frère et président des États-Unis, John Fitzgerald. Son but : voir la poursuite de la dictature avec Trujillo Junior. Il échoue et reprend sa vie entre courses de voiture, polo et sorties nocturnes. Une vie de riche centrée sur les plaisirs plutôt que sur le travail. Il avait coutume de dire : « L'ambition de la plupart des hommes est d'épargner de l'argent. La mienne est d'en dépenser. »

Quand l'accident le fauche, le 16 juillet 1965, au matin d'une longue nuit, alors qu'il repartait de nouveau vers Paris, c'est un sybarite qui s'éteint. Un modèle d'existence que seul autorise un certain niveau de fortune. Sans doute faible sur les événements de son temps, sa trace demeure importante dans la mémoire de ses contemporains et surtout dans l'idéal d'une vie centrée sur la séduction et une forme d'élégance. Une vie d'oiseau de nuit.

1968
Vivre à l'année dans un palace

Le soleil était haut dans le ciel bleu, illuminant la façade maritime de Cannes. Depuis le yacht, on pouvait voir se dessiner la plage et, au-dessus, le ciment de la promenade. Au second plan, les immeubles formaient un véritable front de mer d'où de grandes façades se détachaient, celles des palaces et des hôtels de luxe. Un œil aiguisé reconnaissait sans peine le Carlton et le Majestic, ces deux empires du luxe.

Enid Winifred Stannard et son mari savouraient cette vision avec un plaisir non dissimulé. Le Carlton, ils en connaissaient la qualité du service depuis les années 1930, quand ils avaient pris l'habitude de se rendre au Touquet, dans le Nord de la France, où un établissement du même propriétaire les accueillait. Mais la Côte d'Azur a un atout de plus que la Côte d'Opale : la clémence de sa météo.

Certes, dans ces années 1960 encore, des habitués continuaient de passer l'hiver dans le Sud et de privilégier l'été au nord afin de jouir au mieux d'un climat modéré. Mrs Stannard n'est pas de ceux-là. Avec son mari, elle a pris une chambre à l'hôtel, visité

Cannes, profité des terrasses, de sa promenade. Le pli était pris. En amour, on eût dit qu'un coup de foudre avait frappé.

Chaque année, les époux passaient l'été dans ce lieu de rêve, jusqu'à cette fatidique année 1968. Ce ne sont pas les mouvements étudiants ni la grève générale, encore moins le scandale du festival de cinéma, qui ont tout bouleversé. Mais la mort soudaine de Mr Stannard.

À l'image de Coco Chanel qui savourait ses dernières années au Ritz à Paris, Mrs Stannard décide de s'installer dans « son » palace, le Carlton. Pour le personnel, elle est cette vieille dame anglaise dont les habitudes et les coutumes deviennent familières à mesure que le temps s'étire. Il n'y avait alors plus guère de résidents à l'année. La mémoire demeurait des familles riches qui avaient trouvé refuge à Cannes et à Nice au début de l'Occupation afin d'échapper aux mesures restrictives des Allemands en zone nord. Parmi elles, de riches familles juives qui avaient utilisé un temps l'hôtel comme refuge. Ils découvraient la précarité entre velours et dorures.

Dans les années 1970, les palaces changent de rythme à Cannes. Des stars et des hommes d'affaires remplacent le public chic qui avait relancé la ville dans les années de l'après-guerre. Mrs Stannard, seule résidente à l'année, paraît décalée.

Mais à Paris, d'autres choisissent de vivre durablement dans un hôtel. Certes, Coco Chanel disparaît en 1971. Mais par exemple Albert Cohen, l'immense écrivain, s'est installé dans un palace rive gauche, le Lutetia, pendant plusieurs mois, pour écrire son roman *Belle du Seigneur*. Au Lutetia encore, Pierre Bergé, l'homme d'affaires, prend la chambre 608 pendant plusieurs années, au point de la faire réaménager avec un salon et une chambre à coucher. Il avait ainsi un jardin secret, pas si loin de son hôtel particulier partagé avec son compagnon Yves Saint Laurent.

Dans sa chambre 307, au Carlton, Mrs Stannard collectionnait les chapeaux et les robes. Mais avait fait livrer peu de meubles personnels. Elle commandait à l'occasion à une épicerie fine des environs des fruits et des plats cuisinés. Et la commerçante discutait avec elle de l'actualité folle. L'élection de Giscard, celle de Mitterrand, la guerre froide et la chute du mur de Berlin… Le monde extérieur effleurait sa chambre d'hôtel. Chaque jour, à 12 heures 30, elle en sortait pour se rendre dans la salle à manger. Là, elle savourait une viande avec des pommes de terre au four, agrémentées d'une sauce à la crème fraîche. Un déjeuner simple précédé d'un Campari soda. Est-ce là la recette de sa longévité ? Ou est-ce le rituel d'une sortie quotidienne longtemps assortie d'une promenade ? Ou cette régularité d'existence qui lui a permis d'atteindre un bel âge ?

Revenue dans son antre en début d'après-midi, la vieille dame revêtait sa robe de chambre et passait l'après-midi en toute discrétion, lecture, télévision… Son emploi du temps reste un mystère, jusqu'au mardi 3 octobre 1995, le jour où elle s'éteint, à 87 ans. La cause du décès : un arrêt cardiaque. La dernière cliente à l'année du palace venait de disparaître, ainsi que son tarif préférentiel de 300 000 francs (65 000 euros) les douze mois. Elle est entrée dans l'histoire à cause d'un style de vie auquel elle avait fini par s'identifier au point de le symboliser[39].

Cette mort dans un palace fascine, car elle laisse imaginer une manière de s'éteindre luxueuse. Le décès de Pamela Harriman, la brillante ambassadrice américaine en France sous l'ère Clinton, produit la même impression. Cette ancienne aristocrate britannique qui fut la belle-fille de Winston Churchill a été une des grandes séductrices du XXe siècle. On lui prête des aventures avec Frank Sinatra, Gianni Agnelli et le prince Aly Khan, pour ne citer que les plus connus. Mais c'est grâce à son troisième mari, le richissime homme d'affaires américain William Averell Harriman, héritier des chemins de fer de l'Union Pacific, qu'elle entre en politique. Harriman est un des mentors et soutiens économiques du Parti démocrate. L'élection de Bill Clinton lui ouvre la voie. Quand elle est nommée ambassadrice à Paris, en 1993, c'est presque un retour aux sources, car elle y a passé de belles années dans sa jeunesse.

C'est au Ritz qu'elle se rend le 5 février 1997. Elle a ses habitudes dans la piscine de l'établissement de luxe de la place Vendôme, au sous-sol, de belles dimensions : 17 mètres de long. Elle complète un spa. On peut donc nager tranquillement. Mais ce matin-là, une hémorragie cérébrale frappe Mrs Stannard. Elle est sortie du bassin et emmenée rapidement à l'Hôpital américain à Neuilly, où elle s'éteint[40].

Cette piscine, Mohamed al-Fayed, un riche homme d'affaires égyptien, en a eu l'idée quand il a racheté le Ritz, en 1979. Il avait entrepris une réfection complète des chambres, gardant le style à l'identique, mais y introduisant tous les critères des palaces. Son idée : forger un vaste sous-sol utilitaire et adjoindre à l'hôtel imaginé par César Ritz en 1898 une galerie commerciale, plusieurs bars et un restaurant. Le service doit rester très soigné, dès l'accueil, avec les portes battantes, désormais automatisées. Le Ritz d'Al-Fayed vit sur la lointaine réputation de l'hôtel qui en fait une destination toujours prisée des voyageurs américains et des nouveaux milliardaires des pays du Golfe. C'est là que des filous déguisés en émirs parviennent à faire croire à un diamantaire de la place Vendôme qu'ils vont lui acheter des bijoux. Après l'avoir laissé attendre dans l'antichambre de la suite royale, le temps de montrer à « Sa Majesté » les pièces, les comparses s'enfuient par la porte de la chambre. C'est là encore que Richard Mwamba, un Congolais, fait transiter une partie des faux dinars de Bahreïn qu'il change dans d'autres devises à Paris et ailleurs. Le Ritz inspire confiance. Comme tous les palaces d'ailleurs.

Pourtant, dans ces lieux, le niveau de la sécurité n'a cessé d'augmenter. Au vieux détective d'hôtel du XIXe siècle succèdent de véritables services de protection gérant les accès et anticipant les besoins de cette clientèle convoitée.

Le service de sécurité du Ritz, en 1997, compte une vingtaine de personnes dont la tâche consiste à gérer la surveillance des abords et à sécuriser l'intérieur de l'hôtel. À cette époque le recours à des sociétés extérieures n'est que temporaire. Le Ritz est équipé de nombreuses caméras, qui permettent de suivre les déplacements d'un éventuel intrus. En juin 1997, c'est Henri Paul, un Breton, qui prend la tête du service. Cet ancien instructeur d'aviation est entré au Ritz en 1986. Il a étoffé ses qualifications, effectué des formations, notamment à la conduite rapide, afin d'assurer, au besoin, les déplacements de la clientèle.

Le 31 août 1997, il est au volant quand survient l'accident qui coûte la vie à Dodi al-Fayed, l'héritier de son patron et du Ritz, et à Lady Diana Spencer, mère de l'héritier en ligne directe de la couronne d'Angleterre. Henri Paul, directeur de la sécurité du Ritz, est mort au service de son établissement. Il voulait éviter que des photographes pistent le couple et prennent des photos de son intimité.

Pour son enterrement, en Bretagne, une dizaine d'employés ont fait le déplacement. Ils rendent hommage à un collègue dont ils saluent la gentillesse et le sérieux. Dans le petit village, les journalistes les questionnent sur sa consommation d'alcool, car déjà la thèse d'une erreur de conduite causée par l'ivresse se fait jour. Le recueillement de la famille et des amis en est troublé.

À Cannes, deux ans plus tôt, les employés de l'hôtel avaient accompagné Mrs Stannard dans sa dernière demeure, en toute discrétion. Tout juste avaient-ils signalé à un journaliste présent que ses cendres repartaient vers sa terre natale de Manchester. Après une longue séparation, la vieille dame allait retrouver son mari dans le caveau familial.

1970
UNE PASSION FATALE, LES CASATI STAMPA

Le 30 août 1970, Rome est plongée dans la torpeur de l'été finissant. Le soleil couchant nimbe la ville d'une magnifique couleur rose. Au dernier étage du 9, rue Puccini, la vue s'étale sur les jardins de la villa Borghèse[41]. Dans cet immeuble aristocratique réside un noble de longue lignée : Camillo Casati Stampa. Sa famille, originaire de Lombardie, a depuis longtemps essaimé dans toute l'Italie. Le marquis Casati Stampa n'est pas une des plus grandes fortunes italiennes, mais il fait partie de cette frange des riches connectés à la jet-set. Voyageur sans frontières, il fréquente le monde des affaires et du cinéma. À 43 ans, il porte beau et possède ce magnifique appartement romain, un château où il pratique la chasse avec passion, et de multiples terres ainsi que la villa San Martino, à Arcore, non loin de Milan. Depuis 1922, sa famille est le locataire unique de l'île de Zannone, dans le golfe de Gaète. Sa villa domine ce promontoire rocheux dont les eaux sont d'un bleu translucide tirant sur le vert. De petites embarcations s'y arrêtent parfois pour que leurs hôtes profitent de la baignade. Vestige romantique, non loin du rivage une maison en ruine achève de s'effondrer. Sur la côte opposée, un sémaphore indique aux navigateurs la position en cas de tempête. Dans ce petit paradis, le marquis prend ses quartiers d'été avec son épouse, de deux ans sa cadette.

Anna Casati, née Fallarino, s'est essayée à la comédie, dans sa jeunesse. Elle a tourné un film avec le prince des humoristes de l'époque, Toto. Puis elle est devenue marquise, un titre à défaut d'un métier. Elle parle peu de son enfance, même si elle a confié avoir été violée par un prêtre à l'âge de 12 ans dans un confessionnal. Bouleversée, elle s'était plainte à sa grand-mère qui l'avait simplement giflée pour toute réponse, en lui disant d'arrêter ses bêtises. Certains diront que son appétit sexuel trouve son origine dans ce drame.

En 1958, Camillo et Anna font connaissance au Festival de Cannes. Ils deviennent amants et se marient l'année suivante, en Suisse, pour la cérémonie civile. La cérémonie religieuse a lieu plus tard, en Italie. Au début des années 1960, l'atmosphère est déjà à la libération sexuelle. Bien avant 1968, les manifestations éclatent en Italie. On entre dans « le Mai larvé ». Des manifestations et des publications qui réclament des changements dans les mœurs et le travail. On veut le divorce, et rompre avec l'Église.

Dans ce contexte lointain s'écrit le drame d'un couple passionnel. Le marquis a tenu le journal de son amour fou et de ses plaisirs. Assez tôt, il s'ouvre à son épouse de son fantasme : la voir faire l'amour avec de beaux inconnus. Le pli est pris entre eux deux. Au début, le mari ne se manifeste pas. Il exerce son voyeurisme en regardant à travers des œilletons percés dans les murs de la chambre à coucher, notamment dans la villa de Zannone. Parfois, on sollicite un militaire pour qu'il prenne Anna, toujours prête à satisfaire les fantasmes de son compagnon. Des marins aussi ou des maîtres-nageurs. Ou des touristes de passage sur les rivages de l'île.

Ces jeux ont leur variation. La pénétration n'est pas le seul but. Camillo a une imagination débordante. Voir masser son épouse, la voir couverte de sable et nettoyée par deux marins, à coups de langue… Plein de zèle, le marquis choisit les amants avant d'évaluer s'ils plairaient à son épouse. La condition essentielle du mari est d'être le témoin de l'acte sexuel : les deux semblent ainsi partager un moment exceptionnel, une complicité que peu de couples connaissent.

Pour assouvir son plaisir, Camillo ne regarde pas à la dépense. Il débourse 300 euros pour un militaire, 500 pour un maître-nageur[42]. Le même prix pour deux rameurs… Il tient la comptabilité de ses dépenses dans son journal, ainsi que les noms des personnes rencontrées et la qualité de leurs performances. Pour se souvenir de ces bons moments. Il prend aussi des photographies et quelques films en Super 8. Beaucoup de portraits d'Anna mettent en avant sa poitrine généreuse. Sur l'un, les tétons débordent du soutien-gorge.

Aujourd'hui, ce fantasme et ce fétichisme ont leurs sites internet, leurs réseaux sociaux. Le candaulisme, tel est son nom. Prendre du plaisir à voir sa compagne jouir avec un autre. Mais dans les années 1960, on taxe de pervers, de malades mentaux ceux qui s'adonnent à cette pratique. Le marquis et son épouse poursuivent donc leurs activités dans une forme de clandestinité à Zannone et à Rome.

Rome justement où un étudiant raté de 25 ans fait leur connaissance, en juin 1970. Massimo Minorenti correspond à leur idéal. Blond, les cheveux longs, le corps fin et bien fait. Massimo fait la joie du couple. Camillo l'a convié contre espèces à se joindre à eux et il s'est délecté des ébats entre Anna et Massimo. Plusieurs rencontres ont eu lieu. Ce qui chiffonne le marquis, c'est que le jeune homme ne demande plus à être payé. Mais c'est l'été et il est commode de reprendre un si bon « spécimen » plutôt que d'en chercher un nouveau. Camillo ignore que la marquise voit clandestinement l'étudiant. Cette circonstance aurait pu passer inaperçue, car le mari était parti à la chasse, invité par un de ses amis pour une battue. Soupçonneux, le marquis passe un appel à Rome dans la nuit et entend à l'autre bout du fil la voix de Massimo. Après avoir pensé au suicide, le mari trompé est pris par des envies de meurtre.

Il revient en voiture chez lui à Rome. À l'aube, il gravit les étages jusqu'au troisième et ouvre la porte. Il ordonne à ses domestiques de ne pas le déranger. Puis armé d'un fusil de chasse, il passe dans le salon où se trouvent les deux amants. Son épouse est sur le divan. Il murmure des mots d'excuse et fait feu à deux reprises. Le médecin légiste dira que le premier coup tiré dans la poitrine de son épouse avait fait couler le silicone de ses seins refaits. Après avoir rechargé son fusil, il abat le jeune Massimo. Puis, devant cette scène terrible, Camillo se tire la dernière cartouche, en pleine tête, et meurt de ses blessures[43].

Depuis l'office, les domestiques ont tout entendu. Affolé, le majordome appelle la police avant même d'être entré dans la pièce car il devine qu'un drame est survenu. L'enquête est menée rapidement. Les fuites vers la presse sont nombreuses. Les détails croustillants sur la vie sexuelle sont étalés dans les journaux. Les images de la marquise aussi.

Le trio infernal retient l'attention des paparazzi. Un tel drame alimente les fantasmes sur les riches : l'idée que leur vie est par nature différente et hantée par des plaisirs qui échappent au commun des mortels. Pire, les riches auraient des perversions et se serviraient de leur argent pour les assouvir. Cette dernière idée rebondit d'autant plus en Italie que l'interprétation des faits à travers le prisme des classes sociales est dominante au début des années 1970. Les scores du Parti communiste italien dépassent alors les 25 % lors des élections. Le fait divers est dépeint comme un fait de société. Anna Casati réunit sur sa personne les stigmates de la femme opprimée, devenue objet, tuée quand elle tente de s'émanciper, et de la complice du riche qui joue avec d'autres hommes issus des classes laborieuses.

Pour la gauche, cet épisode s'inscrit dans une longue chaîne d'histoires mystérieuses ou sordides. Tout a débuté en 1953 par la mort suspecte d'une jeune femme, Wilma Montesi, dont le corps a été découvert sur une plage, non loin de la villa de membres de la haute société romaine. Aussitôt, on soupçonne le parti au pouvoir d'avoir voulu masquer une orgie[44]... Au fond, la déviance serait le propre des élites de l'argent et du pouvoir, et non le fait des opprimés.

Cette même idée se retrouve dans les narrations de la mort du banquier Édouard Stern. La trente-huitième fortune de France, en effet, est assassinée par sa maîtresse, Cécile Brossard, lors d'un jeu sexuel, le 28 février 2005[45]. Tant lors de l'enquête qu'à l'occasion du procès, cette jeune femme est présentée par la presse comme une victime des appétits pervers du banquier d'affaires[46].

Au cœur du procès, elle avoue le crime, mais affirme que le déclencheur est une phrase prononcée par son amant : « Un million de dollars, c'est cher pour une pute. » Car elle avait demandé à son amant cette somme pour se sentir en sécurité après une liaison qui se prolongeait depuis quatre ans. Mais le soir du 28 février, alors qu'il est attaché à sa chaise, face à elle, tout a chaviré. Édouard Stern était vêtu de son costume de latex avec une cagoule masquant ses traits, et elle portait des cuissardes noires et un collant fendu. « Un million de dollars, c'est cher pour une pute » : ces mots changent tout. Elle lâche son fouet et se rend dans l'entrée où se trouvent des armes de poing. Elle en prend une, revient dans la pièce et fait feu à quatre reprises. Le geste de fureur d'une femme sous emprise, victime d'un harceleur, d'un pervers, telle est la thèse de la défense. Et de rappeler son enfance douloureuse, l'agression sexuelle dont, adolescente, elle a été l'objet. Ses origines modestes, sa mère perturbée… La presse reprend cette lecture qui met à mal le banquier. Ce dernier aurait abusé de son argent pour faire de Cécile un jouet.

En somme, trente-cinq ans après l'affaire Casati Stampa, le même préjugé demeure dans l'imaginaire collectif : les riches seraient des êtres différents, incapables de se satisfaire d'une existence normale. Par nature, la banalité et la vie simple seraient impossibles pour eux. Chacun d'eux poursuivrait une quête d'exception dans sa vie personnelle. Comme si leur réussite économique leur évitait le sort du commun des mortels et les plongeait dans l'univers de la déviance. Pourtant les affaires qui mettent en jeu des membres des élites financières sont aussi rares que dans d'autres classes sociales. Si les journaux les commentent autant, n'est-ce pas en raison de leur caractère exceptionnel ? Malgré toutes les évidences, la machine à fantasmes n'est pas près de s'arrêter. Derrière chaque grande fortune se cacherait un crime, un viol ou un vol. Et c'est lui que nous voulons voir.

1971
STAVROS NIARCHOS ET TINA LIVANOS, MARIAGE GREC À PARIS

La salle des mariages de la mairie du 8e arrondissement de Paris n'est pas très grande. Ce 21 octobre 1971 s'y trouvent quelques personnes triées sur le volet. Il y a là Stavros Niarchos et Tina Livanos. Le témoin officiel de ce mariage grec est Anetta, la mère de Tina, ultime survivante d'une famille décimée par l'histoire, l'argent et les calmants. L'année passée, Eugenia, la sœur de Tina, et précédente épouse de Stavros Niarchos, était morte d'un excès de barbituriques. Leur père, Stavros, n'était plus de ce monde depuis presque une décennie. Et pourtant la joie se lit sur les visages.

Cela pourrait être le début d'un bonheur parfait pour Tina, à 42 ans, et pour Stavros Niarchos, de vingt ans son aîné. Mais pour lui, c'est surtout une incroyable revanche. Jeune encore, il avait repéré dans la riche famille de l'armateur londonien Stavros Livanos cette jeune beauté, Tina. Elle était alors âgée de 14 ans. Il avait demandé sa main, mais le père s'y était refusé. Elle n'était pas prête, et la seconde guerre mondiale faisait rage. Niarchos pensait attendre un moment avant de se représenter. Le but n'était pas uniquement amoureux. Il voulait grâce au mariage aplanir la concurrence entre son entreprise de navigation et celle de Livanos, qui prospérait depuis plus de deux décennies. Il ne se doutait pas qu'un autre armateur, Aristote Onassis, avait conçu le même plan[47]. Patient, ce dernier fait pendant trois ans le siège du père Livanos et obtient, en 1946, d'épouser Tina. Noces imposantes, au luxe américain, en présence de tous les membres de ces fortunes montantes de l'économie mondiale, et sous les objectifs des photographes.

Pour beaucoup, c'est de cette époque que date la rivalité entre Niarchos et Onassis. De fait, pour entrer dans la famille, ce dernier a finalement demandé la main d'Eugenia, la sœur aînée. Niarchos et Onassis beaux-frères, rétrospectivement, cela fait sourire. Car leur rivalité ne cesse de rebondir sur tous les océans et dans tous les lieux de villégiature[48].

Les deux armateurs sont lancés dans des opérations complexes de vente et d'achat de flottes de navires, jonglant avec le droit américain et les immatriculations au Panama, pour raisons fiscales, bien sûr.

En 1953, Niarchos choisit de louer un hôtel particulier à Monaco pour y loger une partie de ses affaires. C'est la Société des bains de mer de la principauté qui lui trouve la perle rare. Le bail est signé pour trois ans renouvelables. Dans l'intervalle, Onassis est entré dans le capital de la société. Il aurait même utilisé des capitaux de son beau-frère pour monter l'opération. Or le prince Rainier veut reprendre en main cet outil indispensable à son État. Mais Onassis bloque ses démarches[49]. Et en 1964, il pousse la société à réclamer l'hôtel loué par Niarchos, lequel riposte juridiquement pour ne pas se laisser évincer. Les relations entre les deux hommes se dégradent encore. Onassis se retrouve bientôt chassé de la Société des bains de mer, sous la menace d'une nationalisation des jeux, et doit céder ses avoirs au prince Rainier… En 1966, il doit quitter la principauté dont il avait renfloué les caisses. Certes, il est devenu célèbre, mais sa rage vis-à-vis de Niarchos, dont les succès ne se démentent pas, va grandissant.

Ce dernier a ses entrées dans le grand monde, et bientôt la planète entière semble le connaître. Sa méthode ? Le coup d'éclat et une forme de générosité calculée[50]. Les arts sont le terrain d'application de sa méthode. En 1955, il acquiert auprès d'un grand marchand d'art new-yorkais une Pietà du Greco, ce peintre espagnol d'origine… grecque[51]. Mais il la prête aussitôt au Metropolitan Museum of Art. Le geste lui vaut les honneurs de la presse, car si le prix exact de la transaction reste inconnu, on le devine énorme. Deux ans plus tard, nouvelle campagne de presse, quand il acquiert la précieuse collection de tableaux de l'acteur Edward G. Robinson, en plein divorce[52]. Des tableaux modernes, impressionnistes, dont notamment des Van Gogh et des Gauguin. Ils ne seront pas seulement exposés dans ses propriétés mais constituent la base d'expositions internationales[53].

Niarchos est persuadé que la taille compte. Dès cette époque, il conçoit l'idée que la rentabilité du transport énergétique passe par des navires de plus gros tonnage. Il fait donc produire des supertankers, en Grèce et même en Chine, pour rafler les contrats pétroliers[54].

C'est pourtant Onassis qui, le premier parmi les armateurs grecs, avait misé sur le pétrole. Mais il est allé trop loin dans les combinaisons politiques, dont il a le goût, en proposant un contrat exclusif de transport au roi d'Arabie saoudite[55]. Il a dû battre en retraite face aux menaces de l'Aramco, la puissante compagnie saoudienne jalouse de son monopole. Déjà, il avait dû renoncer en 1958 à une flotte complète de baleiniers et la vendre avec un fort bénéfice au gouvernement japonais. C'étaient les premiers pas de la défense des espèces en voie de disparition. Onassis n'était pas vraiment écologiste… De fait, il est aussi le propriétaire d'une compagnie aérienne, rachetée à l'État grec et rebaptisée, en 1957, Olympic Airlines. Elle fait voler ses premiers avions de ligne à réaction dès 1960.

Cet homme parti de rien, petit trafiquant de cigarettes dans sa jeunesse, vit comme un roi, la soixantaine approchant.

Le voici sur son île, achetée 3 millions de dollars en 1964. Il a fait construire un port pour abriter son yacht, le *Christina*, ainsi baptisé en l'honneur de sa première épouse, Tina. Sur ce navire tant de personnalités sont passées, de Churchill à la Callas, qu'il invite en 1959 avec son mari. Au terme de la croisière, il s'éprend de la cantatrice, et divorce de son épouse l'année suivante. Une passion qui fait le bonheur de la presse populaire.

Les deux armateurs sont des pionniers de la « peopolisation ». Leur vie personnelle s'étale dans la presse. En 1965, Stavros Niarchos divorce d'Eugenia Livanos. Son troisième divorce. La raison ? Sa rencontre avec Charlotte Ford.

Charlotte est la fille d'Henry Ford II, le fils du fondateur de la puissante marque automobile, une des héritières d'un empire d'acier, aux usines planétaires. Elle a 24 ans, son amant en a, lui, 38 de plus. Leur mariage est célébré au Mexique, à Juarez[56]. La lune de miel se déroule à Saint-Moritz, où Charlotte est souvent venue avec son père, notamment l'année précédente. Mais, moins de dix-huit mois plus tard, le couple divorce. Niarchos retournera à Saint-Moritz en 1968, pour affaires cette fois. Il rachète le très chic hôtel Kulm, un des piliers de la station. Entre-temps, un événement crucial se produit, qui va impacter son avenir et ses affaires.

Le 21 avril 1967, une junte composée de colonels de l'armée grecque s'empare du pouvoir à Athènes. Elle contraint le roi Constantin II à l'exil. Pour Niarchos, c'est un coup dur. Il est proche de la famille régnante et avait habilement profité de ses relations avec le gouvernement constitutionnel. Il doit lui aussi s'exiler et réorienter une partie de ses affaires. À l'inverse, Onassis se satisfait du changement politique. Il intensifie ses activités durant la dictature des colonels. Le conflit entre les deux hommes revêt une connotation politique, alors même que leur existence prend un nouveau tour.

Onassis, en effet, a rencontré la veuve du président Kennedy, Jackie.

Alors que les jets privés commencent à sillonner les airs, c'est pourtant un avion de ligne de la compagnie Olympic qu'Onassis mobilise pour son nouveau mariage. À quelques jours de l'événement, en août 1968, il fait stationner un Boeing 707 sur le tarmac de l'aéroport de New York et les passagers sont priés de descendre. L'équipage s'affaire dans la cabine alors qu'arrive bientôt à l'aéroport un convoi de plusieurs limousines. En descendent l'ancienne Première dame des États-Unis, Jackie Kennedy, et ses enfants. Ses parents l'accompagnent. Et ses deux belles-sœurs qui ont été témoins de ses premières rencontres avec Aristote Onassis[57]. C'est sa sœur, Lee Radziwill, qui lui avait présenté le milliardaire grec cinq ans plus tôt. Jackie et elle étaient parties en croisière sur son yacht[58]. Une manière d'essayer de sortir la jeune femme de la dépression où l'avait plongée la nouvelle campagne électorale de son mari, JFK. La rumeur veut que Lee ait eu une aventure avec Onassis. Et que le président américain ait pris durablement en grippe le milliardaire grec, qu'il aurait qualifié de « sale con »[59]. Pourtant, c'est Jackie et non Lee qui s'envole vers l'île de Skorpios pour épouser Aristote Onassis, le 20 octobre 1968. Une cérémonie sans fleurs dans la chapelle, célébrée par un prêtre orthodoxe venu de l'île habitée la plus proche. Le champagne rosé coule à flot, tandis que les paparazzi tentent de prendre des clichés depuis des bateaux de pêche au large.

Le couple mène une étrange existence entre Paris, New York, Athènes et Skorpios, leur base restant un appartement de 14 pièces sur la 5e Avenue, au cœur de Manhattan.

Depuis son île de Spetsopoula, Niarchos regarde cette agitation, partagé entre l'envie et la haine. Il se remet en ménage avec son ex-épouse Eugenia qui meurt d'une surdose de médicaments en 1970. Un moment, le décès paraît suspect à la justice grecque. Niarchos est soupçonné de meurtre[60]. Pendant un an il clame son innocence, avant que les poursuites soient abandonnées. C'est alors qu'il renoue avec son amour de jeunesse, Athina, alias Tina. Les noces ont lieu à Paris, en 1971, dans la belle mairie du 8e arrondissement.

Le couple formé par Jackie et Aristote, lui, bat de l'aile, quand, en 1975, Onassis tombe malade. Il va à Paris pour y être soigné, à l'Hôpital américain. Cet hôpital dont on dit qu'il offre le privilège de « bien mourir » entre riches… De fait, il s'éteint victime d'une pleurésie.

Niarchos ne triomphe pas vraiment. À la même époque, la démocratie revient dans son berceau natal. L'armateur avait misé sur une restauration de la famille royale. Il en est pour ses frais.

L'épilogue de cette histoire pourrait nous conduire à l'Athènes actuelle, justement. Là, se trouvent aujourd'hui deux grands immeubles abritant les sièges de deux grandes fondations qui gèrent les millions accumulés par ces immenses hommes d'affaires : la Fondation Niarchos et la Fondation Onassis[61]. Ces deux institutions expriment le désir ardent de reconnaissance qu'ont eu ces magnats[62]. De fait, leurs descendants sont pleinement entrés dans le monde, se livrant à des activités prisées par la haute société et remplissant à leur tour les pages des magazines populaires, ces usines à rêves qui vendent la richesse comme on raconte un rêve.

Dans le club des milliardaires et des grands, ils ont leur place.

À preuve, l'extraordinaire mariage de Stavros Niarchos III, le petit-fils du fondateur de la dynastie, avec Darya Zhukova, surnommée Dasha. C'était en janvier 2020, à Saint-Moritz[63].

Durant un week-end entier, des têtes couronnées comme les Hanovre, les York ou la famille royale de Grèce voisinaient avec des célébrités telles qu'Orlando Bloom, Karlie Kloss ou Stella McCartney. Tous étaient logés à l'hôtel Kulm, propriété familiale des Niarchos, quand ils ne possédaient pas déjà leur propre demeure sur place. 300 personnalités dont les noms incarnent aussi le pouvoir, telle Ivanka Trump accompagnée de son mari, Jared Kushner. Presque comme si le président des États-Unis avait fait le déplacement. Il est vrai que les conjoints avaient tissé des relations parfois intimes avec elles, car Stavros a fréquenté aussi le monde d'Hollywood à l'époque de sa liaison sulfureuse avec Paris Hilton. Quant à Dasha, son premier mari avait été le milliardaire russe Roman Abramovitch, propriétaire du club de foot de Chelsea et progressivement introduit dans la haute société britannique. Un mariage chic dont le montant, selon un quotidien britannique, aurait atteint les 6 millions de dollars. Dîner, banquets, robes de soirée et de mariage Valentino : tous les canons ou presque d'une union telle que la conçoit la haute société. Les riverains de la vallée de l'Engadin se plaignirent pour l'occasion du vacarme des avions atterrissant sur la piste proche. Cela risquait de polluer leur belle vallée.

1977
Le triomphe des clubs VIP

Clubs, boîtes de nuit, la formule se renouvelle totalement avec l'émergence de la haute société mondiale. Un cocktail inédit entre argent, plaisir et mode se fait jour après la seconde guerre mondiale. Bien sûr, il y a eu les débuts, avec le Club 55 qui dès l'année 1955 accueillait sur la plage de Pampelonne, dans la station désormais en vogue de Saint-Tropez, les riches propriétaires de yacht et les nouvelles stars du cinéma. C'est là que furent tournées des scènes cultes du film de Roger Vadim

Et Dieu créa la femme. Le Club 55 dont le restaurant servait à déjeuner jusqu'à 17 heures 30, pour laisser aux fêtards de la nuit le temps de se réveiller, de se refaire une beauté.

Il y a eu ensuite la version en dur de cette conception de la fête : le Byblos, toujours à Saint-Tropez. Un hôtel de luxe, avec une boîte de nuit sélecte, Les Caves du Roy. Le projet a germé dans l'esprit d'un richissime homme d'affaires libanais, Jean-Prosper Gay-Para. Le Byblos tire son nom d'une magnifique cité du Liban où le coucher de soleil teinte d'or et de rose les murs de pierre. Comme un rêve. Pour l'inauguration, le 27 mai 1967, pas moins de 700 personnes sont invitées[64]. Eddie Barclay, le célèbre producteur musical, est une pièce maîtresse du succès. Il est venu avec ses amis. On reconnaît dans le public Annie Girardot, Eddy Mitchell et le sulfureux Michel Polnareff, pas encore exilé fiscal aux États-Unis. Il y a aussi la très belle Mireille Darc et le danseur Jacques Chazot. Bientôt Gay-Para revend l'ensemble à Sylvain Floirat, un homme d'affaires français qui va assurer la célébrité mondiale de l'établissement[65]. Tout comme la tropézienne de la pâtisserie Sénéquier, éloignée de quelques dizaines de mètres, tout comme la boutique de Bettina, destinée à vêtir Mick Jagger, Jane Birkin et Brigitte Bardot. Cette dernière devient l'icône de la station balnéaire[66], elle dont le nom est, avec celui du général de Gaulle, le meilleur ambassadeur de la France.

Saint-Tropez fait partie de « la saison » pour les riches milliardaires du monde entier. Dès les années 1970, plus de 5 000 personnes travaillent localement pour amarrer, réparer, servir et alimenter leurs yachts. La promenade des curieux sur le port a commencé dès les années 1950. Elle est aujourd'hui une mise en scène pour nouveaux riches qui louent pour quelques semaines des bateaux de luxe amarrés sur le quai… Illusion de se voir admirer et illusion pour une multitude de marcheurs de voir un riche dans son intimité…

À la même époque, on se rend à Ibiza, où les boîtes de nuit commencent déjà à attirer la clientèle non conformiste qui bascule dans le monde des stupéfiants après 1968. Révolution sexuelle et révolution hypnotique bousculent aussi le monde des riches.

L'explosion du disco au milieu des années 1970 rebat les cartes. La boîte de nuit devient le lieu culte de la jeunesse et de tout ce qui compte dans le monde. La richesse y est mise en scène, pour fasciner un large public, pousser à la consommation et à la dépense. L'invention du « carré VIP », des « pass privilèges » remplit cette fonction. Tout comme la stricte sélection à l'entrée qui crée des files et accroît l'envie, le désir.

À l'intérieur, le but est d'alléger la vie : danser, se mélanger, s'entremêler. Il faut avant tout être désirable.

Du désir, il y en a le 26 avril 1977 à Hell's Kitchen, un quartier de Manhattan, aux abords d'un ancien studio de télévision reconfiguré en boîte de nuit par deux jeunes hommes d'affaires, Steve Rubell et Ian Schrager. Ils sont les premiers à signaler ostensiblement le carré VIP dans la cave du studio et à en faire le cœur de leur stratégie de marketing. La sélection à l'entrée doit être impitoyable.

Pour réussir le lancement de l'entreprise, ils ont confié les invitations à une star des relations publiques, Carmen d'Alessio[67]. Originaire de Kansas City, cette jeune femme a étudié les sciences politiques et travaillé dans la mode. Elle avait lancé le Tropicalia, un bar sud-américain à New York. Puis une boîte de nuit. Démarchée par Schrager et Rubell, elle découvre cette incroyable machine, vide. C'est un ancien théâtre, remodelé pour accueillir des émissions de télévision. Un espace avec une scène. De quoi produire des spectacles de danse ou de mode. Entrevoyant le potentiel, d'Alessio prend en charge le lancement, envoyant pas moins de 5 000 invitations parmi le monde du spectacle, des affaires et de la nuit. C'est elle aussi qui contacte la presse pour sensibiliser le public à l'événement.

En ce 26 avril, une foule dense se presse plusieurs heures avant l'ouverture devant la boîte de nuit. On veut en être. Niki Haskell est le premier à se présenter à l'entrée. Cet entrepreneur du Queens est venu avec un de ses amis et sa compagne, eux aussi dans les affaires et pour l'heure inconnus : Donald et Ivana Trump. Haskell et les Trump sont les premiers à entrer dans le club. D'Alessio fait le tri à l'entrée, aidée du service d'ordre. Margaux Hemingway et Cher sont parmi les privilégiés qui inaugurent la piste de danse. La petite Brooke Shields, à peine âgée de 11 ans et déjà phénomène médiatique, est accompagnée par un dirigeant de télévision. Rubell l'installe dans la cabine du DJ.

À l'extérieur, Dolly Parton attend son tour. Elle est célèbre mais pas encore légendaire… L'attente est si longue qu'une partie des invités s'impatientent. À minuit la foule est toujours aussi imposante. Un groupe d'avocats sort une bouteille remplie d'une drogue à la mode, le Quaalude. C'est originalement un calmant, mais, combiné avec de l'alcool, il procure un effet planant garanti ! Sur le côté du studio, les avocats commencent à se déshabiller. La bouteille tourne, la nuit est douce, d'autres les rejoignent. Une orgie improvisée se déroule, qui réunit hommes et femmes.

À l'intérieur, la fête se déchaîne, l'espace est saturé. Impossible de faire entrer tous les aficionados qui sont venus au rendez-vous. Sinatra repart, l'attente est trop longue. Richard Gere aussi. La réputation de temple impénétrable du plaisir est assise dès cette première nuit. Le Studio 54 s'impose comme un modèle, faisant vieillir d'un coup les standards anciens de Paris, Chez Régine ou Chez Castel, ces clubs où l'élite mondiale s'était donné rendez-vous dans les années 1960. Il faudra les moderniser, les redécorer, les relancer…

Chez Castel comme au Studio 54, les artistes sont les bienvenus. Andy Warhol devient le roi de New York. Il occupe le carré VIP avec Mick Jagger, Bianca Jagger, et bientôt Richard Gere, pas rancunier.

L'expérience dure trois ans dans sa version indomptable. Rubell et Schrager fraudent le fisc de façon si criante qu'ils attirent l'attention des autorités. Une perquisition met au jour du liquide conservé dans des sacs plastique et des pilules de Quaalude. Les deux hommes sont arrêtés, condamnés et incarcérés. À leur sortie de prison, un comité amical les attend, avec stars et proches réunis pour les soutenir. Mais quelque chose a changé. Quand la boîte ferme en 1986, ses folies initiales paraissent de lointains souvenirs. Entre-temps, le Sida est arrivé et la légèreté de la libération sexuelle que les boîtes ont aidé à faire connaître s'est évanouie.

À Paris, le Palace a écrit une histoire proche. Quand Fabrice Emaer, un homme d'affaires belge, le reprend, en 1978, toute la décoration est à refairc[68]. Ce théâtre construit en 1923 est à deux doigts d'être détruit. Sa transformation en boîte de nuit le sauve. Le lieu devient le pôle festif de la haute société parisienne[69].

L'inauguration commence par un show de Grace Jones. La jeune mannequin se lance dans la chanson avec sa nouvelle version de « La vie en rose », qui devient un tube. Fabrice Emaer sélectionne les personnes à l'entrée. Il favorise le milieu *underground*. Paris est une des capitales du mouvement gay à la fin des années 1970, alors qu'aux États-Unis, l'homosexualité demeure poursuivie dans de nombreux États. Le Palace, c'est un spectacle tous les trois jours, avec des concerts des stars de l'époque, les Ramones, Prince, des défilés de mode… C'est Thierry Mugler qui habille le personnel, mais parmi les habitués, on peut croiser le créateur Kenzo, ou Karl Lagerfeld, Jean-Paul Gaultier. Ce ne sont pas seulement des créateurs, ce sont des patrons de marques puissantes qui font le tour de la planète. De passage à Paris, Andy Warhol s'y rend, tout comme Mick Jagger. C'est un autre style que le Studio 54.

Ici aussi de riches patrons fréquentent le monde des arts et de la culture, à l'instar d'Alain Gomez, P-DG de Thomson, qui prend bientôt des parts, à titre personnel, dans la société. Là encore, cette belle histoire est brisée par la mort de Fabrice Emaer en 1983. Les propriétaires suivants ont du mal à maintenir le lustre dans ce lieu qui se voit condamné à fermer en 1996. Il redeviendra un théâtre bien plus tard, sous la direction active d'Hazis Vardar, un acteur passé par la mise en scène avant de se découvrir une fibre d'homme d'affaires.

Le Byblos, le Studio 54 et le Palace symbolisent un temps où le monde occidental est encore pris dans la guerre froide. La boîte de nuit « VIP » célèbre la richesse avec une nouvelle mythologie, celle de l'union entre la création, le plaisir et la fortune. Faire la fête et se distinguer autrement. En boîte, l'uniforme des hommes d'affaires, le costume, coexiste avec les paillettes des danseuses et les vêtements exubérants du disco. Le libéralisme invente ainsi un mélange social temporaire, une fiction d'égalité dans le divertissement, où la beauté et la grâce peuvent tenir lieu de capital, où l'on peut rencontrer, le temps d'une danse, les autres. Mais chacun retourne ensuite à son univers, une fois refermée au petit matin la porte de ces lieux de transgression. Même le bloc soviétique voudra en tester la saveur et l'adapter à ses codes. Mais sans parvenir à créer des machines aussi puissantes que les modèles occidentaux.

À la fin des années 1970, l'invention des carrés VIP et des « espaces privilèges » comme des « *backrooms* » assurait de petits bonheurs en toute discrétion. Pour les célébrités, l'absence de téléphones portables et de réseaux sociaux permettait une liberté aujourd'hui disparue.

1977
Le sacre de Bokassa

Critiqué, moqué, le Centrafricain Jean-Bedel Bokassa a connu une carrière militaire sans tache qui lui a valu d'être officier de l'armée française. Capitaine. Après avoir combattu dans les Forces françaises libres à la Libération et lors des conflits de la décolonisation. Avec l'indépendance de son pays, en 1960, sa carrière a changé de cours. Il a voulu aider le jeune État centrafricain à élaborer son armée. Et bientôt l'officier s'est imposé en politique, après un coup d'État qui lui a permis d'accéder au pouvoir. Il était alors colonel dans l'armée de Centrafrique, avant de se promouvoir général, puis maréchal.

Ce parcours a fait de lui un homme riche. Un de ces gouvernants du tiers-monde qui occupent une place centrale avec sa famille dans l'économie de leur pays et dont une partie des avoirs est placée dans des pays occidentaux, au cas où... Bokassa dispose ainsi d'une belle propriété en Sologne. Puis il rachète en 1977 le château d'Hardricourt, dans les Yvelines.

Mais en Centrafrique, ses femmes, ses enfants, et ses familiers possèdent des pans entiers de l'économie. Rien ne peut se faire sans son approbation. Il tient son monde. Dans le pré carré français, il est apprécié pour sa loyauté envers le bloc occidental. Il a rejeté des tentatives de déstabilisation communistes, notamment les ingérences chinoises. Ses relations sont au beau fixe avec Paris. Le président de la République, Valéry Giscard d'Estaing, l'a reçu, comme ses prédécesseurs, et il apprécie aussi que le maître de Centrafrique le laisse pratiquer la chasse au gros gibier dans son pays. Giscard, en effet, est un amateur de cette pratique dont la noblesse continue alors d'afficher la passion.

Bokassa ouvre ses chasses à d'autres personnalités politiques, notamment des dirigeants politiques africains, tels Félix Houphouët-Boigny et le roi du Maroc, Hassan II. Les deux hommes jouent le rôle de parrain pour sa fille Martine, cette enfant retrouvée comme dans un conte de fées. Martine, la fille d'Hué, une Vietnamienne rencontrée par le président alors qu'il était en poste en Indochine. Certes, son père était là à sa naissance, mais dès l'année suivante, affecté au loin, il laisse sa compagne et sa fille. Tout le concours du hasard a été nécessaire pour qu'un beau jour, Hué reconnaisse son ancien amant dans le journal, le contacte et le convainque qu'elle était bien son amour de jeunesse et que sa fille est son enfant légitime. Ce fut fait en 1971. Une intrigante qui avait tenté de se faire passer pour la vraie Martine est déchue, puis chassée avant de connaître, plus tard, un sort funeste.

La vraie Martine vit un conte de fées. Pour ses 20 ans, le 30 janvier 1973, elle est mariée en grande pompe à un jeune cadre centrafricain, Jean-Bruno Dédéavode. Ses parrains, Hassan II et Félix Houphouët-Boigny, rivalisent pour lui offrir les plus beaux cadeaux. Ceinture en or et diamant pour le premier ; appartement parisien pour le second. Quant à son père, tout à sa joie, il lui remet un chèque en blanc en lui disant d'y inscrire le montant qu'elle souhaite, à sept chiffres et en francs suisses. L'année suivante, le couple a un garçon, Jean-Barthélémy. Sa mère s'occupe du nouveau-né, tout en gérant le restaurant asiatique qu'elle a ouvert dans la capitale, et où se presse le Tout-Bangui.

La presse mondiale a suivi les rebondissements de cette histoire digne d'un thriller. Pourtant, des relents d'ironie sont perceptibles dans les journaux, tant l'histoire coloniale a laissé son empreinte.

Mais voici que le maréchal-président a une nouvelle ambition. Il veut imposer une hérédité au sommet de l'État. Pourquoi ne pas établir un empire, comme Napoléon ? Jean-Bedel Bokassa voue une profonde admiration au vainqueur d'Austerlitz. Il décide donc de réformer les institutions républicaines de la Centrafrique pour en devenir l'empereur. Le 4 décembre 1976, une nouvelle constitution est adoptée.

Un an plus tard, jour pour jour, à Bangui, lors du sacre de Jean-Bedel Bokassa, tout est conçu pour reproduire le faste du 2 décembre 1804, le couronnement de Napoléon. Mais, modernité oblige, la cérémonie, dont les préparatifs ont commencé plusieurs semaines avant, est retransmise à la télévision, en direct même dans plusieurs pays.

À 6 heures du matin les cloches de la capitale sonnent à la volée pour réveiller la population. Dans le stade, les derniers mètres de tapis rouge sont fixés. Ils doivent conduire au trône dont le velours incarnat est maintenu immaculé jusqu'à l'arrivée de l'empereur. Le siège est encastré dans les pieds d'un immense aigle doré. À côté, se trouve le trône, plus petit, de l'impératrice, surmonté d'un baldaquin dont quatre aigles ferment les côtés. Ce palais des sports couvert accueille plusieurs milliers d'admirateurs et d'invités. Plus d'une vingtaine de chefs d'État ont fait le déplacement, dont quelques représentants de la noblesse européenne, tels le prince et la princesse de Liechtenstein. Un peu gênée, la France a délégué Robert Galley, le ministre de la Coopération. Le président Giscard d'Estaing craignait d'apparaître néocolonialiste en figurant dans cette assemblée. Tout comme le pape Paul VI, qui a refusé de venir et interdit à l'archevêque de Bangui, Mgr Joachim Ndayen, de s'impliquer dans la cérémonie. Dans la salle, tendue de tissu vert et jaune, décorée de roses artificielles dorées, le public s'impatiente. La chaleur monte. Le journaliste du *Monde* note que l'on commence à s'éventer avec les programmes de la cérémonie imprimés sur un papier de couleur verte, celle de l'empereur[70].

À 11 heures du matin, 101 coups de canon sont tirés. Dans le Palais des sports, Jean-Bedel Bokassa prend la couronne qu'un général lui présente sur un coussin rouge. L'objet, en or pur, a été confectionné par le joaillier Claude Arthus-Bertrand, le même qui fabrique les colliers de grand-croix de la Légion d'honneur des présidents français. Après une brève hésitation, le souverain dépose lentement sur son crâne la massive couronne. Il couronne ensuite son épouse Catherine. Les applaudissements retentissent et l'ovation se répand dans les rues. Son fils, le prince héritier, tout vêtu de blanc, complète le portrait de cette famille hors normes. Déjà le cortège s'organise pour la sortie sous les vivats. La messe à la cathédrale de Bangui ajoute au lustre de la journée.

La fête se prolonge au palais de la Renaissance. Là, les hôtes réalisent à quel point ces festivités sont fastueuses, avec le champagne français et les mets préparés par un traiteur parisien arrivés directement par avion. L'argenterie flamboyante, les serviteurs en costume. Un gigantesque feu d'artifice est tiré en fin de soirée. Le lendemain encore, pour célébrer l'avènement, se déroulent une parade militaire et des manifestations sportives, notamment de basket, dont Bokassa est un adepte.

Le coût total du couronnement équivaudrait à une année de l'aide française au développement de la Centrafrique, soit 150 millions de francs français de 1977. Mais Valéry Giscard d'Estaing nie avoir d'une quelconque manière financé le sacre et refuse d'accorder une aide supplémentaire pour cela. Aux yeux de l'empereur, cette dépense n'est pas somptuaire. Elle a favorisé la croissance et stimulé la confiance dans le pays.

Pourtant, à l'étranger, sa décision de transformer la République centrafricaine en empire est perçue comme anachronique et mégalomaniaque. Son allié, le président français, prend ses distances, imitant en cela l'opinion de son pays. Des rumeurs persistantes accusent désormais Bokassa d'exécutions sommaires, de crimes sanguinaires, de massacres… Il est comparé au dictateur ougandais Idi Amin Dada, qui, à la même époque, s'arroge le titre de roi d'Écosse. Amin Dada dont un documentaire signé par le réalisateur suisse Barbet Schroeder, dès 1974, dénonçait au monde la mégalomanie. Il est renversé par un coup d'État le 11 avril 1979. Bokassa subit le même sort en septembre 1979. Une opération militaire française met fin à son empire. Il doit s'exiler en Côte d'Ivoire puis en France, avec sa famille.

Mais en 1986, il décide de revenir en Centrafrique pour y être jugé. Il choisit un jeune avocat français, Francis Szpiner. Ce dernier est convaincu que le tribunal le condamnera à mort. Mais il défend l'ancien chef de l'État et, jouant la procédure, il parvient à faire retirer plusieurs charges et accusations. Bokassa frappe l'opinion par sa dignité et connaît un regain de popularité. Le verdict de mort est commué en prison à vie, puis à dix ans de réclusion. Une amnistie permet à l'ancien empereur de revenir libre en 1993 dans son château d'Hardricourt. Il y retrouve entre autres sa fille Martine, qui a repris ses affaires et ouvert en France de nombreux restaurants, et son petit-fils Jean-Barthélémy, qui l'observe avec une attention d'historien. Dix ans après la mort du souverain, ce jeune homme entreprend d'écrire l'histoire de sa famille, sa disgrâce.

Jean-Barthélémy est devenu une figure de la haute société mondiale, souvent regardé comme une curiosité : un prince impérial noir. Jeune, il fait partie de ces personnalités qui contribuent au lancement des boîtes de nuit. Puis il s'intéresse à la mode et noue des relations avec des créateurs comme Kenzo, dont il est un aficionado. Il suit la saison des « jet-setteurs », passant d'Ibiza à Saint-Tropez, de New York à Genève. Attentif au moindre détail, il soigne son apparence avec l'élégance d'un vrai dandy. Il garde une nostalgie pour la grandeur familiale et évoque volontiers son grand-père, dont il a suivi les dernières années. Un homme généreux, qu'il a vu brisé dans le château d'Hardricourt. Depuis, le domaine a été vendu.

Comme dans un épilogue paradoxal, la mère de Jean-Barthélémy, Martine, a choisi de s'installer en Corse. Elle y a créé des restaurants. Cette femme d'affaires avertie ne vit pas dans la nostalgie. Jean-Barthélémy aussi a vécu en Corse. Il professe une admiration pour l'histoire de France, et en particulier pour Napoléon. Un empereur parti de l'île, dont le destin l'a conduit à dominer l'Europe, avant d'être lui aussi chassé du pouvoir par des forces extérieures. Ce jeune homme s'en console. Il préfère écrire l'histoire, quand son grand-père n'avait qu'un désir, la faire.

1979
La révolution conservatrice de Thatcher et de Reagan

C'est une jeune femme de 34 ans qui fait son entrée au Parlement en 1959. Cette fille d'épicier a pu faire des études de chimie à Oxford. Après quelques années de travail dans le secteur, elle est devenue avocate. Mais sa vraie ambition n'est pas là. Depuis plus de dix ans elle est engagée dans les rangs conservateurs. Elle a même été candidate aux élections, malheureuse d'abord. Puis avec succès, donc, en 1959.

Margareth Thatcher est aux premières loges de la spirale infernale qui entraîne son pays dans le déclin[71]. La productivité se dégrade, la dette et le chômage sont si importants que des prêts du Fonds monétaire international sont nécessaires[72]. Les plus fortunés rêvent d'un coup d'État pour arracher le pouvoir aux mains des travaillistes, alors qu'éclatent le choc pétrolier et la hausse brutale du prix des matières premières. La balance commerciale britannique en prend un nouveau coup. Aux États-Unis aussi la crise fait des ravages. On parle de « stagflation » : une récession avec une inflation à deux chiffres. Margaret Thatcher est le produit de ces années où l'État social distribue l'argent avant d'avoir engrangé des ressources. Son libéralisme se nourrit de l'observation des politiques suivies depuis la seconde guerre mondiale. Mais surtout de l'idée simple que la société libérale stimule l'activité et que les riches ne sont pas nuisibles à l'économie. Son ascendance religieuse méthodiste la conduit à voir la réussite comme le fruit d'une bénédiction. Une forme de darwinisme économique émane de ses discours où la concurrence et le travail sont les seules solutions offertes au peuple pour améliorer son sort.

Devenue leader du Parti conservateur, elle peut enfin proposer ses idées aux Britanniques lors des élections de 1979. Son programme peut apparaître comme une liste de promesses creuses. Mais *a posteriori* on peut y voir son désir de mettre en adéquation ses promesses et ses actes. De fait, dès le budget de 1980, devenue Premier ministre, l'ancienne avocate fait baisser l'impôt sur le revenu. La tranchc la plus élevée est ramenée de 83 % à 60 %, et la plus basse de 33 à 30 %. Les commentateurs constatent immédiatement la plus grande baisse pour les plus fortunés. La réduction est accentuée en 1988, puisque la tranche élevée est abaissée à 40 %, quand la plus basse atteint 25 %.

Clairement, le gouvernement Thatcher pense avantager les riches afin d'inciter les fortunes à se réinvestir dans l'économie du royaume. Cette mutation entraîne une redéfinition complète du rôle de l'État, qui doit se cantonner dans les secteurs régaliens et rendre au secteur privé tout ce qui relève de l'économie[73]. S'ensuivent des privatisations et une réduction de la place du secteur public dans l'économie. L'argent dégagé sur les baisses d'impôts permet aux grandes fortunes d'acquérir de nouvelles proies, comme le rail ou le téléphone. Mais pas seulement. Margaret Thatcher rêve d'un capitalisme populaire et ouvre le secteur boursier aux petits porteurs. La City se redéploie avec son « Big Bang », l'ouverture d'un système de cotation continue, mondialisé au milieu des années 1980[74].

Cette politique achève de juguler l'inflation, corrige le déficit public, enraye le chômage. Toutefois ces résultats ont tardé à se faire sentir. Des grèves éclatent. Qu'à cela ne tienne, Mme Thatcher joue de la fibre patriotique pour faire patienter les électeurs, en engageant son pays dans la guerre des Malouines, un conflit voulu par la junte militaire argentine, économiquement aux abois.

Sa chance, en ce début d'année 1980, est que les États-Unis changent eux aussi de cap et deviennent adeptes du monétarisme et de l'école de Chicago, dont le chef de file est Milton Friedman, tête pensante des politiques d'ajustement structurel. Autrement dit, l'inventeur du néolibéralisme.

Janvier 1981, le président Ronald Reagan entre à la Maison-Blanche. Lui aussi veut réduire les impôts. Il souhaite faire oublier le tournant interventionniste des années Roosevelt. Pour y parvenir, il faut une réforme fiscale. Reagan est un petit riche. Acteur, puis gouverneur, il a acquis un patrimoine personnel de 10 millions de dollars. La politique est un *business* rentable. Mais ses décisions ne sont pas dictées par sa fortune personnelle. Il croit simplement dans le monde libre, contre l'idéologie communiste. Il refuse donc de voir les États-Unis assujettis à cette « route de la servitude » dont Friedrich von Hayek, un économiste, a dressé le portrait au lendemain de la seconde guerre mondiale. L'interventionnisme et les impôts créent un nouveau servage : ouvriers et citoyens ont aliéné leur liberté au profit des États sociaux dévoreurs. Ce socialisme d'État doit disparaître et, pour ce faire, il faut réduire l'État fédéral et favoriser le secteur privé[75].

Reagan sonne le glas des impôts complexes issus de la seconde guerre mondiale. Il ambitionne une réforme qui réduirait le nombre de tranches, mais qui surtout abaisserait les taxes sur les revenus pour les plus riches. Sous sa présidence, on passe de quatorze à trois tranches. La plus haute en 1980 était prélevée à 70 % ; dès 1981, elle passe à 50 % ; puis à 35 % dans la réforme fiscale de 1986. La charge fiscale pèse désormais sur les classes moyennes, certes elles aussi affectées d'une baisse du pourcentage, mais dont l'assiette plus large assure le prélèvement.

Les performances de l'économie américaines sont relancées.

Pourtant Reagan n'apparaît pas comme le président des riches. Dans la mémoire collective, il demeure le super-patriote qui tente de faire survivre son pays face à la concurrence manufacturière du Japon[76]. L'homme aussi qui, grâce à son initiative de défense stratégique, fait chuter l'Union soviétique.

À l'inverse, Margaret Thatcher est perçue comme la fière avocate des classes supérieures britanniques. Si le lourd conflit avec les syndicats et les mineurs se solde par sa victoire, il lui fait perdre le soutien d'une bonne partie de l'intelligentsia. Mais ses réussites lui assurent de confortables réélections. Pire, le jeune duc de Westminster, Gerald Cavendish Grosvenor, s'est même opposé à l'ultime projet de la Dame de fer, celui d'établir un impôt communal par capitation, la Poll Tax. Celui qui était alors la plus grande fortune d'Angleterre se faisait l'avocat des plus pauvres, que cette offensive injuste menaçait. Or Thatcher prétendait rendre les riches plus riches afin que les pauvres le soient moins, reprochant aux travaillistes de vouloir « rendre les pauvres encore plus pauvres » au nom de la réduction des inégalités[77].

Rapidement, cette image « pro-riches » lui a été collée. Dès 1981, pas moins de 350 économistes de gauche signaient une tribune dans le *Times* pour dénoncer sa politique catastrophique pour les classes populaires. Et *The Economist* titrait : « La bourgeoisie anglaise devient de nouveau riche ».

À l'opposé, Margaret Thatcher parvient à corriger l'image de son gouvernement par une intense politique de communication. À la manœuvre depuis 1978, l'agence Saatchi & Saatchi, qu'elle a choisie elle-même. Le travail des publicitaires consiste à rendre populaire la première candidate conservatrice et à décrédibiliser ses adversaires politiques. Pour les élections de 1979, leur slogan est « *Labour isn't working* ». Un jeu de mots pour affirmer le retour de la valeur travail et contester l'efficacité des politiques travaillistes.

Les frères Saatchi sont loin d'incarner les grandes fortunes britanniques. Leur patrimoine avoisine alors les 100 millions de livres sterling. Mais ils donnent une impulsion, et attirent le regard vers les jeunes entrepreneurs. Avec eux, Thatcher stimule l'esprit d'initiative, la création d'entreprise[78]. Celui qui va incarner ce modèle est un jeune milliardaire dont l'ascension accompagne la révolution conservatrice : Richard Branson.

Branson, avec sa barbe et son grand sourire, est l'incarnation du patron parti de rien. On oublie ses origines familiales pour parler d'un lycéen en échec scolaire qui commence à créer un journal avant d'ouvrir un magasin de disques et de se lancer dans la production de groupes de rock. Mike Oldfield, Phil Collins, Boy George sont parmi les artistes qui sortent de ses studios et le propulsent à la tête d'un label musical florissant, Virgin. Voilà pour les débuts. Mais dans les années 1980, l'homme d'affaires ouvre des chaînes de magasins, une agence de voyages et surtout une compagnie aérienne. Il fait les couvertures de journaux avec ses exploits personnels, comme cette tentative de traverser l'Atlantique en montgolfière qui se termine dans l'eau, non loin des rivages de l'Écosse, le 3 juillet 1987. Il est le héros positif d'une décennie marquée par le développement de la finance sans scrupule[79].

Les États-Unis de Reagan, en effet, connaissent une réforme de la bourse de New York en 1984. L'ingénierie financière est en train de muter. Ce ne sont plus les actions qui mènent la danse, mais les obligations, ces emprunts gagés sur le capital des entreprises ou des États. En France, l'emprunt Giscard, gagé sur l'or, est d'un bon rendement. Mais on peut faire mieux que les 5 % qu'offrent d'ordinaire les grandes entreprises. Cela suppose de prendre des risques en prêtant à des firmes moins sûres. Et si l'on pouvait réduire le risque en agrégeant plusieurs obligations de différentes firmes sous un seul titre ? Cette titrisation, c'est un banquier qui en a l'idée, Michael R. Milken. Il peut ainsi revendre des titres avec une promesse de rendement à deux chiffres, jusqu'à 20 %. L'attraction d'un tel rendement fait affluer les investisseurs vers sa banque, Drexel Burnham Lambert, un établissement né de la fusion entre un groupe américain et un belge. Milken y est le responsable du département des obligations convertibles. Or la baisse des impôts favorise les liquidités disponibles… Milken a alors une idée de génie : coupler ses obligations pourries avec des acquisitions hostiles d'entreprises et des fusions. En revendant à la découpe, on pourra accroître encore le rendement. La banque connaît ses années de gloire. Son seul département dégage 1 milliard de dollars de bénéfices en 1983[80]. Et en 1986, Drexel Burnham Lambert est l'entreprise la plus rentable de Wall Street, avec 545 millions de dollars de bénéfices pour 4 milliards de dollars investis.

Mais cette année-là, les ennuis commencent. Un des cadres de la banque accepte de plaider coupable dans une affaire de fraude. Il retient l'attention de la Securities and Exchange Commission et des services d'enquête financiers. Dès lors, les méthodes de Milken et de sa banque sont dévoilées. Pire, le 19 octobre 1987, le Dow Jones, l'indice central de la bourse de New York, perd

22,6 % en une séance. L'éclatement de la bulle financière accroît la sévérité des autorités. Milken ainsi que son établissement sont poursuivis pour fraude. La procédure judiciaire met des années à aboutir mais, finalement, le financier est condamné en 1990 à dix ans de prison et sa banque fait faillite.

Cette année-là, au terme d'un congrès du Parti conservateur riche en rebondissements, trahisons et négociations, Margaret Thatcher quitte le pouvoir. Elle s'efface deux ans après Ronald Reagan. Les deux dirigeants laissent un héritage durable. Leur action a favorisé la libéralisation des sociétés et le rejet du socialisme d'État incarné par le communisme et la social-démocratie. Après eux, l'horizon du marché comme seul processus valide de modernisation sociale paraît acquis. Cette illusion est depuis parvenue à son terme.

Quant à Branson et à Milken, ils ont poursuivi leurs activités. Ils font partie des 500 personnes les plus riches du classement *Forbes*. Michael Milken, après vingt-deux mois passés en prison, s'est lancé dans de nouvelles entreprises. En 2020, le président Trump lui a accordé très officiellement son pardon. Sans doute à cause de ses dons en faveur de la lutte contre le cancer. Sa fortune est estimée aujourd'hui à plus de 4 milliards de dollars. Il est involontairement entré dans l'histoire grâce à Hollywood. Son personnage, en effet, a servi de modèle pour le scénario de *Wall Street* d'Oliver Stone, en 1987. Un film qui finit bien pour le petit peuple des ouvriers. Une fiction.

1981
L'impôt sur la fortune et les présidents français

François Mitterrand en avait fait un point fort de son programme d'union de la gauche, dès 1972. Quand il est élu président de la République en 1981, il fait adopter l'impôt sur les grandes fortunes (IGF), le 30 décembre 1981, dans la loi de finances de 1982. Clairement, il se veut l'élu du peuple de gauche, contre les très riches. La nouvelle taxe vise les personnes physiques. Le taux est faible : 0,5 % à partir de 3 millions de francs et, au maximum, 1,5 % pour un patrimoine de plus de 10 millions de francs.

Dans une période où les taux d'intérêt étaient élevés, tout comme l'inflation, cela n'avait rien de confiscatoire. D'autant que l'outil de travail et le patrimoine ne prennent pas en compte les œuvres d'art[81]. Mais l'impôt a ses défauts. Des personnes aux revenus faibles mais possédant des terrains dans des zones chères, comme les agriculteurs de l'île de Ré, se retrouvent soumises à ce prélèvement alors que leurs revenus sont très faibles. Elles se verraient contraintes de vendre des terres pour s'acquitter de cet impôt, sous peine de faire péricliter leurs exploitations[82]...

L'IGF cristallise un débat qui n'a cessé de se perpétuer sur le rapport entre les présidents de la Ve République et les riches. Car déjà sous de Gaulle, la gauche réclame la mise en place d'une taxation du capital. Elle peut d'autant plus le faire qu'au lendemain de la seconde guerre mondiale, un impôt similaire a été voté pour assurer la reconstruction. C'était aussi une manière de punir les profiteurs de guerre. Ces gouvernements se rêvaient d'abord égalitaires, au nom de la justice. S'y retrouvaient socialistes, communistes et démocrates-chrétiens du MRP.

Revenu au pouvoir en 1958, de Gaulle se refusait à appliquer une mesure qui lui rappelait trop les démocraties populaires, telle la Tchécoslovaquie où, dès 1948, la coalition philo-communiste au pouvoir avait adopté un impôt sur le capital, par anticapitalisme.

Pour le Général, la taxation des revenus du capital était suffisante *via* les taxes sur les transferts de propriété, et les droits de succession suffisaient à rebattre les cartes. Au surplus, dans la France des années 1960, l'expansion donnait de larges possibilités à chacun d'améliorer ses conditions de vie. Mieux, de Gaulle savait combien les investissements publics étaient nécessaires, aussi était-il prêt à passer par des emprunts en assurant aux prêteurs des abattements fiscaux. En somme, sans être favorable aux riches, de Gaulle ne leur voulait aucun mal.

Pompidou et Giscard d'Estaing leur ont été indéniablement plus favorables. Plusieurs mesures ont contribué à épargner les grandes fortunes. L'« emprunt Giscard », notamment, avec ses obligations, accordait de gros avantages aux revenus financiers. En somme, au début de la Ve République, la France, tout en pratiquant des prélèvements élevés, reste un pays qui aménage les taxes sur les très gros contribuables grâce à des négociations menées par le Trésor, sous le regard du ministre des Finances.

L'idée d'un impôt sur le capital n'est pourtant pas absente du monde occidental, y compris dans des paradis fiscaux comme le Luxembourg. Depuis 1913, en effet, le Grand-Duché avait établi une faible taxe, par exemple. Et en Scandinavie, plusieurs pays trouvaient naturel d'y recourir. Même en Allemagne, le SPD souhaitait établir un tel impôt, pour stimuler l'investissement et pousser les riches à être plus actifs dans l'usage de leur patrimoine.

C'est pourquoi la décision de François Mitterrand n'a pas été jugée absurde. Elle était avant tout symbolique. Alors que la France traversait une grave crise, l'occasion d'afficher une solidarité entre les classes sociales était belle. Côté riches, évidemment, une telle mesure ne satisfait personne. Au contraire, elle participe d'un sentiment d'oppression fiscale. Les grandes fortunes sont promptes à dénoncer les effets pervers, comme ces paysans de Noirmoutier et de l'île de Ré dont les terres sont estimées suivant le marché de l'immobilier et qui avec des revenus mineurs se retrouvent taxés sur les grandes fortunes[83]. Les économistes libéraux montent au créneau contre ce nouvel impôt qui reflète le penchant collectiviste des socialistes français.

Si bien que la droite intègre ces attaques dans son discours. Jacques Chirac et son parti, le RPR, adoptent, en effet, un programme thatchérien à la française. Selon eux, la modernisation de l'économie passe par un redimensionnement de l'État. Sa place dans l'économie doit être réduite. Il faut donc privatiser, et alléger la fiscalité pour redonner de l'air aux entreprises. Toute la campagne des élections législatives de 1986 se joue sur les privatisations et la réduction des impôts. C'est donc logiquement que la nouvelle majorité élue le 16 mars 1986, avec Jacques Chirac comme Premier ministre, remet en cause l'IGF. L'impôt ne rapporte pas assez, il est dissuasif. La taxe est purement et simplement supprimée pour la loi de finances de 1987[84]. 1987 et 1988 sont les deux seules années jusqu'à nos jours sans ISF, sous quelque forme que ce soit, depuis 1981.

En 1988, l'alternance ramène les socialistes au gouvernement. Le Premier ministre Michel Rocard décide de mettre en place un impôt sur la fortune (ISF) et d'instituer un revenu minimum d'insertion (RMI[85]). Dès 1989, le prélèvement démarre à 4 millions de francs et peut aller jusqu'à représenter 1,1 % du capital. En sont exclus l'outil de travail, les œuvres d'art (comme en 1981), et les parcs et forêts. Depuis, le taux et l'assiette ont pu varier, sans générer trop de conflits.

Mais Nicolas Sarkozy remet la question au cœur du débat en voulant établir un bouclier fiscal, une limite pour éviter que l'ensemble des versements d'une personne ne puisse revêtir une dimension confiscatoire. Il diminue le taux maximal à 0,5 %[86]. Son but est que la France attire de nouveau de grandes fortunes, et d'éviter la fuite des riches vers des pays plus favorables. C'est en effet la période à laquelle les villes comme Londres et

Bruxelles sont vues comme des refuges faciles pour les entrepreneurs français.

Si bien que François Hollande, vainqueur de l'élection présidentielle de 2012 avec un programme dit hostile à la finance, demande une contribution spéciale aux riches et accroît les prélèvements. La contestation de l'impôt parmi les riches bat donc son plein. L'acteur Gérard Depardieu sert de symbole à ce mouvement. Fin 2012, il acquiert une propriété en Belgique, non loin de la frontière française : un exil fiscal discret[87]. La presse dévoile ce fait et le Premier ministre socialiste Jean-Marc Ayrault lâche une phrase insultante. Ce départ serait « assez minable ». Depardieu, piqué au vif, réplique dans une lettre ouverte et obtient finalement le 3 janvier 2013 la citoyenneté russe. Son ami Vladimir Poutine lui accorde un refuge hors taxes. À la même époque, le milliardaire Bernard Arnault, qui prépare le transfert de sa fortune en Belgique, fait l'objet d'une campagne de presse[88]. On affirme que l'homme le plus riche de France veut devenir belge pour raisons fiscales. Prudent, le gouvernement ne l'insulte pas. Arnault dément les rumeurs et continue de négocier avec la direction des impôts le montant de ses contributions.

Car le grand secret derrière le débat sur l'ISF, ce sont ces négociations personnalisées entre contribuables à très hauts revenus et l'État. Elles remontent au sommet, jusqu'au ministre des Finances, encore sous François Hollande. Les taux appliqués sont l'objet d'une discussion. Ce qui explique que Liliane Bettencourt, en son temps, n'ait jamais été taxée autant qu'elle aurait dû l'être. Elle payait environ 20 % de moins. Pire, en 2011, elle ne paie qu'à hauteur de 4 % de ses revenus, estimés à 250 millions d'euros[89]. Encore ne parle-t-on ici que des revenus, et non des parts de capital réinvesties et donc exonérées au titre de l'outil de travail. Une situation qui n'est pas visible seulement en France, mais que l'on retrouve dans tous les grands pays capitalistes.

Finalement, Emmanuel Macron réforme l'ISF. Il le remplace par un impôt sur la fortune immobilière (IFI). Pourquoi taxer les immeubles ? Parce que ces biens ne seraient ni productifs ni innovants. Or ce nouveau président élu en 2017 souhaite faire de la France une « start-up nation », un pays à la pointe de l'industrie. Cet impôt raisonnablement rentable exonère les riches de toute taxation de leurs avoirs en actions. Il stoppe l'hémorragie ouverte par la présidence Hollande et permet même le retour de quelques exilés. Le Brexit ouvrant par ailleurs une incertitude, provisoirement Londres cesse d'apparaître comme le lieu idéal où fixer une entreprise.

À travers les choix des présidents de la République française sur l'impôt sur la fortune se fait jour l'ancienne idée de solidarité entre les plus fortunés et les plus pauvres[90]. D'où ce consensus qu'avait su rendre évident Michel Rocard en liant l'aide et la taxe. Ailleurs, ce consensus revêt d'autres formes. Ainsi, en Grande-Bretagne, ou aux États-Unis, la philanthropie se substitue à la redistribution par l'État, du moins en partie. Et en Allemagne, le dynamisme de la distribution salariale compense l'envol des grandes fortunes.

Au total, ce ne sont pas les chefs de l'État qui déterminent les choix fiscaux sur le long terme, mais plutôt les cultures des sociétés. Au gré de leur évolution, elles contraignent les gouvernants à adapter leurs mots d'ordre. Seuls des détails marginaux échappent à ces logiques de taxation, suivant le goût des uns, l'art ou le sens des affaires pour les autres.

QUATRIÈME PARTIE

L'âge du *star-system*

Au début des années 1980, les milliardaires deviennent des stars. La simple détention d'une grande fortune attire les regards et attise la curiosité. Cela n'était pas vrai au temps où les médias étaient nationaux, voire régionaux. Mais les grandes chaînes d'information mondiales, depuis la création de CNN par Ted Turner, en 1980, ont changé la donne. Ces chaînes d'information continue sont détenues par des financiers de premier plan, quand elles ne sont pas l'expression d'une souveraineté. Ainsi Fox News ou Sky, longtemps détenue par Rupert Murdoch, Michael Bloomberg et son réseau éponyme, Patrick Drahi et la chaîne internationale i24News, et en France BFMTV… Comme la presse économique, elles valorisent l'initiative individuelle et la réussite personnelle. Elles emportent une vision libérale des activités humaines.

La célébrité s'impose aussi comme facteur déterminant, car de véritables stars venues du spectacle ou des sports deviennent de très grandes fortunes. Elles attirent d'autant plus les projecteurs. Ce fut le cas de Michael Jackson, qui dut subir une intense pression médiatique.

Cette nouvelle attention pour les riches alimente une passion pour les classements, qui permettent de situer les grands dans les échelles du patrimoine : mondial, national et local. Chaque pays et continent cherche maintenant à montrer sa valeur à travers sa capacité à produire des milliardaires. Ces classements en viennent même à racialiser leur réflexion. Qui est le Noir le plus riche ? L'Asiatique le plus riche ?

Chaque riche veut établir son propre record au regard de l'histoire. Le plus grand yacht, comme Roman Abramovitch en rêvait, ou la plus grande maison, pour Mohammed Ben Salmane, ou encore le tableau le plus cher, le *Salvator Mundi*, aussi acquis par les Saoudiens. La plus jeune milliardaire s'appelait Kylie Jenner ! La logique du classement s'impose partout, avec son exposition médiatique.

Si bien que notre époque voit émerger un renversement des rapports entre l'argent et le trône. Des siècles durant, le pouvoir politique a dominé l'économie. Sous l'Ancien Régime, les principales fortunes étaient celles des souverains. Ce n'est que rarement le cas aujourd'hui, comme à Brunei ou dans les Émirats. Longtemps aussi a prévalu l'idée que la participation à la vie politique pouvait nuire aux affaires. Mieux valait manifester une retenue qui permettait de passer outre aux changements de régime ou de majorité. Un soutien discret pouvait être apporté, sans se mettre en avant. Mais depuis trois décennies, les choses ont changé en profondeur. Les riches n'hésitent pas, tel Silvio Berlusconi, à descendre dans l'arène politique et à y revendiquer la première place. Des conflits sont donc repérables entre les personnalités issues du monde partisan et les stars des usines et de la bourse. Selon les pays et les moments, les patrons et les héritiers peuvent en sortir vainqueurs ou échouer. En Chine, la reprise en main du président Xi Jinping participe de cette tension entre pouvoirs concurrents, tout comme, en son temps, Vladimir Poutine a pu le faire en Russie. Dans les démocraties, en revanche, le balancier penche en faveur de l'argent.

Dans le même temps, la révolution numérique change la donne. La communication envahit l'espace social. Par les télécommunications et le cyberespace, les échanges d'information s'intensifient, s'accélèrent. Les entreprises et les détenteurs de capitaux communiquent pour influencer tous leurs interlocuteurs. Des pans entiers de l'économie sont soumis à cette emprise. Des emplois en dépendent. Des outils assurent ce travail dans le virtuel et le réel : logiciels, ordinateurs, mais aussi forums et espaces de rencontre.

La vie privée des grandes fortunes, pourtant protégée par la loi, est plus exposée. Pour les riches, mettre en scène son intimité sur les réseaux sociaux ou dans la presse est une tentation. Mais cela peut favoriser des intrusions. Or leur vie sentimentale a aussi ses variations, ses écarts. Quoi de plus simple que de vouloir préserver son jardin secret ? Les grandes fortunes sont donc prises dans une logique contradictoire. D'un côté, elles font un usage massif de la communication pour jouir d'une bonne image dans le public, ce qui leur permet d'obtenir parfois des avantages des autorités. De l'autre, elles tentent de bloquer toutes les informations indésirables qui les concernent. Ainsi les familles fortunées emploient-elles souvent des entreprises chargées de purger le Net de toute information gênante les concernant. Celles-ci disposent de services à la limite du renseignement et de l'intelligence économique pour protéger la réputation de leurs clients.

Des agences de conseil managent la communication des riches, à l'instar, en France, de la société Image 7, présidée par Anne Méaux. Elle gère l'image de personnalités aussi célèbres que François Pinault, Vincent Bolloré ou encore Carlos Ghosn. Ses missions l'ont conduite à accompagner aussi bien des situations de lancement de produits ou de rachat que des crises graves. D'autres préfèrent avoir leur propre service de communication au sein de leur groupe, voire de leur famille. Ils tentent ainsi d'harmoniser communication publique et communication privée.

La focalisation sur les déviances des élites économiques provient de ces effets contradictoires. La sexualité, par exemple, fait toucher du doigt l'accusation d'un manque de morale au sommet. L'affaire Epstein et ses complicités supposées en sont l'exemple le plus brûlant. La pulsion sexuelle y est présentée à l'état brut.

L'existence de fortunes illégales engendre aussi des tensions. D'un côté les barons de la drogue, tel Pablo Escobar, ou de la mafia sont clairement vus pour ce qu'ils sont, des tueurs. Logiquement les États les poursuivent. Mais une fraction populaire apprécie leur soutien à des déshérités qui leur ressemblent.

Une telle ambiguïté n'est pas absente quand sont commis des crimes en col blanc. Ces malversations, dont des patrons sont les auteurs, portent sur des montants faramineux. Pourtant, elles sont souvent peu réprimées. Ces affaires renforcent donc l'impression d'une impunité des plus riches. La tache sur l'honneur que représente une sanction judiciaire a-t-elle encore un sens aujourd'hui ? Scandales des opioïdes, des coupe-faim, pollution… Tant de familles riches sont liées à des scandales sanitaires mortels. À travers elles se repose aujourd'hui la question de la responsabilité historique des grandes fortunes. Elle est d'autant plus grave au moment où se décide l'avenir de la planète.

1982
Une pluie de millions sur Michael Jackson

Paris, 27 juin 1988. À l'aéroport du Bourget, la police nationale est mobilisée pour tenir à l'écart les curieux. C'est une voiture de patrouille qui doit ouvrir le convoi. Sur le tarmac, la passerelle vient d'être approchée de l'avion. La porte s'ouvre. Ce sont d'abord les gardes du corps qui passent une tête avant que Michael Jackson ne commence à descendre les marches. Son personnel va prendre les voitures suivantes. Il ne faut rien laisser au hasard. Ce Boeing 707 affrété par la star appartient à une compagnie qui fournit des avions d'affaires aux vedettes. Celui-ci est équipé de quatre salons et d'une chambre de luxe. C'est là que l'idole mondiale en tournée se repose entre deux concerts. Michael Jackson, c'est un staff d'une centaine de personnes pour ses shows, mais seul son entourage proche voyage dans le jet. Parfois un fan, plus souvent des enfants qu'il apprécie. Trop de monde nuit à sa quiétude. Karl Lagerfeld n'est guère différent. Pas plus de trois personnes dans son jet, sinon, il ne peut pas vraiment se libérer l'esprit ou dormir. Mais le couturier comme le chanteur n'aiment pas se séparer de leur animal favori, souvent jugé plus précieux que les personnes.

En ce mois de juin 1988, quelques invités triés sur le volet sont du voyage avec Michael Jackson, dont un enfant d'à peine 9 ans. James Safechuck, c'est son nom, voyage souvent avec la star entre 1988 et 1993, entre ses 9 ans et ses 16 ans[1]. Plus tard, il dénoncera cette relation abusive. La chronique judiciaire en rend compte, surtout après la mort du chanteur. Mais 14 procès mettent la star hors de cause. Car Michael Jackson est une célébrité mondiale. À lui seul, il incarne l'entrée des riches dans l'âge du *star-system*. Quand le fait d'être riche est mesuré à l'aune du nombre de personnes ayant des possessions, et non plus à l'aune de la fortune, cela revient à jouir d'une célébrité embarrassante. Un retour sur la carrière du chanteur, ses grandeurs et ses déboires, signale bien les travers de notre époque vis-à-vis de la richesse et de sa visibilité.

1982. Los Angeles. Extérieur nuit. Un jeune couple marche dans la rue. Ils viennent de sortir d'une salle de cinéma. Le garçon se moque de sa petite amie qui a eu peur et s'amuse à parodier les films d'horreur. « Il est autour de minuit et quelque chose se déplace dans l'ombre… Tu essayes de crier mais aucun son ne sort de ta gorge… Tu tentes de fuir mais tu es paralysée… » Soudain les voici entourés de morts vivants, et commence une chorégraphie très contemporaine. Le garçon, Michael Jackson, enchaîne les pas avec fluidité sous le regard de sa fiancée partagée entre peur et fascination. Jackson a répété plus de quatre heures, le jour même, pour que ses pas soient absolument naturels.

Quand la séquence s'arrête, il faut la refaire. Le réalisateur John Landis, qui a signé un succès populaire avec « Ghostbusters », veut que ce clip soit parfait, un vrai court-métrage avec ses rebondissements et son humour. Au final, ce monument de la pop culture a été vu plus de 777 millions de fois sur la chaîne YouTube de Michael Jackson. Mais en 1982, Internet n'existe pas encore. Le clip est diffusé à la télévision dans une centaine de pays et l'album est un succès historique : 33 millions d'exemplaires vendus cette année-là aux États-Unis, sans compter les singles qui en sont extraits, notamment « Billie Jean » et « Thriller »[2]. Sept des neuf chansons atteignent le Top 10 américain et quatre se portent en tête. À l'échelle mondiale, 100 millions d'albums ont trouvé preneur. Le chanteur remporte huit Grammy Awards pour cette œuvre. Déjà fortuné, grâce aux succès enchaînés depuis son enfance, à 24 ans, le voici riche à centaines de millions.

Commence alors une autre phase de son existence. L'art n'est plus l'unique motivation. Il y a les affaires, comme, par exemple, les placements à effectuer avec sa nouvelle fortune. Sa stratégie s'apparente à celle de nombreux multimillionnaires : il diversifie ses avoirs. Ainsi, il investit dans le catalogue d'artistes de renommée mondiale comme les Beatles. En achetant des droits, il acquiert une source de revenus immédiate, ainsi qu'un potentiel pour l'avenir. Qui aurait pu alors penser aux terribles années de piratage musical qui vont suivre avec la popularisation d'Internet au milieu des années 1990 ? Jackson effectue aussi des placements boursiers. Puis il procède à une importante opération immobilière, en 1988. Il achète un grand ranch en Californie, d'environ 11 000 kilomètres carrés, et lui donne un nom tiré du roman *Peter Pan* : Neverland[3]. Dans cet espace qui ressemble à un parc d'attractions avec ses logements, ses distractions et même son zoo, il réunit ses proches et toute une équipe médicale. L'aménagement de l'ensemble, incluant un théâtre de 50 places, lui revient à 35 millions de dollars.

Ses dépenses personnelles ne cessent d'augmenter. Au début des années 2000, elles atteignent environ 8 millions par an. Auxquels il faut en ajouter cinq autres pour l'entretien du ranch. Ses coûts de fonctionnement sont inhérents à son statut de star. Quand il se déplace, ce sont des foules de fans qui cherchent à le rencontrer. Car dès les années 1980 son fan-club devient gigantesque, à l'échelle planétaire. Il faut entretenir cette flamme et de grandes tournées sont organisées. Le King de la pop enchaîne pendant dix ans les tournées. La première entre 1987 et 1989, le *Bad World Tour*, est la plus grosse. C'est un spectacle qui dure presque trois heures. Deux parties avec une trentaine de chansons. Et des événements extraordinaires dans ces spectacles. Des duos surprise, comme avec Stevie Wonder lors du concert de Brisbane, en Australie, en 1987. À Londres, le prince Charles et la princesse Diana viennent le voir, et la princesse insiste pour qu'il chante ce soir-là « Dirty Diana ». Au total, les bénéfices de la tournée s'élèvent à 229 millions de dollars. La tournée suivante est le *Dangerous World Tour*, à laquelle succède le *HIStory World Tour*, en 1996-1997. Là encore le succès est au rendez-vous et les bénéfices suivent, avec pas moins de 178 millions de dollars de profits.

Mais déjà la santé de l'acteur est menacée. Ses tournées l'épuisent. Comme les immenses stars, il gère la rareté de ses apparitions. Chacun des concerts qu'il organise ensuite est un événement dont les places se vendent à prix d'or. Les médias espèrent des interviews qui ne viennent pas.

La curiosité est telle que sa vie privée fait l'objet d'articles provocants. Il y a ses relations amoureuses, ses mariages, dont on voit l'écume dans la presse. Les rumeurs sur sa santé prennent aussi beaucoup de place dans les tabloïds. Pourquoi sa peau est-elle devenue si claire ? Vit-il vraiment dans une bulle d'oxygène pour ne pas vieillir ? A-t-il eu recours à la chirurgie plastique pour son nez ?

Puis viennent les accusations d'abus sexuel dont les procès s'étalent au-delà de sa mort[4].

Acculé par les dettes et cette curiosité folle, Michael Jackson planifie une nouvelle tournée pour 2009-2010. Elle doit replacer au centre de l'attention ses qualités professionnelles et relancer ses ventes d'albums. L'enjeu est de taille, car l'industrie musicale est entrée en crise ces années-là. Les disques ne se vendent plus. La tournée doit donc apporter du cash pour relayer ses emprunts et relancer sa marque.

La star est en pleine tension. Difficulté à trouver le sommeil, due à la préparation des 50 concerts prévus, aux enquêtes ouvertes contre lui, aux réactions du *show-business* divisé entre pro- et anti-Jackson. À cela s'ajoutent la fatigue des répétitions et les tensions liées à sa situation financière. Tout se cumule. Et cela dure depuis plusieurs années.

En 2006, il a fait la connaissance de Conrad Murray, un médecin installé depuis quelques années en Californie. Après plusieurs années de suivi, il décide de l'embaucher comme médecin personnel pour la tournée à venir en juin 2009 et lui fait verser par sa maison de production un salaire mensuel de 150 000 dollars. Murray traite les maux de Michael Jackson à coups d'anti-douleurs. Il lui a donné à plusieurs reprises un anesthésique, le Propofol, en intraveineuse. Le chanteur est sonné par ce cocktail médicamenteux qui le fait planer et lui permet de s'endormir.

Toutefois le soir du 25 juin 2009, rien ne se passe comme prévu. Murray lui a injecté le produit quand Michael Jackson fait une crise cardiaque. Le médecin pratique un massage cardiaque tandis que les secours sont appelés. Mais l'équipe médicale, une fois sur place, ne parvient pas à faire mieux. L'étoile est déclarée morte à son arrivée à l'hôpital. Murray est poursuivi par la justice tant le cocktail de médicaments administré est estimé dangereux. Il sera condamné deux ans plus tard pour homicide involontaire.

La mort du roi de la pop provoque une onde de choc planétaire[5]. Son père, sa mère et ses frères et sœurs font bloc autour de son héritage. Son enterrement est digne de funérailles nationales, avec des stars et des célébrités internationales. Des messages de chefs d'État. Plus qu'un artiste, c'est un membre de l'élite mondiale que l'on pleure. Sa mort n'interrompt pas sa carrière puisqu'un album sort à titre posthume et que ses chansons et titres continuent d'être exploités. Après sa mort, Michael Jackson rapporte presque autant, voire plus que de son vivant. Le magazine *Forbes* estime que sa carrière a engendré de son vivant (en trente ans de carrière) dans les 4 milliards de dollars. Depuis sa mort, voici treize ans, son œuvre a rapporté 2 milliards et demi environ[6].

Sa biographie montre combien le statut de riche crée de pesanteurs. Difficulté d'échapper aux sollicitations, nécessité de faire le tri dans son entourage. Pénibilité et anxiété liées à la crainte de perdre son statut social. Tout cela intervient à mesure que la carrière se déploie. Chacun réagit différemment face à ces défis. Laisser un nom, tel est le rêve de tant de riches. Les voici regardés comme des célébrités. Des stars, parfois sans le vouloir. Sans doute est-ce pour cette raison que beaucoup tentent de cacher la réalité de leurs avoirs.

1982
La folie des classements

Malcolm S. Forbes est le fils du créateur du magazine qui porte son nom, né à New York en 1918. Mais Malcolm lui a donné sa plus grande marque distinctive : le classement des quatre cents personnes les plus riches. *Forbes* paraît pour la première fois en 1982. Cette année-là, la liste n'envisageait que les États-Unis. Bientôt une liste mondiale a vu le jour, avec l'émergence des grandes fortunes d'Asie et leur installation dans la durée.

Très vite, elle est devenue une référence. Car il n'est pas si facile de trouver l'étendue exacte des très grandes fortunes. Nombre de personnalités, à l'inverse des jeunes stars, cherchent la discrétion pour conserver leur tranquillité et leur marge de manœuvre. Les journalistes doivent procéder à des enquêtes complexes pour recouper les informations publiques disponibles et remonter la chaîne des filiales, des holdings et des relations familiales afin de dresser la carte des grandes fortunes. Mais avec le temps, le classement a gagné en fiabilité. Il est même devenu un signe de reconnaissance.

Pour établir la première liste, en 1982, *Forbes* a détaché trois investigateurs[7]. Leur stratégie pour compléter les publications existantes a consisté à se rendre dans 15 grandes villes américaines et à interroger les personnes qui, selon eux, étaient les plus fortunées. Et généralement ces dernières, espérant être laissées tranquilles, lâchaient le nom d'une ou deux personnes « plus grandes que moi ». Ainsi les investigateurs avaient-ils consolidé les rumeurs en suivant l'argent… La liste était née, avec ses classements.

Cette passion n'était pourtant pas nouvelle. Dès la fin du XIXe siècle, les journaux s'y sont essayés. Mais ils n'ont pas toujours effectué ce travail avec sérieux. Très souvent la hiérarchie établie reposait sur les déclarations des acteurs de la vie économique sans qu'il soit possible de vérifier les chiffres. À l'époque, il n'existait aucune obligation de publier un chiffre d'affaires, le nombre d'employés, voire la fiscalité de l'entreprise. Si *Forbes* peut tenter l'aventure en 1982, c'est grâce au déploiement des lois sur la transparence et la concurrence qui accompagnent le néolibéralisme.

Cette année-là, en tête se hisse Daniel Keith Ludwig, un constructeur immobilier et armateur[8]. Viennent ensuite les Richardson, barons du pétrole, et les financiers Marvin Davis, David Rockefeller et Paul Melon. Les noms de ces derniers renvoyaient aussi à des héritages de fortunes lointaines. Deux secteurs dans la liste donnaient un grand nombre de riches : le pétrole, avec pas moins de 89 noms, et l'immobilier, avec 63. Dans les dix premiers, aucun représentant des nouvelles technologies. Ce secteur était encore embryonnaire. La liste reposait sur une idée implicite : chaque personne y figurant avait forcément de grandes qualités dans les affaires. Cela reflétait le culte nouveau de l'entrepreneuriat dans le monde libéral, en ces temps de guerre froide finissante.

L'engouement pour les classements s'est propagé dans le monde occidental. Il permet de remettre en cause une lecture classiste ou corporatiste de la société. De cette manière, le contre-modèle communiste paraît incapable de stimuler les ambitions et les intelligences. Et, bien sûr, cela flatte les *ego*. Ainsi ont commencé les adaptations locales. En Grande-Bretagne, le *Sunday Times* relève le défi à partir de 1989[9]. Sa liste comprend les mille plus grandes fortunes britanniques. Il établit aussi des hiérarchies complémentaires suivant l'âge ou le genre.

Plus tardif, le *Manager Magazin*, en Allemagne, a commencé d'émettre sa propre liste en 2008[10]. 300 personnes étaient initialement sélectionnées. Mais après 2010 le classement passe à 500. Ce journal du groupe Springer lancé en 1971 a accru son influence en Europe centrale grâce à ses éditions parallèles en Hongrie et en Pologne. Sa lecture depuis une décennie confirme la bonne tenue des fortunes héritées de la grande industrie allemande qui a surmonté la seconde guerre mondiale. Plus que dans les autres pays, en Allemagne, les héritiers occupent le haut du panier, environ 70 % du classement, contre 50 % dans les autres pays d'Europe.

En France, le modèle a attiré l'attention du *Nouvel Économiste* en 1994. Mais c'est vraiment avec le lancement de la liste des 500 plus grandes fortunes par le magazine *Challenges*, en 1996, que cette logique s'impose. En être ou pas ? La question paraît simple. Pourtant, depuis cette année-là, les évolutions ont été plus nombreuses qu'il n'y paraît. Dans l'Hexagone régnaient les patrons de grandes surfaces de distribution. Pas moins de sept s'imposaient dans les dix premières places. Avec, comme numéro un, Gérard Mulliez. À l'époque, la monnaie était le franc et le Nordiste en avait accumulé 36 milliards. Depuis, d'autres secteurs se sont hissés au sommet, notamment le luxe, avec Bernard Arnault et François Pinault, sans oublier la famille Hermès. Et les cosmétiques, avec Liliane Bettencourt puis sa fille, Françoise. Seules quatre personnalités dépassaient les 10 milliards. Fiers de leur travail, les journalistes de *Challenges* expliquaient leur démarche et la difficulté de certaines familles pour consolider leur patrimoine, tels les Michelin, abrités derrière de nombreuses sociétés et filiales. De même, ils n'avaient pas pu avoir accès à tout le patrimoine américain de Jimmy Goldsmith. Malgré ces limites, les rédacteurs étaient parvenus à faire pour chacun des 500 une fiche synthétique avec le montant de sa fortune évaluée, et ses secteurs d'activité.

Ce portrait de groupe présente un avantage. Il permet de distinguer les bâtisseurs et les héritiers, comme les Ribes, les Rothschild ou les Wendel, dont les noms figuraient encore au classement de 1996 alors que leur fortune remontait au lointain XIXe siècle. Par la suite, le journal se passionne sur les entrées et les sorties, les fortes hausses ou les replis. La matière souple des grandes fortunes semble livrer les transformations de la société française, même si les dix premiers évoluent assez lentement. On y retrouve des figures stables : Bettencourt, Mulliez, Arnault,

Pinault… Déjà en 1998 de nouveaux venus sont issus du secteur « informatique », comme on disait alors. Et cette même année, le caractère régional des fortunes s'affichait. Chaque métropole provinciale ayant d'ailleurs son style : la discrétion à Strasbourg, la haine des « parvenus » à Lyon, le bonheur à Lille…

À l'aube du XXIe siècle, le classement voit une hausse notable de la valeur des patrimoines. La logique de l'enrichissement des plus riches ne cesse de se confirmer au fil des années. Le nombre de milliardaires augmente et les niveaux de fortune croissent. La rivalité Pinault/Arnault bat alors son plein, présentée par la presse économique comme un des éléments clés des grandes fortunes françaises. En réalité, le changement est ailleurs. Les premières levées de fonds massives ont lieu. Dès 2000 des *startupers* entrent dans le classement. Mais tous n'ont pas la chance de faire l'objet d'un rachat et certains disparaissent comme des étoiles filantes en se frottant à l'atmosphère du monde des affaires.

Challenges ne s'en tient pas à ces analyses froides. Le magazine témoigne aussi d'une volonté de faire connaître le mode de vie luxueux de ces élites. Articles sur les bijoux et les montres chères, sur les demeures excentriques, sur les voitures les plus coûteuses, sur des mariages extravagants. Ou encore sur les masseurs personnels et les soins corporels pour rester éternellement beau. Sans oublier les coiffeurs et maquilleurs… Comme si une vie de riche devait à tout prix sortir de l'ordinaire.

Mais les journalistes de *Challenges* ne se cantonnent pas à des analyses populaires. Ils détaillent aussi les stratégies des plus riches pour échapper au fisc. Et cela, dès 2001. Ils évoquent les refuges connus, telle la Suisse, et ceux dont on parlait moins à l'époque, le Royaume-Uni et la Belgique. On s'amuse à lire qu'Alain Afflelou a dû renoncer à son abri helvétique pour revenir redresser ses affaires en France. Ou que le prix de l'immobilier croissant à Bruxelles obère les opportunités de dégrèvement fiscal.

« Sortir des clichés », ainsi peut être résumée la philosophie de ce numéro annuel.

Challenges donne également assez tôt des éléments sur les fortunes mondiales. Le magazine s'en tient souvent aux toutes premières, comme celle de Bill Gates en 2003, dont les activités philanthropiques sont détaillées.

Le succès commercial de ce numéro, ses nombreuses reprises dans la presse écrite et audiovisuelle ont fini par en faire un événement. Et face à lui des stratégies s'organisent. Beaucoup ont opté pour la discrétion, tant qu'il leur était possible de se soustraire au regard des enquêteurs du journal. Ainsi en va-t-il de Chuc Hoang, homme d'affaires parisien dont la fortune immobilière est restée longtemps secrète. L'homme passait par des sociétés et des filiales écrans pour ses acquisitions. Impossible de deviner ses avoirs sans son aide. En 2013, il contacte la rédaction[11]. Il peut prouver qu'il possède une fortune de plus 500 millions d'euros, ce qui le place bien au-dessus de la barre pour entrer dans le classement des 500. Jusqu'alors, il prisait la discrétion, car il a une passion : le poker. Or ses gains au jeu sont très gros et il fait partie de l'élite internationale des joueurs, remportant tournois et trophées. Pourquoi alors changer de stratégie ? En fait, il vise une nouvelle affaire et ses concurrents tentent de le décrédibiliser en le présentant comme un simple joueur de poker misant sur la chance. Passer dans *Challenges* est donc un moyen de renforcer son image de sérieux. Peu de temps après, il scellait favorablement son acquisition. Depuis il coopère au classement. Plus souvent, des communicants sondent le journal pour évaluer les possibilités, le seuil d'accès.

À l'inverse, nous avons rencontré un milliardaire qui a ferraillé des années pour ne pas que sa fortune soit visible. Voici une vingtaine d'années, un conflit de succession et une activité de travaux publics avec des municipalités et des régions le poussaient à chercher la discrétion maximale. Son but était d'assurer ses interlocuteurs que la presse ne lui portait aucun intérêt et que ses entreprises répondraient aux appels d'offres en toute quiétude. Mais l'ampleur de son activité a fini par lui faire perdre son anonymat. Il a été classé dans la première centaine.

D'autres veulent éviter les classements pour des raisons fiscales. Ils changent de nationalité, de résidence, délocalisent leur activité et passent aussi par des sociétés écrans, voire des comptes *off shore*. Difficile de pister toutes les fortunes à l'échelle planétaire. D'où des critiques à l'encontre des classements et de leur validité.

Première critique : quels types de fortunes doit-on prendre en compte ? Les délinquants et les criminels ayant accumulé des richesses doivent-ils être comptabilisés ? *Forbes* a tôt décidé de ne pas les intégrer. La mention du poids économique d'Escobar à elle seule avait suscité des oppositions. De façon similaire, les grandes familles de la Camorra ou de Cosa Nostra ne sont pas prises en compte. Ni les triades chinoises ou la pègre française. La performance doit être mesurable dans l'économie ouverte et publique.

Deuxième critique, surtout déployée en France : l'intégration de la dette dans le patrimoine. En 2013, en effet, le magazine *Capital* a lancé « Le vrai classement » des riches français, en soustrayant de leur actif la dette. Son raisonnement ? Puisque ces sommes doivent être remboursées, elles ne peuvent être comptabilisées dans le patrimoine. Or cette analyse a ses limites. Outre le fait que la dette permet les investissements dans le patrimoine et les entreprises, elle constitue un actif à un moment *t* puisqu'elle potentialise du capital. On comprend donc pourquoi *Challenges*, dans sa consolidation, laisse cette question de côté. Pourtant, cela modifie le regard que l'on peut porter sur un manager. Un exemple ? En 2013, Vincent Bolloré était en pleine expansion et sa dette dépassait de beaucoup ses actifs. Mais c'est elle qui lui assurait la gouvernance de son empire. Le même constat pouvait être dressé deux ans plus tard pour un Patrick Drahi, la charge de sa dette paraissant disproportionnée par rapport même aux entreprises acquises par son groupe. Et pourtant l'un et l'autre ont consolidé leurs positions.

Dernière critique : la dimension financière de l'examen prend trop en compte les variations monétaires et boursières, et ne distingue pas assez les fortunes fiables et stables de celles qui ne le sont pas. Ce défaut est compensé par la précision sur le domaine d'intervention des personnes classées. On peut ainsi deviner la part d'agiotage dans le calcul.

En somme, les grands classements mondiaux ont acquis une position étonnante dans l'espace public. Au point que maintenant des chaînes de télévision comme Bloomberg en ont fait un indicateur en temps réel, avec un index chiffré des milliardaires. Grâce à ce système, de nos jours, les adversaires des riches peuvent trouver des arguments pour dénoncer la part croissante des plus grandes fortunes dans la richesse nationale. Ils peuvent aussi illustrer l'accroissement des inégalités et montrer combien l'écart se creuse entre les super-riches et le reste de la population.

À l'inverse, les libéraux s'en servent pour compter les milliardaires par pays et se féliciter, ou déplorer la place qu'ils occupent sur l'échiquier international. Le modèle mis en place par Malcolm Forbes est donc un indicateur à double tranchant pour les riches : un indicateur de performance individuelle qui témoigne de leur ingéniosité ; un portrait de groupe qui renvoie à une image de classe, alors même que son fondateur voulait s'en servir contre le collectivisme.

1983
Steve Jobs et Bill Gates en promotion

En 1983, le président Reagan lançait une idée révolutionnaire : l'initiative de défense stratégique (IDS). Un faisceau de lasers et de missiles antimissiles allait couvrir l'ensemble du territoire et protéger les Américains de la menace atomique soviétique. Le tout serait coordonné par des ordinateurs, car l'informatique avait fait des progrès immenses.

La révolution numérique changerait tout. De fait, depuis quelques années des ordinateurs individuels (dits *PC*, pour « *personal computers* ») étaient en vente. IBM avait tardé à mesurer la portée du changement en cours. Mais un jeune prophète technologique du nom de Steve Jobs avait lancé sa maison spécialisée dans le secteur, Apple. Les premiers ordinateurs étaient prometteurs. Restait à conquérir le marché. Pour booster sa force de vente, et stimuler ses investisseurs, ce manager singulier a eu l'idée d'inviter des patrons fournisseurs de son entreprise devant le parterre de ses représentants et de son personnel.

L'Apple Event 1983, un moment d'anthologie ! Véritable *showman*, Steve Jobs joue le rôle d'un hôte d'émission de télévision. Avec lui sur scène, trois jeunes patrons : Fred Gibbons, P-DG de Software Publishing Corporation, Mitch Kapor, fondateur de Lotus Development Corporation, et Bill Gates, le patron de Microsoft. Des noms qui ont marqué le développement de l'informatique aux États-Unis et dans la Silicon Valley. Le but est de mettre en valeur leur relation avec Apple, un peu à la façon d'un *speed dating* amoureux. Chacun des patrons répond avec précision et ajoute une flatterie pour séduire leur hôte. Quand il est interrogé, Bill Gates souligne un point clé : les appareils créés par Steve Jobs ont une conception extraordinaire et, pour sa part, il pense produire davantage de logiciels pour les équiper.

Sait-il que dans les ateliers d'Apple se prépare la naissance du Macintosh, un appareil révolutionnaire ? Sans doute.

Jobs va devenir immensément riche grâce à ses appareils. Le Mac, l'iPod, l'iPhone, les tablettes… Son entreprise a prospéré jusqu'à une valorisation de 1 000 milliards de dollars. Apple, le premier *A* des GAFAM.

Microsoft de Bill Gates donne le *M*.

Les deux hommes représentent ces nouveaux riches de la Silicon Valley pour lesquels une bonne partie des usages des riches des générations précédentes sont obsolètes. Passionnés de travail, ils orientent leur existence et leur parcours de façon inédite. Et cela vaut aussi pour la seconde génération, avec les Larry Page ou Mark Zuckerberg.

Tous rompent avec les pratiques imposées dans les entreprises américaines depuis la fin du XIXe siècle. Formés dans les campus californiens, notamment près de San Francisco, ils sont les héritiers de la contre-culture si forte dans cette région. Leur apparence le dit. Sur scène en 1983, les quatre dirigeants ont les cheveux longs, portent pour deux d'entre eux la chemise sur le pantalon. Et mettent des jeans. Fini, le costume trois pièces qui régnait encore en maître dans les années 1960. Finie, la cravate, signe de soumission.

Leurs méthodes de travail aussi évoluent. Ces managers tentent de nouveaux modes d'organisation, plus horizontale. La hiérarchie est modifiée en fonction des compétences des employés. Ils sont très accessibles, ouverts à la discussion et aiment le challenge avec leurs ingénieurs. Ils veulent souvent promouvoir le collectif. Le modèle des start-up, ces entreprises d'innovation qui reposent sur des levées de fonds davantage encore que sur la rencontre avec une clientèle, trouve ici son origine. La première génération des *startupers* a l'obsession de la réussite commerciale, plus que l'obsession de la revente de leur entreprise. Mais les deux personnalités souvent présentées comme rivales sont très différentes.

Steve Jobs est un enfant adopté. Sa mère et son père biologiques l'ont abandonné à la naissance et sa famille d'adoption l'a élevé en le sensibilisant aux sciences pratiques, car son père, Paul Reinhold Jobs, est un technicien d'industrie. Après une enfance passée en Californie, le jeune Steve, devenu hippie, commence des études supérieures à Reed College dans l'Oregon, mais les abandonne. Débute alors une période d'errance et de quête spirituelle qui le verra devenir végétarien, et se sensibiliser à la religion hindoue. C'est ainsi qu'il revient en Californie chez ses parents, à Los Altos, dans leur maison de Crist Drive. Et c'est dans ce garage qu'en 1976, avec son ami d'enfance Steve Wozniak, il met au point le premier ordinateur Apple. En 1978, Jobs est millionnaire en dollars. Sa vie s'accélère. Selon *Forbes*, sa fortune atteindra à sa mort, en 2011, 8,3 milliards de dollars.

Apple pense les gestes et les usages humains et utilise les intuitions de son patron pour s'y adapter. L'invention de la souris, l'usage du doigt sur l'iPhone, tout cela modifie l'histoire de nos comportements. Et Apple est un des phares de la mondialisation qui se déploie dans les années 1990. D'où ses relations importantes avec la Chine. Mais Jobs a créé une entreprise et rien de ce que font les riches américains traditionnellement. Pas de philanthropie. Pas de collection ou de musée offert au public. Pas d'école ou de centre de recherche financé gratuitement à des fins sociales. Demeurent ses leçons et ses mémoires, qui ont leurs fans, et une personnalité dont on cite volontiers les mots, comme des maximes. Mais fondamentalement sa marque, Apple, a dépassé son nom. Cela reflète bien la puissance acquise par les marques de nos jours. Elles sont le capital derrière lequel souvent les propriétaires s'effacent[12]. Et de fait, les dons dans la lutte contre le Sida sont venus de la marque et non du fondateur.

Bill Gates, quant à lui, n'a rien d'un adolescent en errance. C'est excellent élève qui intègre vite Harvard, bien qu'il ne finisse pas son cycle. Il est le premier à inventer un langage pour les micro-ordinateurs, le Basic. S'y ajoute la création un système d'exploitation, en collaboration avec IBM. En soi, ces apports marquent une étape clé de l'histoire de l'informatique. Gates fait partie de ces rares patrons dont le nom est aussi connu que celui de leur marque, comme Rockefeller. Mais sa trace dans l'histoire vient aussi de la Bill and Melinda Gates Foundation, forgée avec son épouse, et de ses initiatives philanthropiques avec un autre milliardaire, Warren Buffett. Comme les Rockefeller, il veut laisser une trace durable. Son action dans la santé lui a valu des ovations, par exemple dans la lutte contre le Sida, et des théories conspirationnistes, notamment sur le Covid. Son *credo* est que donner fait du bien ! On peut y voir un héritage des croyances chrétiennes dans lesquelles il a été élevé. S'il vit bien dans le luxe, le pape de Microsoft demeure conforme à sa génération, qui préfère une apparence simple plutôt que le style coûteux de la haute couture. En un sens, les hommes de la Silicon Valley ont permis l'éclosion de la mode urbaine et l'entrée des jeans chez les grands couturiers. Et Bill Gates n'a pas la collection de voitures dont tant de milliardaires se targuent. Car il pense au réchauffement climatique, dans son jet. La preuve, il utilise des carburants propres pour ses voyages, et ses deux avions ont moins de quatre ans, donc consomment moins de kérosène[13].

Pour autant, l'accumulation de biens impressionne. Gates serait le plus grand propriétaire terrien des États-Unis. Xanadu, sa première maison, avec sa dimension expérimentale, n'est qu'une infime part de ses propriétés. Au moins cinq ranchs lui appartiennent et des maisons de l'Est à l'Ouest des États-Unis, plusieurs chaînes d'hôtels, dont les Four Seasons… 242 000 acres au total, soit environ 98 000 hectares.

À l'instar de nombre de représentants de la Silicon Valley, Bill Gates penche pour le Parti démocrate, faisant mentir les allégations selon lesquelles tous les riches sont conservateurs. Car au sein du « Big Business » une coupure s'est créée entre les patrons de la nouvelle économie, plutôt au centre gauche, et ceux des industries classiques, comme le pétrole, dont les dons sont réservés aux candidats républicains.

Devenu l'homme le plus riche du monde à intervalles réguliers depuis 1996, malgré les dizaines de milliards versés à des œuvres de charité, Bill Gates est une sorte de modèle international et un interlocuteur des chefs d'État. Dès 2015, au Forum économique mondial de Davos, il mettait en garde les dirigeants planétaires contre les risques épidémiques. À l'époque, on redoutait les effets du virus Ebola, contre lequel le milliardaire investissait déjà des sommes conséquentes. Son but était la mise en place d'un véritable système international de lutte et de recherche contre les épidémies. On l'attend toujours.

En revenant à une approche humaine de la vie économique mondiale, Bill Gates a changé les logiques de communication à l'œuvre depuis les années 1980. Il ne s'agit plus d'informer pour faire de l'argent, mais d'alerter sur une situation extrême en devenir. Devant ce risque, les grandes marques doivent s'effacer.

1985
Le premier millionnaire russe, Artyom Tarasov

Pour bien comprendre l'exception que représentait le premier milliardaire soviétique en 1985, il faut revenir sur l'histoire terrible du pays. En particulier à partir des années 1930.

Ainsi, le 30 juillet 1937, l'ordre opérationnel numéro 447 de Joseph Staline déclenche la Grande Terreur. Il s'agit de déporter les « éléments antisoviétiques et socialement nuisibles ». Immédiatement l'opération *Koulak* est mise en œuvre pour détruire ces « ennemis » de la patrie. Dans ce pays ravagé où la pauvreté est ce qui se partage le mieux, les forces de police font massivement preuve d'arbitraire. En quelques mois, 767 397 personnes sont arrêtées, dont 386 798 sont fusillées[14]. Le NKVD, la police politique, affiche ce bilan officiel. La vérité est sans doute plus terrifiante encore.

Parmi les victimes, environ 100 000 personnes sont éliminées car qualifiées de « koulaks », de paysans enrichis, qui prospéreraient en parasites sur le malheur des campagnes. Mais sont aussi éliminés des mendiants, de simples délinquants ou des ménagères s'approvisionnant au marché noir… La double haine des riches et des ultra-pauvres est stimulée par le régime. Les familles des déportés ne sont pas épargnées. L'ordre 486 traite même spécifiquement des épouses, concubines ou divorcées de ces pseudo-asociaux et supposés « trotskystes ».

Le paradoxe de la société soviétique est que son égalitarisme forcené et son ascèse officielle ont fini par engendrer un culte des objets et des petits avantages. Avoir une voiture devient un privilège inouï. Vivre dans son propre appartement, sans le partager avec d'autres familles, est aussi un avantage rare. Le manteau en fourrure, la chapka, les belles écharpes sont des objets de luxe, très convoités dans une société où le dénuement est la règle. La stratification sociale est donc perceptible aux biens dont jouissent les personnes, comme en Occident. Elle croise une autre hiérarchie dont tout dépend : le pouvoir. Car le parti assure le contrôle de toute la vie, publique et privée.

Les biens des déportés, leur travail sont mis au service de la police qui les a arrêtés. Le NKVD ne se gêne pas pour distribuer les prises à ses hommes. Cela tout en affirmant lutter contre la corruption. Dans les camps, les misérables prisonniers doivent assurer le travail pour l'administration pénitentiaire du goulag, afin que les gardiens et les officiers puissent mieux vivre, en dépit des conditions terribles des *lagpunkt,* ces camps isolés aux confins de la Sibérie.

Cet esclavage universel secrète une nouvelle aristocratie, la nomenklatura. Au sens strict, il s'agit de la liste des postes de pouvoir et de ceux qui les occupent. Elle définit la sphère dirigeante. Par extension, le mot désigne tous ceux qui se trouvent au sommet du système soviétique et des pays communistes. Ils jouissent de privilèges matériels et peuvent rapprocher leur mode de vie de celui des élites occidentales. Paradoxe : à mesure que le communisme vieillit, l'obsession de jouir des biens de consommation devient plus forte parmi les gouvernants.

En Union soviétique, les membres du Comité central s'attribuent des voitures de luxe pour se déplacer en toute quiétude. Ce sont souvent de grosses automobiles noires, de la marque GAZ, des Volga ou des Tchaïka. Ils sont ainsi reconnaissables entre tous, tant ces modèles sont rares. Fragiles aussi. En cas de panne, les pièces de rechange tardent souvent à arriver. Il faut donc posséder plusieurs voitures pour être tranquille…

Les hauts responsables vivent près du Kremlin ou, tel Staline, à l'intérieur même du palais. Comme au plus beau temps du tsarisme, il faut être près du sommet pour obtenir des avantages et garantir sa sécurité. Le dictateur fait aussi construire des immeubles pour les cadres du régime. L'idée est qu'en vivant ensemble, ils se surveillent les uns les autres. Mais la nomenklatura ne vit pas vraiment dans des appartements immenses. Le luxe de ses membres est de pouvoir vivre seul, sans partager sa cuisine ou son salon avec d'autres familles. Pour autant, un secrétaire général du Parti, tel Leonid Brejnev, vivait dans un modeste trois-pièces de 54 mètres carrés.

L'étalement des richesses et de la puissance se joue ailleurs. Les dirigeants soviétiques s'attribuent de grandes maisons plus ou moins proches de la capitale, où ils vont discrètement passer leur fin de semaine et leurs congés. Pour entretenir ces « datchas », ils ont leur propre personnel et parfois, comme Khrouchtchev, leur cuisinier attaché, des goûteurs... L'étalage des richesses est plus facile dans ce monde isolé des citoyens ordinaires. Les nomenklaturistes, les membres de l'élite, ont donc tendance à vivre en cercle fermé afin que l'on ignore la réalité de leur niveau de vie. Cette discrétion leur permet aussi de laisser libre cours à leurs vices, en toute quiétude, qu'il s'agisse de l'alcool ou d'une sexualité hyperactive, entre maîtresses et prostituées.

C'est dans ce monde que circulent les objets achetés à l'étranger par les officiels, comme les magnétoscopes dans les années 1970 et... les films censurés. Afin d'accéder à des biens avantageux, les dirigeants communistes mettent en place des lieux de vente interdits à la population : les magasins Beriozka. Ils sont la vitrine de ce système. Les premiers ont été ouverts en 1964. Souvent installés dans les hôtels de luxe, ils ont pour objectif de satisfaire les touristes étrangers et de récupérer des devises. Mais ils sont accessibles à l'élite. Là se trouvent les bonnes bouteilles des pays de l'Est, le champagne de Géorgie, le tokay, ce vin liquoreux hongrois, le caviar et le saumon de la mer Caspienne, les fourrures, les charcuteries fines et les fromages importés... Un océan de saveurs et de volupté présenté comme un supermarché. Or rares sont les magasins de ce type en URSS, où le modèle courant de distribution est le comptoir, qui interdit l'accès au stock. Les marchandises sont échangées contre des tickets autorisant l'achat. Les pénuries sont telles qu'il faut parfois faire la queue des heures pour obtenir ce que l'on veut.

Mais cela ne suffit pas. Le monde soviétique rêve passionnément de la consommation occidentale. Alors, il copie le mode de vie américain, directement. Face au triomphe mondial de

Coca-Cola, les Soviétiques tentent de lancer un soda concurrent, Baïkal. À base de sucre, d'acide citrique, de quelques huiles essentielles et d'un colorant pour la teinte sombre. C'est encore insuffisant. Alors, en 1973, Brejnev, comprenant l'attente de ses concitoyens, fait un geste historique : il autorise Pepsi-Cola à s'implanter en Russie. Brejnev est l'homme du rattrapage en matière de biens de consommation, pour le peuple et surtout pour les élites. Il élargit les échanges avec le monde entier.

En témoigne l'organisation de séjours pour des enfants venus du monde entier dans le camp de pionniers Artek, situé en Crimée. Un camp pour enfants malades y avait été créé en 1925. Puis les pionniers du parti l'avaient renforcé pour y accueillir leurs meilleurs éléments. Le but était de créer une solidarité générationnelle dans l'ensemble du pays et d'approfondir l'endoctrinement. En 1965, Brejnev fait rénover l'ensemble par un architecte. Un stade de 10 000 places et pas moins de 250 maisons réparties sur neuf villages le composent désormais. Le tout en pleine forêt, avec des lacs. Un lieu moderne idyllique. C'est là que convergent du monde entier les enfants et les proches des dirigeants communistes, des partis frères ou alliés. L'idée est de créer des liens informels au sein de la nomenklatura mondiale. Dès 1969, 13 000 enfants de 70 pays s'y retrouvent. Et cela continue. Au début des années 1980, 105 nations sont représentées. Les filles de responsables de l'ANC d'Afrique du Sud croisent les fils de dirigeants bulgares ou brésiliens. Mais il y a aussi des enfants de personnalités politiques non communistes occupant de hautes fonctions en France, en Espagne ou en Hollande qui sont accueillies. Ils dresseront à leur retour dans leur famille un portrait favorable de l'Union soviétique. En fait, le monde brejnévien a compris que la question du pouvoir et de l'influence ne passe pas uniquement par l'idéologie. La socialisation favorise les alliances. On s'amuse ensemble, on travaille ensemble ; on domine ensemble.

Mikhaïl Gorbatchev pense pouvoir aller plus loin dans l'ouverture. Introduire une dose d'entrepreneuriat dans le monde communiste. En 1985, il autorise la création de coopératives privées. C'est le début des chefs d'entreprise version néocommuniste. Parmi ces premiers *businessmen* soviétiques, Artyom Tarasov. Brun, moustachu, l'allure dynamique dans son costume deux pièces, cet homme de 35 ans comprend que le pays s'ouvre et que tout est possible. Il obtient grâce à des amis du parti communiste l'autorisation de se rendre au Japon. Là, il achète toutes sortes d'objets électroniques cassés ou démodés ; tout ce qui manque cruellement en Union soviétique[15]. Il les reconditionne et les revend à prix d'or aux administrations et aux entreprises de son pays. En quelques mois, le voici millionnaire. Il adapte ses entreprises aux conditions mouvantes du droit soviétique. Mais il commet une erreur. En janvier 1989, il donne une interview dans laquelle il se présente en « millionnaire[16] ». Il déclenche une polémique au pays de Lénine. Est-il un héros des nouveaux temps, ou un criminel profiteur de plus ?

Gorbatchev, alors Premier secrétaire du Parti communiste de l'Union soviétique, hésite. Finalement le gouvernement ferme sa société et saisit ses biens. Tarasov devra attendre avant de reprendre ses affaires en lançant *Kommersant*, un quotidien d'affaires, puis une compagnie aérienne. Entre-temps, le rideau de fer est tombé et l'URSS a été démantelée. Le peuple russe plonge dans un hiver de crise économique. Alors que Tarasov et d'autres jeunes loups construisent des empires, le niveau de vie s'effondre. Pour la première fois dans l'histoire de l'humanité, un pays en paix voit reculer la durée de vie moyenne de sa population. L'espérance de vie passe ainsi de 69 ans et demi en 1988 à 64 ans et demi en 1994.

Tarasov mourra bien plus tard, en 2017, à 67 ans.

Ce « premier millionnaire russe » a acquis un appartement à Londres. Il inaugure un nouveau mode de vie, celui des oligarques post-soviétiques. Des riches passés directement du communisme à la jet-set.

Avec lui, l'Union soviétique est bien morte et enterrée. Pendant trois quarts de siècle, elle a fait trembler les riches du monde entier et les a poussés à imaginer les solutions les plus radicales pour éviter de voir leurs biens et leur système de production réduits à néant.

1989
PABLO ESCOBAR ET SES MILLIARDS

Riche à tout prix. Pablo Escobar, un trafiquant de drogue colombien, y est parvenu. Une richesse si évidente et visible que le magazine américain *Forbes* l'avait mis en 1989 à la septième place de son classement annuel. Il dirigeait un *business* évalué à 25 milliards de dollars[17] et ses revenus annuels auraient été de 2 milliards. Pour un patrimoine estimé à environ 30 milliards. Cette situation n'a pas manqué de provoquer un débat de principe. Faut-il classer dans la presse uniquement les fortunes honnêtes, officielles, ou celles des délinquants, clandestines ? Dans l'ensemble, les journaux ont préféré occulter le monde des gangsters et des délinquants afin de ne pas offrir une publicité facile à ces hommes de sac et de corde dont il faudrait afficher le bilan meurtrier en regard des bénéfices réalisés.

Mais Escobar échappait à ce jugement, comme s'il bénéficiait d'une sorte de complaisance. En témoignent les films et les séries qui, depuis sa mort, survenue en 1993 à l'âge de 44 ans, lui sont consacrés. Son parcours a quelque chose de fascinant. Son ascension fulgurante remonte aux années 1970, quand il a l'intuition que la Colombie peut devenir un centre actif de production de cocaïne. Avec d'autres chefs de gangs, il organise une production agricole et des laboratoires[18]. Naguère intermédiaires et transporteurs, les Colombiens forgent une filière de fabrication et de transformation complète à destination des grands marchés mondiaux, en particulier des États-Unis.

La cocaïne pour eux est un « produit », et c'est d'ailleurs le terme qu'ils emploient souvent pour en parler : *el producto*.

Les méthodes de gestion d'Escobar se rapprochent de celles qui sont enseignées dans les écoles de commerce. Il cherche à obtenir la plus grosse part du marché pour avoir la maîtrise du prix et veut supprimer les intermédiaires afin de concentrer dans ses mains les profits de la filière. D'où le système d'alliance et d'intégration verticale de son « entreprise » qui exploite la production, la transformation, la distribution et la commercialisation jusqu'aux grossistes[19]. Il suit aussi les logiques de nombreux managers dans le monde pour maîtriser les prix. Escobar passe des heures à négocier, chercher des accords avec ses concurrents et ses clients. D'où la logique de cartellisation et de partage du marché de la drogue qui se met en place autour de son centre d'affaires à Medellín. Si cette ville est choisie, c'est parce qu'elle dispose d'installations aéroportuaires commodes et peut servir de plaque tournante dans les échanges. Bientôt, d'ailleurs, le patron organise ses propres pistes aériennes dans son ranch et y fait atterrir et décoller ses propres avions.

Son efficacité est telle que la surproduction éclate. Le marché américain ne peut plus absorber tout le « produit ». Les prix s'effondrent. Cela le conduit à créer de toutes pièces un marché domestique en Colombie. D'un coup, les Colombiens se mettent à tremper leurs cigarettes dans la poudre blanche. Il faut écouler les surplus pour faire de l'argent. La mode désorganise un peu plus une société déjà traversée par des ondes de violence. Les autorités prennent conscience de l'immense dérive du pays[20].

Jusqu'au début des années 1980, en effet, la lutte contre la drogue n'est pas une priorité pour les autorités gouvernementales.

Aux prises avec des mouvements de guérilla, elles ont tendance à laisser ce trafic se développer. Pire, les États-Unis ont beau vouloir lancer une guerre contre la drogue, elles font la sourde oreille. Tout juste si elles procèdent occasionnellement à des arrestations. Escobar comprend qu'il lui faut trouver une parade. S'il n'a pas suivi d'études universitaires, il est allé au lycée. Il a commencé à travailler à l'âge de 20 ans, en effectuant de petites escroqueries, avant de voir l'immense potentiel de la drogue. En suivant la vie politique, il remarque la protection spécifique accordée aux parlementaires colombiens : en vertu de la Constitution, aucun ne peut être extradé du territoire à destination des États-Unis. Pour ce motif, il entre en politique dans sa ville natale de Rionegro, dans le département d'Antioquia, en 1982. Grâce à des programmes de construction à destination des plus pauvres, il parvient à gagner le vote populaire et se retrouve élu[21]. Il est déjà multimillionnaire à cette époque et possède sa propre armée de tueurs.

Commencent alors les actions expéditives contre tous ses adversaires et concurrents : il fait tuer des policiers, des membres de gangs rivaux, et s'en prend au M19, un groupe de guérilleros, qui exige le versement par les trafiquants d'un impôt révolutionnaire. Finalement, Escobar trouve un accord avec ce dernier. Son but est maintenant d'entraver les poursuites et de faire régner la terreur dans les milieux judiciaires. Il n'hésite pas à faire abattre tous les magistrats qui se mettent en travers de sa route et même à exercer des représailles après qu'ils ont quitté leurs fonctions. Ainsi décide-t-il de faire abattre un juge qui avait trouvé refuge comme ambassadeur en Hongrie, c'est-à-dire derrière le rideau de fer. Ses tueurs vont jusqu'à Budapest pour effectuer l'assassinat. En fait de meurtres, Escobar et ses hommes sont aussi efficaces qu'en matière de trafic. Suivant les estimations, entre 3 000 et 8 000 décès leur sont directement attribués. Et cela principalement en Colombie, au point que le pays, dans les années 1980, détient un temps le triste record des pays les plus meurtriers. Le numéro un mondial des milliardaires criminels n'a donc rien d'un charmant homme d'affaires.

Face à lui, le gouvernement américain s'organise. Depuis 1971, le président Richard Nixon a établi la doctrine de la guerre contre les drogues. Le FBI a été mobilisé pour agir jusqu'en Amérique latine. Le président Reagan reprend cette logique et renforce les agences de lutte contre les narcotiques. Des dizaines d'agents sont envoyés en Colombie pour aider le pays à extirper la place des « *narcos* ». C'est pourtant dans ce contexte que Pablo Escobar fait fortune et devient l'ennemi public numéro un.

Pourchassé à l'échelle internationale, le gangster ne peut prétendre à une vie normale. Il investit dans des propriétés foncières afin de pouvoir se cacher ou s'enfuir. À Medellin, il possède une tour mais loge parfois dans des hôtels afin de ne pas être localisé. Dès le début des années 1980, plusieurs de ses logements sont équipés de haches et de chambres sécurisées. Il aménage aussi des ouvertures pour pouvoir s'enfuir par d'autres immeubles en cas d'attaque. Hanté par la peur d'un attentat, il fait blinder les vitres de son ranch, son hacienda Nápoles, son appartement, ses voitures. Il ne peut guère profiter des propriétés qu'il a acquises aux États-Unis, car son existence est clandestine à partir de 1989.

Pourtant, il jouit d'une vie de famille. Son épouse, Victoria Henao, est une jeune Colombienne qu'il a rencontrée encore enfant. Elle a accepté de se marier, quand elle n'avait que 15 ans, avec cet homme de douze ans son aîné. Bien qu'il la pousse à des relations sexuelles précoces, et qu'elle doive avorter, Pablo Escobar lui semble une version contemporaine du Prince charmant : un homme riche à milliards qui la sort de son existence petite-bourgeoise. Le couple a deux enfants : un garçon, Juan Pablo, et une fille, Manuela.

Malgré les arrestations et les absences de son mari, Victoria dit avoir tout ignoré des activités illégales de son mari pendant des années. Son existence familiale est préservée jusqu'en 1984. Elle se découvre alors une passion pour l'art, la peinture et la sculpture. La fortune de Pablo lui permet d'acquérir des chefs-d'œuvre. L'un d'eux joue un rôle particulier *: La Danse* de Dalí. Le tableau est acheté chez Sotheby's à New York en 1985 et se retrouve accroché dans la bibliothèque de leur appartement d'El Poblado, dans la banlieue de Medellin. Pour Victoria, c'est la pièce maîtresse d'une collection composée selon ses goûts : des œuvres de Fernando Botero, des sculptures d'Edgar Negret, pour les Sud-Américains ; mais aussi des peintres européens, tel Picasso. Pablo, quant à lui, s'intéresse peu à ces œuvres. Il préfère collectionner les vieilles voitures.

La Danse échappe à un attentat à la voiture piégée en 1988. Quelques jours après l'explosion dévastatrice, la sœur de Victoria le prend et le garde chez elle jusqu'à ce que la famille regagne son domicile[22]. Quand la maison est incendiée, en 1993, par un groupe paramilitaire adverse, Victoria croit que la toile a été détruite. Elle y voit un signe.

Quelque temps plus tard, elle apprend la mort de son mari. Pablo Escobar vivait dans des caches à Medellin, depuis que le gouvernement avait décidé de rompre toute relation avec lui. Des forces spéciales avaient été constituées pour le capturer : le « Bloque de búsqueda ». C'était en 1992, après qu'il s'était enfui de la prison dorée où il était détenu depuis sa reddition volontaire l'année précédente. Finalement, le 2 décembre 1993, Escobar, encerclé par la police, tente de s'enfuir par une porte dérobée, mais il est rattrapé et abattu par des policiers[23]. Lui qui rêvait de la grande vie meurt en délinquant, laissant une fortune qui ne va pas tarder à subir des revers.

Quelques jours après, Victoria reçoit un appel d'un des chefs paramilitaires. Ce dernier lui propose de reprendre son tableau. Devinant les risques qu'il y aurait à le réclamer, elle déclare ne rien vouloir de l'héritage de son mari et encourage ses anciens alliés du cartel de Medellin à se partager ses avoirs et ses territoires. C'est le seul moyen pour que sa vie et celle de ses enfants soient épargnées. De fait, tous ont survécu à cette succession dangereuse en se retirant largement des affaires. Les biens même légitimes d'Escobar ont été saisis par les justices colombienne et américaine.

Tout se passe comme si les milliards accumulés et le trésor d'Escobar avaient disparu, tels ceux des pirates dont les bateaux ont coulé au large des Amériques. Symbolique entre tous, son immeuble de Medellin a été détruit par la municipalité[24]. Reste une légende que les séries américaines font revivre sur les écrans. Et quelques toiles de maître qui pendent encore aux murs des maisons de ses héritiers, vestiges gracieux d'un argent sorti de la terre et mûri dans le sang.

1990
Carlos Slim, l'ami des présidents

Au début du XXe siècle, le Liban était sous la coupe de l'Empire ottoman. Les chrétiens subissaient une pression si forte de la part des autorités qu'un mouvement d'émigration commença. En 1902, un tout jeune Libanais, Julian Slim, à peine âgé de 14 ans, débarquait au Mexique après un long voyage par bateau. Il venait retrouver ses frères arrivés quatre ans plus tôt. Bientôt, ces jeunes gens se lançaient dans le commerce et l'immobilier et créaient le premier journal destiné aux Libanais installés au Mexique. Ces derniers formaient une communauté soudée. Parmi ces familles, Julian devait rencontrer Linda Helu, qu'il épouse en 1926. À cette époque, il est déjà un homme d'affaires florissant. Le couple aura six enfants, dont le petit Carlos, qui naît en 1940. Le monde est alors lourd des bruits de la guerre. Le Mexique est, certes, éloigné des théâtres d'opération mais sa vie publique s'en ressent. Les immigrés libanais tendent vers l'isolement et s'ouvrent davantage à la société mexicaine.

Si Julian ne parlait pas espagnol en arrivant, ses enfants, eux, sont parfaitement intégrés. Les Slim vivent à Mexico, avec des activités en centre-ville. Carlos et ses frères et sœurs se familiarisent vite avec les affaires de la famille. Tout jeune, Carlos s'essaye aux affaires. Premiers essais de vente encore enfant, premières actions achetées à 12 ans. Son école est autant familiale qu'académique. Car, en jeune homme sérieux, il suit des études primaires puis secondaires et, grâce à l'aisance familiale, entre dans l'école d'ingénieurs de l'université de Mexico. La forte implication de son père dans les chambres de commerce lui permet de disposer d'un réseau ainsi que d'un pécule pour lancer ses affaires[25].

Dès l'âge de 25 ans, il se lance dans l'immobilier. Son entreprise reflète aussi un changement dans sa vie personnelle. Il a rencontré Soumaya Domit Gemayel, une jeune Libanaise. Elle est apparentée à deux présidents du Liban. Sa mère et la sienne sont amies. Il a décidé de l'épouser. Le nom de son groupe, Carso, vient du début de son nom associé à celui de son épouse, le « Car » de Carlo et le « So » de Soumaya[26]. Ses activités profitent de la croissance urbaine du Mexique et du développement du tourisme. L'amour et les affaires semblent le combler. Un conte de fées moderne, où les pesos tiennent lieu de trésor, s'écrit sous sa dictée.

Dix ans plus tard, en 1986, il est devenu si riche qu'il crée la Fondation Carlos Slim. Cette institution à but non lucratif doit lancer des programmes sociaux et éducatifs. Et structurer ses initiatives sur le marché de l'art. Carlos Slim a une âme de collectionneur. Voitures, sculptures, peintures… ses goûts sont divers. Mais ses achats se comptent par dizaines de millions. Comme pour beaucoup de milliardaires, ses acquisitions oscillent entre l'investissement spéculatif et un intérêt personnel pour l'art. Car l'instabilité du marché est confirmée dès l'année suivante avec le krach boursier.

Slim est maintenant une figure en vue au Mexique et fréquente depuis près d'une décennie des politiciens du PRI, le Parti révolutionnaire institutionnel, qui domine depuis soixante ans la vie politique mexicaine. Il a eu besoin de leur soutien et des autorisations pour les programmes immobiliers.

Comme son père, il entretient de bonnes relations avec un groupe d'hommes d'affaires d'envergure. Parmi eux, il y a Gilberto Boria, l'aîné du groupe. Cet ingénieur a construit le métro de Mexico, dès les années 1960, puis des centrales nucléaires, et tant d'autres ouvrages d'art. Un chimiste ensuite, Claudio González, qui inonde le pays de savons liquides et de couches pour bébés et pour adultes, grâce à sa compagnie Kimberly-Clark de México. Enfin, une troisième figure attire l'attention : le banquier Roberto Hernández Ramírez. Outre son parcours dans des établissements financiers comme Banamex et Citigroup, il a acquis de vastes terrains sur le littoral, ce qui est très commode pour effectuer toutes sortes de trafics clandestins. Il est pourtant à la pointe de la dénonciation du trafic de drogue et organise des conférences conjointes entre les présidents mexicain et américain sur le sujet.

Il fait partie de ce groupe de Monterrey, des familles riches qui détiennent presque toute l'économie mexicaine et qui, depuis des décennies, vivent la mondialisation en achetant aux quatre coins du globe appartements, placements et produits de luxe[27]. Des champions de l'évasion fiscale soucieux de tenir en main la politique.

Slim, Boria, González et Ramírez sont désormais faiseurs de roi. Leur soutien à Carlos Salinas, le candidat du PRI, en 1988, facilite son élection. Salinas est le premier président économiste du pays et Slim est son ami personnel.

Le groupe Carso a accès au palais présidentiel sans devoir solliciter de rendez-vous. Une opportunité rare au moment où la dette mexicaine s'est accrue et où le FMI demande des mesures d'ajustement structurel, en d'autres termes des privatisations. Salinas se fait le chantre d'une politique thatchérienne de réduction du secteur public et de vente de grandes entreprises. Slim demande et obtient le rachat de la compagnie téléphonique Telmex, dès 1990, avec l'appui de France Télécom et de Bell Canada. Les mauvaises langues disent que ce joyau lui est cédé à vil prix. Lui argumente sur la relative vétusté du réseau et sur les coûts de modernisation. Mais le gâteau a dû être suffisamment délectable pour que Slim et ses trois amis capitaines d'industrie acceptent de financer la nouvelle campagne de Salinas à hauteur de 25 millions de dollars chacun, en 1993, lors d'un de ces dîners secrets si prisés par les élites mexicaines…

Devenu baron des télécoms, Slim, avec le groupe Carso, a changé d'échelle ; ils sont devenus des acteurs internationaux. Malgré l'échec, en 1994, de Salinas, accusé de meurtre et soupçonné de complicité de trafic de drogue, ce qui le fera s'exiler en Irlande, Slim n'est pas inquiété. Il conserve des liens avec tous les présidents successifs, car il est devenu incontournable. En 2001, son groupe lance América Móvil pour investir dans la téléphonie portable. Il s'impose face à la concurrence dans plusieurs pays d'Amérique latine, dont le Brésil. Son entreprise représenterait 2 à 3 % du PIB mexicain[28]. De quoi chercher une respectabilité internationale.

Avec son épouse, Soumaya, Carlos entreprend alors de créer un premier musée pour accueillir sa collection d'œuvres d'art.

Le site choisi a son poids historique puisque la demeure du conquistador Hernán Cortés s'y serait trouvée. Entre-temps, une fabrique de papier y avait été construite, avant d'être la proie des flammes. Finalement cet espace est racheté par le groupe Carso et devient le siège du musée. Les ruines sont intégrées dans une nouvelle construction.

Soumaya a pu voir l'installation des œuvres, mais elle meurt prématurément en 1999. Le musée paraît alors petit aux yeux de Carlos Slim qui conçoit le projet d'en bâtir un grandiose, dans la veine des grandes institutions mondiales. N'est-il pas en train de constituer une fortune planétaire ? De fait, son groupe va bien au-delà du Mexique et de l'Amérique latine. Il est présent aux États-Unis, en Asie et en Europe, avec notamment des parts dans les télécoms hollandaises et dans le groupe espagnol de travaux publics Fomento de Construcciones y Contratas.

Slim se paie même le luxe d'entrer dans le capital d'un quotidien d'information crucial : le *New York Times*[29]. Il avait acquis quelques actions puis effectué un prêt au journal en 2009, pour un montant de 250 millions de dollars. Ce faisant, il avait obtenu la possibilité de détenir jusqu'à 17 % du capital, ce qui se réalise en 2015, quand il passe à l'acte. Carlos, le Mexicain, est le premier actionnaire individuel du journal et le reste jusqu'en 2017, année où il vend la moitié de ses actions.

Entre-temps, il a confié à son gendre Fernando Romero la construction du nouveau musée. Fernando est le mari de Soumaya, une des filles de Carlos Slim, laquelle assume la vice-présidence de la fondation. Ce jeune architecte a voulu se hisser au niveau de Frank Gehry et construire un lieu reconnaissable entre tous. Cette étrange tour rectangulaire, couverte de plaques argentées, contraste avec le paysage urbain alentour. Mais ses variations sur fond de coucher de soleil et de nuit sont appréciées.

En revanche, l'aménagement intérieur est critiqué par de nombreux spécialistes, trop heureux de pouvoir moquer le mauvais goût supposé du milliardaire. Un article du quotidien *Le Monde* à l'occasion de l'inauguration du nouveau bâtiment en mai 2011 résume tout : « Quand l'homme le plus riche du monde, Carlos Slim, s'attaque à l'art, le résultat est tout bonnement affreux[30] ! »

Ce sont moins les œuvres elles-mêmes que leur agencement qui est décrié. Que Slim possède plus de 360 œuvres de Rodin, dont il est le plus grand collectionneur au monde, n'est pas un scandale. Mais qu'il les mette en présence d'artistes mexicains contemporains, voilà qui déplaît. En fait, le caractère très subjectif de sa collection surprend. Cette dernière repose sur des achats impulsifs, sans ligne définie[31]. Mais Slim a eu une idée qui désarme toutes les attaques : son musée est gratuit. Or rares sont les lieux de culture de ce niveau au Mexique. L'équipement trouve donc rapidement un public et s'inscrit dans la carte mondiale du patrimoine.

L'attention pour Slim est maintenant à son sommet. Depuis plusieurs années, il figure au palmarès des fortunes mondiales dans le trio de tête, et souvent à la première place. Il est le seul Sud-Américain à avoir atteint ce niveau de fortune. En 2011, elle était évaluée à 71 milliards de dollars, soit 53 milliards d'euros[32]. Slim rivalise avec Bill Gates pour la première place. Les télécoms n'étaient pas encore distancées par la nouvelle économie.

Déjà, des ombres s'étendent sur cet empire global. La santé de Slim lui avait joué des tours. Une opération du cœur avait été nécessaire pour le sauver en 1997. La presse l'avait donné pour mort, mais il s'était redressé – certes, en perdant du poids.

Pour les dirigeants politiques mexicains de la nouvelle génération, il reste encore trop lourd. Son quasi-monopole sur les télécommunications et les téléphones portables gêne. Les plaintes montent contre son entreprise, Telmex. Sa qualité est remise en cause et ses prix sont jugés plus élevés que dans les pays voisins. On estime qu'entre 2005 et 2009 son monopole aurait coûté 13 milliards de dollars par an aux Mexicains.

Arrivé au pouvoir en 2012, le président Enrique Peña Nieto, pourtant issu du PRI, décide d'abolir plusieurs monopoles. Slim pèche par excès de confiance, et laisse faire, pensant offrir à son camp une belle victoire politique. Ainsi est instaurée une loi anti-monopole qui ouvre le secteur et installe une autorité de la concurrence.

À partir de 2015, les coups pleuvent. Slim perd sa première place d'homme le plus riche du monde et repasse derrière Bill Gates. Et l'année suivante, les bénéfices de Telmex chutent de 44 %. Les cours de l'action baissent. Sa fortune, qui avait atteint 81 millions de dollars en 2014, descend à 48 millions en 2016[33]. Bien sûr, il redresse ses gains par la suite. Mais les grandes années sont derrière lui.

Le milliardaire demeure une des toutes premières fortunes du Mexique. Et sans doute un des symboles de la réussite dans ce pays. Le fils d'immigrés libanais qui a modestement commencé à travailler dans la maison paternelle a construit un immense groupe. Si souvent présent dans la presse mexicaine, son visage ovale barré d'une moustache est devenu un des monuments du Mexique contemporain.

1991
Les verrous sautent !

Pierre Bérégovoy, le ministre de l'Économie et des Finances, en est persuadé : l'économie, pour être performante, doit s'appuyer sur un marché boursier en croissance. Là se trouvent les réserves financières dont les entreprises ont besoin pour investir.

Un actionnariat populaire permettra aussi de régler le conflit entre capitalisme et masses productrices. Ces dernières auront leur part de profit par ce biais. Il a donc entrepris dès 1988 de briser les rigidités et l'encadrement drastique de l'économie française mis en place par le gouvernement Mauroy à partir de 1982[34]. Fini le contrôle des changes, fini le système complexe de l'intermédiation que devaient utiliser les entreprises pour pouvoir effectuer des versements à l'étranger. Pour penser la mise en œuvre de ces mesures, il a cherché l'oiseau rare. Un dirigeant d'entreprise qui accepte de travailler avec la gauche. Il choisit un ancien énarque passé dans le privé et directeur général de L'Oréal : Marc Ladreit de Lacharrière. Ce dernier n'est pas un simple coordonnateur. Son vaste réseau amical, qui va des anciens de l'ENA au monde des affaires, lui confère une grande marge de manœuvre. Son ambition est de faire sauter les verrous qui bloquent l'économie[35]. Son comité rend ses conclusions. Les entraves aux investissements en Europe sont levées, le contrôle des prix allégé et la préparation du Plan d'épargne en actions est lancée. En fait, la France se prépare ardemment au marché unique et prend pied dans la compétition mondiale.

Cette même année, Marc Ladreit de Lacharrière, « MLL », comme le surnomment déjà les journalistes, quitte L'Oréal[36]. La propriétaire, Liliane Bettencourt, lui a préféré Lindsay Owen-Jones pour diriger le groupe de cosmétiques. Qu'à cela ne tienne, il reprend sa liberté, crée sa société d'investissement, la Fimalac, d'après son nom. Il peut s'autoriser ce saut grâce à la vente des éditions Masson, où il avait investi, et à d'autres placements valorisés. Son travail de comité pour Pierre Bérégovoy lui a permis de repérer une faille dans le dispositif de contrôle des entreprises : il n'existe pas en France de société d'évaluation et de notation de ces dernières face au risque d'investissement. Or l'économie mondiale repose sur de tels standards. Avec un collaborateur, il crée la première entreprise française de notation, puis rachète une société britannique, IBCA, et une américaine, Fitch. Il en acquiert une encore au Canada et constitue ainsi la troisième agence mondiale de notation, Fitch Ratings. Lors de la crise de 2007-2008, au même titre que Standard & Poor's et Moody's, elle est accusée d'accentuer la crise boursière en dégradant la notation de produits financiers. En somme, c'est le thermomètre qui donnerait la fièvre…

Cela n'arrête pas MLL, qui poursuit le développement de ses affaires avec l'obsession de se hisser à l'échelle mondiale. Mais, dès 1991, une autre activité le mobilise. Sa première vraie action philanthropique. Ce mot d'ailleurs lui paraît contenir la raison profonde pour laquelle il pratique les dons depuis son plus jeune âge : la charité[37]. Un principe hérité de son éducation catholique. Une foi du charbonnier qui lui a été transmise durant son enfance dans la campagne ardéchoise. Sensible à la situation tendue de la société française, il pense nécessaire de corriger les inégalités et d'agir pour que les marginaux et les oubliés puissent trouver leur place. Les jeunes en particulier, issus de l'immigration, doivent avoir leur chance sur le marché du travail. Pour donner corps à cette intuition, il rencontre ses amis de droite et de gauche. Aucun ne lui répond vraiment, sauf Martine Aubry. Ainsi naît sa fondation Agir contre l'exclusion, premier acte d'initiatives ambitieuses pour favoriser le succès scolaire « des jeunes de banlieue ». Martine Aubry en est la présidente, et lui le vice-président. Il quittera ensuite cet ensemble qui est parvenu à fédérer treize grands groupes autour du principe d'égalité des chances, pour lancer une autre structure, la Fondation Culture & Diversité, en 2006[38].

Entre-temps, en effet, son regard sur Martine Aubry change. Les trente-cinq heures, auxquelles il ne croit pas, sont passées par là.

Et entre-temps encore, le président Jacques Chirac le sollicite. Chirac ? Un vieil ami rencontré à la fin des années 1960, quand, jeune énarque, il avait été sollicité pour entrer dans les jeunesses gaullistes. Roger Frey, député gaulliste, bientôt ministre de l'Intérieur, lui avait présenté le secrétaire d'État Jacques Chirac. Cela avait collé entre les deux. Ils avaient tissé des liens. Chirac, donc, lui confie une mission de confiance : la présidence de la commission des achats pour le futur Musée du quai Branly[39]. Entouré de Françoise Cachin, grande conservatrice du Louvre, et d'autres spécialistes issus des musées nationaux et d'ailleurs, Ladreit de Lacharrière entreprend d'évaluer le prix des œuvres, dans les galeries et les salles des ventes. Et, chemin faisant, le financier se pique de cet art qui le renvoie aux peintres cubistes vus dans son enfance : Picasso, Braque… et aux spectacles de danse de Bertrand Castelli, auxquels il a assisté adolescent. Le voici achetant une magnifique statue Dogon, puis une autre… Sa mission accomplie, le musée ouvert, il est à la tête d'une belle série de pièces. Il en donnera 38 au musée, en présence du président Emmanuel Macron et de son épouse, Brigitte. La presse parle d'une réconciliation entre les deux hommes.

Car chacun pense que le milliardaire a soutenu François Fillon lors de la présidentielle de 2017. Certes, à deux reprises, Fillon lui a offert une décoration. Mais Ladreit de Lacharrière n'est pas l'homme d'un engagement aveugle. Il est trop jaloux de son indépendance. Du reste, il a dû subir une condamnation pour avoir employé l'épouse du candidat LR[40]. Il n'en apprécie que plus Emmanuel Macron, dont il prise le sens de l'art.

Les deux hommes se sont retrouvés pour l'inauguration du Louvre Abu Dhabi. Sans doute son grand œuvre, en dehors de son action pour les jeunes immigrés. Dès 2006, à la demande du président Chirac, MLL a présidé France Muséums, l'agence publique chargée de superviser la création du musée universel d'Abu Dhabi[41].

L'idée d'un musée universel, il la partage avec Jacques Chirac. Un tel établissement capable de faire vivre des arts venus de tous les horizons n'existe pas en France. Or les rapprochements entre des œuvres d'origines diverses sont à la fois provocants et stimulants. N'est-ce pas ainsi que les collectionneurs du début du XXe siècle raisonnaient ? Et de fait, dans son propre bureau, sculptures perses vieilles de 2 500 ans, art contemporain et statues africaines se combinent et s'exaltent. Abu Dhabi voit donc des œuvres classiques de la Renaissance italienne ou flamande cohabiter avec les créations d'Asie ou d'Amérique. Un sens commun s'en dégage, une harmonie qui pourrait servir de modèle pour les sociétés inquiètes, telle la France. La diversité culturelle peut conduire à l'excellence.

Lors de l'inauguration, le 9 novembre 2017, les visages manifestaient la divine surprise de l'accrochage. Le président de la République française se faisait l'écho de ce message auprès des émirs tout en inscrivant la création d'un tel musée dans le combat contre « la barbarie » islamiste. Étrange retournement, un nouveau partage s'opérait entre les cultures du monde, dont Jacques Chirac, alors président, prônait l'égalité. Ladreit lui aussi croyait en leur réciproque dignité. La violence des attentats de Daesh montrait la fragilité du dialogue interculturel, mais aussi sa nécessité.

Cette croyance dans le dépassement et la résonance des différences au service du bien commun, MLL l'a donc appliquée dans sa philanthropie[42]. Sa fondation Culture & Diversité a aidé 50 000 jeunes issus des anciennes zones d'éducation prioritaire à s'accrocher à l'école et à préparer les meilleurs concours. Depuis 2006, plusieurs ont été admis au très difficile concours d'entrée à l'Institut national du patrimoine. Combattre l'ignorance, admettre ceux qui arrivent en France pour les aider à s'intégrer, telle est sa recette pour lutter contre la violence rampante de la société. À quoi d'autre pourrait servir une fortune ?

1994
LE MILLIARDAIRE BERLUSCONI ENTRE EN POLITIQUE

« L'Italie est le pays que j'aime. Là sont mes racines, mes espérances et mon horizon. Là j'ai appris, de mon père et de la vie, mon métier d'entrepreneur. Là j'ai aussi appris la passion pour la liberté. J'ai choisi d'entrer dans la bataille (de descendre dans l'arène) pour m'occuper de la chose publique, parce que je ne veux pas vivre dans un pays libéral gouverné par des forces immatures et des hommes liés à un passé de double faillite politique et économique[43]. »

Silvio Berlusconi parle sur un ton calme. Au début, il ne semble pas lire son texte, mais bientôt le débit se fait plus hésitant, il doit regarder ses notes. Nous sommes le 26 janvier 1994 et l'homme le plus riche d'Italie vient d'annoncer son entrée en politique. L'événement fait sensation en Europe, terre de principes, où l'on est prompt à juger *a priori.*

Berlusconi, ou « Il Cavaliere », comme les journaux se plaisent à le nommer depuis 1977, quand il a été fait chevalier de l'ordre du Mérite du travail, tantôt par dérision (chevalier, c'est aussi le plus petit titre de noblesse et celui que, par défaut, les commerçants attribuent à leurs clients roturiers), tantôt par désir de signifier que son apparition est providentielle, comme celle du Chevalier blanc.

Sa décision a été longuement pesée. Pendant presque un an. Son implication est liée à l'effondrement du système politique italien à la suite des référendums. La loi électorale est changée. Surtout, des enquêtes judiciaires ont révélé la corruption massive des partis politiques. D'un coup, tous les partis de gouvernement sont discrédités. À l'inverse, les partis protestataires et marginaux trouvent une nouvelle audience. C'est le cas du MSI (Mouvement social italien) de Gianfranco Fini et de la Ligue alpine lombarde d'Umberto Bossi.

Dans ce contexte mouvant, le mentor politique de Berlusconi, Bettino Craxi, ancien président du Conseil des ministres et dirigeant du Parti socialiste italien, poursuivi par la justice, le pousse à passer à l'action. Durant toute l'année 1993, les deux hommes se voient à plusieurs reprises.

Leur proximité est ancienne. Elle remonte aux années 1970, quand Berlusconi, jeune entrepreneur de travaux publics, se lance dans le secteur des médias. En 1976 débute sa première chaîne câblée, Telemilano. Il va ensuite constituer les premiers réseaux de télévision nationale, en reprenant des stations locales, avec le soutien des socialistes et de leurs alliés démocrates-chrétiens. Le gouvernement vote *a posteriori* des lois pour légitimer ses acquisitions. Craxi est à la manœuvre pour l'aider à acquérir ces relais d'opinion essentiels. Il l'aide aussi en intervenant auprès du président François Mitterrand pour que le *businessman* italien soit le copropriétaire de la Cinq, lancée en France en 1985. Son entreprise audiovisuelle prend aussi sa place en Espagne, alors que les socialistes sont au pouvoir. Il devient ainsi une des puissances européennes pour la télévision.

Au fil des ans, son activité se diversifie. Berlusconi détient le plus grand groupe d'édition italien, la première agence de publicité, la première agence de vente d'espaces publicitaires et les magasins Standa ; il est également à la tête d'une importante holding financière, la Fininvest. Son club de foot, le Milan AC, est un des plus brillants de la péninsule. Il en est aux commandes depuis 1986, rendant régulièrement visite aux joueurs dans les vestiaires ou à l'entraînement. Les fans du club l'apprécient et sa popularité est grande, car « Il Milan » remporte plusieurs fois le championnat et même la Coupe d'Europe en 1989 et 1990. L'homme d'affaires incarne la réussite à l'italienne. Pourquoi alors se lancer en politique ?

Dès le printemps 1993, dans l'état-major de son entreprise, deux camps s'opposent sur cette question. Sont contre quelques gestionnaires, tel Fedele Confalonieri, et des hommes de médias, tel Indro Montanelli, directeur d'*Il Giornale*, un des quotidiens du groupe, homme de principes. Sont favorables au contraire Marcello dell'Utri, l'ancien secrétaire de Berlusconi, manager de premier plan, et Cesare Previti, l'avocat de la Fininvest. Ces derniers ont créé avec le patron « Forza Italia ! Association pour le bon gouvernement », dès le mois de juin.

Pourtant, à l'été, Berlusconi hésite encore. Un problème majeur se pose à lui : l'homme le plus riche peut-il faire de la politique ? Cela ne risque-t-il pas de créer des conflits d'intérêts majeurs ? En Italie, en France, en Allemagne ou aux États-Unis, il n'existe aucun précédent. Rockefeller, comme Ford, s'était borné, au mieux, à influencer la politique. Jamais aucune des premières fortunes n'a vraiment pris la tête d'un gouvernement. Or, de nos jours, les dispositifs judiciaires peuvent bloquer des décisions qui vont à l'encontre de l'intérêt général. Et le groupe Berlusconi peut-il fonctionner durablement sans sa tête ?

La solution technique imaginée par ses conseillers est de créer un « *blind trust* », une sorte de conseil auquel seraient déléguées les décisions pour l'entreprise. Berlusconi lui-même ne connaîtrait rien de leurs besoins. Il devrait se démettre de tous ses mandats entrepreneuriaux. Ainsi les risques d'accorder des avantages ou d'abuser de sa position seraient-ils limités. D'autres, au contraire, pensent que cette question est secondaire. Une fois exprimée la volonté populaire, les modalités techniques seraient négligeables. Les juges ne pourraient entraver sa marge de manœuvre.

Concrètement, pour immense qu'il soit, le groupe Berlusconi, Mondadori, Publitalia, Fininvest, Mediaset, etc. est aussi très endetté. Son entrée en politique pourrait sembler une échappatoire à ce problème. L'argument porte peu car la vente de certains secteurs, comme les magasins Standa, pourrait combler une grande partie du passif.

C'est dans ce contexte que le président de la République italienne décide de dissoudre le Parlement et de procéder à de nouvelles élections générales au printemps 1994. Après consultation de ses amis et en particulier de l'ancien Premier ministre Bettino Craxi, Berlusconi définit une stratégie d'alliance avec les deux forces dynamiques de la droite : le MSI et la Ligue alpine lombarde. Il avait déjà appelé à voter pour le leader du MSI Gianfranco Fini aux élections municipales à Rome en 1993. Un coup d'éclat qui montrait clairement son désir de prendre place à droite.

Avec la déclaration du 26 janvier 1994, tout devient public. Forza Italia devient un parti politique. Sa structure s'appuie fortement sur les cadres de la Fininvest. Ils recrutent des candidats locaux et réalisent, grâce à leur réseau, l'ancrage territorial du mouvement. À l'évidence, le savoir électoral est mixé avec du marketing et de la stratégie pour que la greffe prenne. Les slogans des années Craxi ne sont pas loin : « *Forza Italia!* Pour un nouveau miracle économique ». Mais ses adversaires dénoncent la montée en puissance d'un nouveau Mussolini, d'un fascisme rampant. Car Berlusconi décomplexe la terminologie de droite, affiche un super-patriotisme à la Thatcher ou à la Reagan. Son discours très libéral personnalise le débat à partir de ses réussites. La vie publique se bipolarise imperceptiblement autour de deux coalitions principales, l'une de centre droit emmenée par Berlusconi, et l'autre de centre gauche conduite par l'ancien communiste Achille Occhetto.

Il Cavaliere en sort vainqueur[44]. Pris de cours, les partis de gauche dénoncent l'emprise sur les médias de l'homme le plus riche d'Italie. Pendant près de sept mois, ils décrivent un pays soumis à un seul homme, entre domination économique et mainmise politique. Au Parlement européen, des députés adressent des avertissements à ce gouvernement décrit comme une menace pour la démocratie. Compte tenu du système d'attribution des antennes publiques entre les partis au prorata de leurs voix, le leader libéral n'est plus seulement soutenu par son empire médiatique, il l'est aussi par une des chaînes publiques. Comment pourrait-il quitter le pouvoir désormais ?

Vu de l'étranger, l'exemple de Berlusconi inspire. Le richissime Rupert Murdoch, qui le connaît et le suit, tant leur développement est parallèle, observe la situation italienne. Il se demande s'il pourrait à son tour se lancer dans la bataille politique. Et même un Michael Bloomberg, milliardaire, propriétaire de chaînes de télévision et de stations de radio, s'interroge sur son destin.

En fait, rien ne se passe comme l'imaginent les opposants. Berlusconi est bousculé à l'intérieur de sa coalition par le leader de la Ligue lombarde qui redoute de perdre son poids électoral. Et la situation économique difficile, avec chômage, déficit et recul industriel, n'est guère aisée à reprendre en main. Sans compter la technicité de la vie parlementaire que les nouveaux élus de sa coalition maîtrisent mal. Sept mois après avoir été élue, celle-ci s'effondre. Ses adversaires redressent la tête et se regroupent derrière un centriste, démocrate-chrétien, Romano Prodi. Ce dernier bat Il Cavaliere aux élections générales italiennes de 1996. En somme, la fable du riche dictateur tombe. Berlusconi apparaît pour ce qu'il est : un démocrate qui s'efface avec grâce quand les élections ou le fonctionnement des institutions le mettent en minorité.

Entre-temps, des procès sont lancés à l'encontre de l'homme le plus riche d'Italie pour la collusion de membres de son entourage avec la mafia, ses liens avec l'ancienne république corrompue.

Poursuivi en justice, Berlusconi dénonce le harcèlement judiciaire dont il est l'objet. Il y voit la menace d'un gouvernement des juges, et prépare d'autant plus vivement les élections générales qui doivent se dérouler en 2001. Maintenant, il fait figure de favori. La gauche lui demande de clarifier les relations de son groupe avec l'État s'il accède au pouvoir. Pourquoi ne pas le nationaliser ou le vendre et mettre ainsi fin au conflit d'intérêts ? Dans une interview, il répond avec vivacité : « Excusez-moi, mais j'ai travaillé ma vie entière [...]. Je fais une faveur au pays. Je n'ai pas besoin d'aller au gouvernement pour le pouvoir. J'ai des maisons partout dans le monde, de magnifiques bateaux, y compris le yacht de Murdoch, que je viens juste d'acheter. J'ai de beaux avions, une belle femme, une belle famille. [...] Je fais un sacrifice pour mon pays, et alors je devrais enlever le fruit de mon travail à mes enfants ? Je paye 2 millions de dollars par jour en impôt. Je suis l'Italien qui paye le plus et ils veulent encore me punir ? Qu'ils aillent tous au diable[45]. »

Sa victoire en 2001 a des allures de revanche. Cette fois son gouvernement est un de ceux qui dureront le plus longtemps[46]. Jusqu'en 2006. La bipolarisation du système politique italien semble acquise. Au terme d'une campagne très serrée, Romano Prodi le renvoie une nouvelle fois dans l'opposition. Il revient ensuite au pouvoir entre 2008 et 2011. Dans cette période éclatent les scandales sexuels, dont le « Rubygate », des accusations de relations sexuelles tarifées avec des mineures[47]. La vie privée de Silvio Berlusconi est attaquée mais cela ne l'empêche pas de rester, à plus de 75 ans, la tête pensante de la droite.

Depuis, il n'est plus l'homme le plus riche d'Italie. Giovanni Ferrero, avec ses confiseries, ou Leonardo Del Vecchio, propriétaire de Luxottica, lui volent la vedette. Reste que l'époque Berlusconi, par sa dénonciation tonitruante du communisme, a marqué l'histoire italienne. Elle fait la démonstration que l'argent n'emporte pas tout en démocratie et que la possession d'un pôle médiatique dominant ne garantit pas le résultat des élections. Pour cela, il faut un programme et une infrastructure qui puissent mobiliser une majorité d'électeurs. Et cela n'est pas facile, même pour des multimilliardaires ou trillionaires.

2003
Le symbole Mikhaïl Khodorkovski

Le samedi 25 octobre, dans la matinée, un calme apparent règne sur l'aéroport de Novossibirsk. La grande métropole de Sibérie n'est pas encore réveillée. La veille Mikhaïl Khodorkovski, l'homme le plus riche de la Russie, a eu des rendez-vous en ville. Ce patron du groupe pétrolier Ioukos, qui représente à lui seul un sixième de l'or noir russe, cherche des soutiens auprès des responsables provinciaux. Dans son avion privé, il attend son départ, entouré de quelques proches collaborateurs et de ses gardes du corps. Soudain la porte intérieure s'ouvre et surgissent des hommes armés qui hurlent : « Posez vos armes ou on ouvre le feu ! » En quelques secondes le plus puissant des oligarques russes est réduit à l'état de prisonnier[48]. Rapidement, il est placé en détention, tandis que le parquet général de Russie fait savoir que le milliardaire est accusé de corruption généralisée, de fraude, voire de meurtre. Deux de ses proches avaient été arrêtés quelque temps auparavant. L'opération des agents du FSB, le successeur du KGB, met fin à un long processus de dégradation des relations entre Vladimir Poutine et les responsables économiques russes. Désormais, toutes les ambitions politiques des oligarques sont brisées. Le président tout-puissant orientera leur vie et l'économie suivant ses plans et son agenda.

D'un coup, dix ans d'humiliation du pouvoir politique s'effacent.

Tout avait commencé à la fin de l'URSS. L'ouverture des premières coopératives d'affaires a permis à quelques entreprises dynamiques d'émerger. Dans le secteur bancaire aussi de jeunes hommes ont pris les premières places. Ces quelques dirigeants se connaissaient, tant le monde des affaires était contrôlé dans cette phase de transition. Le gouvernement a besoin d'eux, dépend d'eux pour ses finances.

En 1995, sept d'entre eux bénéficient de la politique de privatisation pudiquement appelée « prêt contre actions ». La presse les baptise très vite « les sept banquiers », les comparant à ces boyards qui dominaient la Russie au XVIIe siècle. Leurs noms sont connus du public : Boris Berezovsky (groupe Logovaz et banque Obiédinionni), Vladimir Goussinski (groupe Media-Most), Alexandre Smolenski (banque Stolitchni), Vladimir Potanine (banque Onexim), Mikhaïl Khodorkovski (groupe Menatep), Piotr Aven et Mikhaïl Fridman (groupe Alfa[49]).

Inquiets de l'évolution possible du pouvoir en vue de la présidentielle de juin 1996, les sept banquiers souhaitent rencontrer Boris Eltsine, qui est en difficulté. Sa popularité s'est effondrée et rien ne garantit sa réélection. Ils obtiennent des garanties pour leurs affaires et décident donc de le soutenir en mettant tous leurs moyens à son service, financiers, médiatiques, politiques… Eltsine, réélu malgré les suspicions de fraude, ne les oublie pas et s'appuie sur leurs groupes pour redresser par le sommet l'économie russe. Tous deviennent immensément riches. C'est l'époque où chacun de ces hommes d'affaires achète des appartements à Londres, au cas où, et des villas dans le Sud de la France pour le plaisir, aux États-Unis pour les affaires, sans oublier les yachts. Khodorkovski prospère particulièrement grâce à l'évolution des cours du pétrole. Formé comme ingénieur en pétrochimie, il découvre le charme de l'ouverture au monde. Eltsine a tellement besoin de leur argent qu'il leur ouvre des possibilités massives de concentration. À l'aube du XXIe siècle, selon la Banque mondiale, vingt-trois groupes possèdent environ un tiers de l'économie russe.

Ces patrons qui avaient fait Eltsine se pensaient protégés du pouvoir. Ils en avaient infiltré les rouages. Berezovsky est intégré dans le Conseil de sécurité, puis il se fait élire député à la Douma. Quant aux autres, ils participent aux organes de gouvernance économique et se font eux aussi élire…

La démission soudaine de Boris Eltsine, le 31 décembre 1999, change la donne à leur insu. Son Premier ministre, Vladimir Poutine, prend la présidence par intérim. Dans un premier temps, il maintient en place les hommes d'Eltsine, tel Alexandre Volochine, le chef de l'administration présidentielle, nommé au printemps 1999 à ce poste.

Une fois élu à la présidence de la Russie, le 26 mars 2000, Poutine rompt l'ancien équilibre. Officiellement, il lance une politique de lutte contre les fraudes, la corruption et la criminalité organisée. En réalité, il s'agit de remettre à sa main le monde économique. Berezovsky est accusé de collusions avec la mafia tchétchène, alors même que la Russie mène une sale guerre dans ce pays[50]. De fait, l'homme d'affaires a été la cible de plusieurs attaques à l'arme à feu et à la bombe. Il doit démissionner de son mandat de député et bientôt s'exiler en Grande-Bretagne et dans sa villa du Cap d'Antibes. Goussinski n'échappe pas non plus aux poursuites. Cette même année, il est arrêté et frappé d'une interdiction de quitter le territoire. Il parvient à s'exiler, mais en 2003, il fait l'objet d'une nouvelle arrestation, par la police grecque, cette fois à la demande de la Russie. Grâce à des interventions diplomatiques américaines et israéliennes, il est libéré. Mais reste une cible pour le Kremlin.

Les biens de Berezovsky, comme ceux de Goussinski, sont saisis et mis à la disposition du gouvernement russe. Leurs médias deviennent la propriété de Gazprom, une société d'État par actions créée en 1993. De son côté, Roman Abramovitch continue ses affaires, avant que les difficultés ne s'amoncellent. Abramovitch, dont la fortune repose sur le pétrole et l'aluminium, décide de répondre à l'appel d'offres de privatisation d'une société russe. Or Vladimir Poutine, dans sa stratégie de détente avec le gouvernement chinois, a laissé entendre que cette entreprise, Slavneft, pourrait avoir des investisseurs étrangers. La démarche d'Abramovitch qui emporte le lot lui apparaît comme un déni de son pouvoir. Le milliardaire s'est permis ce mouvement parce qu'il jouissait du soutien d'Alexandre Volochine. Poutine écarte donc ce chef de l'administration présidentielle du temps d'Eltsine. Prudent, Abramovitch fait allégeance au maître du Kremlin et peut ainsi continuer sa carrière, y compris en endossant des responsabilités politiques.

Khodorkovski semble suivre le même chemin. Au point qu'une fusion entre son entreprise, Ioukos, et celle d'Abramovitch est envisagée. Mais Khodorkovski pense différemment.

Depuis 2000, progressivement, il met en place ses hommes dans le système politique. Il arrose aussi copieusement les partis et la presse politique. Ces initiatives laissent penser qu'il soigne sa popularité. La Constitution russe limite la réélection du chef de l'État au-delà de deux mandats consécutifs. Khodorkovski se voit bien prendre la suite de Poutine à l'élection de 2007. Il commet l'erreur d'évoquer cette possibilité dans les médias. Et sa stratégie d'établissement de relais dans l'opinion est trop visible pour ne pas inquiéter Poutine. Tout comme son annonce de se réinvestir en Russie, proclamée à grand renfort d'interviews. Vivre à l'étranger serait impossible pour lui, par amour de la patrie…

L'homme d'affaires s'est laissé griser par ses succès. Jeune, il a fait partie des cadres du Komsomol, les jeunesses communistes. Puis il a adhéré au Parti communiste. Cela ne l'a pas empêché de profiter de la perestroïka pour se lancer dans les affaires. De petites importations avant de fonder en 1988 Menatep, une banque coopérative. L'embryon de sa holding. Grâce à de premières affaires, il a obtenu 33 % du groupe pétrolier Ioukos, qui devient le cœur de son système. Fort de cette acquisition, il négocie partout dans le monde et gagne une influence réelle dans le secteur des hydrocarbures. Sa fortune croît de façon exponentielle, au point d'être la plus grande de Russie. Comment, dès lors, ne pas se penser au-dessus des lois ? D'autant que les oligarques vivent entourés de groupes de protection, véritables armées privées. Faute de se soumettre comme Abramovitch, le patron de Ioukos sert d'exemple à Poutine pour manifester sa puissance face aux hommes d'argent.

Arrêté, placé en détention puis condamné, Khodorkovski se retrouve en camp pénitentiaire à 6 500 kilomètres de Moscou. Son entourage a été démantelé et plusieurs de ses cadres, notamment son chef de la sécurité, ont été appréhendés et subissent de lourdes peines de prison. En somme, il est ramené au néant[51].

Vu de l'étranger, Khodorkovski apparaît comme un opposant injustement condamné. Que faire ? Les années passent. En 2013, Vladimir Poutine lui accorde la grâce qu'il espérait pour pouvoir se remettre et voir sa mère malade. Visiblement, l'élargissement a été négocié contre son silence et la reconnaissance des accusations portées à son encontre. L'ancien milliardaire enfin libre prend la voix de l'exil, vers la Suisse puis le Royaume-Uni. Il revient à Londres, où il avait dit en 2003 ne plus vouloir vivre. Il garde un silence politique prudent. Et jouit tranquillement de l'argent qu'il avait sorti de Russie au temps de sa splendeur. Ces quelques centaines de millions le consolent des 13 milliards que l'État russe lui a saisis. Au jeu du pouvoir, les riches se brûlent parfois les ailes.

Depuis, Vladimir Poutine a mis en place ses propres hommes dans les grands consortiums qui structurent l'économie russe.

Tous ont des liens personnels, parfois familiaux avec lui et entre eux. Ils forment une oligarchie au sens grec du terme, le pouvoir de quelques-uns qui ne sont ni les meilleurs ni les plus vils. Simplement ceux qui ont su capter l'État et l'économie, éliminer leurs concurrents par la force, au moment où se dessinait une incertitude sur l'avenir du géant slave.

2004
JEFFREY EPSTEIN, LE *DARKNET* DES RICHES

Le « livre noir » de la déviance sexuelle ? C'est un carnet d'adresses, celui d'un financier, milliardaire : Jeffrey Epstein. Ce carnet contient plusieurs numéros intrigants : en France, une vingtaine de noms sont classés sous la catégorie « massages », à Londres aussi. En Floride, 80 autres. Et en Californie, une quarantaine. Personne ne pourrait y trouver à redire, n'était que « massages » est un code pour évoquer des relations sexuelles, des attouchements érotiques. Ce carnet saisi par la justice est une mine pour comprendre un mode de vie. Il y a les moyens de transport qui font rêver, hélicoptères, compagnies d'aviation privées, pilotes… Des destinations qui dans le monde entier réveillent l'imaginaire. Parmi ses propriétés, des adresses de prestige. Epstein possède un appartement avenue Foch. Mais de passage à Paris, il lui arrive de dormir au Peninsula ou au Ritz. À New York, il a obtenu de son ami Leslie Wexner, en 1996, un immeuble au 9 de la 71e Rue Est. Une des plus chics adresses au monde. La façade en pierre est dessinée dans le style français. Une valeur de 77 millions de dollars en 2019. Son ranch californien, lui, s'étale sur 4 000 hectares. Et à Palm Beach, la ville des milliardaires, en Floride, sa maison du 358 El Brillo Way a été vendue pour 18 millions de dollars en 2021. Avec la guerre en Ukraine, les oligarques plus que jamais sont dans la main de Poutine.

Derrière sa barrière blanche, cette demeure d'un étage avec un toit blanc est entourée d'un parc qui donne directement sur la lagune. Sa vaste piscine dessine un beau rectangle azuré. Au premier étage se trouvent des chambres, une salle de gymnastique et une pièce équipée d'une table de massage. C'est là qu'un jour de 2004 une jeune fille de 14 ans est entrée. Une amie lui avait proposé de gagner un peu d'argent en faisant un massage à un homme riche. Un domestique l'avait conduite avec son amie dans le hall. Une femme mûre l'avait accueillie tout sourire et lui avait expliqué ce qu'elle devait faire. Un massage en suivant les instructions de la personne. Aucun problème si elle n'avait jamais massé auparavant. La jeune fille a grimpé les escaliers et découvert un homme allongé sur la table de massage. Jeffrey Epstein était sur le ventre, au téléphone. Une serviette lui couvrait la taille et les fesses.

Tandis qu'elle se dévêtait pour se mettre en sous-vêtements comme on le lui avait demandé, la femme a réglé un minuteur et elle est sortie. Epstein a fini sa conversation téléphonique et lui a donné des instructions pour se faire masser ou caresser le corps. Puis il s'est retourné. La serviette ne couvrait plus rien. Devant la jeune fille interdite, il a commencé à se masturber. Et à la caresser. La poitrine. Le sexe. Cela a duré un moment. Puis il a joui. Il lui a souri et lui a donné 300 dollars en lui précisant bien que 200 étaient pour elle, et 100 pour son amie. En redescendant les marches, la jeune fille ne sait plus quoi penser. Elle a l'impression d'avoir fait quelque chose de mal, de s'être souillée. Elle imagine tous les garçons comme ce « Monsieur », pervers. Sur le chemin du retour, tandis que son amie la raccompagne, elle est en pleurs.

Pour Epstein, cet épisode n'a rien de spécial. Cela fait des années qu'il agit de la sorte avec de très jeunes filles. Une d'elles au moins a été signalée comme ayant seulement 11 ans. À Palm Beach, plusieurs jeunes filles recrutent des ingénues et se livrent elles-mêmes à cette prostitution de mineures[52]. Elles sont d'origine modeste et n'habitent pas de ce côté de la ville, où se concentrent les célébrités et les milliardaires. Elles vivent au-delà du pont, dans des familles parfois monoparentales. L'argent n'y est pas facile. Pour elles, 200 ou 300 dollars, c'est une opportunité à saisir. Epstein est une caricature de prédateur sexuel. Pour assouvir ses envies, il a mis au point au fil des années un système, avec ses rabatteuses, ses recruteuses et ses nymphes. Dans la maison, des photographies de certaines jeunes femmes nues sont affichées, notamment dans la salle de gymnastique. Comme des trophées.

Le penchant d'Epstein pour les très jeunes filles est connu de ses proches et de ses amis. Donald Trump, alors encore simple homme d'affaires, est dans son carnet d'adresses. Les deux hommes apprécient pareillement les femmes belles, « sauf qu'il les aime plus jeunes », a affirmé le futur président des États-Unis dans une interview au *New York Magazine*, en 2002.

Epstein partage donc ses goûts avec certaines personnes de la haute société. Dans le carnet d'adresses, chaque nom familier fait frémir. Rothschild savait-il ? Et Sir David Frost ? Et Richard Branson, le célèbre publiciste britannique ? Et le duc et la duchesse d'York ?... Tant de figures célèbres parmi les mille noms de cette liste de relations. Sur ses proches, aucun doute ne subsiste. Ghislaine Maxwell, la compagne de Jeffrey Epstein, en est la meilleure illustration. Elle a raconté la nudité facile près de la piscine. Puis les discussions avec les jeunes filles. Mais Mme Maxwell a nié être impliquée dans le processus transformant de jeunes filles abusées en maquerelles, pour inciter d'autres enfants à se prostituer. Les jeunes filles affirment le contraire[53]...

Mais avant cela, Maxwell a été l'introductrice d'Epstein dans le monde. Celle qui lui a présenté Donald Trump, naguère ami avec son père, Robert Maxwell. Robert Maxwell, un Tchèque, naturalisé britannique, héros de la seconde guerre mondiale devenu magnat de la presse. Il avait donné à son yacht le nom de sa fille : *Lady Ghislaine*. Lors d'une croisière en 1991, il en serait tombé par accident, succombant en mer[54]. Ghislaine s'est installée aux États-Unis au lendemain de ce drame. Elle a rencontré Epstein, a été sa compagne, puis son amie – voire sa complice ? Avant de s'en éloigner, sans doute trop tard.

En 2005, la belle-mère d'une des jeunes filles de 14 ans se plaint à la police : Epstein aurait abusé de sa fille. L'enquête est lancée et met au jour plusieurs dizaines de victimes. Les preuves s'accumulent. Finalement, le procureur fédéral de Miami, Alexander Acosta, chargé des poursuites, décide de négocier une peine de prison avec Epstein, sans en avertir les victimes[55]. Dix-huit mois. Le coupable en fera treize, dans des conditions agréables puisqu'il sera autorisé à sortir de l'enceinte pour aller travailler chez lui… À l'issue de sa « détention », en 2009, le financier a perdu 200 millions de dollars, mais il va se refaire. Et reprendre ses vieilles habitudes, à New York et ailleurs. Il commence d'ailleurs par alimenter une campagne de presse pour redorer son blason. Après 2009, il s'appuie sur ses dons à des organismes scientifiques, tel le Media Lab du Massachusetts Institute of Technology (MIT), et suscite des articles élogieux rédigés par des contributeurs extérieurs rémunérés à cette fin. *Forbes*, le *Huffington Post*, le *Daily Business* notamment sont impliqués dans cette campagne[56]. L'argent permet des complaisances. Lentement mais sûrement, il retrouve sa place dans le monde.

Il faut attendre 2015 pour que de nouvelles plaintes soient déposées, cette fois à New York. Leur écho reste encore limité. Mais plusieurs éléments vont focaliser l'attention sur Epstein. Son amitié avec Donald Trump d'abord. Car l'année suivante, le milliardaire est candidat à l'élection présidentielle. Et une jeune femme accuse le candidat de l'avoir violée et frappée en compagnie d'Epstein, plusieurs années auparavant, quand elle était mineure. C'est l'un des cas qui expliquent la violence de l'opposition féministe à la candidature Trump. Depuis l'affaire Weinstein, déclenchée en octobre 2017, l'opinion se scandalise à juste titre des abus sexuels des puissants. Harvey Weinstein, producteur hollywoodien, est en effet accusé d'avoir profité de sa position dominante pour obtenir des faveurs sexuelles d'actrices. Le mouvement #MeToo prend alors son envol planétaire.

C'est dans ce contexte qu'une journaliste du *Miami Herald*, Julie K. Brown, reprend le dossier abandonné des poursuites de *Floride contre Epstein*. Cette localière s'est spécialisée dans les investigations sur le système carcéral et la justice. Non sans peine, elle parvient à identifier 80 victimes d'Epstein et publie une série d'articles sur cette scandaleuse affaire étouffée dans l'œuf, sous le titre « A Perversion of Justice[57] ». Le procureur de Miami Alexander Acosta est devenu en 2017 secrétaire au Travail. Il doit démissionner sous la pression médiatique, et soudain, l'affaire Epstein et toutes les nouvelles plaintes déposées depuis 2015 rebondissent.

Le dossier éclabousse toutes ses relations : Leon Black, un financier collectionneur d'art, Jean-Luc Jumel, directeur d'une agence de mannequins, accusé de lui avoir présenté des jeunes modèles, mais aussi Bill Clinton, l'ancien président américain, le duc et la duchesse d'York, Sarah et Andrew, et même le prix Nobel de littérature Elie Wiesel, sans oublier Bill Gates et Donald Trump[58]... Le carnet d'adresses d'Epstein, déjà publié en 2015 à la suite d'une décision de justice, est scruté. Le prince Andrew, attaqué en justice[59]. On découvre un autre carnet, plus ancien, avec près de quatre cents noms supplémentaires. Médias et procureurs cherchent un réseau de prédateurs.

L'enquête new-yorkaise place Epstein sous pression. Il a connu la prison, même brièvement, et ne veut pas y retourner. Dans son salon, une fresque le représente derrière des barbelés, entouré de gardiens : son pire cauchemar. Le 6 juillet 2019, le voici arrêté et placé en détention au Centre correctionnel métropolitain de New York. Il est prêt à tout pour sortir et propose même que lui soit demandée une caution mirobolante. Il est également disposé à payer les frais d'une compagnie de sécurité privée qui le surveillerait chez lui. Tout plutôt que de retourner derrière les barreaux. Ses avocats déposent des demandes de mise en liberté auprès des juges et se relaient pour lui rendre visite afin de lui éviter de rester dans sa cellule. L'argent peut-il vraiment tout acheter ?

Lors d'une ultime audience, le 18 juillet, la requête des avocats d'Epstein est rejetée. Ni la description de sa cellule infestée de vermine ni les propositions d'aménagement n'ont convaincu les magistrats. Cinq jours plus tard, il fait une tentative de suicide. La direction de la prison décide alors de le placer dans une section spéciale pour éviter une récidive. Surveillance plus étroite, lumières allumées en permanence. La situation empire. On le ramène dans sa cellule initiale. C'est là que le 17 août, à 6 heures 30 du matin, on découvre son corps sans vie, déjà bleu. Avec le linge de son lit, il a confectionné une corde et s'est pendu[60].

La nouvelle fait sensation. Les théories les plus folles commencent à courir sur sa mort[61]. Il aurait été assassiné pour ne pas révéler les noms de ses complices. Donald Trump laissera entendre que les Clinton sont coupables. D'autres chargeront la famille royale d'Angleterre. Preuve s'il en est que, pour un milliardaire, une mort simple est une sorte d'anomalie.

Aujourd'hui encore son réseau de relations reste sous le feu de la curiosité, voire de l'opprobre. Ses carnets d'adresses sont comme les symboles d'un autre monde où se côtoient le luxe, la célébrité et l'exploitation brute de l'autre. Une élite à laquelle les lecteurs de la presse n'appartiennent généralement pas. L'affaire Epstein a contribué à alimenter le mythe d'une caste sanguinaire, dont le but n'est pas de vivre sa vie, mais d'abuser de celle des autres.

2005
Yoshiaki Tsutsumi,
l'homme le plus riche du monde

Le 3 mars 2005, la police japonaise place Yoshiaki Tsutsumi sous mandat de dépôt. Entre 1987 et 1994, Tsutsumi a été l'homme le plus riche du monde[62]. C'était l'époque du Japon conquérant. Et son entreprise, Seibu, ouvrait des enseignes partout, se hissant à l'échelle planétaire. Mais voilà, cet empereur des affaires s'est heurté aux lois financières. Son péché ? Avoir minimisé sa part réelle dans une compagnie de chemins de fer. Et ainsi avoir lésé de petits actionnaires[63]. Un vrai crime en col blanc : pas de mort ni de victimes, simplement le choix de contrevenir aux règles du jeu économique. Et la justice l'a pris sur le fait. Ainsi tombe un des maîtres du Japon contemporain. Un homme dont encore aujourd'hui les contours du patrimoine sont incertains, tant sa fortune est occulte. Une fortune construite par un pionnier : son père, Yasuhiro Tsutsumi. Pour en comprendre l'origine, il faut remonter loin dans le temps, au moment de la première guerre mondiale, quand le Japon était l'allié des États-Unis, de la France et de la Grande-Bretagne.

En 1914, Yasuhiro Tsutsumi est tout juste diplômé de l'université Waseda à Tokyo. D'origine modeste, il a vendu la ferme familiale de ses parents et grands-parents décédés pour payer ses études. Avec le reliquat, il achète quelques terres en montagne, en 1917. C'est là qu'en visionnaire, il construit des chalets pour la classe moyenne, enrichie par la guerre. Il a 27 ans. Sans le savoir, il vient de fonder son empire.

« Toujours en avance de trente ans sur les autres », telle est sa devise. Et voici le jeune homme d'affaires qui construit aussi des résidences universitaires proches de Tokyo. Ces dernières résistent au terrible tremblement de terre de 1923. Sa réputation de promoteur fiable est assurée, et les clients affluent, maintenant. Yasuhiro pense si bien l'expansion urbaine qu'il ouvre la première ligne de tramway en périphérie, puis une ligne de train vers le centre de la capitale, la Seibu. Tel sera le nom de son groupe. Bientôt, il développe un premier grand magasin en ville.

À la veille de la seconde guerre mondiale, sa fortune est solide. Elle reste toutefois minuscule au regard de celle des géants de son époque, les grands trusts (*zaibatsu*) ou les grands propriétaires terriens aristocratiques. La guerre bouleverse ses plans, car il s'est rapproché du gouvernement militariste du général Tojo. Lors des bombardements de Tokyo, son magasin est touché, plusieurs de ses propriétés et de ses lignes de chemin de fer sont endommagées. Il survit avec sa famille dans des conditions modestes. Les autorités américaines, qui occupent le pays à partir de 1945, le sanctionnent comme proche du gouvernement militariste.

Dans le Japon de l'après-guerre, le général MacArthur fait la loi. Son but : détruire les élites féodales qui ont causé le conflit[64]. Il est convaincu qu'en introduisant un peu d'égalité, il brisera l'ancien consensus entre les élites et les masses. Ainsi décide-t-il de rompre l'unité patrimoniale de la famille impériale et d'établir une taxe très élevée sur leurs biens. Cela devrait réduire le poids de la famille régnante dans la vie publique. Les princes devront acquitter l'impôt au plus tard le 14 octobre 1947[65]. Dans les semaines qui précèdent cette date, un vent de panique gagne les nobles, qui mettaient un point d'honneur à ne pas se salir les mains avec de l'argent. Ils doivent d'urgence vendre leurs terres. Tsutsumi comprend la chance qui s'offre à lui. Il propose à deux princes impériaux de lui céder leur terres et palais, pour payer la taxe. Mais en échange, il les laissera y résider sans rien changer à leur mode de vie. En revanche, l'homme d'affaires reprend les immeubles dont ils ne se servent pas pour en faire des hôtels qui seront les joyaux de son groupe : les Prince Hotels. Chaque grande ville aura le sien.

Son succès lui vaut des soutiens dans le monde politique. Il est de nouveau élu parlementaire en 1953 et préside l'Assemblée nationale pendant un an. Au sommet de sa gloire, la soixantaine passée, il se pose la question de sa succession. Car cet homme autoritaire bien que gouailleur, cassant et ne pardonnant aucune erreur, a une obsession : les femmes. Trois épouses, deux maîtresses officielles et d'innombrables amantes lui ont donné des dizaines d'enfants. Mais seuls deux se distinguent à ses yeux.

Vient d'abord Seiji, le fils d'une de ses maîtresses, né en 1927, brillant étudiant de l'université de Tokyo. Il est légitimé par son père. Pourtant, les relations se tendent entre les deux hommes. Seiji, en rébellion, n'hésite pas à adhérer au Parti communiste. Il n'y reste guère, mais cela suffit pour que son père, membre du Parti libéral-démocrate, le juge instable. Yasuhiro Tsutsumi accepte cependant de le nommer à la tête du magasin Seibu de Tokyo. Seiji se révèle un remarquable entrepreneur plein d'intuition et, en quelques années, il en fait le plus célèbre de la ville.

Au même moment, un autre fils du patron accomplit ses premiers pas dans la compagnie de chemins de fer : Yoshiaki. Né en 1934, il est sorti de l'université Waseda, comme son père. Pas de rébellion de son côté puisqu'il milite dans une association touristique, en droite ligne des intérêts paternels. On le juge souvent terne, et brutal. Les journaux misent sur son frère, plus charismatique. Mais à la surprise générale, quand Yasuhiro meurt soudainement en 1964, c'est bien Yoshiaki qui hérite de la quasi-totalité du groupe : la plus grande entreprise privée de rail japonais ; les dizaines d'hôtels ; et les activités de construction de son père. Seiji, lui, ne reçoit qu'une fraction du commerce de détail, dont les grands magasins Seibu.

La rivalité entre les deux frères devient proverbiale. La presse s'en empare. Seiji, qui s'est lancé dans l'écriture sous le pseudonyme de Tsujii Takashi, est présenté comme aimable, délicat, brillant[66]... Alors que son frère ne serait qu'une brute autoritaire. En réalité, on force le trait. Chacun d'eux a des qualités managériales et des défauts. Seiji est inventif et sent, comme son père naguère, les tendances de l'époque. Il profite du *boom* de la consommation et de la montée de l'individualisme pour faire de son groupe un des tout premiers du Japon, avec une croissance exponentielle des grands magasins. Yoshiaki, pour sa part, sait tisser des fidélités et il est partout, sur tous les chantiers, dans les relations politiques, dans le Comité olympique. Il est le promoteur des Jeux olympiques d'hiver de Sapporo en 1972 – et sera celui des Jeux de Nagano en 1998[67]. Son entreprise de construction est la première. Et il posséderait à lui seul un sixième des terrains constructibles du Japon dans les années 1980. C'est l'époque de la bulle financière et foncière.

Yoshiaki est l'homme le plus riche du monde. Fidèle à la mémoire de son père, chaque année depuis 1965, il organise pour le Nouvel An, avec les 600 conducteurs de la compagnie, un pèlerinage sur la tombe de ce dernier. Souvent il y arrive en hélicoptère et repart aussitôt la cérémonie achevée, car le temps, c'est de l'argent.

Mais un obstacle se dresse sur sa route : l'État. Malgré le lobbying patronal, des lois sur la transparence économique sont votées. Dans le même temps, la pression internationale du FMI et de l'OMC pousse le Japon à adopter des règles pour s'ouvrir à la concurrence. Le but est de réduire les situations de monopole. Simultanément, le groupe Seibu subit la baisse des valeurs immobilières.

Yoshiaki Tsutsumi demeure cependant au sommet des fortunes nippones. Sa position dans les chemins de fer est unique. Aux heures de pointe, à Tokyo, toutes les soixante-douze secondes un de ses trains entre en gare. Le sigle de sa compagnie ferroviaire fait partie de la vie quotidienne de millions de Japonais. Mais une telle situation est-elle admissible ? Le risque est d'attirer l'attention des autorités de la concurrence. Car Yoshiaki veut maintenir une propriété familiale, dans le cadre d'une société cotée en bourse. Son père avait imaginé ce système : par l'intermédiaire de partenaires écrans, voire de noms fictifs, il conservait sa majorité absolue sur la société de chemins de fer. Le système a perduré pendant quarante ans, y compris sous la direction de Yoshiaki. À plusieurs reprises, il a rempli des déclarations auprès des autorités présentant sa position comme minoritaire dans le capital. Quand il a deviné que les autorités s'intéressaient à sa situation réelle, il a tenté de vendre à des proches des lots d'actions antidatés. Cela, les enquêteurs de la justice nippone l'ont découvert. Il est donc poursuivi pour ces malversations financières et ses fausses déclarations.

Honteux de cet échec, deux dirigeants de son groupe se suicident au moment de son arrestation. À 71 ans, en octobre 2005, Yoshiaki Tsutsumi est condamné à une peine de prison de trente mois, à une amende relativement faible d'environ 800 000 euros, et surtout à une interdiction d'exercer pendant quatre ans[68]. Mais il conserve ses actions et participations dans les sociétés, et donc son pouvoir de fait.

Alors que son frère Seiji a pris ses distances avec les affaires pour se consacrer à son œuvre artistique, avant de s'éteindre en 2013, Yoshiaki subit les changements du monde. Sa fortune se déprécie, ses anciennes relations politiques s'éloignent. Il a dû quitter toutes les organisations qui faisaient sa puissance dans le monde du sport. Marginalisé, il ne sent plus les évolutions de la société nippone[69]. Coup supplémentaire, le magazine *Forbes* le sort de sa liste. Lui qui avait su capter l'héritage de son père se demande aujourd'hui quel sera son legs à ses enfants. Une petite fortune, certes, de quelque 500 millions de dollars et des terrains qui vaudront un jour leur pesant d'or. Tout cela pour quoi faire ? Contrairement à son père, il n'a pas eu trente ans d'avance sur les autres. Au soir de sa vie, il réalise qu'il a pris un train de retard.

2007
BLACK POWER

En juin 2007, le magazine *Forbes* attire l'attention du monde entier sur une personnalité hors norme : Oprah Winfrey. La célèbre présentatrice serait « la célébrité la plus puissante », devant Tiger Woods et Madonna. D'un coup, sa dimension médiatique s'efface devant ses qualités de cheffe d'entreprise et de leader. Le classement, en effet, analyse l'audience sur la télévision, les réseaux sociaux et l'ensemble des produits dérivés, digitaux ou autres. La présentatrice a plus de 30 millions de téléspectateurs chaque semaine. Elle est aussi la mieux payée à la télévision.

Surtout, Oprah Winfrey serait la personnalité « noire » la plus riche du monde. Une information typique de la société américaine, puisque, depuis 1982, *Forbes* signalait la plus fortunée des personnes de couleur dans son classement. Or, de 2004 à 2006, Oprah était toujours en tête[70]. En 2007, sa fortune dépassait 2 milliards de dollars. Cette année-là, la nouvelle fait le tour du monde. Et elle est reprise en Afrique, au Nigeria, où réside un homme d'affaires, Aliko Dangote.

Ce dernier s'en offusque et affirme publiquement que son patrimoine est de loin supérieur à celui d'Oprah Winfrey. *Forbes* va bientôt l'intégrer à la première place de son classement des grandes fortunes africaines et dans son classement international.

Une fois de plus, un entrepreneur corrige volontairement le classement. Mais qui est-il ? Pourquoi vouloir ainsi apparaître dans la lumière médiatique mondiale ?

Dangote est alors âgé de 50 ans. Issu d'une riche famille musulmane, il effectue ses études au Nigeria puis à l'université Al-Azhar du Caire. Tôt, son destin d'entrepreneur est fixé. À l'école, il vend des bonbons à ses condisciples et se passionne pour la vente[71]. Son grand-père l'éduque après la mort prématurée de son père. Le vieux patron l'intègre dans les affaires et lui confie la vente de ciment à la fin de son cursus universitaire. Ainsi commence son ascension.

En quelques années, sa petite compagnie commerciale se développe dans tous les secteurs stratégiques, de l'alimentation aux fournitures industrielles. Ses relations avec le pouvoir politique nigérian lui facilitent la tâche, car il n'est pas en conflit avec la dictature pour la démocratie et il finance la campagne du président Obasanjo. Il aide aussi au développement de la communauté musulmane de son pays, en finançant des mosquées. Grâce à ces soutiens, les portes du gros *business* lui sont ouvertes. Investissement dans les télécommunications, dans des infrastructures portuaires et dans une raffinerie gigantesque, si puissante que le gouvernement décide de prendre une participation à plus de 20 %, pour 2,7 milliards de dollars.

Durant toute cette période, Dangote a insisté sur les qualités du développement interafricain. Selon lui, le marché intérieur de pays comme le Nigeria suffit à créer un vaste groupe d'entrepreneurs efficaces. L'équipement de la classe moyenne africaine est le moteur idéal de la croissance. Cela explique aussi son insistance sur la nécessité pour les patrons africains d'investir prioritairement sur le continent et de ne pas contribuer à l'évasion des richesses en ouvrant comptes en banque et coffres-forts dans les pays occidentaux. Pourtant, son analyse est en partie contredite par le faible décollage des classes populaires de son pays, et l'existence d'encore environ 40 % de la population vivant en dessous du seuil de pauvreté.

Passé sur le devant de la scène mondiale, le milliardaire africain cherche maintenant un surcroît de reconnaissance dans le monde occidental. Sa stratégie d'approche du club de football britannique d'Arsenal n'est pas sans rappeler la méthode des milliardaires russes pour s'asseoir à la table des grands[72]. La conquête de l'opinion publique internationale passe, en effet, par la popularité des sports de masse. Pourquoi Arsenal ? D'abord parce que c'est un des clubs les plus connus au monde. Ensuite, il a accueilli des joueurs nigérians, comme Kanu ou Iwobi, ou le tout jeune Saka. À partir de 2010, Dangote laisse entendre qu'il pourrait racheter Arsenal pour le relancer. Cela suffit à lui valoir une importante couverture médiatique.

Si bien qu'en 2016, il est une des personnalités très attendues du Forum économique mondial de Davos. Son discours sur le développement endogène de l'Afrique plaît d'autant plus qu'il s'aligne sur les projets de milliardaires philanthropes, tel Bill Gates[73]. Ce dernier veut donner une autonomie sanitaire à terme au continent africain. Aliko Dangote a financé des recherches sur le virus Ebola et en faveur de l'éducation. Et il sait aussi bloquer ceux qui entravent ses stratégies. Les entreprises françaises comme Lafarge en ont fait les frais, voyant des projets pétroliers au Nigeria mis à mal et plusieurs de leurs dirigeants débauchés[74]. Cette logique dépasse donc de loin la question des affaires. Des motivations politiques sont perceptibles dans les choix d'Aliko Dangote. Libéralisme d'un côté et fierté nationale de l'autre encadrent sa volonté d'une transformation sociale modérée. C'est pourquoi les journalistes lui prêtent volontiers des ambitions partisanes, et notamment un désir d'accéder à la présidence du Nigeria. Plus profondément, ce milliardaire se présente comme le tenant d'une nouvelle phase d'autonomisation des pays du Sud, et donc de la montée en puissance des managers africains dans tous les secteurs d'activité.

Trente ans après la fin de l'apartheid, en Afrique du Sud, un mouvement similaire s'exprime dans la trajectoire d'un autre milliardaire. Patrice Motsepe est devenu la première fortune de son pays. Une revanche, car longtemps les Blancs restaient au sommet de la richesse. Or Motsepe s'est aussi fait connaître à la face du monde en 2007. C'était au mois d'octobre. 3 200 mineurs sont restés bloqués dans les galeries d'une mine d'or pendant douze heures d'angoisse[75]. Un conduit s'était brisé. Les câbles électriques étaient coincés. Il avait fallu aménager des monte-charges pour sortir un à un les mineurs. Omniprésent durant la crise, le propriétaire de la mine, Patrice Motsepe, avait suivi les opérations de secours qui avaient nécessité presque quatorze heures. Un patron humain, se plaisait-on à dire alors. Motsepe incarne bien le Black Economic Empowerment (le « BEE », la montée en puissance économique des Noirs) voulu par Nelson Mandela. Tout juste devenu président, ce dernier avait fait adapter une loi dont l'objectif était d'ouvrir des secteurs économiques, y compris la propriété de grandes entreprises, aux Noirs. Dans les mines, 26 % du capital devait leur être attribué et il était recommandé que des personnalités de couleur accèdent à la direction des entreprises.

Né d'un père commerçant qui avait brièvement connu l'exil avant de revenir en Afrique du Sud faire fortune en vendant de la bière, Patrice Motsepe a suivi des études au Swaziland puis à l'université du Witwatersrand à Johannesburg. Déjà à cette époque, ce jeune juriste se fait une spécialité du droit minier. Après un passage en cabinet d'avocats, et dans le consulting, il acquiert, comme la « loi BEE » le lui permet, six petites mines d'or peu rentables. À ce moment, les cours étaient très bas car cette activité ne suscitait guère d'intérêt. Mais Motsepe parvient à retraiter les poussières d'or, ce qui accroît la valeur de ces mines. Grâce à ses gains, sa nouvelle société, African Rainbow Minerals, peut acheter d'autres mines, y compris hors d'Afrique du Sud. Un véritable empire souterrain voit le jour. Dix ans plus tard, l'homme d'affaires sud-africain figure, selon *Forbes*, parmi les premières fortunes du continent et obtient même un temps la position d'homme le plus riche d'Afrique du Sud.

Sa réussite doit beaucoup à la confiance qu'il inspire aux élites noires.

L'ANC, le parti au pouvoir depuis le changement de système du pays et l'abolition des lois raciales, lui accorde son soutien. Car sa sœur aînée a épousé Cyril Ramaphosa, alors qu'il était responsable du principal syndicat sud-africain et membre de l'ANC. Ramaphosa est devenu président de la République. Sa seconde sœur, Brigitte Radebe, a aussi épousé une figure en vue, Jeff Radebe, qui a été ministre de l'Économie. Brigitte, femme d'affaires brillante, dirige aussi une mine. Cette dimension clanique n'a rien d'original dans le monde des milliardaires.

Tout comme l'engouement de Motsepe pour le foot. En Afrique du Sud, ce sport a longtemps été réservé aux Noirs, alors que le rugby restait le privilège des Blancs. Mais depuis la Coupe du monde de 2010, le ballon rond a gagné ses lettres de noblesse. Motsepe a racheté un club de première division et progressé dans les instances de ce sport à partir de 2019. Ainsi a-t-il commencé à préparer sa candidature à la présidence de la Confédération africaine de football (CAF) qui, regroupant pas moins de 54 fédérations, est vitale pour la désignation du président de la FIFA. Motsepe a su jouer des antagonismes entre les pays et démontrer l'aspect fédérateur de l'Afrique du Sud pour s'imposer comme candidat unique. Il en a été élu président en mars 2021. Un milliardaire qui représente un continent avant peut-être d'imposer un jour son regard sur le monde, ou plutôt sur le football mondial.

Car ce riche homme d'affaires détient les clés qui font rêver des milliers d'enfants africains. Tous s'imaginent en stars du ballon rond, dans les clubs ou sur les terrains de fortune. En fait, la vedettisation des grandes fortunes leur apporte un pouvoir symbolique qui renforce leur puissance économique. Elle leur ouvre d'autres voies pour assouvir des rêves d'enfant.

2008
Bettencourt : la femme la plus riche du monde

Son nom a été sur toutes les lèvres pendant plusieurs décennies. En France, elle a été la personne la plus riche plusieurs années durant, avant de céder la place à Bernard Arnault. En Europe, souvent la première. Dans le monde même, elle est devenue la femme la plus riche, avant que sa fille ne lui succède. Liliane Bettencourt a marqué l'histoire. Elle a sans conteste été la meilleure actionnaire de sa génération.

L'origine de son immense fortune remonte à son père, Eugène Schueller, un pionnier des cosmétiques. Cet ancien élève de l'École de chimie de Paris s'était lancé dans des expériences de teintures capillaires et de shampoings dans son propre appartement avant de construire un véritable empire allant du savon à la distribution. Il est le fondateur du groupe L'Oréal. Parvenu à la cinquantaine dans les années 1930, il prend parti en politique. Cet ancien combattant de 14-18 n'est pas devenu pacifiste. Obsédé par la grandeur de la France, il milite à l'extrême droite dans un mouvement qui veut abattre la république et établir une dictature fasciste, la Cagoule. Il y croise de jeunes gens comme lui très sourcilleux sur l'honneur de la France, notamment André Bettencourt. La seconde guerre mondiale et la défaite de la France lui semblent confirmer sa prophétie. Le voici qui s'engage dans la Révolution nationale, derrière les hommes du jour, en particulier

Marcel Déat. Cela aurait pu compromettre sa place et ses affaires à la Libération. Mais il est épargné par les commissions d'épuration grâce à l'intervention d'André Bettencourt et surtout de François Mitterrand, anciens sympathisants cagoulards qui sont entrés dans la Résistance et dirigent le Mouvement national des prisonniers de guerre et déportés, à Genève pour le premier, dans la zone nord pour le second. À la Libération, ils jouissent de l'estime générale. C'est d'ailleurs cela qui a facilité leur carrière politique. Schueller devient pour eux une sorte de parrain qui les soutiendra dans leurs initiatives avec sa fortune.

Quand le vieux chimiste meurt en 1957, sa fille est mariée depuis sept ans avec André Bettencourt, et François Mitterrand a été plusieurs fois ministre, dont de la Justice et de l'Intérieur.

Liliane est fille unique : elle hérite de L'Oréal et de tous les biens de son père. Une solide fortune. Elle est actionnaire principale – un rôle que beaucoup ignorent. Durant des décennies, la presse n'y prête guère attention. Son mari, qui a travaillé avec Eugène Schueller et entrepris une carrière politique, occupe le devant de la scène. Et L'Oréal est dirigé par de grands managers. François Dalle vient le premier. Eugène Schueller l'avait repéré et choisi. À charge pour lui d'unifier les entreprises de la marque pour en faire un véritable groupe. Liliane Bettencourt suit les activités de L'Oréal, se fait présenter les modèles. C'est elle qui pense nécessaire de chercher un partenaire international dès les années 1970. Le choix se porte sur Nestlé. Toute une ingénierie financière permet au groupe helvétique d'entrer dans le capital du groupe à hauteur de 49 %. Mme Bettencourt conserve la majorité à 51 % et obtient presque 5 % de capital de la grande maison helvétique. Le but de la manœuvre est d'éviter une éventuelle nationalisation, au cas où la gauche gagnerait les élections présidentielles. Car depuis 1971, l'ami François Mitterrand a rénové le Parti socialiste. Le programme d'union de la gauche qu'il élabore prévoit des nationalisations. En bonne actionnaire, Liliane préfère prévenir le risque.

Loin d'afficher la pensée de droite extrême du père de Liliane, le couple Bettencourt est proche des sphères de pouvoir, mendésiste sous la IVe République, gaulliste et giscardien par la suite. André devient ministre plusieurs fois dans la première phase de la Ve République.

Mais la famille est sans exclusive. Elle aide ses amis quel que soit leur bord. En vacances, d'anciens résistants forment la structure des habitués. Il y a le beau parleur, Robert-André Vivien, maire de Saint-Mandé. Il y a Jacques Baumel, compagnon de la Libération et maire de Rueil-Malmaison. L'homme d'affaires Roger-Patrice Pelat. Et Mitterrand, et aussi parfois Pierre de Bénouville, qui a connu André avant la guerre. Et leurs épouses. Sans oublier les enfants. La fille de Liliane, Françoise, y fait connaissance avec les jeunes Mitterrand. On soutient financièrement les campagnes des uns et des autres. À cette époque, la loi le permet. On se retrouve tantôt en Corse, en Bretagne ou dans les Landes. On joue au tennis et l'on partage les promenades le temps des vacances. Même si certains ont une voiture avec chauffeur, la mode n'est pas à l'esbroufe. De la guerre, beaucoup ont gardé la joie des plaisirs simples. Le luxe vient plus tard, en vieillissant.

Car la fortune de Liliane ne cesse d'enfler. Elle n'a jamais touché à son capital, et en a fait un mot d'ordre. Les intérêts mêmes ne peuvent être dépensés. Ils sont investis et l'accumulation se poursuit, par-delà les crises et les hésitations de l'économie mondiale. En 1996, quand le premier classement des fortunes de France est lancé par le magazine *Challenges*, elle se trouve à la deuxième place. Sa richesse ? 34 milliards de francs. Elle n'a que 2 milliards de moins que l'homme le plus riche de France et sa famille, un baron de la grande distribution : Gérard Mulliez.

Avec le passage des années 2000, elle prend la tête pendant cinq ans. Devançant les Mulliez, Arnault, Pinault…

Elle doit cette réussite à un choix essentiel. En 1988, quand François Dalle s'est retiré du groupe, elle a trouvé un successeur d'une grande efficacité : Lindsay Owen-Jones. À 42 ans, ce manager passé par Oxford et l'Insead (l'Institut européen d'administration des affaires) a gravi les échelons au sein du groupe avant d'en devenir le P-DG. Il connaît bien son actionnaire et lui rend compte très régulièrement. Ces rencontres hebdomadaires sont celles d'une reine recevant son Premier ministre. Mais pas avec le même décorum ni le même formalisme. En fait, ils se voient souvent chez les Bettencourt. Et Liliane a réellement le pouvoir, contrairement à Élisabeth II qui règne sans gouverner. Ce que demande cette souveraine des cosmétiques ? Que le manager lui présente une vision à long terme. Elle insiste sur cette dimension. Le cours de l'action au jour le jour ne l'intéresse pas. En revanche, savoir où en sera l'entreprise « dans dix ans », telle est son obsession.

Cette vision à long terme explique le double choix de la recherche et du marketing pour L'Oréal et le travail savant sur les marques dont le groupe a le secret. En somme, une femme qui a toute sa tête dans les affaires et qui a su transformer un beau magot en une immense fortune à l'échelle mondiale. En 2008, puis en 2013, Liliane devient la femme la plus riche du monde. Seule une Australienne, Gina Rinehart, fille d'un magnat du charbon, lui dispute un temps cette position, avec la veuve des supermarchés Wal-Mart, Christy Walton, mais cela ne dure pas. La baisse du prix des matières premières fait reculer la fortune de Gina Rinehart. Cette dernière traverse aussi des périodes de tension avec ses enfants. Or dans la famille Bettencourt aussi, l'affection connaît ses hauts et ses bas, comme dans toutes les familles.

La crise a couvé longtemps, avant d'éclater au grand jour. Tout part d'une amitié, celle de Liliane, devenue veuve et âgée, avec un photographe, François-Marie Banier[76]. L'affaire aurait pu demeurer dans la sphère privée. Mais des cadeaux importants offerts par Liliane à son ami alarment sa fille et son entourage. Au sein de son personnel domestique même, le comportement du photographe suscite des inimitiés. Le majordome de la vieille dame, Pascal Bonnefoy, prend la liberté de placer un enregistreur dans la pièce quand elle reçoit certains visiteurs[77]. Ces écoutes, qui durent de mai 2009 à juin 2010, sont obtenues par le site d'information Mediapart et sont rendues publiques[78]. Elles déclenchent une onde de procès et d'attaques dans la presse. Clairement trois camps s'affrontent. D'abord, ceux qui soutiennent François-Marie Banier, qui a reçu selon la justice de l'époque environ 820 millions d'euros et dont on se demande s'il a abusé de la faiblesse de sa donatrice. Ensuite, ceux qui soutiennent Liliane Bettencourt, dont la fille pense qu'elle doit passer la main car elle ne serait plus vraiment maîtresse de ses décisions. Ceux qui soutiennent enfin Françoise Meyers, désireuse de protéger sa mère et ses biens. L'affaire prend d'autant plus d'ampleur que, dans les écoutes, plusieurs personnalités sont mises en cause. C'est le cas du président de la République : Nicolas Sarkozy. Il aurait reçu des dons en espèces pour financer sa campagne ; ce qu'il dément. Et nulle preuve ne corrobore ce que les enregistrements laissent entendre.

Durant cette période, l'entourage proche de la milliardaire est passé au crible par les journalistes. Sa secrétaire est sollicitée, tout comme Claire Thibout, sa comptable. Cette dernière donne plusieurs interviews, dont une où elle affirme qu'Éric Woerth, ancien ministre du Budget, aurait perçu des sommes de Mme Bettencourt. Aussitôt les spéculations vont bon train sur d'éventuelles réductions d'impôts. Dans *Le Monde*, la jeune femme va plus loin, affirmant qu'« il y a eu beaucoup de personnes politiques qui ont reçu de l'argent[79]... » Elle décrit un système dans lequel Patrice de Maistre, le gestionnaire de la fortune de Liliane Bettencourt, préparait des enveloppes de liquide à distribuer. À l'en croire, les Bettencourt auraient payé directement le parti présidentiel[80]. Mais tout cela, faute de preuves, ne tient guère en justice. Les poursuites finissent par fondre comme neige au soleil.

La tension au sein de la famille s'accroît pourtant. Au point que Françoise décide de placer sa mère sous tutelle. Elle obtient gain de cause devant les tribunaux et, à compter de 2011, sa mère dépend d'un tuteur choisi avec le plus grand soin.

Il s'agit d'un ami de la famille, Olivier Pelat[81]. Ce milliardaire qui a fait fortune dans la promotion immobilière hôtelière connaît les Bettencourt depuis son enfance, quand ses parents partaient en vacances avec leurs amis résistants, les Mitterrand et les Vivien.

Faisant preuve d'un grand tact, Olivier Pelat remplit sa fonction et accompagne Liliane Bettencourt jusqu'à sa mort. L'immense fortune passe alors de la mère à la fille. Françoise Meyers devient à son tour la femme la plus riche du monde. Sur ses épaules repose désormais un empire de produits de beauté et de parfums alléchants. C'est elle qui occupe maintenant la fonction d'actionnaire principal. Dans le meilleur des cas, son travail consiste à choisir les pièces maîtresses pour le développement de son entreprise. Ce qui suppose de ne pas consommer tous les bénéfices, afin de pouvoir les réinvestir et d'assurer ce faisant la pérennité d'un groupe économique. C'est ainsi que les marques, pour peu que leurs dirigeants aient des visions à long terme, peuvent laisser une trace dans l'histoire.

2012
Puissances et décadences

Hans Kristian Rausing appartient à une des plus grandes familles industrielles de Suède. Son grand-père a fondé la société d'emballage Tetra Pak, et la génération suivante, celle de son père et de son oncle, a fait fructifier ce trésor au point d'en faire la seconde fortune du pays, avec plus de 10 milliards de patrimoine. Encore faut-il nuancer ce jugement, car Hans, son père, a décidé de s'installer en Grande-Bretagne dans les années 1980 pour échapper à la fiscalité suédoise, qu'il jugeait « punitive ». Là, le vieil homme d'affaires a acquis un grand domaine, pour y élever des cerfs et commencer une collection de voitures anciennes. Une vie heureuse avec son épouse, si ce n'est que son fils Hans Kristian a échappé très tôt au conformisme social.

Le jeune homme, né en 1963, cherche sa voie dans toutes sortes de voyages, et en utilisant des drogues dures pour tester la plasticité de son cerveau. Après qu'il a frôlé la catastrophe, sa famille l'envoie dans une clinique de désintoxication aux États-Unis. Il y rencontre une jeune femme tombée elle aussi dans la dépendance : Eva. Eva Louise Kemeny est la fille d'un des dirigeants de Pepsi. De bonne famille, comme lui.

Ensemble, ils renoncent à la drogue et décident de se marier. Ils s'installent finalement à Londres, dans un des quartiers les plus chics : Belgravia. Là, ils acquièrent deux maisons mitoyennes du XIXe siècle. Façade élégante dont des colonnades encadrent la porte d'entrée. Elle est évaluée aujourd'hui à 70 millions de dollars. Entreprenant, le couple se fait un nom dans la philanthropie en même temps que dans le *business*. Ils sont jeunes, ils sont beaux, ils sont riches. Eva et Hans fréquentent la haute société et participent aussi à des soirées en présence du prince Charles. Tout va pour le mieux pendant plus de deux décennies.

Mais le jour de Noël 1999, Eva boit une coupe de champagne. Cela faisait des années qu'elle n'avait touché ni alcool ni drogue. Ce premier geste en déclenche d'autres en cascade. Gênée, elle essaye de le cacher à son mari pour ne pas le tenter. Elle y parvient quelques semaines. Malheureusement Hans s'en aperçoit et retombe aussi dans l'addiction.

Eva tente une dernière fois une cure de désintoxication, dans une clinique de Malibu, en Californie. Mais elle en est exclue pour avoir introduit en fraude des cachets de Valium. Son addiction passe maintenant par toutes sortes de drogues. Cocaïne, crack, héroïne… Le tout est d'avoir accès à de quoi décoller. Eva et Hans sont tellement dépendants qu'ils se font prendre avec du crack et de l'héroïne à l'ambassade américaine à Londres[82]. Une perquisition à leur domicile révèle des quantités plus importantes. Ce sont de gros consommateurs, pas des trafiquants. Ils écopent d'une amende. Sans toutefois parvenir à changer leur mode de vie. Pour la drogue, ils s'isolent de plus en plus. La santé d'Eva est fragile. Très mince, elle néglige son alimentation et toute hygiène de vie. Son cœur abîmé par ses activités a déjà été opéré. On lui a placé un pacemaker. Le 7 mai 2012, à 7 heures 19 du matin, il cesse de battre, au terme de ce que le médecin légiste qualifiera de « trajectoire déclinante ». Elle meurt dans son lit dans leur grande maison de Belgravia. Elle laisse quatre enfants. Cette femme qui avait été le modèle des associations de lutte contre l'usage de stupéfiants et qui avait fait des dons massifs à de nombreux organismes n'avait pu gagner sa guerre contre l'addiction.

Mais cela, personne ne le sait alors.

Hans Kristian, pris dans l'usage de ses drogues, ne veut pas admettre l'événement. Il couvre le lit d'une multitude de plastiques, d'emballages, dont celui d'une télévision grand format, et ferme la porte. Pendant deux mois il continue de vivre au rythme de ses prises répétées de drogue. Le 9 juillet 2012, il est arrêté par des policiers alors qu'il conduit sa voiture de manière bizarre. Une pipe à crack chaude est découverte sur le siège du passager, ce qui lui vaut une nouvelle perquisition à son domicile. Là, les policiers sont alertés par une odeur de corps en décomposition. Ils ne tardent pas à trouver les restes d'Eva dans la chambre.

Hans Kristian raconte leur descente aux enfers. Inculpé pour avoir caché la mort et différé les funérailles, il reçoit une condamnation légère avec sursis. Et il peut faire une nouvelle cure de désintoxication. Sa vie reprend progressivement après ce drame. La maison de Belgravia est totalement réaménagée. Deux ans plus tard sa rencontre avec une autre femme ouvre un nouveau chapitre de sa vie. À la tête d'une fortune personnelle de 4,5 milliards de dollars, il peut espérer donner un autre sens à son existence.

Au moment même où Eva mourait en 2012, une nouvelle institution naissait qui aurait pu la sauver. C'est une clinique réservée aux patients les plus fortunés, victimes d'addictions. Paracelsus Recovery est installée en Suisse, à Zurich[83]. Dans cette petite république, et dans cette ville qui compte de nombreux milliardaires, la santé est à la fois un *business* et un sacerdoce. Trois médecins animent cet établissement qui propose des traitements sur mesure. L'idée est de ne traiter qu'un patient à la fois, de le sortir de son milieu et de ses contraintes et de le garder plusieurs semaines pour qu'il modifie véritablement ses conduites, réadapte son style de vie. Le traitement comprend tout l'arsenal de soins possibles et plus encore : jusqu'à vingt soignants parfois s'occupent d'une seule personne.

Située à deux pas de l'opéra de Zurich, en plein centre-ville, Paracelsus Recovery n'a pas de logements en propre. La clinique propose à ses patients de descendre dans un des palaces voisins ou de louer une villa à proximité. Un des princes saoudiens qui a utilisé ses services pour une cure a loué pour lui-même et les cinquante membres de sa suite tout un étage du magnifique Dolder Grand, face au golf de Zurich.

Les médecins sont à disposition vingt-quatre heures sur vingt-quatre. Ils peuvent rester avec le patient, où qu'il soit, pour suivre ses besoins. La pointe du travail médical, donc, dans un cadre forcément luxueux. Une manière de tirer les leçons d'autres établissements chics, notamment aux États-Unis, qui ne font qu'ajuster un traitement classique dans un cadre somptueux. Ici, la santé prime. Le prix du programme de soins est tel que la clientèle qui se l'offre est forcément fortunée. En effet, il faut compter environ 370 000 dollars par mois pour une thérapie complète[84]. Pour ce tarif-là, la clinique garantit un élément crucial aux yeux de la clientèle : une confidentialité absolue. Tous les déplacements peuvent s'effectuer dans des limousines anonymes, qui viennent chercher leurs hôtes dès leur arrivée en jet à l'aéroport de Zurich. Puis les dossiers sont anonymisés et les clients sont en contact avec le personnel de la clinique sous un nom d'emprunt. Tout est fait pour éviter que la presse ne sache qui est en traitement. Seules quelques personnalités ont accepté que leur nom figure, afin d'assurer la promotion de ce lieu. C'est le cas de l'actrice américaine Patricia Arquette.

La discrétion et la protection de la vie privée sont d'autant plus importantes que certains clients occupent des fonctions presque religieuses dans leur pays. Les familles régnantes des pays du Golfe ont un rôle politique mais aussi spirituel. L'addiction à la drogue pourtant ne les épargne pas.

L'un des demi-frères de l'émir du Qatar, le cheikh Khalid Bin Hamad Al Thani, a fait l'objet d'articles critiques évoquant son usage de drogues[85]. Pour la famille royale du Qatar, qui défend une lecture rigoriste du Coran, un tel comportement entre en contradiction avec l'image d'un souverain respectueux de la religion. La critique est d'autant plus violente qu'il fait déjà l'objet de poursuites aux États-Unis. Le cheikh, en effet, est attaqué en justice par six membres de son personnel, pour avoir tué l'épouse de l'un d'eux, demandé à son chef de la sécurité d'assassiner un de ses débiteurs, et séquestré dans sa propriété des employés dont il détenait les passeports, en les ayant menacés de mort. Son propre médecin s'était blessé à la jambe en tentant de quitter la propriété du cheikh où il était mobilisé en permanence afin de lui fournir des injections.

Le succès de Paracelsus Recovery tient donc dans sa capacité à masquer les travers de ses clients fortunés. Car les addictions ne font plus recette. On est loin des années hippies pendant lesquelles la mort sous emprise de stupéfiants semblait faire partie d'un style de vie. Comme en 1971. Thalitha Getty, une des premières égéries de Marrakech, était retrouvée morte, à Rome, dans l'appartement de son mari milliardaire, l'héritier des pétroles Paul Getty. Craignant d'être accusé, ce dernier avait préféré quitter l'Italie et ne jamais y revenir[86]... Mais deux ans auparavant, l'un des meilleurs amis de Thalita, Brian Jones, des Rolling Stones, meurt aussi d'overdose. Et Jimi Hendrix, et Jim Morrison, et Janis Joplin, et Edie Sedgwick... Tous disparus en quelques mois.

De nos jours, la drogue n'est plus à la mode au sein des élites d'argent. Le fléau frappe les classes populaires, tant les prix ont baissé, même ceux de la cocaïne, naguère l'apanage des classes supérieures actives. La plus grave addiction reste le travail. La plupart des riches ont tendance à penser sans cesse à leurs affaires, alignant même leurs loisirs sur des objectifs liés à leur fortune.

Ainsi les collections d'art sont-elles à la fois un hobby, un investissement et une épargne. Mais cela peut virer à la passion addictive... François Pinault en est un bon exemple. Longtemps gestionnaire d'un des premiers groupes mondiaux, il s'est mis à collectionner les œuvres d'art avec boulimie. La rumeur veut que son épouse lui ait transmis ce virus. Il court les ateliers et les expositions, lâchant tout quand un peintre de ses amis l'appelle. L'entrée dans sa collection assure un surcroît immédiat de notoriété et fait monter la cote. D'autant qu'il est fidèle à ses artistes favoris. En 1998, l'homme d'affaires a racheté la célèbre maison de vente aux enchères Christie's. Il avait ainsi trois pieds dans le marché de l'art, son loisir favori. En 2006, il complète sa maîtrise du secteur en ouvrant son musée vénitien, dans le Palazzo Grassi. Trois ans plus tard, il inaugure un autre lieu d'art dans un vaste bâtiment sur la pointe de la Douane. Les deux lieux, ainsi que la Bourse de Commerce, sont rénovés par Tadao Ando, un architecte japonais. François Pinault « *art addict* » est la preuve vivante que toutes les passions ne sont pas délétères. Loin de l'enfermer, comme le font généralement les drogues dures, cette passion conduit François Pinault à la rencontre des autres, artistes et commissaires d'exposition.

Un des effets des grandes fortunes est d'isoler leurs bénéficiaires. Ballottés entre la courtisanerie des uns et l'avidité des autres, et souvent en proie à l'anxiété d'un retournement de conjoncture, la plupart des milliardaires tendent vers la solitude. Plus que le commun des mortels, ils sont décrits dans des études scientifiques comme moins heureux et plus stressés[87]. Des résultats qui confirment le vieil adage : l'argent ne fait pas le bonheur. Mais ne nous y trompons pas : leur destin n'est pas plus tragique que celui de leurs contemporains, tant s'en faut. Seule leur mise en évidence dans la presse rompt avec la recherche de simplicité et de tranquillité à laquelle la majorité aspire. Ainsi se crée le mythe de la richesse maudite.

2013
Les nouveaux princes… rouges !

Elle s'appelle Kong Dongmei. Son visage fin et harmonieux encadré par des cheveux mi-longs légèrement ondulés dégage une autorité certaine. Son regard est pétillant. À 41 ans, cette femme d'affaires est entrée d'un coup dans la liste des plus grandes fortunes chinoises. Avec un patrimoine estimé à 620 millions de dollars[88]. Personne n'y trouverait à redire si Mme Kong n'était la petite-fille de Mao Tsé-toung, le fondateur de la Chine communiste. Quatre-vingt ans après que son grand-père a été désigné président du Parti communiste chinois, cette cheffe d'entreprise moderne illustre les vertus du capitalisme, un capitalisme dont Mao voulait détruire les bases par la collectivisation et la planification… Pourtant, elle s'en défend. Sa société de vente aux enchères, China Guardian, créée avec son mari en 1993, a aussi pour spécialité la promotion des idées et des produits artistiques du monde communiste. Elle s'est même mis en tête de faire de son grand-père une icône visuelle et mémorielle dans la Chine du président Xi Jinping. D'ailleurs, l'héritier politique de Mao, Deng Xiaoping, n'avait-il pas comme mot d'ordre « Enrichissez-vous » ?

Forts de leur réussite en Chine, la petite-fille de Mao et son mari sont partis à la conquête du monde. En 2016, la société d'assurances de Chen Dongsheng, le mari de Dongmei, est entrée dans le capital de Sotheby's, l'une des plus grandes maisons de vente aux enchères occidentales, à hauteur de 13,95 %[89]. L'opération devait aussi permettre à Sotheby's et à sa filiale sur le marché chinois d'implanter de nouvelles affaires et de croître.

Kong Dongmei illustre à merveille la mutation des élites chinoises au début du XXIe siècle. Ces dernières ne se cantonnent plus à la politique et à la jouissance des fruits dérivés du pouvoir.

Au temps de Mao, le niveau de vie d'un dirigeant politique était celui d'un haut cadre occidental, avec un protocole presque impérial. Mao vivait dans la partie annexe de la Cité interdite réservée aux plus hauts dirigeants du parti. Il avait à son service des cuisiniers, des valets, des médecins, etc. Et aussi des jeunes filles, dont il était si friand pour se délasser. Cette cour disposait de voitures mais n'avait pas tout le luxe des riches occidentaux. Le père de Xi Jinping avait connu ce mode de vie doré avant d'être écarté sous la révolution culturelle et de subir une terrible déchéance sociale. Son fils a restauré sa famille dans ses privilèges et même au-delà.

Car en 2013, les Offshore Leaks, des documents issus de fuites, publiés et commentés par le Consortium international des journalistes d'investigation (ICIJ), ont montré que 20 000 dirigeants chinois pratiquaient l'évasion fiscale à destination de paradis fiscaux comme les îles Vierges ou le Panama. Parmi ces personnalités, Deng Jiagui, le beau-frère du président Xi Jinping[90]. L'époux de la sœur du premier des Chinois, promoteur immobilier, détenait 50 % d'une société des îles Vierges. Ce Canadien très implanté à Hong Kong pouvait effectuer ses transferts internationaux car jusqu'alors aucune législation en Chine n'encadrait les transferts de fonds des particuliers. Qui aurait imaginé la nécessité d'entraver l'évasion fiscale au paradis du communisme ?

Bien sûr, les familles d'anciens responsables communistes sont massivement impliquées dans ce système. Elles figurent sur les listes des milliardaires chinois et forment une sorte de caste qualifiée par la presse de « princes rouges ». La famille Wen, autour de Wen Jiabao, Premier ministre entre 2003 et 2013, en est le meilleur exemple[91]. Sa fille, Wen Ruchun, surnommée Lily Chang, est de ces milliardaires chinois qui ont ouvert des comptes *off shore*. Tout comme Li Xiaolin, la fille de Li Peng, Premier ministre entre 1987 et 1998. Elle a ouvert un compte et une société *off shore* dès 1994. Ou encore la famille de l'ancien président Hu Jintao. La plupart ont échappé aux sanctions et poursuites des campagnes anticorruption du président Xi Jinping.

L'intrication entre richesse et pouvoir est étroite en Chine. Aucun secteur d'activité ne peut se développer sans l'aval du pouvoir. La Chine est le pays qui compte le plus grand nombre de milliardaires au monde – ils sont 1 000 aujourd'hui à dépasser ce patrimoine en dollars. Et leur nombre ne cesse de croître : plus de 250 par an. Un décrochage avec les États-Unis, longtemps leader du monde riche. Bien sûr, en regardant les noms de cette liste, on reconnaît de nombreux entrepreneurs à l'origine d'une entreprise du numérique, ou d'autres issus de secteurs de production plus classiques, tels l'agroalimentaire, la construction ou les transports. Leur enrichissement s'accroît encore en ces temps de Covid.

Les princes rouges constituent une minorité de cet ensemble. La plus critiquée sans doute, en Chine et ailleurs, tant elle évoque la dérive d'un système politique où l'hypocrisie règne en maître. Alors que leurs parents dénonçaient l'exploitation de l'homme par l'homme, et plaçaient en camp de rééducation les anciens entrepreneurs, les voici aujourd'hui qui rejouent la vieille partition de la domination capitaliste et de la quête des privilèges matériels.

Car le mode de vie des milliardaires chinois n'a rien à envier à celui de leurs homologues occidentaux. Par exemple, ils peuvent voyager sans entraves dans leur jet privé. De fait, le marché chinois tire cette industrie depuis presque une décennie. Et, bien sûr, ces opulentes personnalités acquièrent des maisons dans les sites les plus luxueux au monde, pour la recherche desquelles des intermédiaires de luxe sont payés. On les retrouve dans Manhattan, comme la milliardaire spécialisée dans la construction Mme Zhang, dont la société créée avec son mari s'appelle tout simplement Soho[92]. Ou comme la famille Wen, dont on voit les villas aux Caraïbes et dans le Sud de la France. Sur leurs yachts se déploie le même art de vivre, avec des services particuliers proposés par la capitainerie de Saint-Tropez lors de leur passage. Dans les rues de Shanghai ou de Pékin, ils roulent en Rolls, en Porsche ou dans des Mercedes blindées, on ne sait jamais. Les limitations de vitesse et le regard populaire les empêchent de battre des records en Chine ? Pourquoi ne pas prendre un avion et aller en Allemagne louer une Porsche ou une Ferrari pour faire des pointes sur l'autoroute Frankfort-Darmstadt, avec sa longue ligne droite ? Une agence spécialisée s'occupe de la location. La Chine elle-même est devenue le paradis du luxe. Rolex y réalise une part considérable de son chiffre d'affaires : longtemps une montre Rolex était même le cadeau favori des dirigeants chinois. La marque possède des magasins à Shanghai et une filiale à Hong Kong[93]. Chez LVMH, depuis 1992, le marché chinois aussi attire. Tous cherchent à masquer leurs chiffres d'affaires exacts dans le pays par des consolidations dans d'autres zones, pour éviter de gêner le gouvernement chinois, un de leurs meilleurs clients.

Obsédés par leurs enfants, les membres de la haute société chinoise sont prêts à tout pour leur avenir. Ils les inscrivent dans des écoles privées exigeantes et les gavent de cours de soutien pour être sûrs de leur réussite. Puis ils les expédient à l'autre bout de la planète, en Grande-Bretagne ou aux États-Unis, afin qu'ils affinent leur savoir dans les affaires ou la technologie. Se recrée ainsi une inégalité de destin dont les Chinois de la partie orientale et nord du pays ne sont plus dupes. Même Xi Jinping ne peut plus feindre d'ignorer cette machine à engendrer des injustices sociales. En août 2021, il a enfin pris la parole pour demander aux plus riches de réduire les inégalités. Il a même émis l'hypothèse que ne demeurent dans le pays que des écoles publiques. S'ouvre ainsi une nouvelle phase d'incertitude pour les Chinois fortunés.

Le monde des affaires n'est jamais très éloigné du pouvoir et de ses conflits.

Quand le clan du parti communiste de Shanghai a fait l'objet d'une mise au pas, des personnalités ont disparu, placées à l'isolement pendant plus d'un an. Une mésaventure proche de celle qu'a connue Jack Ma, le fondateur d'Alibaba, pour avoir prononcé le 24 octobre 2020 un discours protestataire. Pendant trois mois, il disparaît de la sphère publique, sans doute une forme de mise en garde par les autorités[94]. Là réside une faille pour les femmes et les hommes d'argent de Chine. À tout moment, au gré des changements d'alliances et des modifications de la structure du pouvoir, ils peuvent s'éclipser. D'où leur avidité et leur obsession de sortir leur argent du pays, pour survivre à une éventuelle chasse aux sorcières.

Gu Kailai en sait quelque chose. Cette épouse modèle est mariée à Bo Xilai, un membre du Comité central, ancien ministre du Commerce, en pleine ascension. Ce fils d'un des fondateurs du PCC a commencé sa carrière dans les affaires et a occupé des fonctions publiques. Si Bo Xilai a fait ses études à Pékin, son fils Bo Guagua, lui, a été envoyé aux États-Unis, à Harvard. Il en sort diplômé. Car ils sont riches.

Pour financer cela, le couple fait sortir de l'argent de Chine après avoir ouvert une société *off shore* avec un associé britannique, Neil Heywood. Elle entretient avec ce dernier une relation proche. Bientôt cependant, ce dernier laisse entendre qu'il pourrait dénoncer le couple aux autorités. Son mari pense qu'il s'agit d'une manœuvre d'intimidation. Mais Gu Kailai sent le danger. Si tout devient officiel, ils pourraient perdre leur carrière et leur statut, y compris leur belle villa dans le Sud de la France. Mme Gu décide donc d'empoisonner Heywood. Après l'avoir fait copieusement boire, dans sa chambre d'hôtel, elle lui glisse dans la bouche un mélange de thé et de mort aux rats.

Deux jours plus tard, le personnel de l'hôtel trouve le corps sans vie de Heywood. Hélas pour Gu Kailai, dans une société aussi surveillée, il est difficile de dissimuler longtemps un crime. Elle et son mari sont rattrapés et traduits devant la justice pour meurtre et pour fraude[95]. Le tribunal les condamne à une très lourde peine : la prison à vie. Leur procès n'était pas vraiment contradictoire et un avocat américain y aurait trouvé beaucoup à redire.

Mais là encore, tous les privilèges ne disparaissent pas. Bo Xilai et son épouse, s'ils sont détenus séparément, sont incarcérés dans des établissements pénitentiaires haut de gamme[96]. De quoi continuer à faire du sport, de la musique et même des arts. En réapprenant toutefois l'égalité entre détenus portant le même uniforme et faisant les mêmes activités collectives. Oubliés le grand bureau individuel et le costume sur mesure. Oublié partiellement le capitalisme, ce deuxième système adopté par la Chine à partir des années 1980, mais qui ne fait pas le bonheur de tous les Chinois.

2013
Margarita Bogdanova, Mme Robert-Louis Dreyfus

En 1962, l'Union soviétique n'était plus vraiment une promesse pour ses habitants. Ils avaient connu la guerre, les arrestations et les déportations arbitraires et même la déstalinisation. Les membres du parti formaient une élite gouvernante dont les privilèges étaient déjà inscrits dans le marbre. Une classe moyenne technicienne émergeait progressivement. C'est à ce monde qu'appartenait le père de Margarita Bogdanova, lui qui était chargé de l'entretien des bateaux dans une zone portuaire. Sa mère elle aussi appartenait à ce monde instruit ; elle travaillait dans une bibliothèque après avoir fait de brillantes études de lettres. On en sait peu sur l'enfant qu'a été Margarita, sinon que sa scolarité fut sans problème. Le drame survient quand elle a 7 ans : ses parents meurent dans un tragique accident de train alors qu'ils partaient en vacances. C'était à l'été 1969. Margarita ne parle pas de cette tragédie, largement passée sous silence dans la famille pour ne pas remuer le couteau dans la plaie. Son grand-père maternel, Leonid, la recueille.

Il vit avec sa deuxième épouse, sa propre mère, ainsi qu'une tante de Margarita dans un appartement collectif de Leningrad (qui ne s'appelle pas encore Saint-Pétersbourg). La petite fille blonde passe ses jeunes années dans cet univers protecteur, avec un petit chien pour compagnon de jeu. Elle poursuit des études, obtient un diplôme de droit à Moscou et approfondit ses études à Leningrad, en économie. Certes, son grand-père, membre du Parti communiste, assure à la famille une existence agréable. Mais comme tant de jeunes Russes, Margarita rêve d'Occident. De son confort, de son luxe aussi. Embauchée dans une entreprise suisse qui fabrique des composants électroniques, elle est chargée de vente. Sa chance : avoir rencontré un jeune Suisse allemand et l'avoir épousé. Elle a pu ainsi sortir d'Union soviétique et commencer sa vie à Zurich. De ce passé, elle dit peu de choses, ce qui a alimenté les théories complotistes sur son appartenance au KGB. Mais à cette époque l'URSS cherchait à acquérir pour son secteur privé tous les éléments électroniques possibles. N'est-ce pas dans ce secteur que les premiers millionnaires ont été tolérés dans le pays ?

Margarita Bogdanova ne touche pas alors un gros salaire. Elle gagne toutefois assez pour s'offrir un billet d'avion Zurich-New York, avec escale à Londres. Elle a pris le premier vol de la journée. Alors que le steward annonce bientôt le début de la descente sur la capitale britannique, elle demande l'heure à son voisin de siège. Elle redoute de manquer sa correspondance pour

New York. L'homme lui répond aimablement et lui demande d'où vient l'accent qu'il décèle dans sa voix. De Russie, répond-elle. La conversation s'engage. Ce quadragénaire au jean délavé, à la barbe mal rasée et aux cheveux bruns un peu clairsemés est un homme d'affaires. Il lui explique ses navettes vers Londres pour le travail. Il trouve le temps de lui montrer une photographie de son chien, un bobtail. Margarita en est émue et amusée. Après l'atterrissage, chacun continue son chemin. Mais les numéros de téléphone ont été échangés, à cette époque où les portables étaient encore rares.

Quelques jours plus tard, alors qu'elle est chez elle, sa sonnerie retentit. À l'autre bout du fil, Robert Louis-Dreyfus. Margarita réalise qu'il s'agit de l'homme de l'avion. Sa demande ? Effectuer des traductions du russe à l'anglais et du russe à l'allemand, car elle est multilingue. Pourquoi ne pas dîner pour parler de cette commande ?

La jeune femme s'amuse de cette stratégie et lui dit, un peu goguenarde, que même sans cela, elle aurait accepté de le revoir. Le dîner a bien lieu et débouche sur l'autre étape du conte de fées. Celui où la jeune femme réalise que face à elle se tient un brillant homme d'affaires, bien plus puissant qu'elle ne l'imaginait.

À cette époque, Robert Louis-Dreyfus a déjà une position très solide. En effet, depuis le XIXe siècle, sa famille excelle dans le commerce. Certes ses parents n'ont pas vu Robert briller scolairement en France mais, parti pour les États-Unis, il a rapidement trouvé la voie de la réussite dans les affaires, notamment au sein du groupe IMS Health, qu'il rachète. Son succès lui vaut même d'être remarqué par la plus grande agence publicitaire de son temps. En 1989, il devient le directeur général de Saatchi & Saatchi, basé à Londres. C'est pourquoi il effectue régulièrement la navette entre sa résidence helvétique et Londres. En somme, face à Margarita se trouve la version contemporaine du Prince charmant : un milliardaire, héritier et doué. Qui plus est, charmeur.

À la fin de la soirée, un destin est scellé. Cette fascination réciproque débouche sur un mariage et trois enfants, des garçons, dont deux jumeaux.

Pour Robert Louis-Dreyfus commencent les années de la puissance. Au terme d'un western financier, il est embauché en 1993 par Adidas, vendu par Bernard Tapie au Crédit lyonnais. L'entreprise affiche des pertes, mais elle reste française. Cela fait la fierté des fans de l'équipe de France de football, toujours sous la bannière de cette marque fondée par Adi Dassler. À la tête de la firme, le nouveau P-DG rationalise la chaîne de production et modernise les produits. Il maintient le partenariat avec l'équipe de France, qui remporte le Mondial de 1998. Puis Adidas est revendu. Sa philosophie, il l'avait exposée à la *Harvard Business Review* : « Je suis un joueur, et j'aime les défis qui transforment le présent. Dans une crise, on attend de vous que vous remettiez une compagnie en bon état et que vous passiez à autre chose. C'est bien ! Je pense qu'un CEO [*chief executive officer*] ne devrait pas demeurer trop longtemps dans une même entreprise. »

Parmi ses nouveaux défis, il y a la présidence du club de foot de Marseille, l'OM. Puis, en 2006, l'homme d'affaires prend la tête du groupe familial vieux de 150 ans. L'histoire pourrait s'arrêter là, figeant le portrait d'une existence sans ombre et d'un bonheur familial accompli. Mais la vie n'est pas un conte de fées. Margarita le découvre le 4 juillet 2009. Ce jour-là, Robert meurt, à 63 ans. Il laisse sa jeune épouse avec trois enfants.

En réalité, le couple ne passait pas sa vie ensemble. Margarita restait à Zurich, avec les garçons, quand Robert voyageait de son côté et passait généralement la semaine à Paris ou à Londres. Certains en déduisirent que l'épouse de l'homme d'affaires n'avait guère d'influence sur l'entreprise et que sa connaissance du *business* était limitée. C'est le cas notamment du directeur général du groupe, Jacques Veyrat, qui prend la suite dans la conduite des opérations. Mais une épouse de milliardaire n'est jamais une potiche. Or juridiquement, Margarita est l'héritière avec ses jeunes enfants des actions de la société et de la fondation créée par son mari. La décision finale lui appartient. Il faudra pourtant une longue procédure juridique pour y parvenir. Margarita choisit pour cela un avocat proche des socialistes et très influent dans les sphères du pouvoir : Jean-Michel Darrois. Son intervention permet de régler en 2013, sous la présidence de François Hollande, le litige en sa faveur. La veuve a su résoudre la question de sa place à la tête du groupe. Elle recadre aussi les activités en cédant des actifs pour réduire les dettes contractées et rachète des actions du groupe familial afin d'assurer un contrôle durable. Peu rentables mais stables, les activités commerciales dans l'agroalimentaire restent dominantes. Elle préside l'un des quatre plus grands groupes de négoce alimentaire au monde, mais tout cela lui semble une routine.

En 2013, à 51 ans, une nouvelle rencontre change sa vie. Après avoir été courtisée par des avocats, des hommes d'affaires, elle laisse officiellement paraître sa liaison avec Philipp Hildebrand, ancien président de la Banque nationale suisse. Ce dernier quitte son épouse, Kashya, une marchande d'art, pour Margarita. Un temps, ce ne sont plus les pages sportives qui s'intéressent à elle en tant que propriétaire de l'OM, mais les pages *people*. Hildebrand a 50 ans et se montre avec Margarita dans les tribunes des stades et les soirées mondaines. Il est très bien introduit dans la haute société mondiale, connaît des chefs d'État comme Nicolas Sarkozy, et le gratin de la finance. Il s'est reconverti en gestionnaire d'un fonds d'investissement, le plus gros de la planète, BlackRock, 4 500 milliards de dollars…

Dans sa maison sur le lac de Zurich, dans un des quartiers les plus chers au monde, Margarita Louis-Dreyfus vit en famille.

En 2016, à presque 54 ans, elle donne naissance à deux jumelles, Isabelle et Arina. Elle s'est à peine arrêtée de travailler pour l'occasion. Sa fortune actuelle, qui dépasse les 4,5 milliards d'euros, en fait la deuxième femme la plus riche de France et une des plus belles fortunes mondiales. De quoi faire mentir les théories communistes selon lesquelles l'éducation soviétique produirait un homme nouveau ? Certes, passée à l'Ouest, elle en a compris les logiques et les a faites siennes. Mais pas totalement.

Très exposée médiatiquement quand elle était propriétaire de l'OM, elle a cédé le club en 2016 et depuis évite de s'exposer trop en public. Son fils aîné, Kyril, est lui sous le feu des projecteurs pour avoir acquis une équipe de foot. Plus habile, Margarita a compris que la discrétion et les œuvres de bienfaisance étaient plus sûres pour assurer la pérennité de son statut. Avec la Fondation Louis-Dreyfus, elle a développé des programmes de lutte contre la faim et d'entraide internationale. Elle aussi croit beaucoup à l'éducation pour combattre les travers de notre monde. Une façon d'afficher que sa propre formation dans un monde aujourd'hui disparu lui a laissé des valeurs de solidarité et une attention pour ceux qui, comme elle dans son enfance, n'ont pas connu l'opulence.

2015
Monsieur Soros

Le texte est aujourd'hui oublié. Il est pourtant un de ceux qui ont provoqué une prise de conscience du retournement qui se jouait autour de l'indépendance de l'Ukraine. C'était en janvier 2015, la Russie de Vladimir Poutine soutenait les partisans du rattachement de la Crimée à leur pays. Face à cette action militaire, une personnalité singulière lance un appel pour soutenir l'Ukraine démocratique. Un appel semblable à tant de ceux que les intellectuels ont publiés au cours du XXe siècle. Sauf que l'homme qui en a pris l'initiative est un type d'intellectuel particulier, eu égard à sa fortune : George Soros[97].

Soros, né en 1930, est le témoin d'un monde disparu. La survie de ce Juif de Hongrie pendant la seconde guerre mondiale est un miracle. Il a 14 ans, en effet, quand les troupes allemandes envahissent son pays et entreprennent la déportation et la liquidation systématique des Juifs. Ces derniers seront gazés à Auschwitz au cours de l'été 1944. Le jeune Soros est sauvé par un haut fonctionnaire qui le présente comme un membre de sa famille. Après la guerre, il parvient à partir pour l'Angleterre et fait ses études à la London School of Economics. Ce refuge britannique lui permet d'échapper à la mise en place du régime communiste hongrois, dont il observe de loin la brutalité. Un régime si bien décrit par Kundera et dont Kafka avait anticipé l'absurdité. Surtout, à Londres, le rescapé découvre un professeur anticommuniste et libéral, Karl Popper, dont la construction intellectuelle le marque. Pour se payer ses études, l'étudiant multiplie les petits boulots. Finalement, son diplôme de philosophie en poche, il postule dans des banques d'affaires et obtient un poste. Son parcours dans la banque lui permet d'affiner sa connaissance des marchés. De ses années d'études, il a gardé l'idée que l'évolution des marchés n'est pas tant conditionnée par les performances des entreprises que par les circonstances. Les acteurs sont influencés par d'autres événements qui modifient leurs comportements et en changent le cours. Des chaînes événementielles qui n'ont rien à voir avec les mécanismes théoriques de rationalité et d'équilibre influencent ainsi le fonctionnement de la Bourse.

Son approche lui vaut de belles réussites, au point qu'il s'installe à son compte dès 1966. De 100 000 dollars, son fonds d'investissement et de garantie monte à 2 milliards quand il entreprend de fonder des œuvres de charité dans les secteurs culturel et politique.

En 1979 se mettent en place les premiers éléments de ses Open Society Foundations (« Fondations pour une société ouverte »). Déjà l'Europe de l'Est est agitée par un renouveau protestataire contre les dictatures communistes. En Pologne, le mouvement Solidarité de Lech Walesa bouscule le gouvernement. En Hongrie, les communistes eux-mêmes deviennent réformateurs. Soros soutient les dissidents de façon structurée à partir de 1984, mais le philanthrope fait des dons à des hôpitaux et même à des théâtres. Il soutient, par exemple, les œuvres du dramaturge Andras Jeles, dont trois créations ont lieu à Budapest.

En 1986, il crée le China Fund, un fonds pour la réforme et l'ouverture de la Chine. Mais les autorités, moins complaisantes que les dirigeants hongrois, arrêtent plusieurs de ses collaborateurs pour soupçons d'espionnage et de subversion... Il n'empêche, quand le mouvement étudiant se réveille, ses contacts sont encore à la manœuvre. La répression s'abat plus fortement encore après le mouvement de la place Tiananmen, ruinant ses efforts, en 1989.

Presque au même moment, le mur de Berlin s'effondre. Un triomphe pour ses initiatives. La Hongrie voit l'enfant du pays qui s'est imposé à Wall Street revenir en triomphateur. Ses ambitions sont hautes pour la transition. Il finance ouvertement avec sa fondation le parti des jeunes radicaux, Fidesz. À cette époque, nul ne pouvait en être membre s'il avait plus de 35 ans. L'un des leaders en était Viktor Orban, appelé à une grande carrière politique. Orban ne jurait que par le libéralisme et l'économie de marché pour sortir son pays de la tutelle de l'Union soviétique. Vingt ans plus tard, le même homme devenu maître absolu du pays n'a pas de mots assez durs pour condamner Soros. Le milliardaire qui défend le modèle démocratique est accusé d'ingérence par le dirigeant autoritaire.

Soros, le champion de la gestion de patrimoine, en effet, croit à la démocratie. Le nom de ses instituts puis de sa fondation reprend un concept de son maître Karl Popper : la société ouverte. Cela implique que la société ne soit pas gouvernée par un pouvoir autoritaire et qu'elle favorise le pluralisme ainsi que les droits des personnes. Un tel programme s'adapte parfaitement à la transition politique que traverse l'Europe de l'Est après la chute du communisme. Soros crée une université en Hongrie, la Central European University, ainsi que des collèges de recherche ; il lance également des bourses pour les étudiants, comme s'il voulait effectuer une sorte de monitoring pour changer les anciens pays de l'Est.

Son aura est d'autant plus forte qu'à cette époque, il exerce une énorme influence sur les milieux d'affaires. En 1992, il se lance même dans une opération de pure spéculation monétaire contre la livre sterling. Il vend, à l'occasion d'une dévaluation, 10 milliards de livres qu'il échange ensuite à bas coût contre des dollars. Il encaisse ainsi plus de 1 milliard de plus-value en quelques jours. Désormais, ses prévisions monétaires sont écoutées avec la plus grande attention et la Banque européenne pour la reconstruction et le développement lui demande conseil.

L'ambiguïté de sa position de spéculateur et de philanthrope apparaît au grand jour. Ses fondations et instituts lui permettent d'accéder à des informations de première main auprès des autorités et d'en user ensuite pour ses entreprises. Ainsi, en Guinée, ses experts établissent gracieusement un nouveau code minier, à la demande du président Alpha Condé, convaincu par leur ami commun Bernard Kouchner du bien-fondé de la démarche[98]. Mais l'homme d'affaires sait aussi que les sociétés concessionnaires vont devoir changer. Le voici en position de force pour investir.

En fait, bien souvent sa main gauche ignore ce que fait la droite. Quand surviennent les révolutions arabes de 2010-2011, il y voit la confirmation du désir des peuples de vivre dans des sociétés libres[99]. Il en minimise la portée religieuse, car ses informations proviennent de jeunes cyberactivistes libéraux, proches de sa fondation. Il est plus inquiet d'un éventuel échec des révolutions que de l'avènement d'une théocratie.

Dans l'affaire ukrainienne, son intervention est déterminée. En 2014, il soutient le mouvement du Maïdan. Contre la dictature, il mobilise les vieux amis. Ainsi se tourne-t-il vers Bernard-Henri Lévy, dont il a connu le père, pour obtenir ses entrées chez les opposants et en France[100]. Il faut reconnaître le nouveau régime, se l'attacher. À 84 ans, le milliardaire veut que l'Union européenne apporte une aide financière. C'est lui qui trouve le mécanisme pour faire bénéficier l'Ukraine de budgets, afin que la réussite économique favorise l'installation de la démocratie et le libre-échange. D'où sa réaction véhémente quand Poutine intervient en Crimée et casse la dynamique positive, et son appel de janvier 2015, relayé par tant d'intellectuels du Vieux Continent.

Dans cette affaire, Soros incarne une vision aujourd'hui très contestée. Selon lui, la volonté démocratique va de soi et peut s'imposer partout. D'où son interventionnisme, qui se marie si bien avec l'ingénierie manipulatrice de la CIA[101]. D'où aussi sa critique des conservateurs et des isolationnistes, si nombreux aux États-Unis. Ainsi s'explique son dialogue difficile avec Barack Obama et son opposition à Donald Trump.

Avec ce dernier, le climat était si délétère que Soros est transformé en repoussoir. Les partisans de Trump, les mouvements d'extrême droite et les antisémites de tous bords le prennent pour cible. Les fausses nouvelles le concernant se multiplient. Le populisme de ce président sceptique sur les mécanismes démocratiques et soutenant une tentative de coup d'État montre qu'aux États-Unis même les principes libéraux reculent.

Aujourd'hui, la fondation de George Soros est l'une des plus puissantes au monde, mais elle ne peut compenser l'absence de volonté américaine de poursuivre le combat pour la démocratie et le marché. Le retrait d'Afghanistan et d'une partie du Moyen-Orient ainsi que le basculement des moyens stratégiques en direction de la Chine le laissent seul avec son rêve de défense des sociétés ouvertes. À plus de 90 ans, pourtant, le survivant ne lâche rien. Il continue d'espérer sans naïveté une extension du domaine de la liberté. Telle est sa manière d'écrire une histoire sans fin.

2016
DONALD TRUMP

Le 16 juin 2015, devant une salle enthousiaste, à la Trump Tower, au cœur de Manhattan, Donald Trump, le visage empourpré, la cravate rouge bien nouée et le costume bleu impeccablement coupé, fait acte de candidature à l'élection présidentielle qui doit se dérouler l'année suivante. Il dénonce l'affaiblissement des États-Unis, leur recul face à la concurrence internationale, notamment face à la Chine et au Japon, critique la situation migratoire, peste contre les interventions extérieures, leur coût exorbitant, leur résultat décevant. Trump décrit la figure du leader nécessaire pour le pays, dont le portrait colle à son parcours. Il conclut en disant qu'il veut faire en sorte que son pays soit de nouveau grand. Ce sera le slogan de sa campagne : « *Make America Great Again* ».

Au passage, il revient à plusieurs reprises sur ses succès dans les affaires, et dit même : « C'est chouette. Je n'ai besoin de l'argent de personne. J'utilise mon propre argent. Je n'utilise pas de lobbyistes, je n'utilise pas de donateurs. Je m'en moque. Je suis vraiment riche. Ça, je vous l'assure. »

Le discours s'achève sous les applaudissements du public. C'est le point de départ d'une longue aventure pour ce nouveau candidat. Donald Trump n'est pas un inconnu. À cette époque, il dirige depuis onze ans un programme télévisé, *The Apprentice* (« Le stagiaire »), dont le but est de sélectionner un candidat pour en faire un cadre de ses entreprises. Cela l'a rendu populaire et médiatique. Mais il est aussi un entrepreneur dans le secteur de la construction et des divertissements. Il a possédé des casinos et des golfs. En 2015, sa fortune réelle fait l'objet de polémiques. S'élève-t-elle à 8 milliards de dollars, comme il l'affirme, ou seulement à la moitié, comme l'écrit le magazine *Forbes* ?

Dans tous les cas, il est connu en tant que milliardaire. Ce statut peut-il l'empêcher de concourir à la magistrature suprême ? Non, affirme-t-il dans ce discours du 16 juin 2015. Même si on l'a mis en garde, il passe outre, tant la fonction exige un esprit sans entraves et les qualités d'un homme d'affaires, capable de décider en toute indépendance face à l'argent.

Sa déclaration de candidature est accueillie avec scepticisme par les grands médias, à l'exception de Fox News. Le parcours de Donald Trump n'est pas sans faiblesses. En politique, il a oscillé entre les Démocrates et les Républicains depuis les années 1970. Plus souvent Démocrate d'ailleurs. Il a aussi soutenu Ross Perot, le candidat indépendant. Sa détermination a varié autant que ses engagements dans les partis. Mais un événement, l'élection de Barack Obama, réactive sa croyance dans les possibilités du rêve américain. D'autant plus que ce même Obama le prend plusieurs fois pour cible pour répondre aux attaques dont il est victime sur les réseaux sociaux : il serait un islamiste, et ne serait pas né aux États-Unis. Or Donald Trump relaie ces fausses informations. Une première fois, il l'avait fait en son absence. Mais en 2011, lors du dîner annuel de l'Association des correspondants de la Maison-Blanche, devant Trump, Obama se livre à un numéro comique. Le milliardaire garde un sourire crispé, mais quitte rapidement la salle, humilié par celui qu'il voit désormais comme son adversaire. En somme, lors de ce dîner, Obama a presque adoubé Trump en opposant radical.

Ce dernier a compris ce jour-là la nécessité de chercher l'appui des élites républicaines et de renforcer son ancrage partisan pour asseoir sa crédibilité politique. Commencent alors pour lui des rencontres régulières et des meetings avec les militants et les élus. Sa rhétorique y a gagné en aisance. Dans la campagne de Mitt Romney, il effectue six meetings et se sent sous-employé. D'où sa rancune envers le candidat républicain perdant en 2016, contre lequel il lâchera un tweet piquant à l'annonce de sa défaite.

Meetings et rencontres commencent en 2012. Anticipant sa campagne, Trump fait en 2014 de super-donations aux leaders républicains du Capitole[102]. Enfin, ses premières prises de parole en 2015 lui permettent d'affiner son discours populaire et de cibler les classes populaires et moyennes blanches menacées par la mondialisation et la remise en cause du paradigme du mâle blanc dominant. Populiste, dit-on. Son message est si bien adressé que les riches ne suivent pas vraiment. Il a beau promettre des avancées fiscales et industrielles, il inspire moins confiance que son adversaire finale, Hillary Clinton. 19 milliardaires financent la campagne de cette dernière en 2016, contre quatre pour Trump[103]. Encore ce ralliement a-t-il été tardif. Le « Big Business » ne croyait pas à son élection. Mais un magnat le regardait avec curiosité plus qu'hostilité : Rupert Murdoch. Ce baron des médias, en effet, suit Trump depuis les années 1980. Dès mars 2016, il lui a ouvert ses médias, suivant en cela le directeur de sa chaîne Fox News, fan de Trump de la première heure et inspirateur parmi d'autres de sa campagne, Roger Ailes.

Murdoch n'en est pas à son coup d'essai en matière de promotion politique[104]. Cet homme d'affaires australien a hérité de son père le premier groupe de presse de son pays natal. Il s'est fait les dents sur la politique en Australie et en Nouvelle-Zélande en soutenant ou défiant des chefs de gouvernement. Puis il est parti à la conquête du monde. D'abord en prenant pied dans les médias britanniques. En rachetant en 1969 le quotidien populaire *News of the World* puis le *Sun*, dont il fait un tabloïd, il entre directement dans la cour des grands. Son soutien au Parti conservateur et sa proximité avec Margaret Thatcher ont facilité l'action de la première femme à la tête d'un gouvernement britannique. Il a aussi apporté son aide à John Major, avant de changer de stratégie. Incontestablement, il a soutenu Tony Blair puis David Cameron. Avec chacun d'eux, ses relations étaient régulières, au point de faciliter ses affaires et notamment la possibilité de développer son groupe audiovisuel, Sky, en plus des médias écrits. Il a également renforcé ses positions en rachetant d'autres quotidiens sans subir les pressions de la Commission de la concurrence.

Aux États-Unis aussi Murdoch s'est d'abord imposé par la presse écrite. Grâce à ses quotidiens, il a pu acquérir la 20th Century Fox, se lancer dans la production audiovisuelle. Mais la création la plus importante en matière politique reste le lancement en 1996 de Fox News, une chaîne d'information continue qui s'appuie sur un retournement de la logique médiatique américaine et de la jurisprudence. Le groupe rompt avec le principe d'une information diverse et équilibrée. L'engagement devient la norme. Le directeur de Fox News, Roger Ailes, est un Républicain depuis les années Nixon. Sa chaîne doit aider son camp, et son camp, suivre ses idées et intuitions. En Trump, Ailes devine l'avenir de son parti. Il le soutient, dès 2015, comme un phénomène médiatique, puis, après mars 2016, comme un cador de la politique.

Ivanka Trump, la fille aînée de Donald Trump, connaît bien Rupert Murdoch et sa première épouse, Wendi Deng. Cette dernière aurait encouragé son mariage avec Jared Kushner. Les deux couples ont dîné plusieurs fois ensemble. Si bien qu'Ivanka fait partie du trust qui gère la fortune de sa fille avec Wendi, dont le patrimoine se monte à 300 millions de dollars[105]. Et Donald et Rupert se sont rencontrés plusieurs fois au fil du temps, ayant été parfois d'éphémères concurrents, comme lors d'un projet de rachat du *New York Post* en 1988. Murdoch l'avait emporté, sans rancune. En mars 2016, alors que les primaires sont encore en cours, Rupert Murdoch poste un tweet pour dire que « les Républicains seraient fous de ne pas se rassembler derrière Donald Trump ». Le rapprochement est scellé publiquement.

En ce sens, Murdoch, le géant des médias, aide Trump, le milliardaire passé à la politique. Il lui apporte sa respectabilité et ses réseaux.

Mais l'élection se joue bien avec les électeurs, qui ne sont en rien floués par ces arrangements au sommet. Le discours de Trump dit sa pensée : lutter contre le déclin américain. Un nationalisme économique tourné vers les classes populaires. Un programme de guerre froide à la Reagan face aux Chinois du XXIe siècle.

Certes, son élection tient du prodige. Trump obtient moins de voix qu'Hillary Clinton au final. Mais sa stratégie de viser des États clés a marché. Il sort majoritaire chez les grands électeurs. En novembre 2016, Donald Trump devient le premier président milliardaire de l'histoire des États-Unis. Jamais auparavant le « Big Money » n'avait conquis le « Great Power ».

Dès lors, les riches courent vers lui. Ses décisions rendent aux entrepreneurs des États-Unis une marge de manœuvre. Le président protège même les hommes de la Silicon Valley qui l'avaient boudé. Un chiffre révèle le tournant pris par ce président parti du peuple pour devenir le candidat des riches. Début 2020, alors qu'il peaufine sa candidature à la réélection, ses donateurs comptent 63 milliardaires, loin devant tous ses concurrents potentiels. Le Covid interrompt cette marche triomphale où l'argent appelle l'argent. Son échec face à Biden révèle une fois de plus que l'histoire ne repose pas sur un déterminisme économique réducteur. Trump aurait dû gagner ; il a perdu. Et il a quitté le pouvoir, malgré la parodie de coup d'État de quelques extrémistes.

Dans les démocraties, le rapport entre richesse et pouvoir n'a donc rien d'automatique. De nombreuses grandes fortunes s'en doutaient. La preuve leur en est donnée une fois de plus. Mieux vaut pour elles chercher une influence de fond plutôt que de risquer argent et honneur dans la quête d'une élection. En sortant de sa présidence, Donald Trump avait une fortune plus petite qu'en accédant à la magistrature suprême. *Forbes* ne l'estimait plus qu'à 2,4 milliards de dollars. Être président n'est pas toujours une bonne affaire.

2017
Macron, « le président des riches »

Le 6 avril 2017, sur France 2, Emmanuel Macron est pressé par les journalistes de répondre. Est-il le candidat de la France d'en haut ? Il s'en défend, affirmant qu'il supprimera la taxe d'habitation pour aider 80 % des Français. Il justifie aussi une suppression de l'ISF pour le patrimoine investi dans des actions d'entreprises, qu'elles soient technologiques ou agricoles. Mais François Ruffin, le réalisateur de documentaires membre de la France insoumise, dans la même émission, l'accuse d'être le « candidat du CAC 40 ». Cela fait maintenant quelques jours que cette critique monte à l'encontre du candidat centriste. Le quotidien *Le Monde*, en rendant compte de la soirée, reprend même ce qualificatif dans son édition du lendemain : Macron serait « le candidat des riches ». Sa prise de parole n'a pas effacé cette image auprès de ses détracteurs, d'autant plus qu'il utilisera cinq mois plus tard, devenu président, une métaphore pour défendre « des hommes et des femmes qui réussissent parce qu'ils ont des talents » : ce sont des « premiers de cordée ». Le reproche lui sera souvent fait durant son quinquennat de cette expression par laquelle il semblait mettre en avant les riches.

Emmanuel Macron est-il vraiment le président des riches, plus que ses prédécesseurs ?

Certes, le général de Gaulle a eu des jugements sévères sur les « possédants ». Incapables de délaisser leurs biens, ils étaient restés collés au gouvernement de Vichy. Quelques-uns avaient choisi le Général, tels ces patrons juifs, exposés aux poursuites des nazis : Rothschild, Bloch (Dassault), Bleustein (Blanchet)... Bien sûr, au début de la Ve République, d'autres s'étaient ralliés à lui, tant il incarnait l'ordre. Dans l'UNR puis l'UDR, ses partis, les chefs d'entreprise étaient nombreux qui espéraient un poste de député ou une Légion d'honneur.

Pompidou et Giscard d'Estaing n'ont pas hésité à suivre une politique favorable au patronat. Raymond Barre, Premier ministre de Giscard, pensait que leurs profits seuls pouvaient permettre l'investissement et la lutte contre la crise. Pour lui, le profit était la « juste » rémunération de l'esprit d'entreprise. Tous ont orienté les commandes de l'État au profit des entreprises. La croissance n'en a pas moins reculé.

François Mitterrand, sous ses airs socialistes, était pourtant l'ami de grands patrons et en a favorisé plusieurs. Jean-Luc Lagardère, par exemple, dont il a poussé l'ascension, entre armement et médias. Bernard Arnault, dont il a parrainé l'expansion. Bernard Tapie, dont il a fait un modèle pour les jeunes. André Rousselet, son ancien chef de cabinet, promu entre Havas et Canal+. Sans compter les responsables d'entreprises publiques, puis privatisées, dont le premier président de gauche favorisait les grandes manœuvres. Les socialistes ont bien soutenu la grande distribution, dont le développement est éclatant dans les années 1980. Et il y avait les anciens amis, connus au temps de la guerre, tels Roger-Patrice Pelat ou André Bettencourt[106] et son beau-père, Eugène Schueller[107], patron de L'Oréal, avant que sa fille n'hérite du groupe.

Jacques Chirac, lui, a su les reconquérir après la trahison d'Édouard Balladur. Les hommes du CAC 40 n'étaient pas loin et Claube Bébéar, le patron d'Axa, parrain des affaires de l'époque, a fini par trouver son humanisme proche du sien. Chirac comprenait les besoins du patronat et avait ses amis milliardaires, les Dassault notamment[108].

Et son grand ami François Pinault. Pinault qui est personnellement intervenu auprès de lui pour des décisions cruciales. C'est bien François Pinault qui est allé trouver le président de la République pour attirer son attention sur la situation en ex-Yougoslavie. D'abord en 1994, alors que la Bosnie est écrasée. Poussé par son ami Bernard-Henri Lévy, l'homme d'affaires alerte le candidat Chirac sur le comportement des Serbes. Chirac sera le premier homme politique français à rompre avec l'attentisme. Puis en 1999, alors que le risque de voir une nouvelle épuration ethnique au Kosovo se profile, il rencontre le président Chirac et pousse pour un bombardement de la Serbie. Chirac et Clinton choisiront finalement cette solution pour changer la donne.

Mais l'ami le plus flamboyant du président Chirac était sans doute Rafic Hariri. Sa fortune venait du bâtiment. Hariri et sa famille avaient un lien presque familial avec les Chirac[109]. Ils s'étaient rencontrés au début des années 1980. Bernadette en connaissait les enfants et Jacques soutenait Rafic, entré en politique et devenu Premier ministre du Liban, avant son assassinat, en 2005. Hariri leur avait prêté un appartement de 180 mètres carrés, quai Voltaire, pour préparer leur sortie de l'Élysée. Encore aujourd'hui, la famille Hariri, une des plus riches du monde, garde en mémoire cette époque faste et le culte de l'amitié franco-libanaise. Son épouse est toujours propriétaire d'un appartement à Paris, comme plusieurs de ses enfants. Fahd, son plus jeune fils, vit aussi dans la capitale française, même s'il possède des demeures dans d'autres capitales, notamment à Londres.

Finalement François Pinault accueille les Chirac dans un hôtel particulier rue de Tournon. Le président, malade, y finira ses jours.

Quant à Nicolas Sarkozy, le début de sa présidence a montré sa proximité avec plusieurs très grandes fortunes. Le soir de sa victoire, en effet, parmi les invités du Fouquet's se trouvaient Bernard Arnault, la première fortune française, Paul Desmarais, la première fortune du Canada, Albert Frère, deuxième fortune de Belgique, sans oublier Jean-Claude Decaux, géant de l'affichage mondial, ou l'hôtelier Dominique Desseigne[110]. Quelques jours plus tard, c'est sur le yacht de son ami le milliardaire Vincent Bolloré qu'il part se reposer. Par ailleurs, son cabinet d'avocats avait réglé la succession des Dassault. Quant à Arnaud Lagardère et à Martin Bouygues, ce sont des amis si proches qu'il évoque avec eux des liens « fraternels[111] ». Rares sont les présidents qui ont manifesté si ouvertement leurs liens avec les grandes fortunes. La politique de Nicolas Sarkozy n'en a pas moins eu des aspects populaires, avec notamment la défiscalisation des heures supplémentaires.

Sans doute la présidence Hollande, avec sa fiscalité accrue, a-t-elle découragé de nombreux riches. Premier secrétaire du Parti socialiste, François Hollande avait déclaré en 2007 que l'on était riche quand on gagnait plus de 4 000 euros par mois[112]. Une vision statistique qui projetait sur les classes moyennes supérieures une image de cumulards. Plus tard, pendant sa campagne de 2012, il attaquait : « Mon véritable adversaire, c'est le monde de la finance[113] ». Parvenu au pouvoir, il a ajusté sa vision. À preuve, il a nommé pour secrétaire général de l'Élysée son ami Jean-Pierre Jouyet, apparenté aux Taittinger par son épouse. Puis on a découvert que le président était proche d'Henri de Castries, successeur de Claude Bébéar à la tête du groupe Axa, qu'il était soutenu par les patrons de gauche, tels Pierre Bergé, Claude Perdriel et Matthieu Pigasse, le directeur général de la banque Lazard. Ainsi que par Xavier Niel, rencontré à l'été 2014 aux États-Unis[114]. Et François Pinault lui trouvait des qualités au point de nouer avec le président « normal » des relations de proximité. Scène amusante, lors de l'inauguration de la Bourse de commerce, François Pinault, grand collectionneur et fondateur de ce musée, faisait les honneurs de la visite à l'ancien président Hollande et à Brigitte Macron avant de les recevoir à sa table. Au dîner, le président Macron était assis non loin de son ancien patron. L'image était cocasse. Seul François Pinault pouvait organiser un tel événement artistique…

Emmanuel Macron semble donc s'inscrire dans la ligne des derniers présidents de la Ve République.

Il a su éviter, à La Rotonde, dans le restaurant des frères Tafanel où il a célébré son score du premier tour, d'inviter de trop grandes fortunes, pour ne pas donner l'apparence d'une présidence au service des plus riches. Mais parmi ses soutiens – les comptes de campagne nous l'ont appris –, ce sont surtout les grands donateurs qui ont assuré plus de 50 % des dépenses. En moyenne, ils donnaient 4 500 euros[115]. Pour recruter ces soutiens, des dîners ont été organisés afin de favoriser les rencontres avec le candidat. En général, on prévenait avant les personnes invitées du montant qu'elles auraient à verser. Du moins est-ce ce que l'on peut lire dans les mails piratés de sa campagne, ce que l'on appelle les « Macron Leaks ». En regardant ces documents, aujourd'hui en accès libre sur le site de WikiLeaks, on trouve aussi des dîners avec des super-contributeurs qui s'acquittent de 7 500 euros chacun.

Par exemple, dans le message aux invités au cocktail donné en l'honneur d'Emmanuel Macron, à New York, le 4 décembre 2016, on peut lire les mentions suivantes, qui manifestent clairement un ancrage élitiste de ce type de rencontres :

> En Marche – BP 80049 – 94801 Villejuif.
> VOTRE DON VOUS DONNE DROIT À UNE RÉDUCTION ANNUELLE D'IMPÔT. À hauteur de 66 % de son montant, dans la double limite de 20 % du revenu imposable et de 15 000 euros par foyer fiscal.
> JE DONNE POUR QUE LA POLITIQUE NE SOIT PLUS UNE PROFESSION RÉGLEMENTÉE.
> Oui, je certifie sur l'honneur que je suis une personne physique et que le règlement de mon don ne provient pas du compte d'une personne morale (société, association, collectivité...) ; que le paiement de mon don provient de mon compte bancaire personnel ou de celui de mon conjoint, concubin, ascendant ou descendant[116].

La mention des réductions d'impôts et le plafond sont les indices que de solides fortunes contribuent à la campagne.

D'autres messages révèlent des listes nominatives. On y trouve des dirigeants d'entreprises françaises, tels Chargeurs ou Showroom Privé... S'y ajoutent des contributeurs étrangers comme les frères Hiridjee, entrepreneurs malgaches proches de Xavier Niel. On découvre aussi que rien n'est simple, et des messages sur les tractations bancaires de l'équipe d'Emmanuel Macron montrent à quel point notre système en est resté au bricolage en matière de financement de la vie politique.

D'où l'importance de parrains riches qui entourent le candidat d'En Marche, sans pour autant apparaître dans ces échanges. Ils apportent leur appui et leurs médias, mais aussi des moyens humains. Pour Emmanuel Macron, l'homme clé de son ascension est Henry Hermand, un patron multimillionnaire qu'il a rencontré avec sa future épouse en 2002. Cet ancien résistant a fait fortune dans la grande distribution, avant de se retirer des affaires. *Challenges* évaluait sa fortune à 220 millions d'euros. Mais son intérêt paraît d'abord politique. Il donne quelques conseils, fait des recommandations. Ce n'est pas un draineur d'appuis comme d'autres, à l'instar de Claude Bébéar, fondateur d'Axa et de l'Institut Montaigne, dont le directeur, Laurent Bigorgne, a pris fait et cause pour Emmanuel Macron. Ou de Claude Perdriel, dont le journal *Challenges* et le site sont des soutiens inconditionnels du candidat « et de droite et de gauche ». Car Macron refuse une lecture bipolaire de la vie publique.

En fait, dès cette époque, des personnalités qui incarnent la richesse ont déjà des relations avec lui. Bernard Arnault, par exemple, a fait sa connaissance avant son arrivée au ministère de l'Économie.

En somme, les relations entre le président Macron et les riches sont dans la droite ligne de ce qu'ont toujours pratiqué les gouvernants dans la République française et que l'on pourrait résumer par cet adage : entendre toujours, soutenir parfois, réformer peu, défier le moins possible, se coucher, jamais.

2018
Sandhurst reste l'académie des princes

Sa façade solennelle, avec sa colonnade néoclassique et son escalier majestueux, est connue dans le monde entier. L'Académie royale militaire de Sandhurst, en Grande-Bretagne, est de ces lieux discrets et pourtant célèbres. Comme Saint-Cyr en France ou Westpoint aux États-Unis. Là sont formées les élites des armées. Mais pas seulement. À Sandhurst, l'ambition est de former des leaders qui puissent aussi exercer un rôle social et politique de premier plan[117]. Sur la liste des anciens élèves, depuis sa création en 1812, cohabitent des héros morts pendant les grandes guerres et des dirigeants du monde entier[118].

Le samedi 24 novembre 2018 se tient, comme chaque année, une cérémonie de clôture de la formation des cadets. Les uniformes bleu marine sont impeccables et les casquettes bleues à parements rouges toutes bien vissées sur les têtes. Les cravates, bleu marine elles aussi, sont bien serrées par un nœud simple, légèrement pincées. C'est que Sandhurst enseigne également le style. En regardant de plus près, on distingue parmi les cadets de jeunes femmes en jupe. L'une d'elles, le regard droit, les yeux marron, le visage fermé, défile avec le même sérieux que ses camarades. Dans la tribune des spectateurs, ses parents, le roi Abdallah II et la reine Rania, sont au premier rang. Durant la cérémonie, cette jeune cadette, la princesse Salma de Jordanie, ne leur accordera aucun regard ou presque, toute à la rigueur de l'exercice[119].

La jeune femme a découvert l'académie l'année précédente en assistant à la cérémonie de son frère, le prince Hussein. Son père n'y représentait rien de moins que la reine d'Angleterre. Faut-il préciser que le roi lui-même avait effectué sa formation initiale à l'académie, en 1980… Tout comme son propre père, le roi Hussein. C'est en voyant la réussite de son frère qu'avait germé chez Salma le projet de suivre ce même entraînement. Dans le monde moderne, les femmes ne doivent-elles pas elles aussi être capables d'assurer des commandements ? De fait, ses tantes Aisha et Iman, les sœurs du roi Abdallah II, sont déjà passées par Sandhurst.

Les parents de Salma ont félicité la jeune femme qui perpétuait une tradition dont Sandhurst a le secret : forger des leaders complets. Car les académies militaires se donnent d'abord pour fonction d'aguerrir les corps. Les cadets passent ainsi par un entraînement militaire strict. Ils effectuent de longues marches, des parcours du combattant, suivent une formation au maniement des armes. Ce sont des soldats aptes à endurer des conditions de guerre. Ensuite, l'enseignement leur donne tous les éléments nécessaires pour élaborer leur stratégie. À la différence de Westpoint ou de Saint-Cyr, l'académie de Sandhurst ne développe pas au maximum cette dimension, car elle refuse d'être une université. Sa conception est plutôt celle d'une école spécialisée. La tactique militaire l'emporte sur la stratégie même des conflits. Enfin, contraints de puiser dans toutes leurs ressources pour faire face à l'intensité des travaux exigés, les jeunes officiers se forgent un caractère. Et Sandhurst conserve cette touche d'éducation esthétique des anciennes académies nobiliaires dont elle est issue.

D'où son attractivité pour de nombreuses familles royales. Et donc pour les grandes fortunes. Certes, les Jordaniens, avec quelque 220 millions de dollars de patrimoine, jouissent d'une belle aisance. Mais leur portefeuille est très en deçà des grandes fortunes des pays du Golfe.

En tête du classement, le sultan de Brunei est aussi un ancien de Sandhurst[120], comme son père. Chacun d'eux voit cette formation comme un passage obligé pour remplir ses fonctions de souverain. Or la forturne d'Hassanal Bolkiah est immense, estimée autour de 15 milliards de dollars, et elle s'envole encore quand les cours du pétrole grimpent : l'or noir est sa principale ressource. À la fin des années 1990, il était présenté comme l'homme le plus riche du monde. Les nouvelles technologies l'ont fait descendre dans le classement.

N'empêche, trois têtes couronnées sont aujourd'hui issues de Sandhurst : le roi de Jordanie, celui d'Oman et le sultan de Brunei. Sans compter le prince héritier d'Abu Dhabi. Au total, sur deux siècles, pas moins de 113 rois sont passés par l'académie, dont des familles européennes. Ainsi des grands-ducs du Luxembourg ou des Espagnols, par le passé. Et bien sûr la famille royale d'Angleterre a vu plusieurs de ses enfants hanter ces parcours du combattant, notamment le prince Harry.

L'entraînement dure quarante-quatre semaines, durant lesquelles l'on manie les armes et le crayon. Le but est de faire siennes les valeurs essentielles de l'armée britannique : « Courage, loyauté, discipline, respect des autres, dévouement et intégrité[121] ». La direction de l'école est aujourd'hui incarnée par le major général Duncan Capps. Ce brillant officier, né en 1966, a servi en Afghanistan et s'est spécialisé dans les questions de logistique. Perpétuer cette tradition est un de ses objectifs. Ainsi la jeune génération des monarchies du Golfe serait-elle imprégnée par la culture de la Grande-Bretagne. Mais pour Capps et ses prédécesseurs, le plus important est de traiter les fils de bonne famille comme les autres.

Capps, en effet, considère que l'élément essentiel de ce passage à Sandhurst est l'égalité entre les cadets[122]. Cet idéal n'a pas toujours été celui de l'académie. En confidence, des anciens racontent que le fils d'un émir faisait cirer ses chaussures par ses condisciples en échange de Rolex ; ou qu'un autre, ayant perdu son arme lors d'un exercice en campagne, avait proposé que son père en rachète dix flambant neuves… Mais ces rumeurs sont traitées comme les vestiges d'un passé lointain.

Quel autre endroit pourrait leur inculquer le même respect des règles ? Sans doute les autres grandes académies militaires mondiales, telles Saint-Cyr ou Westpoint. Là aussi ont été forgés des destins de chefs d'État, notamment à Saint-Cyr, berceau de gouvernants d'Afrique subsaharienne. Mais Sandhurst a un rayonnement mondial grâce au Commonwealth, la communauté d'États issus de l'Empire britannique. Si bien que des cadets formés sont venus de 131 pays à l'échelle planétaire. Certaines armées, comme celle des Émirats arabes unis, y envoient en formation tous leurs officiers. D'autres effectuent une sélection stricte pour choisir les heureux titulaires.

Ainsi en va-t-il de l'Égypte, dont le conseiller du président Al-Sissi, le colonel Ahmed Ali, est issu de Sandhurst. Or, Ahmed Ali est un des architectes du coup d'État contre le président islamiste Mohamed Morsi. D'où le reproche fait à l'académie de former des candidats à la dictature. Sa culture, en somme, ne serait pas vraiment démocratique. Tellement obsédés par la discipline, les anciens élèves de l'établissement privilégieraient des modèles d'obéissance autoritaire. Dans le cas du colonel Ahmed Ali, on oublie de dire qu'il a aussi été formé au sein de prestigieuses écoles militaires américaines…

En fait, Sandhurst participe d'un écosystème économique. La Grande-Bretagne peut exporter son armement, notamment ses avions, et monter des actions diplomatiques avec ses anciens cadets. Cela assure une stabilité et une durée à l'activité des diplomates dans les deux sens. En somme, les riches monarchies pétrolières font vivre le complexe militaro-industriel britannique. Une question d'autant plus importante avec le retour de la guerre au Moyen-Orient à partir des années 2000. Le marché sécuritaire de la région profite des commandes préventives. Pour l'entreprise britannique BAE Systems, ou la partie britannique de VT Group, les liens entre Sandhurst et les pétromonarchies ont donc un sens bien réel.

Ce système n'est pas toujours apprécié par les dirigeants politiques. À son arrivée au pouvoir, Tony Blair avait trouvé détestables ces relents de néocolonialisme. Il avait donc fait évaluer par un de ses conseillers l'arrêt de l'ouverture de Sandhurst à des cadets issus de dictatures. Il gardait à l'esprit que le colonel Kadhafi y était passé trois ans avant son coup d'État en Libye. Mais l'actualité internationale l'avait rattrapé. Aux funérailles du roi Hussein de Jordanie, il avait constaté la facilité avec laquelle son conseiller, le major général Arthur Denaro, commandant de Sandhurst, abordait les hommes du Golfe, grâce à leur passage à l'académie. Blair avait donc renoncé à son projet. Pire, en 2003, il avait même proposé à la Syrie d'envoyer ses officiers à Sandhurst en signe de rapprochement, ce qui n'a pas manqué de poser un problème en 2011 après les Printemps arabes.

En feuilletant le livre des anciens élèves, on découvre quelques noms célèbres : Winston Churchill, l'acteur David Niven... mais peu d'hommes d'affaires et de milliardaires en dehors des Moyen-Orientaux. Signe que l'élite militaire dans les démocraties ne se recrute pas au sein des familles les plus riches. Une différence considérable avec le monde du XIXe siècle et l'Ancien Régime. Aujourd'hui, Sandhurst demeure l'école des princes. Elle refuse d'être celle des *businessmen*.

À l'inverse, une kyrielle d'écoles se veulent des abris pour les enfants de riches. On les reconnaît à leurs tarifs élevés, à leur cadre privilégié et à l'exposition subtile des photos de leurs anciens élèves. En réalité, il n'y a pas une seule école pour les grandes fortunes. Le Rosey, en Suisse, pourrait revendiquer le titre, mais il serait aussitôt challengé par le lycée catholique Saint-Louis-de-Gonzague, par l'École alsacienne ou par l'École Jeannine-Manuel, à Paris, par le collège d'Eton au Royaume-Uni, ou par les grands lycées internationaux dans le monde. Aux États-Unis, la liste des collèges par revenu familial des étudiants place en tête le Colorado College ou encore l'université Washington à Saint-Louis, dans le Missouri. Mais cela veut-il dire quelque chose ? Car d'autres listes présentent les universités ou les écoles ayant produit le plus de milliardaires. On y trouve l'université Al-Azhar, au Caire, l'université du Zhejiang, en Chine, l'université de Mumbai, en Inde, et surtout Harvard, Stanford, Yale, l'université de Pennsylvanie, le MIT, l'université de Californie du Sud...

En fait, suivant les familles riches et les élites, plusieurs établissements se partagent l'éducation. Tous n'ont pas exactement les mêmes fondements pédagogiques ni le même projet. En revanche, tous en viennent aujourd'hui à avoir une portée internationale et fondent le rayonnement sur leur attractivité au regard des plus fortunés.

2018
Kylie Jenner, la plus jeune milliardaire de tous les temps

Être riche, c'est être une star. Plus que jamais, afficher son argent revient à occuper une position de notoriété. Inversement, être célèbre peut conduire à la fortune. De jeunes femmes ont compris cette équivalence. Ces conquérantes de toutes les fortunes, économiques et symboliques, sont apparues au début des années 2000. Sans conteste, Paris Hilton, qui figure parmi les héritiers de la fortune du fondateur de la chaîne hôtelière du même nom, a été une pionnière, sa vie privée s'étalant dans la presse grand public, puis sur les réseaux sociaux, au rythme de ses apparitions et de ses frasques. Les Kardashian, ensuite, ont occupé le haut du pavé. Pour Kim et ses sœurs, la base est la conquête d'une audience, d'un public. Vient dans un deuxième temps la façon de monétiser cette audience. Toutes ont été à leur tour pionnières dans l'art de l'influence. Si bien que des marques les ont utilisées pour leur communication. C'est ainsi qu'a commencé leur processus d'accumulation. Les stratégies matrimoniales comme la rencontre entre Kanye West et Kim Kardashian ne sont pas à dédaigner dans cette histoire. Pour elles, être riche n'a pas de sens en soi. Leur logique s'attache à des chiffres plus concrets : dizaines, centaines de millions de dollars. Ou, mieux, milliards !

Ainsi est venue le temps de Kylie Jenner, leur demi-sœur, une vraie stratège.

Mars 2019 : le magazine *Forbes* affirme que Kylie Jenner est la plus jeune milliardaire qui se soit faite elle-même. Aussitôt un débat saignant s'engage dans le monde médiatique. Il y a les anticapitalistes, bien sûr. Mais surtout les critiques de ceux qui pensent que la jeune femme, issue d'une famille très aisée, n'est pas vraiment une « *self-made billionaire* », c'est-à-dire une milliardaire qui aurait forgé seule sa fortune. Peu de commentateurs remettent en cause le chiffre de *Forbe*s tant la réputation du magazine est grande sur ce sujet.

De fait, Kylie Jenner est déjà un phénomène. Depuis plusieurs années, elle exerce ses talents sur les réseaux sociaux. On peut y voir ses vidéos de conseils de beauté, des images de sa vie personnelle et familiale. Surtout, on peut la voir elle, sous toutes ses formes. Sa carrière a commencé sur les réseaux sociaux, mais a bénéficié d'une franche accélération après un passage par la téléréalité. Cela a fait d'elle une personnalité populaire, très connue aux États-Unis et bientôt dans le monde entier. L'émission *Keeping Up with the Kardashians* l'a installée dans ce groupe de jeunes femmes en pleine ascension qui pourrait être l'équivalent féminin des stars de la technologie, un domaine si souvent masculin. Comme une actualisation des stéréotypes de genre.

Comme les stars des années 1970 et 1980 qui ont lancé leur propre parfum, tel Alain Delon, ou comme les sportifs qui ont créé leurs propres marques de vêtements de sport, tel Michael Jordan, Kylie a eu l'idée de lancer sa ligne de produits de beauté. Tout a commencé par un rouge à lèvres liquide. Puis d'autres produits pour les lèvres s'y sont ajoutés. Ensuite la gamme s'est encore étendue à des produits pour la peau. En somme, celle qui se présente souvent comme l'une des principales influenceuses dans le secteur de la beauté devenait promotrice de ses propres produits.

En août 2015, en effet, elle atteint déjà des sommets dans les demandes des moteurs de recherche. Ses fans sont environ 175 millions cumulés sur les trois réseaux sociaux Instagram, Facebook et Twitter[123]. C'est le moment qu'elle choisit pour annoncer le lancement de ses rouges à lèvres. En février de l'année suivante, les produits étant disponibles, commencent des spots publicitaires et des apparitions médiatiques pour en assurer la promotion. Les ventes décollent lentement en ligne, bien que la famille Jenner affirme qu'en quelques mois plus de 100 millions de dollars ont été encaissés. Il faut cependant préciser que la pointe maximale des demandes sur Kylie Jenner sur Google Trends se situe en février 2018. Elle effectue alors une opération de promotion avec sa demi-sœur, Kim Kardashian, qui lui vaut un regain d'attention. Et c'est aussi le moment où, d'un message, elle fait chuter de 6 % l'action de Snapchat, pour avoir laissé entendre qu'elle trouvait ce réseau dépassé : « *Sooo does anyone else not open Snapchat anymore? Or is it just me... ugh this is so sad*[124]. » 6 %, soit 1,3 milliard de dollars[125]... Il avait fallu un autre texte pour corriger l'effet : « *Still love you tho Snap... my first love.* »

Kim, qui frisait la quarantaine, faisait déjà la couverture de *Forbes* en juillet 2016. Depuis lors, Kylie et sa mère ont entrepris d'obtenir une visibilité similaire pour elle. Rien d'innocent dans cette affaire. *Forbes* est très lu dans le monde des affaires et largement repris par les grands médias audiovisuels. Or l'entreprise de produits de beauté de Kylie envisage un changement de cap dans la commercialisation en nouant un accord avec une grande chaîne de magasins. Il s'agit d'Ulta Beauty, dont le réseau américain représente pas moins de 1 200 points de vente. Ce serait l'occasion de sortir de la seule diffusion en ligne, de prendre de l'envergure. Faire la couverture du magazine garantirait le succès de l'opération. C'est chose faite en août 2018 : on y voit Kylie Jenner sur fond noir, l'allure sobre. Rien de sexy ni de glamour dans cette image titrée : « Les femmes milliardaires américaines ».

Et cette phrase d'accroche : « *$ 90 millions cosmetics queen Kylie Jenner. At 21 she'set to be the youngest self-made billionaire. Welcome to the era of extreme fame leverage.* » Le coup d'éclat accompagne l'annonce de l'accord avec les magasins Ulta. Une nouvelle célébrité commence pour la jeune femme.

Pourtant, très vite, des voix s'élèvent pour contester le fait qu'elle se soit faite toute seule. Beaucoup voient en elle un produit de la famille Jenner-Kardashian, le fruit d'une solide préparation et promotion collective. Mais le plus gros est manqué : a-t-elle vraiment une telle fortune, et peut-elle véritablement compter parmi les milliardaires ? À mesure que la polémique enfle, cette seconde question devient fondamentale et emporte la crédibilité des chiffres du magazine. Les journalistes sont contraints de justifier et d'expliquer leur calcul.

Être la plus jeune milliardaire aux États-Unis revient à affirmer que l'on est plus doué que Mark Zuckerberg qui a obtenu ce titre à l'âge de 23 ans. Pendant plusieurs mois, la jeune femme jouit de cette équivoque avant que le magazine *Forbes*, par une pirouette, ne lui retire son titre.

Entre-temps, la famille Jenner a vendu 51 % du capital de l'entreprise au groupe Coty[126]. Cette entreprise, spécialisée dans les parfums depuis sa fondation en 1904 par le Français François Coty, a été racheté par Pfizer en 1963 avant que le groupe américain JAB ne la reprenne en 1991. Ses équipes ont déjà souvent accompagné des vedettes dans le développement d'un parfum ou d'une marque de cosmétiques, à l'instar du footballeur anglais David Beckham. Coût de l'opération : 600 millions de dollars[127]. *Forbes* peut donc en 2020 affirmer que la fortune de la jeune femme a baissé et attribuer la couronne du plus jeune milliardaire à un Allemand de 18 ans, Kevin David Lehmann, héritier de la chaîne de magasins de son père, d'une valeur de 3,3 milliards. Il ne s'était pas fait tout seul. Il n'y eut donc pas de débat.

Mais l'affaire Kylie Jenner montre clairement que le statut de milliardaire emporte une position médiatique. Rien d'étonnant si de jeunes entrepreneuses veulent l'afficher pour s'en prévaloir comme d'un gage de valeur.

L'aventure de l'actrice Jessica Alba, dans un autre registre, illustre les points de passage entre célébrité et patrimoine. Après des débuts de carrière prometteurs, cette jeune mère de famille aurait vu un jour sa fille jouer avec une couche déchirée. Inquiète qu'elle ait avalé un élément toxique, elle a commencé des recherches pour savoir ce que contenaient vraiment ces serviettes protectrices si courantes et si mystérieuses. Ainsi serait née l'idée de fournir des produits écologiques et inoffensifs pour les enfants. Son entreprise s'appelle The Honest Compagny et s'engage à utiliser des produits naturels, respectant l'écologie et la santé. Dès 2015, Jessica Alba était présentée comme une milliardaire et *Forbes* en faisait l'une des figures de proue de la tendance nouvelle du retour au naturel.

Cette même tendance, le groupe Coty a décidé de l'appliquer aux produits de Kylie Jenner, désormais présentés comme écologiques et *vegan*. Cumuler les tendances de l'époque serait un élément précieux pour relancer une marque, et pour attirer cette fraction du public adolescent autant avide de beauté et de séduction que de lutte contre le changement climatique. Étrange retournement d'une stratégie commerciale.

2019
Le scandale Beverly Sackler

Le 22 mars 2019, la nouvelle tombe enfin : la famille Sackler est poursuivie en justice pour la production d'une drogue qui fait pas moins de cent morts par jour, l'OxyContin. Ce dérivé de morphine est produit par l'entreprise Purdue Pharma, dont la famille Sackler est propriétaire[128]. Parmi les accusés se trouve Beverly Sackler, la doyenne, dont la santé, à 95 ans, est fragile. Depuis deux ans déjà elle a quitté le bureau du groupe et vit retirée. Son mari l'y avait fait entrer en 1993. À l'époque, leur maison n'était qu'une entreprise parmi d'autres qui travaillaient sur la chimie du cerveau.

L'entreprise elle-même avait été fondée à la fin du XIXe siècle aux États-Unis. Après des vicissitudes, elle avait été reprise par les frères Sackler, Raymond et Mortimer, en 1952. Les deux hommes, ainsi que leur frère aîné Arthur, étaient psychiatres. Ce dernier dirigeait un important centre de soins et sa carrière de chercheur l'avait amené à rechercher des substituts aux traitements brutaux de l'époque : les électrochocs ou la contention systématique. Avec ses frères, Arthur pensait que l'avenir de la psychiatrie pouvait passer par des traitements médicamenteux. Ce qui l'amena à travailler avec des laboratoires pharmaceutiques et à innover dans le marketing et la publicité. Si bien qu'Arthur est devenu riche. À sa mort, en 1987, il a acquis une belle réputation de collectionneur d'art et de philanthrope auprès d'institutions culturelles américaines. Ses frères, eux, ont développé Purdue Pharma ainsi qu'une filiale britannique, Mundipharma. Mortimer se charge de son implantation, ainsi que d'autres au sein du Commonwealth, et finit par acquérir la nationalité britannique.

À partir de 1991, Raymond et Mortimer ont orienté la production de leur maison vers les antidouleurs. À cette époque, les médicaments à base de morphine étaient les plus efficaces. Mais leur usage ne va pas sans problème. La morphine est très addictive. Le but de Purdue est de créer un médicament limitant la dépendance. Une des solutions consiste à élaborer une enveloppe qui libère le médicament à faible dose. On peut alors l'utiliser plus longtemps sans en être dépendant. L'OxyContin dérive de cette logique. Une capsule ralentit la libération de la drogue.

Son lancement est effectué avec une double approche publicitaire vers les patients et un marketing à destination des médecins prescripteurs. Dès 1996, le médicament s'implante et, à partir de 1997, ses résultats commerciaux sont excellents. OxyContin constitue bientôt 80 % du chiffre d'affaires de l'entreprise, dont les bénéfices gonflent. Les Sackler deviennent multimilliardaires, car chaque année la vente du médicament génère environ 3 milliards de dollars.

Au début des années 2000, pourtant, des alertes remontent. Les précautions d'emploi ne seraient pas respectées. La surdose serait fréquente[129]. L'OxyContin serait devenu un produit de confort pour simplement se sentir mieux. D'autres patients briseraient la capsule pour fumer la drogue, la sniffer, voire se l'injecter.

Car la morphine n'est pas n'importe quel médicament. L'héroïne, l'une des drogues les plus hallucinogènes, qui a fait des ravages dans les années 1970, est produite à partir de morphine-base. Des usagers de l'OyxContin ont bien compris comment accroître les effets du produit. Sa prescription massive à des personnes qui sont au chômage ou marginalisées explique les addictions et les abus, car on se sent si bien avec... D'où une épidémie de décès dont les autorités ne tardent pas à découvrir qu'elle provient de l'usage de la drogue.

En 2007, après dix ans d'exploitation, chacun connaît les risques pour la santé que fait courir l'usage de ce médicament[130]. Une première poursuite est lancée contre l'entreprise. Mais pendant dix ans encore l'entreprise négocie, tergiverse et feint de vouloir régler le litige financièrement pour différer les poursuites locales et fédérales.

Dans le même temps, les membres de la famille n'ont cessé de faire des dons et de participer à des entreprises caritatives. Leur nom figure parmi les contributeurs du MoMA. Une galerie ouverte en 2013 porte leur nom. En Grande-Bretagne, le

Victoria and Albert Museum, les Gew Gardens (le jardin botanique de Londres) ou la Tate reçoivent leurs dons. Il en est de même pour le Louvre. Sans compter les écoles de médecine et les universités aussi prestigieuses que Columbia à New York ou Oxford…

Beverly n'est pas en reste. Née en 1924 d'une famille fraîchement immigrée aux États-Unis, comme celle de son mari, Raymond, elle comprend la logique de reconnaissance qu'implique la philanthropie. Ils créent ensemble la Raymond and Beverly Sackler Foundation, dont le rôle est de soutenir des initiatives scientifiques et artistiques. Leur soutien au monde de l'astrophysique leur vaut en 1971, soit bien avant les gains réalisés avec l'OxyContin, de voir leur nom attribué à un nuage de planètes. Les contributions en Grande-Bretagne sont telles que la reine Élisabeth décide de promouvoir Raymond chevalier de l'Empire britannique, en 1995[131]. Beverly est donc parfois qualifiée de « Dame » suivant son titre. Et depuis 2006, l'université de Tel-Aviv promeut leur prix pour 50 000 dollars.

Toutes ces actions sont oubliées dès 2017. Les plaintes se multiplient. Un mouvement de protestation monte contre la Purdue. Face à ce changement de contexte, la famille Sackler réagit. Elle tente de négocier des dédommagements pour plusieurs milliards. Raymond, le dernier des frères, meurt cette année-là à 97 ans, laissant Beverly veuve mais matriarche de la famille.

En 2019, la poursuite lancée par l'État fédéral contre huit membres de la famille conduit les Sackler à déclarer Purdue Pharma en faillite[132]. Tous s'étaient depuis trois ans retirés du conseil d'administration et des postes à responsabilités qu'ils occupaient dans l'entreprise. Celle-ci verse près de 11 milliards de dollars d'indemnités et, collectivement, la famille ajoute 3 milliards supplémentaires. En vertu de cet accord, ils sont à l'abri des poursuites.

L'accord satisfait les autorités mais laisse sceptique une bonne partie de l'opinion[133]. Comment peut-on porter une responsabilité dans la mort de millions de citoyens et continuer de jouir de l'argent que l'on a gagné en causant leur décès ? Une sorte de procès médiatique permanent est fait aux membres de la famille. Au point que la branche issue d'Arthur tente de se désolidariser des autres. Mais on lui reproche sa contribution aux techniques de marketing médical qui ont favorisé le succès des ventes…

Difficile *statu quo* entre accusés et accusateurs. En 2021, une information supplémentaire vient assombrir l'avenir doré des héritiers de Beverly : la presse découvre que, face au risque de poursuites, la famille Sackler a transféré sur son compte les bénéfices de l'entreprise et les a placés sur des comptes à l'étranger afin d'éviter d'éventuelles saisies[134]. Âpreté au gain ou légitime tentative de protéger un patrimoine dont l'origine ne se trouve pas seulement dans un médicament criminel ?

Dans tous les cas, les Sackler sont devenus un cas d'école sur la complexité du marché pharmaceutique. Les laboratoires auxquels les citoyens confient leur santé sont-ils bien tous à la hauteur de leurs exigences ?

Une question qui s'est aussi retrouvée à la pointe de l'information quand est survenu le drame du Mediator. Là encore, un médicament qui n'avait rien d'innovant avait causé la mort de milliers de patients en bénéficiant de la complaisance du monde médical. Tout simplement parce que le Mediator constituait un des revenus essentiels du laboratoire Servier. Le procès qui a eu lieu en 2021 a mis au jour la façon dont s'était constitué ce cocktail de fausses déclarations d'efficacité, de complaisance médicale et d'avidité des dirigeants. Et comment des drames peuvent se produire quand cessent d'exister les nécessaires garde-fous dans les secteurs vitaux de l'activité économique.

De quoi alimenter les suspicions sur l'origine de la fortune des riches et sur les effets négatifs de leurs activités.

2019
Jeff Bezos : le divorce le plus cher du monde

Au début de janvier 2019, un communiqué annonce la rupture entre Jeff Bezos, le patron d'Amazon, alors l'homme le plus riche du monde, et MacKenzie, son épouse depuis vingt-cinq ans. Pour les médias, c'est le divorce le plus cher de l'histoire[135].

On appelle cela la « communication de crise ». Une manière d'informer les médias et le public à un moment où une entreprise, une institution ou une personne risque de s'effondrer. Face à une situation qui remet en cause son image de façon profonde, une très grande fortune ne peut pas rester inactive. Elle s'entoure généralement d'experts, juristes ou conseillers en communication, qui vont lui proposer la meilleure attitude à adopter pour ne pas fragiliser sa valeur financière ou sa réputation professionnelle. Un divorce est un moment clé pour une famille riche. Pour Amazon, une telle annonce peut avoir des effets néfastes, comme une chute de sa valeur boursière.

Tant de questions se posent. Que va-t-il advenir des 16 % d'actions détenues par le couple ? Jeff Bezos va-t-il continuer à jouer le même rôle dans la compagnie ? Un éventuel scandale peut-il affaiblir la demande ? Ces questions reviennent dans les médias en janvier 2019, avec d'autres, plus vénales[136]. Combien va toucher l'ancienne épouse ? Va-t-elle devenir la célibataire la plus riche du monde ?

MacKenzie Scott, de son nom de jeune fille, n'est pas une simple femme au foyer. Diplômée de la prestigieuse université de Princeton, elle a rencontré Jeff peu après, et commencé à travailler avec lui sur le projet de site de vente en ligne Amazon. Elle a été une des premières salariées de l'entreprise. Quelques années plus tard, elle s'est mise en retrait pour s'occuper de leurs enfants. Son goût pour la philanthropie l'a poussée à encourager son mari à effectuer des dons, dans la tradition des grandes fortunes américaines. Elle a aussi commencé à écrire, son rêve depuis l'enfance. Et s'est engagée contre le harcèlement sexuel en 2014.

Le divorce ne vient pas de nulle part. Même si quelques mois auparavant le couple célèbre son anniversaire de mariage avec des amis dans une boîte de nuit à Miami, une ombre plane. En effet, Jeff Bezos entretient depuis deux ans une liaison avec la présentatrice de télévision Lauren Sánchez. Or, plusieurs journaux à l'affût s'apprêtent à le dévoiler et à publier des photographies. Afin d'éviter le scandale, le couple Bezos a donc pris la décision de divorcer[137]. La liaison est dévoilée après la séparation, manière de reprendre la maîtrise de la communication pour le couple. Afin de rassurer les investisseurs, les avocats évoquent la bonne entente entre Jeff et MacKenzie. De fait, un accord a été trouvé rapidement, grâce à un arbitrage privé confidentiel. On avait supposé que l'ex-Mme Bezos avait droit à la moitié de la fortune de son mari (estimée alors à environ 130 milliards de dollars), car le couple résidait dans l'État de Washington où, en l'absence de contrat, le partage se fait à parts égales entre conjoints. Mais leur fortune étant répartie ailleurs dans d'autres États, ce paramètre n'était pas le seul en cause. MacKenzie obtient 36 milliards de dollars. Son mari conserve les 75 % d'actions du couple, qui lui permettent de garder la majorité au sein de la compagnie[138]. D'autres éléments de l'accord restent confidentiels. En 2021, Jeff Bezos laisse la présidence de la compagnie à Andy Jassy, mais demeure le président exécutif du conseil d'administration.

MacKenzie a refait sa vie, avec Dan, un professeur de lycée. Elle s'est engagée à donner la moitié de sa fortune à la société américaine qui lui a permis de construire cette richesse. En deux ans, elle a versé pas moins de 8 milliards de dollars à des œuvres. Très désintéressée, elle effectue ses dons hors de toute considération fiscale. Elle apparaît aujourd'hui comme une femme indépendante, attentive au bien public.

Melinda Gates, qui a divorcé en 2021, résidait aussi avec son mari dans l'État de Washington. À l'annonce de leur séparation, la presse s'est aussitôt demandé s'il s'agissait du nouveau plus cher divorce de l'histoire. Car Bill Gates est une des plus grandes fortunes mondiales. Si le montant est tranché à parts égales, alors Melinda French l'emporterait sur MacKenzie Scott. Là encore, l'accord fait l'objet d'un arbitrage privé entre les anciens époux. Mais des éléments sont donnés au public afin que chacune des parties puisse se montrer sous son meilleur jour. Après vingt-sept ans de vie commune, Melinda a le droit de garder le nom de son mari. Elle sera donc, selon ses désirs, Melinda French Gates et elle continue de diriger la fondation avec son mari. Sur le montant alloué, les informations sont plus floues, car en travaillant ensemble, ils conservent les mêmes droits. *Forbes* attribue cependant à l'ancienne épouse un patrimoine personnel d'environ 5,8 milliards de dollars, en dehors des considérations sur le partage.

Le montant considérable des sommes en jeu explique sans doute les fuites dans la presse au gré des stratégies des protagonistes. Ainsi Bill Gates a-t-il fait l'objet d'un article dans le *New York Times*, mettant en cause son comportement avec les femmes, visiblement alimenté par le clan de sa femme, alors que le divorce était en cours de négociation[139]. Bien que le journaliste ait présenté Bill Gates comme un grand amateur « mais pas un prédateur », il rappelait les relations entre Bill Gates et Jeffrey Epstein dont l'affaire d'agressions sur des jeunes filles mineures avait fait grand bruit. Il soulignait aussi que le patron abordait des employées de sa société, au risque de créer des situations ambiguës, voire gênantes. Son image était écornée.

D'où une communication pour corriger cela autour de l'action de sa fondation pour l'égalité entre femmes et hommes, avec un investissement de plus de 2 milliards de dollars prévus sur cinq ans. Un fonds soutenu aussi par MacKenzie Scott.

Les séparations sont des moments qui dévoilent des aspects de la vie privée des grandes fortunes. En particulier quand les litiges passent devant les tribunaux, ce que cherchent généralement à éviter les couples célèbres. Une telle stratégie peut mettre sous pression l'un ou l'autre des protagonistes. Ainsi la mannequin Linda Evangelista a-t-elle assigné François-Henri Pinault en justice, au tribunal des affaires familiales de Manhattan, le 3 mai 2012, pour obtenir une pension[140]. François-Henri Pinault, le fils du fondateur du groupe Pinault-Printemps-Redoute (PPR), devenu Kering, est une des fortunes prometteuses de l'économie française. Bien que son entreprise soit basée à Londres, la fortune de François-Henri Pinault continue de figurer au cinquième rang des riches français. Son parcours scolaire l'a conduit à HEC, et à la tête du groupe de luxe PPR en 2005. Plus sinueux, son itinéraire amoureux a fait plusieurs détours avant sa rencontre avec l'actrice Salma Hayek. Linda Evangelista a été une de ses liaisons, qui a duré quatre mois. De là est né en 2006 un petit garçon, Augustin, « Augie ». François-Henri Pinault a reconnu le petit l'année suivante, et prévenu Salma Hayek, rencontrée peu après et accouchant elle-même d'une petite fille, Valentina[141].

Face aux juges, François-Henri Pinault doit témoigner sur son mode de vie. Oui, il a environ 4 millions de dollars de revenus personnels annuels. Oui, les 210 000 dollars de cadeaux qu'il a dépensés l'année précédente ont été largement consacrés à sa collection de montres. Celle qu'il porte ce jour-là vaut 100 000 dollars. Oui, il a des voitures de sport et il a dépensé 52 000 dollars pour douze jours de vacances dans un palace sur l'île de Bora-Bora en Polynésie. Et il a encore dépensé en un an pour s'habiller la somme de 62 000 dollars. Son avocat

David Aronson en convient, M. Pinault gagne bien sa vie. Mais Mme Evangelista aussi. N'a-t-elle pas déclaré un jour qu'elle ne sortait pas travailler à moins de 10 000 dollars par jour ? Et n'est-elle pas encore payée 100 000 dollars pour un défilé[142] ? Son avocat William Beslow confesse qu'elle gagne bien 1,8 million de dollars par an. Et d'ailleurs Mme Evangelista a pris en charge les dépenses pour son fils et aurait continué, si elle n'avait pas perdu en 2010 les gros revenus de son contrat de cession de droits à l'image avec L'Oréal. D'où sa demande d'aide l'année suivante et la requête devant le tribunal.

Pendant une semaine les arguments sont échangés. On apprend encore que M. Pinault a placé au nom de sa fille Valentina une maison californienne dans une société fiduciaire pour une valeur de 12 millions de dollars. Et que Mme Evangelista réclamerait la même chose pour Augustin. Ce que cette dernière et son avocat démentent, affirmant que les relations publiques de François-Henri Pinault feraient courir ce bruit pour affaiblir la valeur de sa juste revendication. Car la mannequin souhaite que le père de son enfant donne 46 000 dollars par mois pour son éducation. Ce serait la plus grosse pension versée selon la jurisprudence de ce tribunal. Pour justifier sa requête, son avocat explique la nécessité que l'enfant soit protégé par un garde du corps, et puisse avoir accès aux meilleures écoles.

Au final, les deux époux trouvent devant la cour un terrain d'entente. Leurs avocats parlent de leur satisfaction mutuelle à l'issue de l'audience. Par la suite, François-Henri Pinault expliquera qu'il voit son fils et que Linda Evangelista et Salma Hayek ont même permis une rencontre entre Valentina et Augustin. C'était la sortie d'une crise qui aurait pu ternir son image et celle du groupe de luxe Kering.

Cela aurait pu servir de leçon pour d'autres divorces.

Pourtant, encore en août 2021, Scott Hassan et son épouse Allison Huynh, deux figures de la Silicon Valley, devaient se retrouver au tribunal de Santa Clara[143]. Incapable de se séparer à l'amiable après sept ans de tensions et treize ans de mariage, le couple a besoin d'un tribunal pour mettre un terme à son histoire. Car aucun d'eux ne veut céder face à l'autre. Allison accuse Scott de « terrorisme », et ce dernier a pudiquement admis que « dans une telle situation, on ne se montre pas sous son meilleur jour ».

Scott Hassan est peu connu. Mais ce jeune programmeur, assistant de recherche à Stanford au début de sa carrière, a aidé Larry Page à écrire ses pages de thèse et Serguei Brin à concevoir son moteur de recherche. Hassan, le troisième homme, a été l'un des premiers acheteurs de 160 000 actions Google pour 800 dollars, qui valent aujourd'hui 13 milliards. Et il avait déjà été parmi les créateurs d'un premier moteur de recherche acquis par Yahoo pour 432 millions de dollars. Mme Huynh, diplômée de Stanford, l'a épousé à Las Vegas dans la Little White Chapel à la veille de Noël 2001. Elle précise que M. Hassan, à cette époque, avait 60 000 dollars de dettes ! Face à la cour, M. Hassan dément : il possédait alors à San Francisco une maison d'une valeur de 8 millions de dollars. Devant le tribunal, leur vie s'étale, les scènes de ménage, les maisons achetées… La femme déclare que pas moins de 50 entreprises gèrent sa fortune et ses biens immobiliers. Le mari répond que non, ce serait plutôt une vingtaine. Elle affirme avoir dû renoncer à sa carrière pour s'occuper de leurs filles. On rappelle que depuis elle gère des compagnies. Et son mari déclare avoir proposé un accord postnuptial qu'elle n'a pas signé… Pire, ce dernier a créé un site web pour la discréditer et l'a alimenté lui-même avec des informations outrageuses[144]. Finalement, M. Hassan reconnaît qu'il serait injuste que sa femme n'obtienne « rien ». Mais pour l'heure, il reste seul à la tête de sa fortune et les articles à charge s'accumulent sur le Web, dont Google permet une lecture facile.

Avec la circulation des images et de la communication, pour les riches, de nos jours, abriter sa vie privée est donc difficile en cas de crise. D'où leur volonté d'avoir toujours un scénario d'avance, une belle histoire pour faire rêver les médias et les historiens.

2020
La maison la plus chère du monde : 2 milliards de dollars

Isha Ambani et Anand Piramal sont assis avec leur famille. Cela fait maintenant une semaine que les festivités du mariage battent leur plein et, ce mercredi 12 décembre 2018, enfin, on célèbre leur union[145]. Isha et Anand sont magnifiques dans des saris aux couleurs jaune beige et or assorties. Le bon chic de Bombay dans une telle cérémonie. Chacun représente une grande fortune de la métropole indienne. Anand est le fils d'Ajay Piramal, un entrepreneur dont la fortune repose pour l'essentiel sur les activités pharmaceutiques et les services financiers. Isha, elle, est la fille de la plus grande fortune du pays et peut-être d'Asie, Mukesh Ambani. Ce dernier est issu d'une famille de commerçants revenus du Yémen et installés à Bombay. Mais il a su donner à ce groupe une dimension sans précédent en se lançant dans l'industrie pétrolière et gazière puis en s'implantant dans les télécommunications et la distribution.

La cérémonie s'est déroulée finalement dans la résidence familiale des Ambani, Antilia. C'est la maison la plus chère du monde en 2020.

Antilia. Une tour de 27 étages, une résidence privée. L'estimation la plus haute est de 2 milliards de dollars. Mukesh Ambani l'a fait construire en deux ans. Il mûrissait le projet depuis 2005, car sa famille avait déjà pris l'habitude de vivre sous le même toit, en l'occurrence une tour de 14 étages dont il partageait la propriété avec son frère. Mais les deux hommes ayant fini par se brouiller, il devenait difficile de vivre ensemble[146]. La superficie du nouveau bâtiment est de 37 000 mètres carrés, soit pratiquement la surface du château de Versailles. Mais cette tour est particulière. Elle ne compte pas deux étages semblables, et le profil de l'ouvrage est une succession d'avancées et de reculs de la ligne de façade, au point que le spectateur se demande comment l'ensemble peut tenir. Pour réaliser cette prouesse esthétique et technique, le choix des matériaux employés et des moyens mis en œuvre n'a pas été laissé au hasard. Bien sûr, on trouve des matériaux nobles comme du marbre dans les aménagements intérieurs, des bois précieux.

Ce n'est pas un immeuble de bureaux ou une résidence collective. C'est plutôt la « folie » d'un homme, à l'instar de ces châteaux que les nobles construisaient pour leur plaisir dans l'Europe classique. De bas en haut, on progresse vers les espaces les plus intimes. Du rez-de-chaussée au sixième étage, un vaste parking pouvant accueillir jusqu'à 200 voitures[147]. Comme il travaille dans le pétrole, le propriétaire a aussi voulu une station-service. Pour éviter les émanations des gaz d'échappement, les quatre étages suivants sont réservés à des jardins suspendus. Ensuite un étage abrite une clinique privée équipée de matériel de pointe. Viennent ensuite les espaces de loisirs, avec quatre piscines de dimensions variables dont une atteint 50 mètres de long et occupe presque la moitié d'un étage. Un spa complète cette partie, ainsi qu'une salle de sports. On arrive ensuite dans les étages de résidence proprement dits, avec une salle à manger gigantesque où peuvent s'installer plusieurs centaines de convives[148]. Des salons qui ont accueilli des événements liés au mariage, une grande salle de bal. Pour les spectacles, un théâtre de 50 places et une salle de cinéma ont été aménagés. Vient enfin un temple privé, qui ferait pâlir de jalousie les chapelles privées de châteaux italiens.

Les Ambani et leurs enfants résident dans les quatre derniers étages. Ils jouissent en permanence du soleil et offrent une vue splendide sur la mer d'Oman. Mais le but de cette tour n'est pas tant d'avoir une vue imprenable que d'être visible de partout. Car Antilia a aussi pour ambition de donner à voir à tous les habitants de Bombay la richesse de Mukesh Ambani : elle constitue un élément de communication. Une façon de dire à son frère qu'il est allé plus loin et plus haut que lui… Évidemment, si le groupe s'est empressé de fournir des informations sur le coût du projet à la presse indienne et au magazine *Forbes,* c'est aussi pour faire sa publicité à l'échelle mondiale et ancrer l'idée du crédit de l'homme d'affaires.

Le mariage de sa fille est tombé à pic pour relancer la communication du groupe en direction du monde occidental. À preuve, en ce mois de décembre 2018, la presse internationale a relayé la présence d'Hillary Clinton, d'Ariana Huffington, de John Kerry et de James Murdoch à l'événement, et le concert privé donné par la chanteuse Beyoncé, présentée comme une amie de la famille[149]. Spectacle bollywoodien, avec des stars venues en personne danser sur scène… Le milliardaire indien est maintenant connu dans le monde entier et le nom de son groupe n'est plus un mystère. Sa fille et son gendre, en effet, ont opté pour une stratégie similaire. Ils ont lancé la construction d'une tour sur le front de mer de Bombay pour une valeur de 1,2 milliard de dollars.

Pourtant, il ne faut pas s'y tromper. Ces logements ne sont pas comparables aux châteaux que la noblesse a construits à partir du XVIe siècle en Europe, pour affirmer sa fortune et son rang dans la société. Il s'agissait alors de montrer par la surface et les défenses son pouvoir, puis, par les salles de réception, son attractivité. Les châteaux étaient un signe de distinction et de luxe. Mais ils ne brillaient pas par leur confort. À l'inverse, Antilia est entièrement dévolue au bien-être de ses habitants.

D'où les multiples services qui y sont rendus, des soins médicaux aux massages en passant par une surveillance et une sécurité de premier ordre. Sans oublier les 500 personnes qui participent à l'entretien et au service des étages de réception où se trouvent 29 suites destinées aux hôtes de marque. Tout, jusqu'à la température, est calculé au millimètre près pour leur confort. Là réside la différence essentielle entre les riches de l'Ancien Régime et ceux de nos jours : posséder la maison la plus chère signifie posséder la plus agréable à vivre pour son propriétaire. Alors qu'un seigneur d'Ancien Régime aurait tout donné pour avoir la demeure la plus impressionnante, quitte à ce qu'elle soit incommode.

Cette tendance vaut dans les autres demeures qui auparavant ont été signalées comme les plus chères au monde. Ainsi en est-il de la villa d'Edmond Safra, à Villefranche-sur-Mer. À la mort de ce dernier, en 1999, sa villa Leopolda était évaluée à 370 millions de dollars, ce qui en faisait la maison la plus chère de son époque. Safra l'avait acquise en 1985 et il y avait organisé en 1988 une fête extravagante avec son épouse, Lily, richissime héritière brésilienne. À cette occasion, chaque invité avait reçu par email un dessin représentant la villa. Comme si le souvenir du lieu pesait davantage que celui des habitants. Pourtant, la richesse de Safra devait tenter un de ses employés. Son aide-soignant Ted Maher, espérant effectuer un coup d'éclat en sauvant son maître et en obtenir une récompense, met le feu à la villa[150]. Le feu se propage vite et Safra meurt asphyxié avant que secours ne lui soit porté… Ainsi périt le propriétaire mais la villa fut sauvée, perdant pourtant une partie de sa valeur. Elle fut aussi affectée par la crise immobilière du milieu des années 2000.

Si bien qu'en 2015 un autre lieu était présenté comme le plus cher vendu au monde : le « château Louis XIV » à Louveciennes, près de Paris[151]. La demeure, inspirée du château de Versailles, est gérée par des technologies très modernes, lui assurant son confort. Car elle a été construite en 2011. Peintures blanches et dorures, lustres de cristal, piscine de 25 mètres, jacuzzi et fontaine sculpturale dans le jardin. Son propriétaire en a fait l'acquisition grâce à des sociétés écrans. Il faudra deux ans d'enquête au *New York Times* pour découvrir que l'acheteur n'est autre que le prince Mohammed Ben Salmane, héritier d'Arabie saoudite[152]. Ce dernier a déboursé 275 millions d'euros pour s'offrir ce bijou de 5 000 mètres carrés à la façade classique et aux jardins à la française. C'est Emad Khashoggi, un Saoudien, neveu du milliardaire Adnan Khashoggi, enrichi par les ventes d'armes, qui a été le promoteur de ce bâtiment faussement ancien. Pourquoi le prince saoudien a-t-il cherché à masquer son identité, alors qu'à l'inverse, les hommes d'affaires n'ont pas hésité à afficher le luxe de leur demeure ? « MBS », comme on le surnomme, est alors en pleine campagne anticorruption. Prônant auprès de son peuple l'austérité et l'ascèse, il cherche à masquer des dépenses somptuaires. De fait, au même moment, ses services ont même accepté de travailler avec la justice française dans le cadre d'une enquête sur les biens mal acquis concernant des proches de la monarchie. Cette même enquête permet de mettre au jour d'autres acquisitions confidentielle de la famille royale et du prince héritier, grâce à leur société écran : un yacht d'une valeur de 500 millions de dollars. Ce dernier appartenait à un magnat russe et mesure pas moins de 440 pieds. Et un tableau : le *Salvator Mundi*. Une œuvre qui a fait aussi couler beaucoup d'encre. Car elle est encore à ce jour le tableau le plus cher au monde. Son prix ? 450 millions de dollars. Lui aussi était la propriété d'un milliardaire russe qui avait fait fortune dans les mines. Or ce tableau attribué à Léonard de Vinci serait bien issu de son atelier, mais la main du maître n'y serait que peu présente. Le château de Louis XIV n'est pas vraiment ancien. Le tableau ne serait pas vraiment de Vinci. Une chose est sûre pourtant : les deux achats représentent dans leur secteur les dépenses les plus élevées et devaient donner à leur acquéreur un sentiment de puissance. Mais rien ne dure. Et moins d'un an plus tard, une autre maison, celle des Ambani, était devenue la nouvelle splendeur à admirer, la nouvelle star de l'immobilier.

2021
Bernard Arnault, le bon Samaritain

Ils sont arrivés en marchant d'un même pas. Lui, l'homme le plus riche de France, Bernard Arnault, en costume gris et chaussures noires. À ses côtés, Emmanuel Macron, le président de la République, l'homme au sommet de l'État. Dans la rue, affichant sourire et décontraction, ils pourraient passer pour deux vieux amis. Certes, de sa haute taille Bernard Arnault domine son invité. Mais on le remarque à peine, tant l'ambiance est à la fête. Derrière, à quelques pas, Mme Arnault chemine avec Brigitte Macron. La maire de Paris, Anne Hidalgo, rejoint le groupe.

On salue au passage quelques membres de l'équipe et l'on entre dans ce vénérable temple du commerce parisien. À chaque étage, et dans les escaliers, accoudés à la rambarde, les 800 membres du personnel déclenchent une longue salve d'applaudissements. Au rez-de-chaussée, éclairé par la magnifique lumière tombant de la verrière, Bernard Arnault et le président de la République applaudissent à leur tour. Plus qu'une inauguration, c'est une célébration qui se joue dans ces minutes : l'aboutissement de quinze années de travail des équipes de LVMH depuis qu'en 2005 la décision de mise aux normes de sécurité et de réfection complète du bloc architectural avait été prise.

Puis le silence s'installe, tandis qu'un micro est tendu à la plus grande fortune française. Calme, sans notes, sans hésitation, une nuance de joie dans l'œil, Bernard Arnault prononce un discours qui est un hommage à tous ceux qui ont contribué à cette œuvre. Le savoir-faire des artisans, autant que l'activisme des financiers. En observant son auditoire, l'historien remarque l'air ébaubi de la maire de Paris. Si Anne Hidalgo, l'égérie du socialisme municipal, ne semble pas offusquée devant le luxe de la nouvelle installation, sans doute est-ce à cause des 96 logements sociaux inclus dans le programme de rénovation et cédés à Paris Habitat[153].

Le discours de l'homme d'affaires s'achève. Commence celui du président de la République. À son tour, il vante le génie français et souligne combien cet événement est emblématique d'un pays qui ne s'est pas laissé déprimer par la crise sanitaire. Au passage, il salue le travail accompli par ce « cher Bernard ». D'aucuns y verraient l'indice d'une proximité politique entre les deux hommes, voire d'une amitié. Il est vrai que leur rencontre remonte à plusieurs années. Deux des enfants Arnault, Jean et Frédéric, ont eu pour enseignante Brigitte Macron, à « Franklin », un lycée privé parisien[154]. Puis Delphine, sa fille, et Xavier Niel avaient eu l'occasion de faire connaissance avec le couple Macron à New York. Si bien que lors de la campagne présidentielle 2022, dans son quotidien *Les Échos*, Bernard Arnault a appelé à voter pour Emmanuel Macron au second tour. Mais la relation à l'histoire de Bernard Arnault est loin de se limiter à un désir d'influencer le destin politique de son pays natal. Il a parlé à tous les présidents depuis François Mitterrand, en privé, et de tous les sujets. Il les a tous convaincus de l'importance de son entreprise pour le pays. Car son rôle historique réside ailleurs que dans le rêve éphémère des mutations partisanes. Pour le comprendre, pourquoi ne pas partir de son siège social ?

Au n° 24 de l'avenue Montaigne se tient le cœur du groupe LVMH. Au sommet de l'immeuble, le bureau du président domine les toits de Paris. Aux murs, des toiles d'artistes contemporains qu'il prise tant. Il y a un Basquiat acheté dans les années 1980, quand il avait trouvé refuge aux États-Unis, après l'arrivée au pouvoir des socialistes.

En 1981, après la victoire de François Mitterrand, redoutant la faillite de l'économie et l'administration tatillonne, le jeune entrepreneur a tenté de développer la maison paternelle en Amérique. À l'époque, le secteur d'activité est la promotion immobilière. Leur entreprise Ferinel fait sa publicité en musique. *Jingle* : « Ferinel, propriétaire à la mer ». Bernard Arnault a orchestré son développement en partant du noyau d'affaires établi par son grand-père et son père, Jean Arnault, dans le gros œuvre et les équipements de chantier. À peine sorti de l'École polytechnique, en 1971, Bernard avait rejoint le navire familial et pris sa tête en 1975, pour en faire une pièce enviable dans le secteur de la construction. En famille, le soir de Noël 1981, on était resté éveillé tard pour voir la publicité du groupe passer à la télévision. Un sentiment de triomphe, déjà. Mais le jeune ingénieur avait des rêves sans limites. L'arrivée des socialistes donne un prétexte à son départ.

En 1982, le voici donc arrivant avec femme et enfants à New Rochelle, une ville francophile de l'État de New York. Son but : implanter Ferinel sur le nouveau continent. Il conduit plusieurs opérations de promotion. La première à New York se déroule correctement. Les suivantes, à Palm Beach, en Floride, sont décevantes. Toutefois, l'opération lui a permis de rencontrer Claude Gros, le responsable d'une filiale aux États-Unis d'une entreprise française, le groupe Boussac. Ce nom change sa vie un beau jour de 1984.

Marcel Boussac fait partie de ces industriels qui se sont taillé un empire dans le textile. Mais son activité fait face à la concurrence de nouveaux producteurs à bas prix. Le vieux Boussac meurt avant de voir l'effondrement de son groupe, racheté par les quatre frères Willot. Ce sont eux qui doivent faire face aux milliards de dettes accumulés. Les Willot décident de mettre en vente le grand ensemble constitué par la compagnie Boussac-Saint Frères. Le textile y est dominant, mais s'y trouvent aussi des chaînes de magasins tels Conforama et les enseignes Au Bon Marché. Bernard Arnault voit l'opportunité. Mais il connaît mal les frères Willot, et ses attaches avec le pouvoir politique socialiste sont, on l'aura compris, faibles.

C'est un des anciens conseillers de son père, devenu un ami, un professeur de droit, Pierre Godé, qui débloque la situation. Godé, dans l'histoire de Bernard Arnault, joue un rôle singulier. Celui d'un ami et d'un architecte. Et tout commence dans ces journées de décembre 1984 alors que, fébrilement, ils imaginent la stratégie pour remporter la mise. Stratégie humaine d'abord pour convaincre les frères Willot. Godé s'en charge en jouant sur la fibre nordiste. Stratégie financière ensuite afin d'établir un tour de table des banques et des assurances qui soutiennent les investissements personnels de Bernard Arnault et de son père. La famille met 100 petits millions de francs sur la table, alors que le groupe est endetté à hauteur de 2,7 milliards… Il faut au moins trouver 300 millions supplémentaires. Lazard Frères fait un premier pas important qui décide d'autres acteurs, dont la banque Worms[155]. Enfin, il faut convaincre le gouvernement afin que de grandes entreprises publiques placent des fonds, tels Elf et Total qui entrent pour 47 millions. Le Premier ministre de l'époque s'appelle Laurent Fabius et donne son accord à Bernard Arnault.

Ensuite, Bernard Arnault se fait charmeur avec les syndicats. Il propose un plan social préservant davantage d'emplois. Il emporte le marché. Les promesses n'engagent que ceux qui les écoutent…

Désormais, Bernard Arnault n'est plus seulement un promoteur, il est devenu le patron d'un groupe dont les activités vont de la construction à la vente au détail, en passant par le luxe[156]. Car au sein du groupe Boussac se trouve un fleuron français : la marque Dior. Dans le panier se trouve aussi un grand magasin :

Le Bon Marché. À cette époque, toutes les succursales de province ont déjà été fermées. Le magasin parisien modernisé est largement bénéficiaire.

En revanche, les magasins populaires du groupe, tel Conforama, peinent à trouver leur public. En fait, le projet initial présenté aux actionnaires supposait investissement et relance. Au fil des ans, la restructuration se traduit pourtant par des licenciements et la revente de plusieurs enseignes. Bernard Arnault n'est pas aussi radical que peut l'être à la même époque un Bernard Tapie qui reprend et revend plus rapidement des entreprises après avoir modifié leur valeur financière.

Avec Dior et Le Bon Marché, le Nordiste embrasse une autre stratégie. Il voit le potentiel des entreprises de luxe. Alors que la France vit depuis plusieurs années au rythme des restructurations et du chômage, les marchés d'exportation sont plus dynamiques. Même le gouvernement socialiste est prêt à aider les grandes maisons pour qu'elles se tournent vers les marchés extérieurs.

La mondialisation ouvre les portes de nouveaux pays et les barrières douanières s'effondrent. Tout invite à suivre le vent du large. Bernard Arnault et Pierre Godé l'ont compris. Ils construisent un empire dont les grands attributs sont le sac à main, le parfum, les bijoux et la mode[157]. On revend donc le textile à un autre groupe industriel, tout comme les enseignes populaires. Et on rachète d'autres marques de luxe. Après la crise boursière de 1987, Bernard Arnault entre au capital de la toute nouvelle société LVMH fondée par Henry Racamier. Deux ans plus tard, après une OPA, il en devient l'actionnaire majoritaire. Il gouverne la plus grande entreprise de luxe mondiale.

Surfer sur l'explosion planétaire du nombre de riches et de classes supérieures alors que le monde émerge de la guerre froide, telle est son intuition. Première de toutes les entreprises de luxe, en 1992, Louis Vuitton Malletier ouvre son premier magasin en Chine, à Pékin, dans l'hôtel Peninsula. L'installation est discrète mais la promesse de ce marché, énorme. Déjà à cette époque 200 millions de Chinois ont un niveau de vie équivalent à celui de l'Occident. Et la courbe de croissance a deux chiffres. Bernard Arnault soigne cet espace autant que le Moyen-Orient, alors qu'il rachète encore de nouvelles marques de luxe. Berluti, dont son fils Antoine sera appelé à prendre la tête pour en faire un nouveau fleuron. Kenzo, Marc Jacobs, Guerlain… Et des médias économiques cruciaux, tels *Les Échos*. Tout lui réussit. Il nomme des managers qui font prospérer chaque entité. Parmi eux, Sidney Toledano, qui devient chez Dior le mentor de sa fille, Delphine. Il trouve quelques synergies notamment logistiques et financières. Mais une forme d'autonomie de gestion assure la croissance de chaque marque. Son patrimoine explose et il se hisse au sommet des classements de grandes fortunes. Rien ne semble l'arrêter.

En 1998, il se lance dans une nouvelle conquête. Le groupe italien Gucci réalise de beaux bénéfices, mais son encadrement est divisé, depuis l'assassinat de son P-DG Maurizio Gucci par un tueur à gages, embauché par son ex-femme, en 1995. Bernard Arnault entre dans le capital puis rachète des actions à 34,4 %. Les dirigeants, inquiets de cette démarche, font appel à une autre grande fortune française, François Pinault, pour le contrer. Ce dernier peut racheter 40 % du capital et, grâce à un accord avec le créateur Tom Ford et le P-DG Domenico De Sole, acquiert à coups de centaines de millions de dollars la majorité. Pinault et son groupe PPR l'ont emporté contre LVMH. Le climat entre les deux hommes qui, naguère, s'appréciaient, se détériore. D'autant plus que PPR continue ses acquisitions dans le luxe. La tension est telle entre les deux groupes que Bernard Arnault renforce la sécurité. On mobilise massivement des gardes du corps pour protéger les cadres et la famille contre une éventuelle agression. Le patron préfère prendre des mesures préventives, dont la fonction est aussi dissuasive. Il en va de même en 2015-2016 avec les attentats à Paris. Les niveaux de sécurité sont relevés dans tout le groupe. Mais jamais comme durant l'affaire Gucci la galaxie LVMH n'aura ressenti cette pression[158].

Cela n'empêche pas Bernard Arnault de dormir. Et de poursuivre aussi ses achats. 75 marques[159]. Depuis 2019, par intermittence, il est l'homme le plus riche de la planète, suivant le cours de ses actions. Dans son patrimoine, des noms font rêver, tel le château Cheval Blanc, à Saint-Émilion, qui donne son nom à sa chaîne d'hôtels haut de gamme.

Dans le projet de reconfiguration de la Samaritaine, un établissement de cette chaîne ouvre ses portes pour des clients fortunés. La chambre de base, d'une surface de 45 mètres carrés, se paie 1 450 euros la nuit, avec vue sur la Seine. Des suites juniors – entre 2 000 et 6 000 euros – offrent un jardin d'hiver et de menus services. Mais au sommet du bâtiment domine la suite Ravel, plus de 1 000 mètres carrés avec vue panoramique, deux piscines, deux ascenseurs, dont un accès privé conduisant directement au garage. Son prix n'est pas communiqué… Tout dépend des suppléments demandés. Une pépite pour grandes fortunes, dans un écrin artistique.

Car l'art occupe une place sans pareille dans l'existence de Bernard Arnault. Sa collection est un investissement et un plaisir. Elle pèse sur le marché mondial. Il l'a déléguée à la Fondation Louis Vuitton, son grand œuvre. Installée dans le bois de Boulogne, à Paris, dans un bâtiment construit par Frank Gehry, cette dernière est une des contributions du milliardaire à la vie sociale, avec ses projets philanthropiques.

Son inauguration, le 24 octobre 2014, en présence du président François Hollande, a été un événement mondial. Karl Lagerfeld posait avec Anna Wintour pour l'occasion, tandis que l'artiste Anish Kapoor dégustait une coupe de champagne, non loin de Jeff Koons, le plasticien le plus cher de la planète. Le cinéma, avec Marion Cotillard, Sofia Coppola, Noomi Rapace ou Alain Delon, était représenté. Comme lors de l'inauguration de la Samaritaine, et à l'occasion de la création d'une maison en l'honneur de Jean Arnault à Roubaix, toute la famille Arnault avait fait le déplacement, même les plus jeunes et les cousins. Une célébration au service de la création[160].

Pourtant, malgré ses dons, notamment 200 millions d'euros pour la reconstruction de Notre-Dame, Bernard Arnault soulève encore des critiques[161]. À l'extrême gauche notamment, on lui reproche sa richesse phénoménale. Un film l'exprime, celui de François Ruffin, *Merci patron !*, sorti en 2016. On y voyait une famille, les Klur, tenter d'obtenir compensation après leur licenciement d'une entreprise sous-traitante de LVMH[162]. L'humour croisait la critique politique.

Encore au lendemain de l'inauguration de la Samaritaine, des militants d'Attac faisaient grief à ce grand patron de prospérer en temps de crise. Leur slogan voisinait avec ceux du magasin : « Gang de profiteurs » d'un côté ; « Paris est une fête » de l'autre.

À quoi songeait le maître des lieux en apprenant cette manifestation ? Sans doute à l'avenir. L'âge venant, cette question le taraude. Il essaye d'organiser sa longévité. Sa pratique sportive est régulière, son alimentation surveillée. Le propriétaire des champagnes Krug et Dom Pérignon, du cognac Hennessy, boit très peu. Vivre vieux pour pérenniser sa maison, assurer la place de ses proches. Certes, Bernard Arnault a organisé le transfert de ses propriétés vers ses cinq enfants. Mais il reste le patron, le décideur ultime. L'interlocuteur des chefs d'État. Avec une philosophie : les objets précieux et les grands vins seront toujours prisés dans un siècle, alors que les géants des nouvelles technologies et des réseaux sociaux seront oubliés.

2022
Elon Musk, le sens de la vie et la lutte des classes

Le 1er juin 2022, Elon Musk, le PDG de Tesla, adresse un courriel au personnel du siège de son entreprise. Tesla pèse plus de 1 000 milliards de dollars. Ce fabricant automobile structure et oriente une bonne partie de la recherche américaine, dans le secteur de l'intelligence artificielle et des technologies. Ses voitures électriques atteignent des records de vente en 2022. La Tesla Model 3 est même devenue la voiture la plus vendue en Europe.

Musk a vu sa fortune s'envoler depuis la crise du Covid. Au moment où il rédige son courriel, il est l'homme le plus riche du monde. Dans ce texte, il part en croisade contre le télétravail. L'homme d'affaire veut que les Américains reviennent à leur poste de travail. Il l'écrit avec force : « Toute personne qui souhaite faire du télétravail doit être au bureau pour un minimum (et je dis bien *un minimum*) de 40 heures par semaine, ou quitter Tesla. C'est moins que ce que nous demandons aux travailleurs des usines[163]. » Faire revenir au siège de Tesla tout le personnel, voilà son objectif. Il poursuit en précisant l'importance de l'exemplarité dans les postes à responsabilités. « Plus votre grade est élevé, plus votre présence doit être visible », ajoute-t-il. « C'est pourquoi je passe tant de temps dans les usines – comme cela, ceux qui travaillent à la chaîne peuvent me voir à leurs côtés. Si je n'avais pas fait cela, SpaceX serait depuis longtemps tombé en faillite. »

SpaceX, son grand succès, réalisé au nez et à la barbe des grandes agences spatiales internationales. Une fusée capable d'être utilisée plusieurs fois pour réduire le coût des lancements. Ainsi, il devient possible de faire des vols commerciaux à destination des touristes. Le « billet » offre un voyage de trois jours autour de la Terre. Les voyageurs peuvent ainsi profiter des 15 rotations quotidiennes autour du globe : une fenêtre sur la planète bleue et l'univers. Le vol, entièrement automatisé, est une préfiguration de la démocratisation de l'espace voulue par Musk.

Le 15 septembre 2021, pour la première fois, après six mois de préparation, quatre touristes ont pu jouir de cette expérience jusqu'alors réservée aux seuls astronautes : l'arrachement au sol depuis le centre spatial Kennedy de la NASA, et la faible gravité à 575 kilomètres du sol. Coût de cette sensation unique : environ 50 millions de dollars pour les quatre voyageurs très fortunés.

Tourisme pour les uns, travail pour les autres. Le courriel du patron de Tesla a déclenché une vague de réactions hostiles sur la planète. Comme si l'homme le plus riche repartait dans une lutte de classes. L'appel dirigé vers ses cadres et ses employés a été perçu comme une relance de la pression sur le monde du travail, alors qu'aujourd'hui, le rapport de force entre les dirigeants et leur personnel change.

À la faveur de la pandémie, en effet, les entreprises ont privilégié les outils numériques pour éviter les fortes concentrations dans les bureaux et les usines. Le redémarrage brutal de la production après ces deux années de contraction nécessite un engagement massif du personnel. Le carnet de commandes de Tesla comme celui de nombreuses usines a explosé. Or, cadres et employés ont apprécié le travail à domicile, et même les équipes de ventes apprécient ce cadre nouveau. Les performances se sont maintenues en dépit du retour généralisé à la maison. D'où leur désir de continuer le télétravail après la fin de la crise.

Certaines entreprises se sont adaptées à ce modèle, en particulier les plus convaincues que les contraintes sanitaires risquent de devenir lourdes à l'avenir. Ainsi, en 2021, 38 % des entreprises françaises autorisent le télétravail[164]. Et aux États-Unis, des compagnies proposent des emplois uniquement sous cette forme. Cela concerne environ 12 % des entreprises américaines. Parmi les entreprises les plus actives dans cette démarche, Dell, la compagnie informatique, Sykes, une compagnie californienne de services, SAP, un fabricant de logiciels, Williams-Sonoma, dans le commerce, ou Thermo Fisher dans les biotechnologies.

Des firmes comme Google, Meta, Microsoft ou Twitter, grandes puissances financières, ont indiqué que leurs salariés pouvaient maintenir une part de télétravail, parfois jusqu'à trois jours par semaine. Dan Price, le PDG de Gravity Payments, est allé jusqu'à dire que dans son entreprise, seuls 7 % des travailleurs désirent travailler au bureau[165]... Sans doute son modèle est-il le plus provocant puisqu'en 2015, il avait indiqué que tous les emplois de sa compagnie étaient payés 70 000 dollars. Cela lui avait valu une belle publicité.

Clairement, deux courants s'opposent parmi les dirigeants d'entreprise. D'un côté, ceux qui pensent adapter le travail à une nouvelle mentalité, plus centrée sur le retour des valeurs familiales, le bien-être des salariés et la perspective d'une croissance lente. De l'autre ceux qui, au contraire, derrière Elon Musk, veulent accroître la productivité, la production. Ils sont persuadés que remplir une tâche ne suffit pas, qu'il faut être au service de l'entreprise corps et âme. La présence sur site est l'indice de l'investissement des salariés dans leur activité.

Musk aime prendre l'exemple des ouvriers chinois, qui travaillent, et parfois dorment dans l'usine même pour être disponibles. Toute leur vie est conditionnée par la production. Là réside selon lui le vrai exemple à suivre. Les Américains semblent paresseux aux yeux de cet immigré venu d'Afrique du Sud. C'est là qu'il a passé ses jeunes années, témoin passif de l'apartheid dénoncé par son père[166].

Cette opposition stratégique entre dirigeants de l'économie cache la transformation du marché du travail. Avec la reprise économique, même fragilisée par la guerre en Ukraine, les salariés commencent à manquer dans de nombreux secteurs. Beaucoup aussi ont choisi de quitter leur employeur, au point que l'on parle aux États-Unis de « grande démission ». Si le mouvement est moins perceptible dans des pays comme la France ou l'Allemagne, il est très puissant dans l'Europe du Nord. En acceptant les nouvelles demandes des salariés, la plupart des entreprises tentent de préserver leur bassin d'emploi et d'assurer le recrutement. En somme, le rapport de forces tourne en faveur des travailleurs qui peuvent obtenir des augmentations face à des entreprises en phase de production et de hausse des prix.

Clairement, le courriel d'Elon Musk va à l'encontre de ce modèle. Pour lui, l'essentiel est l'activité collective. Le travail individuel et sa rémunération ne peuvent se comprendre qu'au nom de la mise au service de l'intérêt supérieur de l'entreprise. En compensation, ses employés sont payés en moyenne mieux que dans d'autres maisons : 110 000 dollars environ constituent le salaire annuel moyen chez Tesla, où pas moins de 99 000 personnes sont employées – le plus petit revenu s'élevant à 38 000 dollars pour une standardiste. Sans doute cette attractivité salariale permet-elle d'éviter d'assécher le vivier de recrutement de Tesla, mis à mal par les messages tonitruants de son patron.

Et si le courriel d'Elon Musk exprimait un sentiment plus profond présent chez nombre de grandes fortunes ? Les riches chefs d'entreprises se perçoivent comme toujours à l'affût, travaillant sans relâche ; alors que leurs employés jouissent de vacances, et profitent de loisirs, toujours mieux protégés par le droit du travail. Beaucoup vivent avec l'impression que leur succès et leur réussite doivent d'abord à leur action personnelle, au mépris des cadres et de l'ensemble du personnel qui agissent quotidiennement pour faire exister leurs marques et prospérer leur patrimoine. Ainsi ces patrons justifient-ils à leurs propres yeux l'écart de fortune qui se crée avec le reste de la société. D'où, aussi, leur obsession à faire du travail le point central de l'existence. À l'opposé, pour une grande partie des salariés, le sens de l'existence réside ailleurs, dans leur vie de famille, leur orientation sexuelle ou leur ancrage identitaire.

En un message, en ce 1er juin 2022, Elon Musk a illustré la tension nouvelle entre la question existentielle qui traverse le monde occidental, celle du sens de la vie, et la vieille antienne du rapport de forces dans les relations de travail : la lutte des classes. Toute la philosophie de l'histoire des riches au XXIe siècle se trouve à la charnière de ces questionnements.

Le crépuscule des dieux

« Non, je ne peux pas vous parler de cela. Personne ne doit même savoir que nous nous sommes rencontrés. Je ne veux pas que mon nom soit associé à votre projet. Sinon, on va encore me parler de mon argent. Si j'avais pensé que les riches étaient le thème de votre livre, jamais je ne vous aurais reçu ! C'est trop compliqué, j'ai trop d'ennemis. » L'homme qui prononce ces mots, assis sur le grand divan dans son appartement en duplex du 8e arrondissement, est une figure éminente. Bien qu'il ne soit pas au sommet de la hiérarchie des fortunes, il accumule sur sa personne une somme phénoménale de haine. Ses prises de position publiques lui ont valu de nombreuses inimitiés. Il y a ceux qui le haïssent pour ce qu'il est, et ceux qui le détestent pour ce qu'il fait : de la politique et des affaires. La haine dont il est l'objet n'est pas rare dans le monde des riches. Une haine catégorielle contre toutes les fortunes jugées abusives. Selon les époques, cette détestation s'est projetée sur les « deux cents familles », « la bourgeoisie », « les possédants », « les sept banquiers »… les Riches.

Ce ressentiment prend de nos jours un aspect ordinaire, banal. Il s'exprime sur les réseaux sociaux, les forums numériques, dans les conversations. Rares sont ses expressions dans la presse grand public. Cette dernière témoigne plutôt d'une forme d'admiration latente pour les grandes fortunes, tant leur réussite fascine.

Mais de véritables haines existent.

Entre riches d'abord. Ce monde décrit par les marxistes comme une classe cohérente n'échappe pas aux divisions, tensions et conflits. Dans cet ouvrage, j'en ai cité quelques-uns. Haine entre Onassis et Niarchos, haine, éphémère certes, entre Pinault et Arnault. Les concurrences plus feutrées sont nombreuses, sur les marchés économiques, comme entre Schneider, Krupp ou Zaharoff. Ou, plus près de nous, entre géants des télécoms.

D'autres passions tristes perturbent aussi le jeu strict de la solidarité de classe, comme le dédain ou le mépris que les plus riches vouent à ceux qui le sont moins qu'eux. C'est une expérience assez étonnante que d'entendre un milliardaire que nous avons interviewé décrire son impuissance. Car, depuis plusieurs années, il ne parvient pas à devenir membre d'un club sélect de Saint-Moritz. Il se sent humilié de devoir déjeuner à une table périphérique, alors que les membres n'occupent pas leurs places réservées à l'année… Le dédain a alimenté des théories sur la nécessité d'établir une coupure physique entre riches et pauvres, d'enfermer ces derniers, comme à l'époque élisabéthaine[1].

Haine des masses ensuite. À longueur d'année, des associations de lutte contre les inégalités, des partis populistes ou de simples particuliers produisent contre les grandes fortunes toutes sortes de rapports, manifestations, injures sur les réseaux sociaux, menaces anonymes… Toutes sortes de rancœurs s'expriment au grand jour.

Face à ces haines, les riches ne se contentent pas de mettre en place un cordon sécuritaire. Souvent angoissés par l'évolution des sociétés et les risques de guerre ou de révoltes, ils se projettent dans des dystopies. Ils regardent le futur avec inquiétude. Leur angoisse est d'autant plus forte que leur niveau d'information sur les questions écologiques est élevé. Ils savent la planète menacée par une crise sociale, une guerre ou une apocalypse climatique.

Face au chaos, ils s'organisent. Plusieurs voies s'ouvrent à eux de nos jours. Les adeptes de la science-fiction espèrent dans le progrès pour le sauvetage de l'humanité et de leur famille. Elon Musk, avec son projet SpaceX, alimente le rêve de la colonisation planétaire et des voyages interstellaires. Il ouvre aussi la voie à un loisir nouveau, le tourisme spatial, avec ses tarifs très élevés. L'argent peut acheter un billet pour monter au ciel et en revenir vivant. Le premier touriste de l'espace était un homme d'affaires sud-africain, Mark Shuttleworth. Après avoir fait fortune dans le numérique, il décolle en 2002 pour la Station spatiale internationale moyennant 20 millions de dollars. Depuis, les prix ont baissé. Virgin Galactic, la société de Richard Branson, propose des vols à 250 000 dollars pour passer un moment en apesanteur. Ces dépenses somptuaires sont censées financer la conquête spatiale. L'idée est donc de préparer la fuite.

Moins utopistes, les philanthropes continuent de dépenser sans compter pour imposer un changement de modèle et perpétuer l'humanité sur Terre. Dans leur idéal, il faut surtout éviter que le mode de vie des riches occidentaux devienne le modèle universel. Pour cela, ils sont prêts à se défaire de leurs habitudes, à modifier leur manière de se déplacer, leur consommation, leur famille. Faire des enfants ne risque-t-il pas d'accroître encore le nombre d'humains ? Or nous sommes face à une bombe démographique.

Les plus cyniques veulent aménager des refuges. En cas d'explosion d'une bombe sale, de tremblement de terre ou de crise sanitaire, par exemple, de riches survivalistes veulent installer dans une ancienne base militaire du Kansas des appartements de luxe. Si la civilisation venait à s'effrondrer, ils se cacheraient dans ce lieu gardé par une véritable petite armée privée en uniforme, avec ses armes automatiques[2]. Cet ancien abri de silos de missiles peut résister à une explosion de dix kilotonnes. Il remonte à la guerre froide. Et retrouve une nouvelle fonction.

Ces réflexes survivalistes traversent le monde des riches avec une intensité nouvelle depuis une décennie. Les patrons de la Silicon Valley s'en sont fait l'écho en achetant des propriétés, si possible dotées d'abris, dans des régions peu polluées et isolées. Le *spot* idéal serait la Nouvelle-Zélande. Pays anglophone, avec une population limitée et une nature encore bien préservée, loin des grandes masses. Peter Thiel, le fondateur de PayPal, y a acquis une maison face à un lac. Sa grande baie vitrée évoque un écran de télévision, d'où son surnom de « Plasma House ».

Fuir loin de la civilisation pour jouir de ses derniers feux serait la philosophie de ces riches survivalistes. Comme s'ils refusaient finalement les responsabilités qui découlent de leurs immenses fortunes. Mais ces tendances sont réversibles. Peter Thiel, après dix ans, a mis en vente sa maison néo-zélandaise, comme s'il passait à autre chose. Ou que ses hypothèses sur l'avenir changeaient.

Ces mouvements perceptibles chez quelques riches manifestent les nouvelles questions éthiques que se posent les grandes fortunes. Face à la transformation du monde et aux risques planétaires, ils ne sont pas moins désemparés que les citoyens ordinaires. Quand ils sont en proie à l'angoisse, la tentation de la radicalisation les travaille autant que celle du repli. Comme les dirigeants des dictatures jugulent leurs opposants, les très grandes fortunes savent agir pour mettre un terme aux critiques, minimiser leur portée. La communication est un des outils volontiers employé par les géants pour s'épargner des articles gênants. Une guerre sourde de l'information doit maintenir la qualité de leur image publique. Faire taire les mécontents, exalter leurs réussites, ruiner la réputation des adversaires. Mais on ne peut passer sous silence le mécontentement quand il atteint des masses de salariés, de clients, voire de citoyens en colère. Ici, la guerre de l'information cède la place au fantasme de la guerre tout court et à la radicalisation d'une partie des riches. Ces derniers envisagent le durcissement des lois, voire le passage par des mesures autoritaires et coercitives pour garantir leurs avantages. Le cas de la Chine mérite attention. Ses milliardaires enserrés dans des relations complexes avec l'État vont sentir le froid de la lame sur leur nuque si le gouvernement se démocratise. En ce sens, le pouvoir personnel du président Xi Jinping se place dans cette histoire nouvelle de la richesse au pays de Mao. Mais la même histoire se retrouve partout avec des mécanismes de défense et de réaction qui montrent que, sans se concerter, les 10 000 riches qui ont la capacité de peser sur la planète peuvent avoir des réflexes similaires. Pourtant, chacun d'eux entre dans l'histoire en fonction de ses propres choix éthiques.

10 000, cela paraît peu au regard des 7,7 milliards d'êtres humains. Mais les deux siècles écoulés ont démontré l'importance des effets de levier. Aussi puissant que l'on soit, on ne peut agir seul. La puissance ne vient que si l'on peut mobiliser une multitude. L'écart économique toujours plus marqué entre les élites mondiales et les peuples finit par creuser un fossé inquiétant pour la vie publique. Demain, l'argent suffira-t-il à entraîner les femmes et les hommes dans de grands projets ? Alors que les dirigeants économiques sont plus conscients que jamais de la fragilité des relations humaines, comment peuvent-ils laisser s'effilocher leurs liens avec les producteurs, les consommateurs, les collaborateurs ? Malgré les tensions actuelles, tous sont capables de s'engager dans une vraie aventure collective. Faute de résoudre cette béance, le monde des riches s'effondrera sur lui-même, entraînant dans sa perte un mode de vie déjà en contradiction avec les capacités de la Terre.

Face aux riches, il ne faut plus penser la fiscalité par catégorie. Il faut être pragmatique et regarder chaque milliardaire pour ce qu'il est. S'il est utile à la collectivité, la taille de son patrimoine ne doit plus être un problème. Mais aucune tolérance pour ceux qui trichent, ceux qui polluent, ceux qui tuent. Ce n'est pas les riches que l'on doit évaluer ainsi, mais bien des personnes. Si les États ne comprennent pas l'importance de ce changement de perspective, le problème riche deviendra notre cauchemar.

Pourquoi les grandes fortunes sont-elles le vrai pouvoir ? Parce que depuis la révolution industrielle, leur patrimoine et leur nombre n'a cessé d'augmenter. Chacune d'elles a tissé des réseaux profonds dans les sociétés. Leur main domine les marchés, pèse sur la vie de millions de salariés, et conditionne l'existence de milliards de consommateurs. Les riches sont devenus les puissants. N'influencent-ils pas souvent les décisions des gouvernements ? Ne sont-ils pas à la base de l'adoption des lois ? Surtout, les très grandes fortunes sont devenues une composante essentielle de l'investissement et de l'innovation. La concentration de capital qui se joue sur leur nom et leur savoir-faire conditionne notre avenir. Et le monde entier a accepté cette situation. Pourtant, un vent contraire se lève aujourd'hui. La concurrence et les batailles que se livrent les très riches empêchent toute vision cohérente pour l'humanité en général et pour les nations, en particulier. Les États retrouvent du lustre et de la puissance afin de relever les défis sécuritaires et écologiques. L'histoire des riches parvient donc à un tournant comme elle en a connu d'autres, entre utilité et monstruosité. C'est cette chronologie que ce livre a exposée, pour le meilleur et pour le pire.

Notes

Le problème « riches »

1. https://www.oxfam.org/fr/cinq-faits-choquants-sur-les-inegalites-extremes-aidez-nous-redistribuer-les-cartes

2. https://www.inegalites.fr/La-repartition-du-patrimoine-dans-le-monde?id_theme=26

Première partie
Les premiers maîtres du monde

1. Dominique de Lastours, *Histoire du 2, rue Rabelais. Le Jockey Club*, Cirey-lès-Mareilles, Éditions Lampsaque, 2017.

2. *Le Figaro*, 29 avril 2010.

3. Georges Servières, *Tannhœuser à l'Opéra en 1861*, Paris, Librairie Fischbacher, 1895.

4. Charles Yriarte, *Les Cercles de Paris, 1828-1864*, Paris, Dupray de La Mahérie, 1864.

5. Philippe Chassaigne, « La Grande-Bretagne et l'Europe de 1815 à 1914 », dans Philippe Chassaigne (dir.), *La Grande-Bretagne et le monde. De 1815 à nos jours*, Paris, Armand Colin, 2009.

6. Antony Howe, *The Letters of Richard Cobden*, t. II, *1848-1853*, Oxford, Oxford University Press, 2010.

7. Henry Ashworth, *Henry: Recollections of Richard Cobden and the Anti-Corn Law League*, Londres, Cassell, Petter & Galpin, 1876.

8. Gabrielle Cadier, « Les conséquences du traité de 1860 sur les échanges franco-britanniques », dans François Crouzet (dir), *Le Négoce international, XIIIe-XXe siècle*, Paris, Economica, 1989.

9. Jean-Philippe Feldman, « Du protectionnisme français au XIXe siècle (1814-1914) », *Droits*, n° 64, 2016/2, p. 49-71.

10. *Le Bilan*, 4 février 2014.

11. *The New York Times*, 16 février 1986.

12. *The New York Times*, 22 mars 1925.

13. *Le Figaro*, 14 novembre 2014.

14. *The New York Times*, 25 octobre 1968.

15. *Paris-Soir,* 12 janvier 1933 ; *Le Figaro,* 16 septembre 1931.

16. *The Telegraph*, 27 octobre 2017.

17. Jean-Noël Jeanneney, *François de Wendel. L'argent et le pouvoir*, Paris, CNRS Éditions, 2019.

18. *Le Figaro*, 16 octobre 1906.

19. *Ibid.*

20. *The New York Times*, 16 octobre 1906.

21. *The Guardian*, 15 mars 2015.

22. *Le Monde diplomatique*, 8 février 2010.

23. David Kynaston et Richard Roberts, *The Lion Wakes: A Modern History of HSBC*, Londres, Profile Books, 2015.

24. Hervé de Carmoy, *La Banque du XXIe siècle*, Paris, Odile Jacob, 1995.

25. Nicholas Foulkes, *High Society: The History of America's Upper Class*, New York, Assouline, 2008.

26. Museum of the City of New York, New York, X2010.11.4755, « 5th Avenue North from 52nd Street », photographie, 1898.

27. Museum of the City of New York, New York, 41.132.46, « Miss Elizabeth "Bessie" Remsen Webb », photographie, 1883.

28. Museum of the City of New York, New York, 41.132.15, « Miss Henrietta Strong », photographie, 1883.

29. *The New York Times*, 27 août 1883.

30. Sylvia D. Hoffert, *Alva Vanderbilt Belmont. Unlikely Champion of Women's Rights*, Bloomington, Indiana University Press, 2012.

31. *Wiener Zeitung*, 10 janvier 2013.

32. *Le Figaro*, 1er août 2020.

33. Ron Chernow, *Titan: The Life of John D. Rockefeller*, New York, Random House, 2007 (1re éd. : 1998).

34. Classement *Forbes* 2020.

35. Howard Zinn, *Une histoire populaire des États-Unis. De 1492 à nos jours*, Marseille, Agone, 2002.

36. Steve Weinberg, *Taking on the Trust: How Ida Tarbell Brought Down John D. Rockefeller and Standard Oil*, New York, W. W. Norton & Company, 2008.

37. Ida Tarbell, *The History of the Standard Oil Company*, 1904.

38. *Libération*, 25 juin 1998.

39. *Santa Rosa de Viterbo*, 21 février 2016.

40. *Le Petit Journal*, 5 mars 1896.

41. *The New York Times*, 4 mars 1896.

42. *Le Figaro*, 6 juin 1897.

43. *Le Petit Journal*, 27 août 1897.

44. *Le Figaro,* 16-18 août 1897. Une série d'articles sur les préparatifs et le duel.

45. *The New York Times*, 16 août 1897 ; *L'Italia,* 1er septembre 1897.

46. *Les Échos*, 15 novembre 2013.

47. *Le Monde*, 22 décembre 2019.

48. *The New York Times*, 12 février 1897.

49. *L'Indépendant rémois*, juillet-septembre 1900.

50. *Ibid.*

51. *Ibid.*

52. Frère Pierre, *Traité de la culture des vignes de Champagne, situées à Hautvillers, Cumières, Ay, Épernay, Pierry et Vinay*, 1931.

53. *Paris Match*, 17 novembre 2016.

54. *Bristol Mercury*, 18 juin 1842.

55. *Vanity Fair*, 24 octobre 2017.

56. *The New York Times*, 3 février 1901.

57. *Sheffield Daily Telegraph*, 29 décembre 1902.

58. Joe Welsh, *Travel by Pullman: A Century of Service, 1865-1969*. St Paul (Minnesota), MBI Publishing, 2004.

59. *Curbed*, 18 février 2018.
60. Martha T. Briggs et Cynthia H. Peters, *Guide to the Pullman Company Archives*, Chicago, Newberry Library, 1995.
61. *Sheffield Daily Telegraph*, 29 décembre 1902.
62. Soit 11 millions et demi de livres à l'époque, *L'Express*, 4 décembre 1917.
63. *Libération*, 6 août 1998.
64. *L'Express*, 9 janvier 2012.
65. *La Dépêche*, 3 décembre 2007.
66. *Le Figaro*, 15 novembre 1910.
67. *Caradisiac*, 27 janvier 2019.
68. *Le Monde*, 6 juillet 1966.
69. *Le Journal de Montréal*, 8 mai 2019.
70. Raymond de Ryckère, *La Servante criminelle : étude de criminologie professionnelle*, Paris, A. Maloine, 1908.
71. Pelham Grenville Wodehouse, *Jeeves*, Baltimore, Omnibus Publishing, 1999.
72. Nicolas Molfessis, « Les lois domestiques », *Pouvoirs*, vol. 130, n° 3, 2009, p. 81-95.
73. *Le Matin*, 17 avril 1912.
74. *The New York Times*, 11 novembre 1909 ; *The New York Times*, 5 mars 1910.
75. *The New York Times*, 1er septembre 1911.
76. *Chicago American*, 13 avril 1912.
77. *Washington Herald*, 21 avril 1912 ; *Le Petit Journal*, 17 avril 1912 ; *The New York Times*, 17 avril 1912.
78. Jonathan A. Grant, *Rulers, Guns, and Money: The Global Arms Trade in the Age of Imperialism*, Cambridge [Mass.], Harvard University Press, 2007.
79. *The New York Times*, 3 août 1924.
80. *The New York Times*, 3 décembre 1924.
81. *The New York Times*, 24 mai 1937.
82. Dorit Müller, *Gefährliche Fahrten: Das Automobil in Literatur und Film um 1900*, Wurtzbourg, Königshausen & Neumann, 2004.
83. *Le Temps*, 30 juin 1914.

84. *Le Nouvel Observateur*, 27 juin 2014.

85. Wolfgang Mueller, Robert Kriechbaumer et Erwin A. Schmidl, *Politik und Militar im 19. und 20. Jahrhundert: Österreichische und Europaische Aspekte. Festschrift für Manfried Rauchensteiner*, Vienne, Böhlau Verlag, 2017.

86. *Manager Magazin*, 13 janvier 2017.

87. Hartmut Berghoff, *Wirtschaft im Zeitalter der Extreme: Beiträge zur Unternehmensgeschichte*, Munich, C. H. Beck, 2010.

88. Alice Bernard, « Le grand monde parisien à l'épreuve de la guerre », *Vingtième Siècle. Revue d'histoire*, vol. 99, n° 3, 2008, p. 13-32.

89. *Hudson Valley Post*, 18 août 2017.

90. Vincent Drezet, « Pour l'impôt. Mieux d'impôt, voilà l'enjeu ! », *Pouvoirs*, vol. 151, n° 4, 2014, p. 37.

91. Thomas Piketty, *Le Capital au XXIe siècle*, Paris, Le Seuil, 2019.

92. Jean-Antoine Benoît, « Joseph Caillaux et les paradoxes de son œuvre fiscale durant la Grande Guerre », dans Florence Descamps et Laure Quennouëlle-Corre, *Une fiscalité de guerre ? Contraintes, innovations, résistances*, Paris, Institut de la gestion publique et du développement économique, Comité pour l'histoire économique et financière de la France, 2018, p. 111-128.

93. Mireille Touzery, « Les origines de l'impôt sur le revenu en France : de la monarchie aux républicains radicaux, XVIIIe-XIXe siècles », *Revue belge de philologie et d'histoire*, t. LXXV, 1997, p. 1027-1044.

94. *Le Figaro*, 15 février 1897.

95. Maxime Merli et Antoine Parent, « La diversification des portefeuilles français à la veille de 1914 ou l'image écornée du rentier français du XIXe siècle », *Revue d'économie politique*, vol. 121, n° 6, 2011, p. 915-934.

96. *The New York Times*, 20 mai 1923.

97. *Ibid.*

Deuxième partie
L'âge des divisions

1. François Furet, *Le Passé d'une illusion*, Paris, Robert Laffont/Calmann-Lévy, 1995.

2. Félix Youssoupoff, *Mémoires. L'homme qui tua Raspoutine*, Paris, Éditions du Rocher, 2005.

3. *Thought & Co*, 15 janvier 2019.

4. Monique de Saint-Martin et Sofia Tchouikina, « La noblesse russe à l'épreuve de la révolution d'Octobre. Représentations et reconversions », *Vingtième Siècle. Revue d'histoire*, vol. 99, n° 3, 2008, p. 104-128.

5. *The New York Times*, 5 mars 1991.

6. Artem Tarasov, *Millionaire: Confessions of Russia's First Millionaire*, Londres, Artnik, 2005.

7. *The New York Times*, 5 mars 1991.

8. *The New York Times*, 14 juin 1922 : « *You have my best wishes for the success of your first concession, as it is of the utmost importance for the future trade relations between our Republic and the United States.* »

9. John F. Callahan, *Les États-Unis à l'épreuve de la modernité. Mirages, crises et mutations de 1918 à 1928*, Paris, Presses Sorbonne Nouvelle, 2018.

10. Jacques Lamalle, *Le Milliardaire rouge : Jean-Baptiste Doumeng*, Paris, Jean-Claude Lattès, 1980.

11. *Le Nouvel Observateur*, 6 septembre 2013.

12. « Il y a treize ans, une révolution sociale éclatait en Allemagne », Gaumont-Pathé Archives, 9 novembre 1926.

13. *The New York Times*, 29 décembre 1929.

14. Notes personnelles.

15. Gian Carlo Jocteau, *Nobili et nobiltà nell'Italia unita*, Rome, Laterza, 1997.

16. *Ibid.*

17. Pierre Milza, *Mussolini*, Paris, Fayard, 1999.

18. Jean-Marie Dreyfus et Sarah Gensburger, *Des camps dans Paris*, Paris, Fayard, 2003.

19. *Les Échos*, 21 novembre 2000.

20. Pierre Branda, « Le Grand Maréchal du Palais : protéger et servir », *Napoleonica. La Revue*, vol. 1, n° 1, 2008, p. 2-44.

21. Laurent Stéfanini (dir.), *À la table des diplomates. L'histoire de France racontée à travers ses grands repas (1520-2015)*, Paris, Gallimard, 2019.

22. Russia Beyond the Headlines, 18 mai 2018.

23. Christine Cecconi, « La domesticité à Cannes à la Belle Époque », *Recherches régionales*, n° 115, avril-juin 1991.

24. *BBC History*, 22 mai 2019.

25. *The New York Times*, 6 septembre 1929.

26. Bernice Kert, *Abby Aldrich Rockefeller: The Woman in the Family*, New York, Random House, 1993.

27. *The New York Times*, 6 septembre 1929.

28. *La Croix*, 8 septembre 1929.

29. *Le Monde*, 22 novembre 2004.

30. Ludovic Tournès, « La fondation Rockefeller et la naissance de l'universalisme philanthropique américain », *Critique internationale*, vol. 2, n° 35, 2007, p. 173-197.

31. Eberhard Czichon, *Wer verhalf Hitler zur Macht ?*, Köln, Pahl-Rugenstcin, 1967.

32. Lionel Richard, *Avant l'apocalypse. Berlin, 1919-1933*, Paris, Autrement, 2013.

33. Fritz Thyssen, *J'ai payé Hitler*, présentation par Marc Ferro, éd. et trad. Alain Frerejean, Paris, Nouveau Monde éditions, 2019.

34. Eberhard Czichon, *Wer verhalf Hitler zur Macht ?*, *op. cit.*

35. Jean-François Bouchard, *Le Banquier du diable*, Paris, Max Milo, 2015.

36. Fabrice d'Almeida, *La Vie mondaine sous le nazisme*, Paris, Fayard, 2006, chap. 1.

37. *The New York Times*, 10 septembre 1933.

38. Archives fédérales allemandes, Berlin-Lichterfelde.

39. Archives fédérales allemandes.

40. *The New York Times*, 19 octobre 1941.

41. David Cesarani, *Nazi Underworld: Hitler's Money*, National Geographic, 2015.

42. Library of Congress, Washington DC, 3128 (751), « Goering posed with his pet lion », photographie, 1936.

43. Archives de la Chancellerie.

44. *The New York Times*, 8 août 2002.

45. David Nasaw, *The Chief: The Life of William Randolph Hearst*, Boston [Mass.], Houghton Mifflin, 2000 ; voir aussi Ben Procter, *William Randolph Hearst: The Later Years 1911-1851*, Oxford, Oxford University Press, 2007 ; Daniel Alef, *William Randolph Hearst: Media Myth and Mystique*, Titans of Fortune Publishing, 2010.

46. *The Jerusalem Post*, 22 avril 2009.

47. Edwin Black, *IBM and the Holocaust*, New York, Crown Publishing, 2001.

48. Securities and Exchange Commission, Historical Society, 1934-1935.

49. *The New York Times*, 5 février 2009.

50. *The New York Times*, 27 juillet 1934.

51. *The New York Times*, 9 février 1935.

52. *The New York Times*, 21 septembre 1935.

53. *Le Monde illustré*, 1er septembre 1934.

54. Marie-Dominique Lelièvre, *Le N° 5 de Chanel, Biographie non autorisée*, Paris, Stock, 2019.

55. *L'Express*, 2005.

56. *Ibid.*

57. Rhonda K. Garelick, *Mademoiselle: Coco Chanel and the Pulse of History*, New York, Random House, 2014.

58. *L'Express*, 2005.

59. *Le Petit Parisien*, 12 juin 1938.

60. Trafic d'opium et autres drogues nuisibles – Rapport annuel des gouvernements, Autriche, Genève, SDN, 1936, p. 3.

61. *Traffic in Opium and Others Dangerous Drugs*, US Treasury Department, Bureau of Narcotics, 1940, p. 27-28.

62. *Le Petit Parisien*, 12 juin 1938.

63. *Le Figaro*, 17 août 1937.

64. Arnd Krüger, « The Nazi Olympics of 1936 », dans Kevin Young et Kevin B. Wamsley (dir.), *Global Olympics: Historical and Sociological Studies of the Modern Games*, Oxford, Elsevier, 2005.

65. *Olympia – Fest der Völker*, film de propagande réalisé en 1936 par Leni Riefenstahl.

66. *Le Figaro*, 22 juin 2015.

67. Ils ont même complété leur victoire en triomphant des États-Unis au Tournoi des Amériques au Polo Club de Meadowbrook. *The New York Times*, 27 décembre 1936.

68. *Die Welt*, 30 juin 2000.

69. *Die Welt*, 19 août 2007.

70. *The New York Times*, 14 décembre 1939.

71. *Le Monde*, 22 janvier 1988.

72. *Le Journal de Saône-et-Loire*, 12 mai 2012.

73. Gilbert Joseph, *Fernand de Brinon, l'aristocrate de la Collaboration*, Paris, Albin Michel, 2002.

74. *Libération*, 22 novembre 2007.

75. *La Croix*, 12 novembre 2008.

76. Marie-Bénédicte Vincent (dir.), *La Dénazification*, Paris, Perrin, 2008.

77. Stephan H. Lindner, *Au cœur de l'IG Farben. L'usine chimique de Hoechst sous le IIIe Reich*, Paris, Les Belles Lettres, 2010.

78. *The New York Times*, 10 août 1947.

79. *The New York Times*, 30 janvier 1949.

80. Grietje Baars, « Capitalism's Victor's Justice? The Hidden Stories Behind the Prosecution of Industrialists Post-WWII », dans Kevin Jon Heller et Gerry Simpson (dir.), *The Hidden Histories of War Crime Trials*, Oxford, Oxford University Press, 2013.

81. *The New York Times*, 9 juillet 1986.

Troisième partie
Et les riches créent la jet-set

1. Stephen Gundle, *Glamour: A History*, Oxford University Press, 2009.

2. *L'Intransigeant*, 9 février 1921.

3. BnF, Paris, WNQ-47, « Programme du bal des Petits Lits blancs », recueils, 1945.

4. *Le Figaro*, 3 novembre 1948.

5. *Le Monde*, 16 octobre 1948.
6. BnF, Paris, 8-SW-138, Programme du bal des Petits Lits blancs, recueils, 1954.
7. *L'Orient-Le Jour*, 3 juillet 1998.
8. *Nouvelliste du Rhône*, 3 août 1966.
9. *Le Monde*, 10 novembre 1953.
10. *Ibid.*
11. *The New York Times*, 24 février 1969.
12. *Le Monde*, 23 juin 1966.
13. *The New York Times*, 24 février 1969.
14. *Le Monde*, 8 septembre 1969.
15. *Les Échos*, 22 octobre 2004.
16. *Le Monde*, 30 janvier 2015.
17. Radio Télévision suisse, 3 avril 1975.
18. *Le Monde*, 11 juin 1963.
19. *Le Monde*, 5 août 1963.
20. *Le Monde*, 18 septembre 1963.
21. *Le Monde*, 22 novembre 1966.
22. *Les Échos*, 7 janvier 2015.
23. *Le Monde*, 4 mai 1981.
24. *Le Monde*, 11 novembre 2010.
25. *L'Obs*, 7 novembre 2017 ; *Le Monde*, 15 novembre 2018.
26. *Le Monde*, 29 mai 2018.
27. *Le Canard enchaîné*, 23 décembre 2018.
28. *Le Monde*, 29 mai 2018.
29. *Libération*, 4 avril 2000.
30. *Libération*, 28 mai 2018.
31. *Libération*, 8 mars 2021.
32. *The New York Times*, 6 juillet 1965 ; *Le Monde*, 6 juillet 1965.
33. *Le Monde*, 14 mai 1960.
34. *Le Matin*, 19 septembre 1942.
35. *Vanity Fair*, 18 mai 2009.
36. *The New York Times*, 2 septembre 1947.
37. *The New York Times*, 10 décembre 1948.
38. Thierry Coudert, *Cafe Society: Socialites, patrons, and artists (1920-1960)*, Paris, Flammarion, 2010 (en anglais).

39. *Le Monde*, 24 octobre 1995.
40. *L'Express*, 28 janvier 2016.
41. *La Stampa*, 9 août 2007.
42. *Giornale Pop*, 1er septembre 2019.
43. *Lecce News 24*, 30 août 2021.
44. *The New York Times*, 30 janvier 1957.
45. *The New York Times*, 18 juin 2009.
46. *Le Monde*, 13 juin 2009.
47. *Le Monde*, 8 avril 1969.
48. *The New York Times*, 18 avril 1996.
49. *The New York Times*, 16 mars 1969.
50. *The New York Times*, 20 septembre 1957.
51. *The New York Times*, 1er mars 1957.
52. *The New York Times*, 28 février 1957.
53. *The New York Times*, 17 novembre 1957.
54. *The New York Times*, 9 février 1956.
55. *Le Monde*, 30 juillet 1954.
56. *The New York Times*, 17 décembre 1965.
57. *The New York Times*, 18 octobre 1968.
58. *Washington Post*, 20 octobre 2018.
59. *Les Échos*, 3 août 2007.
60. *The New York Times*, 22 août 1970.
61. *Le Figaro*, 19 décembre 2009.
62. *Libération*, 24 janvier 2012.
63. *Histoires royales*, 20 janvier 2020.
64. *Slate*, 16 juillet 2017.
65. *Yonder*, 2 juillet 2020.
66. *Le Monde*, 16 juillet 2017.
67. Interview de Carmen d'Alessio, *The Impossible Network*, 22 octobre 2019. *The New York Times*, 27 juillet 1989. Voir aussi l'interview d'Anthony Haden-Guest, *The Daily Beast*, 14 avril 2017.
68. *Le Monde*, 9 juin 1980 ; 23 octobre 1983.
69. *Le Monde*, 18 juillet 1983.
70. *Le Monde*, 5 septembre 1977.
71. *Le Monde*, 6 février 1975.
72. *L'Économiste*, 22 février 2021.

73. *Le Monde diplomatique*, octobre 2007.
74. *Le Monde diplomatique*, 2014.
75. *L'Opinion*, 2 août 2018.
76. *Le Monde*, 25 octobre 1988.
77. *L'Express*, 8 avril 2013.
78. *Le Monde*, 10 septembre 1988.
79. *Le Monde*, 3 mars 1996.
80. *The New York Times*, 14 février 1990.
81. *Libération*, 28 septembre 2017.
82. *Libération*, 5 avril 2005.
83. *Libération*, 5 avril 2005.
84. *Le Monde*, 1er juin 2011.
85. *Le Monde*, 1er décembre 1998.
86. France Info, 6 septembre 2010.
87. *Le Figaro*, 11 décembre 2012.
88. *Libération*, 4 février 2011.
89. *Le Parisien*, 20 avril 2011.
90. *Libération*, 28 septembre 2017.

Quatrième partie
L'âge du star-system

1. *Le Monde*, 3 juin 2005.
2. *The New York Times*, 30 novembre 2017.
3. *The New York Times*, 25 juin 2009.
4. *Paris Match*, 9 juin 2005 ; *Le Figaro*, 27 avril 2021.
5. *The New York Times*, 25 juin 2009.
6. *Le Monde*, 29 janvier 2016.
7. *The New York Times*, 11 septembre 1982.
8. *Washington Post*, 29 août 1982.
9. BBC News, 18 avril 2013.
10. *Manager Magazin*, 26 juin 2008.
11. Il rencontre aussi les journalistes des *Échos*. Voir *Les Échos,* 19 novembre 2013.
12. *L'Express*, 6 octobre 2011 ; *The New York Times*, 29 août 2011.
13. *GQ*, 14 juin 2021.

14. Bernard Lecomte, *KGB. La Véritable Histoire des services secrets soviétiques*, Paris, Perrin, 2020.
15. Russia Beyond the Headlines, 26 juillet 2017.
16. Interview télévisée, janvier 1989.
17. *Vice*, 30 octobre 2015.
18. *Ibid.*
19. *Le Monde*, 4 décembre 1993.
20. « Meurtre d'un procureur en Colombie », Antenne 2, journal de 13 heures, 26 janvier 1988.
21. « Story Escobar », France 2, journal de 13 heures, 3 décembre 1993.
22. *The New York Times*, 23 décembre 2018.
23. « Story Escobar », France 2, journal de 13 heures, 3 décembre 1993.
24. *Le Point*, 23 décembre 2019.
25. *Courrier international*, 2 février 2011.
26. *Les Échos*, 16 juillet 2007.
27. *The New York Times*, 21 octobre 1974.
28. *Les Échos*, 16 juillet 2007.
29. *Le Monde*, 15 janvier 2015.
30. *Le Monde*, 4 mai 2011.
31. *Le Monde*, 4 avril 2011.
32. *Le Monde*, 10 mars 2011.
33. *Libération*, 17 janvier 2017.
34. *L'Express*, 1er avril 2002.
35. *Les Échos*, 27 janvier 1992.
36. *Les Échos*, 30 janvier 1992.
37. *Le Monde diplomatique*, avril 2019.
38. https://www.fondationcultureetdiversite.org/
39. *Le Point*, 29 août 2021.
40. *L'Express*, 9 mars 2019.
41. https://www.francemuseums.fr
42. *Le Monde*, 18 novembre 2018.
43. Domenico Mennitti (dir.), *Forza Italia. Radiografia di un evento*, Rome, Ideazione Editrice, 1997.
44. *The New York Times*, 1er janvier 1996.

45. *The New York Times*, 15 avril 2001.
46. *Libération*, 1er janvier 2001.
47. *The Guardian*, 14 février 2011.
48. Christophe Cordonnier, « L'affaire Khodorkovski. Ou l'économie politique de la nouvelle Russie », *Le Courrier des pays de l'Est*, vol. 2, n° 1042, 2004, p. 60-71.
49. *Libération*, 10 novembre 2003.
50. Natalie Nougayrède, « Les oligarques et le pouvoir : la redistribution des cartes », *Pouvoirs*, vol. 1, n° 112, 2005, p. 35-48.
51. *Le Nouvel Observateur*, 25 octobre 2013.
52. France Inter, 9 juillet 2019.
53. *The New York Times*, 9 août 2016.
54. *Le Monde*, 7 novembre 1991.
55. *Le Monde*, 13 juillet 2019.
56. *The New York Times*, 21 juin 2019.
57. *The New York Times*, 9 juillet 2019.
58. *Le Monde*, 11 septembre 2019.
59. Radio Canada, 14 septembre 2021.
60. *Le Monde*, 17 août 2019.
61. *The New York Times*, 10 août 2019.
62. *Le Monde*, 1er avril 2005.
63. *Ibid.*
64. *The New York Times*, 27 août 1995.
65. *Ibid.*
66. *The New York Times*, 23 décembre 1990.
67. *Le Monde*, 11 février 1998.
68. *The New York Times*, 4 mars 2005.
69. *The New York Times*, 17 juin 2005.
70. *Forbes*, 27 juillet 2007.
71. *Les Échos*, 26 mai 2020.
72. BBC News Afrique, 22 septembre 2016.
73. *Le Monde*, 5 mai 2016.
74. *Le Monde*, 10 mai 2016.
75. *Le Monde*, 4 octobre 2007.
76. *Paris Match*, 14 janvier 2009.
77. *Vanity Fair*, 23 juin 2013.

78. Voir le dossier sur le site de Mediapart, dont les articles de Fabrice Arfi, à partir du 16 juin 2010.
79. *Le Monde*, 8 juillet 2010.
80. *L'Express*, 13 juillet 2010.
81. *Entreprendre*, 9 juin 2020 ; *Les Échos*, 29 avril 2016.
82. *The Evening Standard*, 11 juillet 2012.
83. *Vice*, 19 décembre 2019.
84. *Harvard Business Review*, 8 juin 2016.
85. *Mediapart*, 1er octobre 2019.
86. John Pearson, *Painfully Rich. The Outrageous Fortune and Misfortunes of the Heirs of J. Paul Getty*, New York, St. Martin's Press, 1995.
87. Raj Raghunathan, « Why rich people aren't as happy as they could be », *Harvard Business Review*, 8 juin 2016.
88. *Libération*, 9 mai 2013.
89. *The New York Times*, 26 juillet 2016.
90. https://www.icij.org/investigations/panama-papers/20160406-china-red-nobility-offshore-dealings/
91. *The New York Times*, 25 octobre 2012.
92. *Le Monde diplomatique*, juin-juillet 2012.
93. *Le Figaro*, 25 novembre 2011.
94. *L'Obs*, 5 janvier 2021.
95. *Challenges*, 10 août 2012.
96. *South China Morning Post*, 29 avril 2016.
97. *The New York Review of Books*, 2 janvier 2015.
98. *Le Point*, 19 avril 2012.
99. *The New York Times*, 16 juin 2011.
100. *Capital*, 13 mai 2021.
101. *Mediapart*, 30 août 2015.
102. *The New York Times*, 12 mars 2016.
103. *Vanity Fair*, 24 octobre 2016, d'après le *Wall Street Journal*.
104. *Les Échos*, 21 octobre 2016.
105. *The Guardian*, 16 janvier 2017
106. *Le Monde*, 21 septembre 2010.
107. *Libération*, 28 juin 2010.
108. *Le Monde*, 13 mars 2004.

109. *Le Figaro*, 15 octobre 2007.
110. *Libération*, 23 juillet 2011.
111. *Le Monde*, 9 mai 2007.
112. *Libération*, 19 novembre 2013.
113. *Le Parisien*, 22 janvier 2012.
114. *Courrier international*, 21 mars 2012.
115. *L'Express*, 3 mai 2019.
116. https://wikileaks.org//macron-emails/emailid/3640
117. BBC, 26 août 2014.
118. *Le Monde*, 27 avril 2007.
119. Noblesse et Royautés, 25 novembre 2018.
120. *Les Échos*, 6 mars 1996.
121. *Le Monde*, 27 avril 2007.
122. *The National*, 24 avril 2021.
123. *Forbes*, 5 mars 2019.
124. *Les Échos*, 23 février 2019.
125. *Le Parisien*, 23 février 2018.
126. *Le Monde*, 30 mai 2020.
127. *Ibid.*
128. *Slate*, 19 mars 2021.
129. *Le Monde*, 16 mars 2021
130. *The New York Times*, 1er avril 2019.
131. *The New York Times*, 19 juillet 2017.
132. *Le Monde*, 2 septembre 2021.
133. *Le Monde*, 25 avril 2019.
134. *Le Quotidien de l'art*, 25 octobre 2018.
135. *L'Officiel*, 26 mai 2020.
136. *Miami Herald*, 9 janvier 2019 ; CNBC, 9 janvier 2019 ; *Courrier international*, 11 janvier 2019.
137. *The New York Times*, 23 janvier 2020.
138. *Paris Match*, 4 avril 2019.
139. *The New York Times*, 16 mai 2021.
140. ABC News, 7 mai 2012 ; *Le Parisien*, 4 mai 2012.
141. *Le Point*, 5 mai 2012 ; *Le Soir*, 14 février 2014 ; *Le Figaro*, 8 mai 2012 ; *The New York Times*, 8 mai 2012.
142. *Elle*, 7 mai 2012.

143. *The Times*, 25 août 2021.
144. *The New York Post*, 20 août 2021 ; allisonhuynh.com
145. https://www.youtube.com/watch?v=17ovCvxvA54
146. *Les Échos*, 18 août 2019.
147. *Vanity Fair*, 8 mai 2012.
148. *Vogue*, 22 avril 2020.
149. *Huffington Post*, 11 décembre 2018.
150. *Libération*, 12 avril 1999.
151. *Huffington Post*, 11 décembre 2017.
152. *The New York Times*, 16 décembre 2017.
153. *Les Échos*, 23 septembre 2021.
154. planet.fr, 13 août 2020.
155. *Le Monde*, 1er février 1985.
156. *Le Temps*, 15 décembre 2006.
157. *Les Échos*, 3 février 2018.
158. France TV Info, 27 avril 2016.
159. *Le Figaro*, 16 septembre 2021.
160. *Le Point*, 20 octobre 2014.
161. *Le Parisien*, 24 septembre 2019.
162. *Marianne*, 21 février 2016.
163. *New York Times*, 1er juin 2022.
164. BFM TV, 24 novembre 2021.
165. Message posté sur Twitter le 15 mars 2022.
166. *New York Times*, 5 mai 2022.

Le crépuscule des dieux

1. Voir le constat amer de la professeure Brooke Harrington dans *The Guardian*, 19 octobre 2018.
2. *The New Yorker*, 22 janvier 2017.

Table

Première partie
Les premiers maîtres du monde

Deuxième partie
L'âge des divisions

Troisième partie
Et les riches créent la jet-set

Quatrième partie
L'âge du *star-system*

FSC
www.fsc.org
MIXTE
Papier issu de
sources responsables
FSC® C003309

L'éditeur de cet ouvrage s'engage dans une démarche
de certification FSC® qui contribue à la préservation
des forêts pour les générations futures.
Pour en savoir plus :
www.editis.com/engagement-rse/

CET OUVRAGE A ÉTÉ ACHEVÉ D'IMPRIMER SUR ROTO-PAGE
PAR L'IMPRIMERIE FLOCH À MAYENNE EN OCTOBRE 2022

N° d'impression : 101347
Imprimé en France